中国农村金融统计年鉴

1993

中国农业银行　编

中国统计出版社

（京）新登字 041 号

中国农村金融统计年鉴
ZHONGGUO NONGCUN JINRONG
TONGJI NIANJIAN
1993
中国农业银行 编
*
中国统计出版社出版
（北京三里河月坛南街 38 号 100826）
北京顺义振华印刷厂印刷
*
787×1092 毫米 16 开本 24.125 印张 70 万字
1993 年 12 月第 1 版 1993 年 12 月北京第 1 次印刷
印数：1—4000
ISBN 7-5037-1397-6/C·830
定价：39.00 元

编 者 说 明

一、《中国农村金融统计年鉴—1993》是一部全面反映农业银行与农村信用合作社发展情况的资料性年刊，收录了全国和各省、自治区、直辖市、各计划单列城市农业银行、农村信用社1992年信贷、现金、机构、人员、财务、专项调查等方面的统计数据，同时摘录了有关金融与农村经济方面的统计数据。

二、全书内容共分为九个部分：(1) 信贷；(2) 现金；(3) 机构、人员、财务；(4) 农业银行教育；(5) 利率；(6) 信贷资金使用情况专项调查；(7) 金融主要指标；(8) 国民经济与农村经济主要指标；(9) 农民家庭经济调查。

三、书中所涉及的金融方面统计数字均未包括西藏自治区（农行未设机构）、台湾省和香港、澳门地区。

四、本书信贷部门的年末余额均为结转数，信贷增减额、增长率、构成与贷款累计收回数的计算也使用结转数，信贷各项目口径与《中国农村金融统计年鉴(1992)》相同，均为可比数。

五、各地区信贷数据均以各行上报的结转数为准。各计划单列城市分行的数据均含在有关地区数据中。

六、书中的国民经济与农村经济主要指标、国家金融指标，主要选自国家统计局《中国统计年鉴》、人民银行《中国金融年鉴》。

七、书中信贷资金使用情况专项调查数据来源于农业银行信贷专项调查年度统计报表。农民家计调查资料系我行对全国29个省、自治区、直辖市2万多农户进行定点抽样调查所取得。

八、本书所列的年平均增长速度，也就是递增速度，采用“水平法”计算。从某年到某年平均增长速度的年份，均不包括基期年在内。

九、表中的“#”表示其中的主要项。

十、本年鉴由信息电脑部统计处编辑。提供资料的有信息电脑部调查信息处、人事部劳资处、工业信贷部乡镇企业信贷处、国营工业信贷处、农业信贷部农业信贷一处、二处、三处、信用合作管理部社务处、会计部财务处、综合计划部货币流通处、教育部院校处。信息电脑部运行处、数据库处进行有关数据采集和处理。

目　　录

农业银行、信用社资产负债

一、信　　贷

（一）农业银行

（二）农村信用社

（三）农业银行、信用社

二、现　金

（一）农业银行

（二）农村信用社

三、机构、人员、财务

四、农业银行教育

五、利　　率

六、信贷资金使用情况专项调查

七、金融主要指标

八、国民经济与农村经济主要指标

九、农民家庭经济调查

农业银行、信用社资产负债

农 业 银 行 资 产 负 债

1992 年 12 月 31 日　　　　单位：亿元人民币

资　　产	余　额	负　　债	余　额
贷　款	5 468.10	存　款	4 130.94
企业流动资金	4 481.99	企事业存款	975.11
企业固定资产	139.18	农业存款	1 183.40
农业贷款	846.93	储蓄存款	1 972.43
外汇业务	273.40	外汇业务	234.32
信托资产	250.44	信托负债	250.44
代理业务	99.06	代理业务	101.23
现　金	87.56	向人民银行借款	2 081.12
在人民银行存款	340.55	同业存放	457.38
缴存准备金	518.05	发行农村金融债券	18.60
存放同业	578.07	其他负债	1 062.19
购买债券	79.83	负债合计	8 336.22
固定资产（净值）	78.26	净　值	344.75
其他资产	907.65	资本金	321.13
资产总额	8 680.97	呆帐准备金	4.33
		本年纯益	19.29
		负债和净值总额	8 680.97

农 业 银 行 资 产 负 债

1991 年 12 月 31 日　　　　单位：亿元人民币

资　　产	余　额	负　　债	余　额
贷　款	4 578.07	存　款	3 319.51
企业流动资金	3 782.76	企事业存款	714.21
企业固定资产	99.86	农业存款	1 027.66
农业贷款	695.45	储蓄存款	1 577.64
外汇业务	171.54	外汇业务	146.78
信托资产	120.69	信托负债	120.69
代理业务	94.13	代理业务	96.35
现　金	70.69	向人民银行借款	1 749.93
在人民银行存款	427.84	同业存放	301.33
缴存准备金	431.32	发行农村金融债券	14.81
存放同业	278.31	其他负债	796.31
购买债券	61.29	负债合计	6 545.71
固定资产（净值）	72.52	净　值	322.77
其他资产	562.08	资本金	303.82
资产总额	6 868.48	呆帐准备金	2.90
		本年纯益	16.05
		负债和净值总额	6 868.48

农业银行资产负债

1990年12月31日　　单位：亿元人民币

资产	余额	负债	余额
贷款	3 774.34	存款	2 640.55
企业流动资金	3 134.98	企事业存款	574.78
企业固定资产	76.43	农业存款	853.67
农业贷款	562.93	储蓄存款	1 212.10
外汇业务	106.70	外汇业务	87.37
信托资产	55.00	信托负债	55.00
代理业务	79.81	代理业务	81.89
现金	65.94	向人民银行借款	1 438.88
在人民银行存款	387.77	同业存放	275.88
缴存准备金	340.15	发行农村金融债券	9.68
存放同业	168.10	其他负债	649.68
购买债券	46.18	负债合计	5 238.93
固定资产（净值）	67.48	净值	301.50
其他资产	448.96	资本金	287.35
资产总额	5 540.43	呆帐准备金	2.60
		本年纯益	11.55
		负债和净值总额	5 540.43

农村信用社资产负债

1992年12月31日　　单位：亿元人民币

资产	余额	负债	余额
贷款	2 453.92	存款	3 477.66
流动资金	1 471.78	企事业存款	301.75
农业贷款	982.14	农业存款	308.63
转存银行款	668.56	储蓄存款	2 867.28
存款准备金	411.93	借入银行款	60.58
特种存款	30.41	其他资金收入	687.81
库存现金	59.30	其他负债	145.42
其他资金占款	1 000.46	负债合计	4 371.47
其他资产	250.19	净值	503.30
资产总额	4 874.77	自有资金	363.51
		股金	128.67
		本年结益	11.12
		负债和净值总额	4 874.77

农 村 信 用 社 资 产 负 债

1991年12月31日　　单位：亿元人民币

资　　产	余　额	负　　债	余　额
贷　款	1 808.64	存　款	2 709.34
流动资金	1 007.31	企事业存款	191.65
农业贷款	801.33	农业存款	201.02
转存银行款	582.18	储蓄存款	2 316.67
存款准备金	333.73	借入银行款	50.81
特种存款	90.95	其他资金收入	426.15
库存现金	40.77	其他负债	68.67
其他资金占款	602.56	负债合计	3 254.97
其他资产	230.83	净　值	434.69
资产总额	3 689.66	自有资金	334.79
		股　金	91.33
		本年结益	8.57
		负债和净值总额	3 689.66

农 村 信 用 社 资 产 负 债

1990年12月31日　　单位：亿元人民币

资　　产	余　额	负　　债	余　额
贷　款	1 413.01	存　款	2 144.94
流动资金	760.67	企事业存款	149.88
农业贷款	652.34	农业存款	153.46
转存银行款	486.92	储蓄存款	1 841.60
存款准备金	285.57	借入银行款	42.01
特种存款	52.62	其他资金收入	296.20
库存现金	34.56	其他负债	345.93
其他资金占款	408.19	负债合计	2 829.08
其他资产	318.62	净　值	170.41
资产总额	2 999.49	自有资金	82.33
		股　金	79.36
		本年结益	8.72
		负债和净值总额	2 999.49

1

信 贷

农业银行信贷资金平衡表

（1992 年）　　　　单位：亿元

资金来源项目	余　额	比上年增减	比上年增长(%)	资金运用项目	余　额	比上年增减	比上年增长(%)
资金来源总计	**7 061.75**	**1 275.52**	**22.04**	**资金运用总计**	**7 061.75**	**1 275.52**	**22.04**
一、各项存款合计	4 130.94	811.43	24.44	一、各项贷款合计	5 468.10	890.03	19.44
(一)企业存款	769.22	222.76	40.76	(一)流动资金贷款	4 300.13	624.84	17.00
1. 工业存款	61.92	17.68	39.96	1. 工业贷款	402.30	94.41	30.66
2. 商业存款	530.33	149.95	39.42	(1)国营工业流动资金	187.66	41.01	27.96
3. 乡镇企业存款	132.48	46.12	53.40	(2)集体工业	180.58	43.66	31.90
4. 单位定期存款	44.49	9.01	25.39	(3)集体工业固定资产	34.06	9.74	40.05
(二)农业存款	1 183.40	155.74	15.15	2. 商业贷款	3 315.32	446.35	15.56
1. 国营农业企事业存款	151.24	14.75	10.81	(1)国营商业贷款	218.84	71.51	48.54
2. 集个体农业存款	39.37	14.89	60.83	(2)供销社贷款	709.99	38.27	5.70
3. 信用社存款	580.09	48.00	9.02	(3)农机公司贷款	40.72	8.13	24.94
4. 信用社存款准备金	412.70	78.10	23.34	(4)预购定金贷款	5.53	－0.02	－0.36
(三)储蓄存款	1 972.43	394.79	25.02	(5)乡镇企业供销公司	44.04	6.92	18.64
1. 活期	368.87	125.93	51.84	(6)集体商业贷款	106.32	31.13	41.40
2. 定期	1 603.56	268.86	20.14	(7)个体商业贷款	17.97	4.50	33.41
(四) 其他存款	205.89	38.14	22.74	(8)收购农副产品贷款	2 085.35	267.06	14.69
二、金融债券	18.60	3.79	25.59	(9)其他商业贷款	86.56	18.85	27.84
三、财政性存款	72.37	0.75	1.05	3. 乡镇企业贷款	582.51	84.08	16.87
四、向人行借款	2 081.12	331.19	18.93	(1)流动资金贷款	428.64	51.49	13.65
#临时借款	885.47	79.32	9.84	(2)固定资产贷款	153.87	32.59	26.87
五、同业往来	457.38	156.05	51.79	(二) 固定资产贷款	139.18	39.32	39.38
六、信贷基金	282.05	2.98	1.07	1. 国营工业技改贷款	53.86	16.86	45.57
七、纯益	19.29	3.24	20.19	2. 国营商业技改贷款	22.69	5.64	33.08
八、其他		－33.91		3. 国营农业技改贷款	35.70	8.75	32.46
				4. 基本建设贷款	26.93	8.07	42.81
				(三) 农业贷款	846.93	151.48	21.78
				1. 国营农业贷款	310.57	61.93	24.91
				2. 集体农业贷款	182.83	39.73	27.76
				3. 农户贷款	126.18	11.33	9.87
				4. 信用社贷款	30.47	－10.88	－26.31
				5. 扶贫贴息贷款	76.71	18.32	31.38
				6. 外资配套贷款	25.12	3.22	14.70
				7. 开发性贷款	95.05	27.83	41.40
				(四)特种贷款	26.12	0.19	0.73
				(五)其他贷款	155.74	74.20	91.00
				二、缴存准备金	518.05	86.73	20.11
				三、在人行存款	340.55	－87.29	－20.40
				四、同业往来	578.07	299.76	107.71
				五、现金	87.56	16.87	23.86
				六、其他	69.42	69.42	

农业银行各项存款余额分月统计

(1992年)　　　　单位：亿元

项　　目	一　月	二　月	三　月	四　月	五　月	六　月
存款合计	**3 330.86**	**3 496.87**	**3 502.85**	**3 502.71**	**3 560.76**	**3 647.85**
1. 工业存款	42.59	44.64	48.39	50.94	54.24	54.93
2. 商业存款	366.62	387.54	397.14	406.57	422.43	436.09
3. 单位定期存款	36.45	36.66	38.18	42.24	42.39	43.65
4. 乡镇企业存款	81.05	79.42	88.68	95.21	104.15	108.82
5. 农业存款	1 033.93	1 089.69	1 043.45	1 006.62	1 009.23	1 039.06
① 国营农业企事业存款	125.14	125.45	126.86	128.82	132.06	132.58
② 集个体农业存款	24.65	24.11	24.28	25.55	26.69	28.56
③ 信用社存款	544.98	595.65	536.99	491.64	486.00	507.20
④ 信用社存款准备金	339.16	344.48	355.32	360.61	364.48	370.72
6. 储蓄存款	1 608.57	1 699.43	1 727.07	1 741.43	1 762.80	1 794.44
#定期储蓄存款	1 366.99	1 441.35	1 466.36	1 476.23	1 488.43	1 502.19
7. 信托存款	1.20	1.20	1.14	1.36	1.31	1.51
8. 其他存款	160.45	158.29	158.80	158.34	164.21	169.35

项　　目	七　月	八　月	九　月	十　月	十一月	十二月	月平均余　额
存款合计	**3 732.88**	**3 788.52**	**3 814.12**	**3 909.89**	**4 025.94**	**4 130.94**	**3 703.68**
1. 工业存款	59.82	63.40	61.10	65.04	68.44	61.92	56.29
2. 商业存款	467.10	503.13	497.71	519.86	550.39	530.33	457.06
3. 单位定期存款	45.80	46.61	47.32	45.47	46.09	44.49	42.94
4. 乡镇企业存款	118.61	12.30	125.64	132.00	133.75	132.48	110.51
5. 农业存款	1 043.88	1 029.05	1 035.82	1 074.58	1 124.92	1 183.40	1 059.47
① 国营农业企事业存款	138.60	141.92	136.00	143.46	145.89	151.24	135.67
② 集个体农业存款	31.58	32.71	33.48	35.34	37.60	39.37	30.33
③ 信用社存款	494.97	470.07	476.06	499.28	538.00	580.09	518.41
④ 信用社存款准备金	378.73	384.35	390.28	396.50	403.43	412.70	375.06
6. 储蓄存款	1 813.32	1 827.16	1 851.01	1 875.86	1 900.95	1 972.43	1 797.87
#定期储蓄存款	1 508.42	1 515.41	1 526.15	1 539.26	1 550.71	1 603.56	1 498.76
7. 信托存款	1.78	1.98	2.06	2.27	2.30	2.14	1.69
8. 其他存款	182.57	190.89	193.46	194.81	199.10	203.75	177.85

农业银行各项贷款余额分月统计

（1992 年）　　单位：亿元

项　　目	一　月	二　月	三　月	四　月	五　月	六　月
贷　款　合　计	**4 569.21**	**4 558.87**	**4 604.74**	**4 618.85**	**4 644.56**	**4 736.16**
1. 工业贷款	310.75	316.43	325.50	334.39	342.44	347.75
2. 商业贷款	2 857.70	2 823.60	2 808.66	2 763.14	2 736.30	2 788.54
#① 供销社贷款	691.94	693.24	698.17	688.36	678.39	674.36
② 国营商业贷款	150.75	154.09	159.58	165.98	172.54	178.37
③ 收购农副产品贷款	1 780.00	1 737.27	1 700.61	1 646.86	1 614.36	1 660.16
④ 农机公司贷款	33.74	35.46	35.94	35.40	35.63	36.20
⑤ 集个体贷款	90.77	90.64	94.00	97.16	100.31	101.83
3. 技术改造贷款	80.32	80.58	81.15	84.97	85.96	88.01
① 工业技术改造贷款	37.01	37.30	37.57	39.66	40.82	42.07
② 商业技术改造贷款	16.75	16.66	16.73	17.53	17.05	17.34
③ 国营农业技术改造贷款	26.56	26.62	26.85	27.78	28.09	28.60
4. 基本建设贷款	18.45	18.23	18.26	19.70	20.69	21.29
5. 乡镇企业贷款	497.87	503.15	516.47	528.60	542.48	555.54
① 乡镇企业流动资金贷款	379.31	384.63	396.58	406.47	416.65	424.69
② 乡镇企业固定资产贷款	118.56	118.52	119.89	122.13	125.83	130.85
6. 农村电力工业贷款	31.58	31.67	31.87	32.55	32.92	33.38
7. 农业贷款	695.23	707.41	741.26	772.24	796.14	810.33
① 国营农业贷款	250.40	256.55	269.19	279.20	287.54	293.44
② 集体农业贷款	143.94	146.44	152.89	159.00	164.64	168.25
③ 农户贷款	115.01	116.42	121.84	127.53	131.23	132.60
④ 信用社贷款	41.83	43.73	50.28	55.91	57.93	56.47
⑤ 扶贫贴息贷款	57.85	58.11	58.84	59.87	61.21	62.66
⑥ 外资配套贷款	20.48	19.98	20.34	20.75	21.11	21.55
⑦ 开发性贷款	65.72	66.18	67.88	69.98	72.48	75.36
8. 信托贷款	15.31	15.64	15.60	15.61	16.07	16.66
9. 特种贷款	25.54	25.39	25.29	25.13	24.92	24.75
10. 其他贷款	36.46	36.77	40.68	42.52	46.63	49.91

农业银行各项贷款余额分月统计（续）

（1992 年）　　　　单位：亿元

项　　目	七　月	八　月	九　月	十　月	十一月	十二月	月平均余　额
贷　款　合　计	**4 809.67**	**4 880.14**	**4 934.65**	**5 081.85**	**5 239.92**	**5 468.10**	**4 845.56**
1. 工业贷款	357.49	364.95	368.40	376.81	382.90	402.30	352.51
2. 商业贷款	2 815.09	2 852.28	2 912.38	3 028.61	3 167.94	3 315.32	2 905.80
#① 供销社贷款	674.53	678.98	675.67	684.12	695.24	709.99	686.92
② 国营商业贷款	184.61	192.93	191.13	197.18	202.30	218.84	180.69
③ 收购农副产品贷款	1 672.80	1 691.52	1 754.34	1 850.25	1 969.17	2 085.35	1 763.56
④ 农机公司贷款	36.97	37.37	37.54	38.03	38.50	40.72	36.79
⑤ 集个体贷款	106.21	111.12	113.46	118.07	122.84	124.29	105.89
3. 技术改造贷款	89.06	90.38	92.04	98.88	97.47	112.25	90.09
① 工业技术改造贷款	42.59	43.06	44.29	45.07	45.79	53.86	42.43
② 商业技术改造贷款	17.54	17.76	17.67	23.48	20.99	22.69	18.51
③ 国营农业技术改造贷款	28.93	29.56	30.08	30.33	30.69	35.70	29.15
4. 基本建设贷款	24.11	24.40	24.03	24.65	25.15	26.93	22.16
5. 乡镇企业贷款	567.98	572.01	557.80	561.90	565.40	582.51	545.99
① 乡镇企业流动资金贷款	434.08	435.22	420.66	422.28	423.85	428.64	414.44
② 乡镇企业固定资产贷款	133.90	136.79	137.14	139.62	141.55	153.87	131.55
6. 农村电力工业贷款	33.56	34.15	34.37	35.39	36.02	40.47	33.99
7. 农业贷款	827.08	842.48	840.81	844.64	847.18	846.93	797.62
① 国营农业贷款	300.30	305.99	306.65	307.57	309.96	310.57	289.78
② 集体农业贷款	172.05	176.47	179.47	181.67	182.47	182.83	167.50
③ 农户贷款	134.28	136.09	135.63	134.88	132.68	126.18	128.70
④ 信用社贷款	56.45	55.24	46.81	44.24	41.36	30.47	48.38
⑤ 扶贫贴息贷款	64.17	65.41	66.59	67.89	69.64	76.71	64.08
⑥ 外资配套贷款	22.43	22.88	23.32	23.86	24.34	25.12	22.18
⑦ 开发性贷款	77.40	80.40	82.34	84.53	86.73	95.05	77.00
8. 信托贷款	17.45	17.89	18.83	19.90	20.58	21.72	17.61
9. 特种贷款	25.09	25.45	25.73	25.77	25.83	26.12	25.42
10. 其他贷款	52.76	56.15	60.26	65.30	71.45	93.55	54.37

各地区农业银行各项存款

（1992 年）　　　　单位：万元

地区名称	各项存款合计		（一）企业存款		1. 工业存款	
	余　额	比上年增减	余　额	比上年增减	余　额	比上年增减
总　行	10 246	－31 993	10 246	－31 993		
北　京	1 086 020	223 628	333 551	110 371	15 863	4 601
天　津	661 580	105 438	177 198	49 680	21 692	5 499
河　北	2 493 407	336 025	234 597	27 619	24 837	8 081
山　西	1 042 554	190 852	115 069	24 193	7 475	2 240
内蒙古	495 718	65 958	58 187	14 376	2 897	－544
辽　宁	1 921 135	342 936	284 593	80 775	20 849	5 877
吉　林	766 767	100 306	98 384	17 031	3 353	1 263
黑龙江	1 279 364	161 526	166 326	29 127	10 224	1 634
上　海	2 009 699	639 871	764 651	332 300	82 329	36 652
江　苏	2 925 868	535 968	524 213	139 034	15 958	3 404
浙　江	2 134 827	388 124	351 042	92 853	23 685	3 255
安　徽	1 007 367	147 988	174 918	38 585	11 756	3 185
福　建	1 224 659	322 254	224 220	69 376	26 825	6 869
江　西	917 311	168 941	155 360	29 189	14 832	3 605
山　东	2 936 914	435 779	373 020	74 773	18 597	1 841
河　南	1 707 010	28 695	270 250	26 291	17 478	6 244
湖　北	1 431 054	160 955	282 699	45 505	20 713	7 809
湖　南	1 313 355	259 463	158 750	20 177	10 900	2 020
广　东	5 580 529	1 972 494	1346 584	630 655	111 172	41 641
广　西	1 076 317	239 423	177 703	55 029	15 881	376
海　南	581 530	278 586	142 107	100 982	2 706	1 073
四　川	2 443 506	406 192	423 297	97 778	64 887	18 421
贵　州	486 777	85 817	127 928	25 867	18 523	3 351
云　南	1 101 199	189 773	292 135	36 167	21 869	122
陕　西	837 743	131 194	108 247	22 508	10 871	3 423
甘　肃	487 130	67 662	86 361	17 422	6 573	1 277
青　海	139 612	19 937	28 295	5 212	2 982	628
宁　夏	156 170	23 035	22 625	1 063	4 716	931
新　疆	1 053 983	117 473	179 641	45 647	8 776	2 032
#重　庆	327 135	58 222	61 000	17 698	5 131	1 774
武　汉	365 707	81 844	124 585	36 430	8 474	3 245
沈　阳	463 128	116 343	81 253	29 258	4 503	955
大　连	441 083	81 009	74 923	28 828	9 171	4 037
哈尔滨	241 057	54 643	48 968	8 301	1 809	518
广　州	1 209 212	472 115	322 120	159 500	29 455	13 121
西　安	197 568	36 053	30 579	10 171	2 347	699
青　岛	348 329	82 682	77 532	32 232	2 628	529
宁　波	357 150	68 582	63 563	19 481	2 968	490
厦　门	132 606	60 454	49 343	28 359	2 917	1 931
深　圳	895 375	409 925	391 916	183 059	41 964	16 480
长　春	191 218	40 581	35 972	14 860	1 408	660
南　京	253 979	58 161	65 388	20 328	915	55
成　都	468 487	94 818	90 409	26 598	7 847	2 754
新兵团	403 717	29 215	35 231	716	1 138	－143
合　计	**41 309 351**	**8 114 300**	**7 692 197**	**2 227 592**	**619 219**	**176 810**

各地区农业银行各项存款（续 1）

（1992 年）　　单位：万元

地区名称	2. 商业存款		3. 乡镇企业存款		4. 单位定期存款	
	余　额	比上年增减	余　额	比上年增减	余　额	比上年增减
总　行	10 246	−31 993				
北　京	239 571	95 481	42 276	9 420	35 841	869
天　津	106 028	31 676	44 879	13 567	4 599	−1 062
河　北	161 962	10 162	42 695	8 190	5 103	1 186
山　西	79 367	14 885	22 699	6 025	5 528	1 043
内蒙古	49 100	12 885	4 570	1 217	1 620	818
辽　宁	202 438	55 727	52 518	18 173	8 788	998
吉　林	77 879	9 628	12 472	2 980	4 680	3 160
黑龙江	133 517	19 094	11 226	3 262	11 359	5 137
上　海	472 591	211 511	190 522	78 113	19 209	6 024
江　苏	324 097	86 707	150 074	42 258	34 084	6 665
浙　江	231 514	65 956	71 810	20 009	24 033	3 633
安　徽	126 126	25 699	23 499	4 493	13 537	5 208
福　建	137 009	42 436	50 536	18 698	9 850	1 373
江　西	110 098	17 677	21 260	4 085	9 170	3 822
山　东	297 549	62 481	32 758	8 770	24 116	1 681
河　南	207 524	8 214	34 604	6 146	10 644	5 687
湖　北	217 403	34 509	13 739	−77	30 844	3 264
湖　南	117 221	9 856	17 804	3 338	12 825	4 963
广　东	875 301	412 346	289 674	151 361	70 437	25 307
广　西	122 512	42 593	28 524	8 951	10 786	3 109
海　南	117 503	85 196	6 098	4 600	15 800	10 113
四　川	263 597	57 023	66 266	19 453	28 547	2 881
贵　州	91 877	16 559	11 753	3 437	5 775	2 520
云　南	223 928	30 846	39 615	12 993	6 723	−7 794
陕　西	73 464	10 870	15 693	4 129	8 219	4 086
甘　肃	64 907	12 491	10 107	2 394	4 774	1 260
青　海	22 206	3 988	1 739	657	1 368	−61
宁　夏	13 707	1 658	3 841	1 727	361	63
新　疆	133 067	46 703	11 551	2 823	26 247	−5 911
#重　庆	38 810	10 992	13 277	3 270	3 782	1 662
武　汉	95 678	32 016	4 643	1 290	15 790	−121
沈　阳	65 638	22 828	6 806	2 616	4 306	2 859
大　连	42 723	15 016	22 640	10 014	389	−239
哈尔滨	42 236	6 265	4 780	1 698	143	−180
广　州	219 950	109 578	66 561	36 739	6 154	62
西　安	23 016	7 841	4 108	1 035	1 108	596
青　岛	53 098	23 612	11 969	3 344	9 837	4 747
宁　波	42 463	14 034	15 419	4 455	2 713	502
厦　门	41 857	25 620	2 037	672	2 532	136
深　圳	261 451	121 830	49 615	29 989	38 886	14 760
长　春	27 644	10 855	4 093	1 493	2 827	1 852
南　京	40 615	11 086	14 367	3 989	9 491	5 198
成　都	59 983	16 337	18 394	6 992	4 185	515
新兵团	13 447	6 598	53	42	20 593	−5 781
合　计	**5 303 309**	**1 499 548**	**1 324 802**	**461 192**	**444 867**	**90 042**

各地区农业银行各项存款（续 2）

（1992 年）

单位：万元

地区名称	（二）农业存款		1. 国营农业企事业存款		2. 集个体农业存款	
	余　额	比上年增减	余　额	比上年增减	余　额	比上年增减
总　行						
北　京	477 377	47 519	103 350	5 154	8 362	4 569
天　津	185 041	－4 143	14 948	－737	7 589	1 897
河　北	886 560	117 781	40 641	2 066	12 491	3 642
山　西	382 349	52 479	24 590	1 369	6 333	2 528
内蒙古	144 161	－10 251	18 395	2 700	2 962	318
辽　宁	490 607	22 952	54 868	4 420	16 661	801
吉　林	162 912	－13 248	29 677	3 605	3 437	983
黑龙江	331 054	743	74 881	10 068	7 285	2 153
上　海	255 048	73 661	55 027	13 458	48 374	18 726
江　苏	684 913	102 813	75 327	869	22 284	7 607
浙　江	802 418	98 862	63 923	6 449	30 763	10 990
安　徽	399 155	46 679	30 425	－3 094	3 696	－449
福　建	347 040	104 595	60 433	8 431	19 989	7 347
江　西	206 847	20 589	41 884	5 825	4 441	1 317
山　东	740 684	30 933	49 359	2 232	9 815	3 841
河　南	374 602	－182 275	34 317	－480	18 278	3 973
湖　北	290 643	－23 193	41 228	－502	6 450	1 747
湖　南	437 987	89 534	43 442	1 207	5 606	1 606
广　东	1 940 844	682 870	146 723	41 380	93 298	50 056
广　西	272 575	38 899	64 154	8 309	8 790	2 793
海　南	135 888	70 735	34 447	15 307	13 405	11 573
四　川	772 127	95 231	95 726	2 191	9 484	4 576
贵　州	134 386	17 932	33 647	5 788	2 163	533
云　南	300 713	55 613	68 216	6 705	8 055	1 521
陕　西	233 960	19 913	27 641	－2 849	4 058	1 079
甘　肃	94 906	－6 416	25 740	1 000	4 698	1 029
青　海	36 760	3 699	9 980	1 524	2 709	172
宁　夏	42 015	2 698	10 104	2 521	1 080	547
新　疆	270 432	247	139 279	2 602	11 129	1 372
#重　庆	99 288	7 760	14 703	－78	1 368	492
武　汉	59 763	5 387	14 685	169	2 129	937
沈　阳	98 731	6 194	12 443	－128	3 019	1 047
大　连	140 171	1 783	7 414	40	6 374	308
哈尔滨	66 016	18 977	21 739	5 660	2 314	713
广　州	480 059	207 564	47 152	7 587	20 568	9 785
西　安	69 595	4 282	6 916	－1 032	972	113
青　岛	61 665	9 233	4 366	222	1 582	869
宁　波	128 574	10 431	5 500	148	2 868	629
厦　门	37 886	21 053	2 071	－516	2 672	2 004
深　圳	195 273	90 485	8 628	571	22 805	14 375
长　春	39 180	3 452	7 852	2 638	1 377	719
南　京	48 278	8 351	10 293	－222	1 820	646
成　都	145 926	25 737	21 661	1 827	1 723	906
新兵团	83 100	－1 223	81 288	－1 136	1 083	386
合　计	**11 834 004**	**1 557 451**	**1 512 372**	**147 518**	**393 685**	**148 847**

各地区农业银行各项存款（续3）

（1992年）　　单位：万元

地区名称	3. 信用社存款		4. 信用社存款准备金		（三）储蓄存款	
	余　额	比上年增减	余　额	比上年增减	余　额	比上年增减
总　行						
北　京	254 535	15 067	111 130	22 729	238 653	56 755
天　津	101 110	－17 187	61 394	11 884	266 125	50 497
河　北	460 998	54 006	372 430	58 067	1 324 457	181 858
山　西	206 279	27 613	145 147	20 969	505 246	110 128
内蒙古	91 614	－17 516	31 190	4 247	264 454	61 161
辽　宁	279 201	24 113	139 877	－6 382	1 075 683	232 117
吉　林	79 908	－20 420	49 890	2 584	472 614	98 196
黑龙江	176 606	－14 635	72 282	3 157	730 553	118 053
上　海	64 107	20 305	87 540	21 172	872 826	190 971
江　苏	270 136	43 973	371 166	50 364	1 597 391	283 398
浙　江	418 207	18 412	289 525	63 011	879 507	180 094
安　徽	275 653	39 924	89 381	10 298	378 500	70 488
福　建	172 163	66 061	94 455	22 756	580 839	134 094
江　西	98 093	3 634	62 429	9 813	502 643	114 649
山　东	273 024	－19 880	408 486	44 740	1 701 977	328 738
河　南	114 857	－212 592	207 150	26 824	955 983	176 383
湖　北	149 214	－26 024	93 751	1 586	722 443	112 434
湖　南	253 444	55 698	135 495	31 023	646 071	144 077
广　东	875 112	299 136	825 711	292 298	2 026 802	533 683
广　西	129 267	12 008	70 364	15 789	562 561	128 949
海　南	66 671	37 342	21 365	6 513	276 891	93 322
四　川	454 535	50 175	212 382	38 289	1 085 911	182 068
贵　州	81 298	8 954	17 278	2 657	180 168	40 487
云　南	171 742	36 213	52 700	11 174	420 606	85 617
陕　西	108 067	8 500	94 194	13 183	461 391	85 731
甘　肃	32 902	－11 486	31 566	3 041	282 967	57 191
青　海	20 272	1 485	3 799	518	64 644	10 756
宁　夏	20 916	－1 913	9 915	1 543	83 929	18 011
新　疆	100 925	－949	19 099	－2 778	562 449	67 990
#重　庆	47 402	404	35 815	6 942	148 565	29 282
武　汉	23 353	1 836	19 596	2 445	137 217	29 606
沈　阳	59 927	4 001	23 342	1 274	262 183	79 294
大　连	86 779	1 654	39 604	－219	212 245	47 479
哈尔滨	32 741	11 880	9 222	724	116 638	24 563
广　州	268 561	127 874	143 778	62 318	367 177	89 939
西　安	32 611	－684	29 096	5 885	90 518	20 594
青　岛	20 744	3 101	34 973	5 041	193 521	40 200
宁　波	79 298	4 824	40 908	4 830	145 951	31 641
厦　门	23 186	14 910	9 957	4 655	43 336	10 999
深　圳	116 605	50 817	47 235	24 722	236 346	85 476
长　春	21 554	69	8 397	26	103 105	24 936
南　京	22 062	5 338	14 103	2 589	129 280	29 576
成　都	79 972	11 486	42 570	11 518	193 219	34 264
新兵团	505	－493	224	20	275 785	26 100
合　计	**5 800 856**	**480 017**	**4 127 091**	**781 069**	**19 724 284**	**3 947 896**

各地区农业银行各项存款（续 4）

（1992 年）　　　　单位：万元

地区名称	1. 活期		2. 定期		（四）其它存款	
	余　额	比上年增减	余　额	比上年增减	余　额	比上年增减
总　行						
北　京	31 112	11 585	207 541	45 170	36 439	8 983
天　津	39 625	12 245	226 500	38 252	33 216	9 404
河　北	212 966	43 401	1 111 491	138 457	47 793	8 767
山　西	83 456	31 166	421 790	78 962	39 890	4 052
内蒙古	69 427	20 840	195 027	40 321	28 916	672
辽　宁	187 131	61 387	888 552	170 730	70 252	7 092
吉　林	103 142	15 956	369 472	82 240	32 857	－1 673
黑龙江	125 805	32 529	604 748	85 524	51 431	13 603
上　海	30 018	18 265	842 808	172 706	117 174	42 939
江　苏	76 495	45 107	1 520 896	238 291	119 351	10 723
浙　江	148 409	43 355	731 098	136 739	101 860	16 315
安　徽	85 218	13 111	293 282	57 377	54 794	－7 764
福　建	119 875	52 641	460 964	81 453	72 560	14 189
江　西	106 626	32 035	396 017	82 614	52 461	4 514
山　东	186 064	63 928	1 515 913	264 810	121 233	1 335
河　南	203 200	44 728	752 783	131 655	106 175	8 296
湖　北	139 322	37 419	583 121	75 015	135 269	26 209
湖　南	134 308	48 467	511 763	95 610	70 547	5 675
广　东	777 505	365 420	1 249 297	168 263	266 299	125 286
广　西	165 886	56 753	396 675	72 196	63 478	16 546
海　南	103 883	52 431	173 008	40 891	26 644	13 547
四　川	182 899	55 812	903 012	126 256	162 171	31 115
贵　州	45 196	12 892	134 972	27 595	44 295	1 531
云　南	80 345	29 091	340 261	56 526	87 745	12 376
陕　西	80 526	19 752	380 865	65 979	34 145	3 042
甘　肃	55 875	18 680	227 092	38 511	22 896	－535
青　海	12 691	2 992	51 953	7 764	9 913	270
宁　夏	13 567	4 815	70 362	13 196	7 601	1 263
新　疆	88 137	12 564	474 312	55 426	41 461	3 589
#重　庆	23 600	7 640	124 965	21 642	18 282	3 482
武　汉	26 041	9 284	111 176	20 322	44 142	10 421
沈　阳	52 658	20 849	209 525	58 445	20 961	1 597
大　连	28 142	10 160	184 103	37 319	13 744	2 919
哈尔滨	27 254	8 429	89 384	16 134	9 435	2 802
广　州	96 208	36 216	270 969	53 723	39 856	15 112
西　安	17 711	5 697	72 807	14 897	6 876	1 006
青　岛	23 381	9 335	170 140	30 865	15 611	1 017
宁　波	21 820	6 998	124 131	24 643	19 062	7 029
厦　门	9 391	4 045	33 945	6 954	2 041	43
深　圳	162 010	85 888	74 336	－412	71 840	50 905
长　春	21 975	7 447	81 130	17 489	12 961	－2 667
南　京	6 945	3 776	122 335	25 800	11 033	－94
成　都	38 040	13 241	155 179	21 023	38 933	8 219
新兵团	25 940	4 740	249 845	21 360	9 601	3 622
合　计	**3 688 709**	**1 259 367**	**16 035 575**	**2 688 529**	**2 058 866**	**381 361**

各地区农业银行各项贷款

（1992 年）　　　　单位：万元

地区名称	各项贷款合计		（一）流动资金贷款		1. 工业贷款	
	余　额	比上年增减	余　额	比上年增减	余　额	比上年增减
总　行	158 600	155 000				
北　京	942 270	181 448	616 977	125 242	50 846	9 312
天　津	815 314	159 744	644 625	118 839	86 166	24 218
河　北	2 676 817	369 170	2 115 881	226 553	163 618	47 051
山　西	1 070 314	145 675	859 903	107 233	37 847	13 759
内蒙古	1 080 583	156 561	875 250	121 054	32 304	6 364
辽　宁	2 695 735	474 006	2 142 560	335 463	189 458	37 113
吉　林	2 476 862	333 286	2 005 208	254 095	52 832	11 422
黑龙江	2 464 679	303 182	1 890 960	228 241	103 740	15 166
上　海	1 764 943	504 189	1 432 025	386 094	503 942	141 178
江　苏	3 604 155	580 199	3 079 190	428 906	285 193	67 219
浙　江	1 918 662	323 042	1 593 410	230 171	254 939	65 148
安　徽	2 017 153	257 774	1 618 845	200 401	103 903	25 739
福　建	1 092 725	214 170	688 539	108 563	114 918	35 210
江　西	1 808 522	312 388	1 367 277	230 531	82 128	17 138
山　东	4 049 990	473 933	3 364 548	299 472	220 582	48 964
河　南	3 281 977	421 686	2 680 585	310 915	108 528	20 708
湖　北	3 066 104	330 960	2 550 057	246 331	197 081	15 700
湖　南	2 159 343	360 467	1 720 485	272 734	130 873	23 899
广　东	4 180 768	810 450	3 285 105	608 832	586 616	168 509
广　西	1 178 412	190 823	770 758	118 163	97 812	27 089
海　南	585 383	177 983	317 593	91 792	12 351	4 002
四　川	3 660 698	623 444	2 993 641	455 844	289 733	60 610
贵　州	832 218	126 009	569 889	76 241	50 708	11 498
云　南	1 151 672	203 299	854 328	147 783	74 740	12 902
陕　西	1 247 458	197 282	982 509	147 136	96 882	20 427
甘　肃	737 123	121 852	576 401	101 119	25 921	3 693
青　海	157 207	25 268	115 654	22 007	20 569	3 966
宁　夏	214 216	36 549	154 189	28 728	20 923	3 662
新　疆	1 592 152	331 547	1 134 598	219 620	27 834	2 450
#重　庆	468 997	84 344	406 964	72 795	49 265	11 959
武　汉	438 783	65 654	349 628	47 120	38 810	3 426
沈　阳	632 541	195 534	535 521	165 113	61 565	6 369
大　连	384 817	93 655	250 871	47 749	27 892	7 649
哈尔滨	386 651	77 245	295 156	55 955	23 351	5 021
广　州	590 934	121 576	418 157	79 167	88 995	19 418
西　安	311 282	80 238	257 649	68 146	33 007	12 001
青　岛	369 318	69 038	270 407	35 720	39 774	10 876
宁　波	327 601	61 501	269 018	42 483	40 063	10 506
厦　门	162 853	70 504	87 145	26 897	7 872	2 214
深　圳	588 528	129 702	484 919	117 516	143 128	36 857
长　春	629 855	86 877	520 624	65 338	10 243	1 928
南　京	271 138	49 704	220 770	38 406	23 992	6 900
成　都	503 120	97 186	425 568	80 064	52 487	7 036
新兵团	478 407	144 378	222 770	70 924	1 332	—31
合　计	**54 682 055**	**8 901 386**	**43 000 990**	**6 248 103**	**4 022 987**	**944 116**

各地区农业银行各项贷款（续1）

（1992年） 单位：万元

地区名称	(1) 国营工业流动资金贷款		(2) 集体工业贷款		(3) 集体工业固定资产贷款	
	余　额	比上年增减	余　额	比上年增减	余　额	比上年增减
总　行						
北　京	34 556	5 544	15 122	3 269	1 168	499
天　津	42 447	7 751	37 141	11 335	6 578	5 132
河　北	95 063	27 002	63 150	19 998	5 405	51
山　西	15 349	3 394	21 126	9 753	1 372	612
内蒙古	15 062	2 652	15 311	3 428	1 931	284
辽　宁	103 088	13 561	74 745	19 986	11 625	3 566
吉　林	22 957	4 834	26 013	5 897	3 862	691
黑龙江	64 276	12 200	36 599	3 172	2 865	−206
上　海	181 598	63 666	287 814	61 300	34 530	16 212
江　苏	22 066	4 927	200 864	43 519	62 263	18 773
浙　江	40 325	2 042	181 750	46 335	32 864	16 771
安　徽	38 442	8 579	48 693	11 392	16 768	5 768
福　建	56 295	7 238	53 306	25 088	5 317	2 884
江　西	51 839	12 030	25 809	4 835	4 480	273
山　东	77 220	14 397	117 969	31 469	25 393	3 098
河　南	56 811	8 628	47 007	9 156	4 710	2 924
湖　北	63 199	5 973	101 899	9 297	31 983	430
湖　南	57 020	13 295	55 062	8 620	18 791	1 984
广　东	333 624	95 291	223 666	65 260	29 326	7 958
广　西	52 792	8 912	38 328	14 598	6 692	3 579
海　南	11 452	3 434	899	568		
四　川	208 995	42 805	62 049	15 186	18 689	2 619
贵　州	47 256	11 110	3 073	372	379	16
云　南	52 791	8 905	16 417	2 635	5 532	1 362
陕　西	68 932	14 767	22 704	4 548	5 246	1 112
甘　肃	18 479	2 461	7 437	1 227	5	5
青　海	15 897	2 888	4 592	1 043	80	35
宁　夏	14 416	1 403	5 320	1 794	1 187	465
新　疆	14 396	457	11 927	1 565	1 511	428
#重　庆	30 788	8 569	14 710	2 931	3 767	459
武　汉	17 932	1 840	18 501	1 278	2 377	308
沈　阳	38 485	3 234	20 572	2 970	2 508	165
大　连	9 560	1 759	14 145	4 272	4 187	1 618
哈尔滨	11 670	4 252	10 365	809	1 316	−40
广　州	57 761	11 770	25 007	3 537	6 227	4 111
西　安	22 516	8 779	9 179	2 764	1 312	458
青　岛	11 161	3 654	25 092	8 046	3 521	−824
宁　波	3 484	53	32 488	9 048	4 091	1 405
厦　门	4 058	1 456	2 994	93	820	665
深　圳	139 204	37 403	3 924	−546	411	
长　春	5 662	1 166	4 170	734	7 532	28
南　京	442	206	16 018	5 567		1 127
成　都	37 574	5 457	11 199	302	3 714	1 277
新兵团	441	19	891	−50		
合　计	**1 876 643**	**410 146**	**1 805 792**	**436 645**	**340 552**	**97 325**

各地区农业银行各项贷款（续 2）

（1992 年）　　　　单位：万元

地区名称	2. 商业贷款		（1）国营商业贷款		（2）供销社贷款	
	余　额	比上年增减	余　额	比上年增减	余　额	比上年增减
总　行						
北　京	450 848	106 020	38 889	11 785	87 647	9 797
天　津	423 442	79 410	22 543	10 253	92 226	5 860
河　北	1 658 965	147 742	64 670	26 750	413 847	26 951
山　西	657 484	68 987	43 179	18 209	173 289	2 545
内蒙古	791 509	99 468	19 879	8 347	170 141	20 623
辽　宁	1 681 551	267 839	89 742	29 879	383 424	37 193
吉　林	1 813 418	209 666	36 921	13 727	354 439	28 180
黑龙江	1 661 175	191 972	101 347	43 980	312 195	9 150
上　海	542 950	143 305	69 658	32 997	172 591	34 658
江　苏	2 188 333	306 327	72 767	22 907	502 389	40 302
浙　江	927 532	131 535	54 007	11 564	251 963	19 877
安　徽	1 308 598	140 006	44 731	5 958	243 619	9 436
福　建	432 726	59 882	62 239	19 343	117 770	—4 599
江　西	1 144 566	192 297	31 830	5 631	205 946	4 342
山　东	2 766 563	202 697	81 192	20 784	459 929	41 275
河　南	2 330 948	249 034	92 731	26 699	391 370	13 735
湖　北	2 122 600	209 231	95 636	18 164	341 515	9 930
湖　南	1 377 434	211 234	56 254	20 584	317 151	—3 537
广　东	2 154 607	375 723	602 704	170 575	733 407	83 824
广　西	574 717	69 309	45 105	20 236	166 413	—8 464
海　南	289 623	82 259	79 936	39 632	55 750	4 947
四　川	2 256 376	340 095	201 388	89 183	453 627	8 935
贵　州	452 444	49 195	41 417	15 603	80 164	—17 963
云　南	690 220	119 462	21 521	3 777	147 651	—3 968
陕　西	735 090	98 843	46 604	9 551	228 400	—1 157
甘　肃	486 009	85 138	34 195	9 724	108 643	6 332
青　海	81 267	14 270	18 166	4 068	17 209	3 818
宁　夏	102 042	13 597	5 899	3 023	24 123	—1 068
新　疆	1 049 915	198 670	13 270	2 213	93 039	1 746
#重　庆	284 256	50 023	32 988	19 294	54 814	—1 009
武　汉	276 790	38 333	38 186	8 654	76 055	4 545
沈　阳	434 488	148 789	39 941	10 950	90 452	23 213
大　连	165 220	33 434	10 393	3 281	50 675	7 793
哈尔滨	248 925	45 416	21 711	9 830	78 606	—3 093
广　州	278 207	54 976	76 373	18 049	96 179	12 072
西　安	189 263	47 565	9 281	3 708	79 078	—1 654
青　岛	175 427	18 685	10 909	3 757	43 595	7 397
宁　波	155 096	24 532	10 669	4 465	37 901	3 849
厦　门	73 995	24 020	34 526	11 089	4 614	597
深　圳	262 843	55 070	211 233	54 328	22 639	3 390
长　春	479 569	57 285	4 735	927	83 197	5 166
南　京	140 552	24 145	6 556	3 358	40 840	—1 655
成　都	286 692	60 102	27 032	4 547	51 772	—1 017
新兵团	219 557	69 074	5 156	—688	3 038	—1 698
合　计	**33 152 952**	**4 463 213**	**2 188 420**	**715 146**	**7 099 877**	**382 700**

各地区农业银行各项贷款（续3）

（1992 年）

单位：万元

地区名称	（3）农机公司贷款		（4）预购定金贷款		（5）乡企供销公司贷款	
	余　额	比上年增减	余　额	比上年增减	余　额	比上年增减
总　行						
北　京	24 800	2 463	78	3	2 635	−2 394
天　津	7 217	2 721	85	69	4 586	318
河　北	18 688	2 493	1 067	−424	28 751	5 351
山　西	10 985	−229	692	−486	19 411	4 250
内蒙古	14 371	1 829	1 194	−84	5 467	1 641
辽　宁	26 544	5 726	965	−2 636	12 670	3 872
吉　林	21 993	4 992	4 795	2 209	10 836	1 789
黑龙江	29 253	3 901	19 026	8 618	7 997	317
上　海	4 610	1 300	25	25	13 545	4 151
江　苏	11 145	2 995	5 263	−1 761	42 095	5 756
浙　江	13 614	5 448	32	−22	33 693	2 657
安　徽	8 273	1 989	4 952	−411	9 394	1 874
福　建	5 365	1 341	210	70	9 480	1 492
江　西	7 532	2 065	1 311	−295	9 224	1 359
山　东	34 023	3 218	1 062	−131	23 580	3 047
河　南	30 362	2 598	2 223	−3 659	25 117	2 566
湖　北	23 572	4 999	4 858	−925	12 781	2 150
湖　南	8 402	1 297	988	388	18 469	2 526
广　东	30 050	11 041	991	−440	61 964	4 842
广　西	7 380	2 551	810	−153	8 723	4 054
海　南	8 893	3 317	577	−10	3 532	1 648
四　川	19 703	5 732	330	−210	43 432	9 701
贵　州	2 813	533	165	−82	1 665	216
云　南	6 474	2 121	1 073	−122	9 233	2 346
陕　西	12 489	1 152	934	−183	11 387	2 076
甘　肃	4 926	628	251	−159	5 275	933
青　海	2 167	839	65	−40	433	34
宁　夏	1 263	384			936	40
新　疆	10 264	1 793	1 303	673	4 058	535
#重　庆	3 359	766			3 782	979
武　汉	7 034	2 477	661	−125	2 239	894
沈　阳	9 765	3 833	146	23	1 057	784
大　连	1 770	494	52	52	1 006	351
哈尔滨	5 890	2 295	653	31	2 413	−8
广　州	3 953	1 923	4	−103	3 473	30
西　安	3 767	805	313	−139	4 256	1 187
青　岛	2 413	236			1 520	464
宁　波	2 367	906			9 585	1 716
厦　门	528	50			130	35
深　圳	500	247		−3	260	−70
长　春	6 964	1 847	2 541	949	1 631	466
南　京	1 144	670	822	−691	4 951	149
成　都	3 321	282	4		10 137	2 323
新兵团			947	637		
合　计	**407 171**	**81 237**	**55 325**	**−178**	**440 369**	**69 147**

各地区农业银行各项贷款（续4）

（1992年）　　　　单位：万元

地区名称	（6）集体商业贷款		（7）个体商业贷款		（8）收购农副产品贷款	
	余　额	比上年增减	余　额	比上年增减	余　额	比上年增减
总　行						
北　京	13 051	1 671	15		278 903	81 790
天　津	12 979	6 056	227	1	275 753	60 198
河　北	32 830	9 986	6 420	—283	1 084 492	74 746
山　西	34 659	10 384	8 136	2 145	353 890	27 866
内蒙古	11 401	3 328	3 134	716	543 404	61 546
辽　宁	47 630	18 135	2 103	280	1 088 807	170 262
吉　林	31 039	10 406	3 073	1 169	1 327 423	147 069
黑龙江	37 234	8 092	5 973	354	1 092 804	106 850
上　海	36 938	15 506	28	6	106 722	7 457
江　苏	104 401	27 198	1 791	456	1 421 820	210 258
浙　江	52 337	11 897	20 763	9 271	474 076	62 941
安　徽	22 304	3 608	4 807	525	949 933	115 118
福　建	30 172	10 662	4 467	1 584	157 492	7 009
江　西	17 337	3 477	5 533	644	856 160	174 400
山　东	62 270	19 554	603	43	2 036 379	92 732
河　南	36 557	7 646	9 745	310	1 716 287	193 838
湖　北	33 504	3 215	9 236	700	1 568 215	168 091
湖　南	36 711	10 419	6 751	1 389	922 183	178 986
广　东	215 337	56 774	41 423	17 541	394 267	14 183
广　西	35 467	17 043	8 910	1 046	273 042	18 499
海　南	11 676	5 659	5 564	1 275	95 546	25 844
四　川	77 770	25 668	7 315	1 253	1 369 884	184 157
贵　州	4 985	2 469	2 260	258	312 926	48 506
云　南	18 169	5 736	3 339	1 023	459 418	99 128
陕　西	22 025	8 563	8 542	1 328	372 229	75 773
甘　肃	12 325	3 211	4 123	386	313 002	63 701
青　海	1 974	494	1 465	370	36 673	3 846
宁　夏	3 188	2 491	1 628	1 164	61 013	5 477
新　疆	6 884	1 870	2 339	78	910 780	190 214
#重　庆	17 945	6 267	864	299	155 400	20 638
武　汉	10 379	1 262	776	146	137 874	19 806
沈　阳	12 162	5 856	255	118	275 999	103 055
大　连	12 212	6 432	164	150	82 605	12 429
哈尔滨	10 080	4 179	1 124	267	118 717	28 901
广　州	33 359	10 200	4 468	1 985	54 677	7 415
西　安	7 853	4 186	994	—10	80 517	37 540
青　岛	14 571	6 968			96 042	—4 547
宁　波	18 437	10 210	413	281	72 343	2 627
厦　门	7 919	3 048	211	—12	4 937	—2 530
深　圳	10 261	—858	471	—328	2 242	199
长　春	8 772	2 695	1 157	456	361 798	44 864
南　京	8 867	3 017	172	70	76 025	18 661
成　都	12 930	3 422	200	12	175 527	49 427
新兵团	1 161	300	97	34	207 366	70 067
合　计	**1 063 154**	**311 218**	**179 713**	**45 032**	**20 853 523**	**2 670 485**

各地区农业银行各项贷款（续5）

（1992年）　　单位：万元

地区名称	(9) 其它商业贷款		3. 乡镇企业贷款		(1) 乡镇企业流动资金贷款	
	余　额	比上年增减	余　额	比上年增减	余　额	比上年增减
总　行						
北　京	4 830	905	115 283	9 910	78 867	5 302
天　津	7 826	－6 066	135 017	15 211	101 450	7 463
河　北	8 200	2 172	293 298	31 760	243 228	21 868
山　西	13 243	4 303	164 572	24 487	121 973	21 301
内蒙古	22 518	1 522	51 437	15 222	31 149	7 572
辽　宁	29 666	5 128	271 551	30 511	195 137	15 520
吉　林	22 899	125	138 958	33 077	90 654	14 177
黑龙江	55 346	10 710	126 045	21 103	90 893	13 818
上　海	138 833	47 205	385 133	101 611	242 412	53 462
江　苏	26 662	－1 784	605 664	55 360	478 689	31 958
浙　江	27 047	7 902	410 939	33 488	340 006	15 199
安　徽	20 585	1 909	206 344	34 656	139 772	20 317
福　建	45 531	22 980	140 895	13 471	109 331	8 624
江　西	9 693	674	140 583	21 096	104 014	15 069
山　东	67 525	22 175	377 403	47 811	285 779	35 716
河　南	26 556	5 301	241 109	41 173	197 057	32 771
湖　北	33 283	2 907	230 376	21 400	177 888	15 154
湖　南	10 525	－818	212 178	37 601	153 930	28 632
广　东	74 464	17 383	543 882	64 600	411 661	33 368
广　西	28 867	14 497	98 229	21 765	62 536	12 432
海　南	28 149	－53	15 619	5 531	9 807	2 067
四　川	82 927	15 676	447 532	55 139	307 619	35 606
贵　州	6 049	－345	66 737	15 548	44 163	10 368
云　南	23 342	9 421	89 368	15 419	57 867	10 478
陕　西	32 480	1 740	150 537	27 866	109 497	22 518
甘　肃	3 269	382	64 471	12 288	41 481	7 040
青　海	3 115	841	13 818	3 771	8 568	2 882
宁　夏	3 992	2 086	31 224	11 469	17 774	5 721
新　疆	7 978	－452	56 849	18 500	33 159	8 471
#重　庆	15 104	2 789	73 443	10 813	57 104	10 102
武　汉	3 586	674	34 028	5 361	28 854	4 182
沈　阳	4 711	957	39 468	9 955	26 885	5 228
大　连	6 343	2 452	57 759	6 666	39 902	3 881
哈尔滨	9 731	3 014	22 880	5 518	15 397	2 315
广　州	5 721	3 405	50 955	4 773	36 257	2 377
西　安	3 204	1 942	35 379	8 580	27 779	7 448
青　岛	6 377	4 410	55 206	6 159	43 743	5 345
宁　波	3 381	478	73 859	7 445	62 784	4 082
厦　门	21 130	11 743	5 278	663	4 642	448
深　圳	15 237	－1 835	78 948	25 589	46 828	10 134
长　春	8 774	－85	30 812	6 125	21 538	2 054
南　京	1 175	566	56 226	7 361	44 058	3 556
成　都	5 769	1 106	86 389	12 926	59 266	7 083
新兵团	1 792	422	1 881	1 881	35	35
合　计	**865 400**	**188 426**	**5 825 051**	**840 774**	**4 286 361**	**514 874**

各地区农业银行各项贷款（续6）

（1992年） 单位：万元

地区名称	(2) 乡镇企业固定资产贷款		(二) 固定资产贷款		1. 国营工业技改贷款	
	余　额	比上年增减	余　额	比上年增减	余　额	比上年增减
总　行				—3 600		
北　京	36 416	4 608	46 429	9 276	15 672	4 811
天　津	33 567	7 748	14 436	—1 708	5 620	—3 084
河　北	50 070	9 892	50 308	14 903	25 298	8 143
山　西	42 599	3 186	16 358	4 049	6 489	1 744
内蒙古	20 288	7 650	22 761	6 588	16 090	6 639
辽　宁	76 414	14 991	68 424	21 559	37 140	14 101
吉　林	48 304	18 830	36 251	10 337	10 004	2 543
黑龙江	35 152	7 285	65 799	15 830	15 610	6 488
上　海	142 721	48 149	100 443	49 635	67 611	34 612
江　苏	126 975	23 402	65 741	22 375	13 853	4 864
浙　江	70 933	18 289	36 817	12 634	13 312	3 644
安　徽	66 572	14 339	48 678	15 783	15 877	5 972
福　建	31 564	4 847	33 967	3 639	17 935	—236
江　西	36 569	6 027	36 197	8 928	9 793	2 843
山　东	91 624	12 095	74 685	22 175	32 420	10 907
河　南	44 052	8 402	55 488	15 770	18 009	5 457
湖　北	52 488	6 246	65 999	19 221	16 434	6 511
湖　南	58 248	8 969	38 324	6 326	15 961	3 319
广　东	132 221	31 232	66 575	15 889	37 138	9 032
广　西	35 693	9 333	45 039	15 436	17 598	4 185
海　南	5 812	3 464	15 486	6 701	6 103	3 537
四　川	139 913	19 533	114 012	32 686	56 778	14 922
贵　州	22 574	5 180	72 450	23 805	13 190	4 657
云　南	31 501	4 941	28 354	5 352	18 185	3 526
陕　西	41 040	5 348	36 059	12 745	16 238	5 881
甘　肃	22 990	5 248	8 938	963	2 947	449
青　海	5 250	889	6 673	451	5 441	504
宁　夏	13 450	5 748	-20 090	2 061	4 551	1 009
新　疆	23 690	10 029	101 038	23 422	7 285	1 601
#重　庆	16 339	711	16 371	6 131	8 625	2 853
武　汉	5 174	1 179	15 967	5 176	6 982	2 589
沈　阳	12 583	4 727	19 034	5 982	11 615	4 729
大　连	17 857	2 785	14 747	4 793	9 014	3 701
哈尔滨	7 483	3 203	14 263	6 535	2 587	1 156
广　州	14 698	2 396	16 814	2 813	11 038	1 559
西　安	7 600	1 132	9 237	2 194	5 464	1 168
青　岛	11 463	814	11 967	3 360	9 210	3 039
宁　波	11 075	3 363	6 836	3 230	923	293
厦　门	636	215	2 351	360	1 796	215
深　圳	32 120	15 455				
长　春	9 274	4 071	6 992	2 114	1 705	356
南　京	12 168	3 805	6 287	2 010	2 095	348
成　都	27 123	5 843	22 414	6 125	12 252	2 951
新兵团	1 846	1 846	36 272	10 726		
合　计	**1 538 690**	**325 900**	**1 391 819**	**393 231**	**538 582**	**168 581**

各地区农业银行各项贷款（续 7）

（1992 年）　　单位：万元

地区名称	2. 国营商业技改贷款		3. 国营农业技改贷款		4. 基本建设贷款	
	余　额	比上年增减	余　额	比上年增减	余　额	比上年增减
总　行		−3 600				
北　京	10 535	1 956	18 613	900	1 609	1 609
天　津	2 777	142	1 720	347	4 319	887
河　北	5 914	2 247	12 762	3 026	6 334	1 487
山　西	5 131	1 048	3 648	417	1 090	840
内蒙古	2 355	199	3 220	−220	1 096	−30
辽　宁	12 126	2 107	17 218	4 734	1 940	617
吉　林	7 747	2 247	17 614	5 547	886	
黑龙江	10 409	3 136	26 629	5 228	13 151	978
上　海	8 461	2 661	19 771	9 062	4 600	3 300
江　苏	12 359	4 122	19 471	6 899	20 058	6 490
浙　江	7 114	3 050	15 343	5 610	1 048	330
安　徽	11 254	4 637	7 805	2 494	13 742	2 680
福　建	5 560	1 316	7 082	2 599	3 390	−40
江　西	3 053	187	22 547	5 094	804	804
山　东	27 308	7 791	12 857	3 477	2 100	
河　南	16 386	4 240	9 312	2 383	11 781	3 690
湖　北	16 009	4 307	17 085	1 560	16 471	6 843
湖　南	8 910	1 525	13 008	1 482	445	
广　东	10 698	3 014	17 549	3 113	1 190	730
广　西	2 576	398	13 574	2 953	11 291	7 900
海　南		268	8 662	2 746	154	150
	567					
四　川	17 022	5 342	10 592	3 226	29 620	9 196
贵　州	10 474	1 363	1 920	−215	46 866	18 000
云　南	2 778	793	5 428	832	1 963	201
陕　西	4 493	1 354	10 412	3 594	4 916	1 916
甘　肃	1 357	318	4 184	−254	450	450
青　海	712	17	520	−70		
宁　夏	70	−5	1 469	57	14 000	1 000
新　疆	2 772	253	37 036	10 788	53 945	10 780
#重　庆	3 405	1 672	2 231	386	2 110	1 220
武　汉	2 592	1 359	6 393	1 228		
沈　阳	3 330	823	2 886	30	1 203	400
大　连	3 574	653	2 159	439		
哈尔滨	4 301	2 695	7 375	2 684		
广　州	2 171	840	3 265	414	340	
西　安	1 273	567	2 500	459		
青　岛	1 539	132	1 218	189		
宁　波	3 161	1 980	2 752	957		
厦　门	380		175	145		
深　圳						
长　春	1 805	706	3 482	1 052		
南　京	125	−101	4 067	1 763		
成　都	1 706	713	2 080	1 051	6 376	1 410
新兵团	83		29 683	9 726	6 506	1 000
合　计	**226 927**	**56 433**	**357 051**	**87 409**	**269 259**	**80 808**

各地区农业银行各项贷款（续8）

（1992年）　　单位：万元

地区名称	（三）农业贷款		1. 国营农业贷款		2. 集体农业贷款	
	余　额	比上年增减	余　额	比上年增减	余　额	比上年增减
总　行	23 000	23 000	23 000	23 000		
北　京	221 822	36 238	160 628	28 528	54 367	7 272
天　津	87 902	13 221	38 459	4 015	44 317	8 751
河　北	457 546	125 022	91 571	26 929	108 480	50 085
山　西	185 357	33 324	31 949	7 948	59 596	14 076
内蒙古	176 188	25 518	50 331	10 797	31 017	228
辽　宁	412 712	78 875	159 745	32 060	132 450	18 952
吉　林	418 226	61 740	171 496	28 907	101 311	24 716
黑龙江	478 771	51 152	308 352	35 328	51 835	3 631
上　海	176 080	41 065	110 978	34 861	61 335	5 331
江　苏	321 608	63 457	149 492	27 215	101 874	25 513
浙　江	197 615	40 157	83 971	12 968	53 375	14 603
安　徽	321 104	31 228	40 298	7 822	45 616	6 349
福　建	242 696	27 627	42 082	1 893	99 018	14 417
江　西	358 202	57 819	169 189	27 681	26 334	3 916
山　东	493 860	98 228	154 441	33 350	184 411	40 491
河　南	497 146	91 864	57 748	15 105	115 698	40 533
湖　北	354 963	43 364	143 677	21 041	62 008	2 346
湖　南	307 195	47 182	94 483	14 325	57 434	14 034
广　东	622 009	136 706	261 196	47 384	176 328	44 569
广　西	318 522	41 671	101 472	25 811	42 319	4 212
海　南	211 047	46 263	119 360	26 830	21 217	2 277
四　川	402 234	96 267	108 810	20 236	83 583	25 898
贵　州	176 973	21 539	13 141	3 517	19 113	3 266
云　南	241 270	42 422	49 516	11 326	29 056	8 647
陕　西	207 827	35 157	40 422	12 580	27 613	6 837
甘　肃	147 652	19 089	32 097	8 682	15 496	722
青　海	30 785	−747	6 089	2 812	2 460	539
宁　夏	37 346	4 222	18 218	1 691	2 616	888
新　疆	342 944	83 429	256 456	64 640	18 038	4 257
#重　庆	32 452	1 720	22 643	−164	7 256	1 000
武　汉	58 169	7 780	49 886	8 342	6 058	651
沈　阳	59 913	20 362	32 567	8 541	14 298	4 034
大　连	80 348	14 718	14 390	4 150	55 851	7 697
哈尔滨	71 177	12 175	57 717	13 420	5 939	−880
广　州	122 089	19 645	101 844	14 900	11 256	1 547
西　安	38 512	9 528	17 805	6 673	6 610	1 705
青　岛	46 534	11 232	18 658	5 235	25 855	5 941
宁　波	29 864	11 029	13 596	3 726	14 886	7 230
厦　门	14 757	−2 412	2 634	−1 005	9 780	−353
深　圳	34 441	2 821	28 477	6 261	4 219	−2 730
长　春	98 801	17 265	41 466	11 424	18 658	5 483
南　京	32 001	2 919	17 387	3 164	11 164	2 411
成　都	36 674	7 311	12 882	2 542	18 164	3 692
新兵团	218 188	62 155	203 221	56 026	1 380	94
合　计	**8 470 602**	**1 516 099**	**3 105 667**	**619 282**	**1 828 315**	**397 356**

各地区农业银行各项贷款（续 9）

（1992 年）　　　　单位：万元

地区名称	3. 农户贷款		4. 信用社贷款		5. 扶贫贴息贷款	
	余　额	比上年增减	余　额	比上年增减	余　额	比上年增减
总　行						
北　京	41	—1	112	—47	430	—2
天　津	1 894	108	204			
河　北	143 947	14 425	8 884	—1 187	36 063	12 224
山　西	64 123	13 176		—11 521	19 395	6 215
内蒙古	50 552	3 998	4 529	—2 781	16 277	5 292
辽　宁	30 042	2 274	3 754	—1 186	13 994	4 627
吉　林	88 411	176	17 848	2 714	1 720	820
黑龙江	75 487	1 242	241	165	2 824	1 431
上　海		421			217	
江　苏	3 684	2 038	9 875	—4 519		—8
浙　江	14 239	250	3 253	—2 868	7 455	1 484
安　徽	85 285	3 483	47 459	—4 080	45 533	7 358
福　建	32 295	65	8 926	—3 442	25 106	3 748
江　西	11 682	—2 736	5 719	—774	46 552	7 337
山　东	36 698				34 177	7 197
河　南	163 557	11 523	7 652	—9 533	66 737	15 216
湖　北	19 248	122	15 774	—2 855	39 510	9 340
湖　南	29 995	3 345	6 780	—6 939	22 072	4 029
广　东	93 015	21 809	12 553	—2 135	15 687	3 388
广　西	23 324	—25	15 122	—20 747	62 881	16 035
海　南	37 246	4 096	7 255	—718	1 586	1 183
四　川	36 618	2 527	31 475	3 860	85 937	24 730
贵　州	20 356	2 159	30 899	—14 735	70 070	20 218
云　南	53 494	12 871	34 187	—7 149	46 071	6 879
陕　西	40 906	3 289	16 145	—8 142	54 719	13 373
甘　肃	66 386	9 143	10 338	—2 396	20 892	2 153
青　海	11 176	4	2 291	—5 828	7 310	1 137
宁　夏	6 624	1 284	1 300	—1 895		
新　疆	21 468	2 186	3 450	1 260	23 879	7 760
#重　庆	801	10	114			
武　汉	580	73		—1 336	17	—5
沈　阳	5 090	1 811	1 079	1 018	501	501
大　连	719	47				
哈尔滨	5 763	262		—10	2	—1
广　州	3 981	1 241	85	—665		
西　安	6 577	383	101	—828	3 767	635
青　岛	150	30				
宁　波	240	—15	151	—242		
厦　门	1 405	—1 128				
深　圳	1 036	—612				
长　春	28 389	—2 660	7 161	2 612		
南　京	182	130	2 618	—1 537		—1
成　都	589	27	80	—553	200	
新兵团					7 180	3 550
合　计	**1 261 793**	**113 252**	**306 025**	**—107 478**	**767 094**	**183 164**

各地区农业银行各项贷款（续10）

（1992年）

单位：万元

地区名称	6．外资配套贷款		7．开发性贷款		（四）特种贷款		（五）其它贷款	
	余　额	比上年增减	余　额	比上年增减	余　额	比上年增减	余　额	比上年增减
总　行							135 600	135 600
北　京	2 914	777	3 330	—289	28 849	1 035	28 193	9 657
天　津			3 028	347	15 521	1 505	52 830	27 887
河　北	1 836	—180	66 765	22 726	12 410	—2 079	40 672	4 771
山　西			10 294	3 430	3 377	153	5 319	916
内蒙古	4 151	1 102	19 331	6 882	2 223	49	4 161	3 352
辽　宁	11 105	4 081	61 622	18 067	8 223	—106	63 816	38 215
吉　林	13 381	—273	24 059	4 680	4 030	—284	13 147	7 398
黑龙江	2 042	—809	37 990	10 164	7 070	28	22 079	7 931
上　海	2 934	434	833	439	1 196	—507	55 199	27 902
江　苏	13 035	877	43 431	13 958	25 137	1 379	112 479	64 082
浙　江	1 104	—2 358	34 218	14 290	15 600	2 206	75 220	37 874
安　徽	6 683	—731	50 230	14 260	7 095	—314	21 431	10 676
福　建	16 058	817	19 211	6 711	3 851	—1 564	123 672	75 905
江　西	8 748	2 976	72 978	16 618	9 260	842	37 586	14 268
山　东	27 080	4 653	57 053	15 273	22 038	1 984	94 859	52 074
河　南	36 654	9 410	49 100	9 610	9 101	63	39 657	3 074
湖　北	17 504	—693	57 242	14 063	24 239	—358	70 846	22 402
湖　南	26 527	2 124	69 904	16 264	13 060	687	80 279	33 538
广　东	9 566	1 360	53 664	20 331	12 399	—3 526	194 680	52 549
广　西	17 650	66	55 754	16 319	4 627	997	39 466	14 556
海　南			24 383	12 595	193	—5	41 064	33 232
四　川	10 602	2 817	45 209	16 199	14 070	13	136 741	38 634
贵　州	7 975	1 955	15 419	5 159	1 357	—414	11 549	4 838
云　南	9 734	2 526	19 212	7 322	3 898	343	23 822	7 399
陕　西	3 951	1 353	24 071	5 867	9 417	—230	11 646	2 474
甘　肃			2 443	785	2 011	253	2 121	428
青　海			1 459	589	79	—5	4 016	3 562
宁　夏			8 588	2 254	389	—113	2 202	1 651
新　疆			19 653	3 326	506	—90	13 066	5 166
#重　庆	380	380	1 258	494	1 199	—117	12 011	3 815
武　汉	987	25	641	30	3 540	—559	11 479	6 137
沈　阳	1 038	479	5 340	3 978	5 433	661	12 640	3 416
大　连	4 033	1 028	5 355	1 796	912	—478	37 939	26 873
哈尔滨		—1 020	1 756	404	1 910	139	4 145	2 441
广　州	290	—131	4 633	2 753	2 185	—2 635	31 689	22 586
西　安	684	—152	2 968	1 112	2 202	44	3 682	326
青　岛			1 871	26	6 293	313	34 117	18 413
宁　波			991	330	7 713	721	14 170	4 038
厦　门	938	82		—8		—900	58 600	46 559
深　圳			709	—98	177	—272	68 991	9 637
长　春	725	—236	2 402	—642	444	—71	2 994	2 231
南　京		—1 400	650	152	2 142	132	9 938	6 237
成　都	1 046	—94	3 713	1 697	1 938	—53	16 526	3 739
新兵团			6 407	2 485			1 177	573
合　计	**251 234**	**32 284**	**950 474**	**278 239**	**261 226**	**1 942**	**1 557 418**	**742 011**

农业银行信贷资金来源

（年末余额）　　单位：亿元

	1987年	1988年	1989年	1990年	1991年	1992年	1988—1992年平均每年增长（%）
资金来源总计	**2 736.73**	**3 143.31**	**3 731.53**	**4 736.31**	**5 786.23**	**7 061.75**	**20.87**
一、各项存款合计	1 487.30	1 713.73	2 055.46	2 640.55	3 319.51	4 130.94	22.67
（一）企业存款	305.00	351.36	369.43	438.39	546.46	769.22	20.32
1. 工业存款	25.47	28.86	28.43	34.63	44.24	61.92	19.44
2. 商业存款	221.69	253.18	266.23	310.18	380.38	530.33	19.06
3. 乡镇企事业存款	54.28	62.15	56.25	66.33	86.36	132.48	19.54
4. 单位定期存款	3.56	7.17	18.52	27.25	35.48	44.49	65.72
（二）农业存款	656.99	672.22	722.52	853.67	1 027.66	1 183.40	12.49
1. 国营农业企事业存款	94.65	92.23	94.29	115.03	136.49	151.24	9.83
2. 集个体农业存款	12.34	15.08	16.68	19.21	24.48	39.37	26.12
3. 信用社存款	285.51	287.17	320.86	434.44	532.08	580.09	15.23
4. 信用社存款准备金	264.49	277.74	290.69	284.99	334.60	412.70	9.31
（三）储蓄存款	426.19	593.71	848.51	1 212.10	1 577.64	1 972.43	35.86
1. 活期	99.91	154.24	147.60	182.36	242.94	368.87	29.85
2. 定期	326.28	439.47	700.91	1 029.74	1 334.70	1 603.56	37.50
（四）其他存款	99.12	96.44	115.00	136.39	167.75	205.89	15.74
二、金融债券	10.65	12.90	10.11	9.68	14.81	18.60	11.80
三、财政性存款	29.81	27.68	42.99	58.74	71.62	72.37	19.41
四、向人行借款	834.54	993.80	1 182.87	1 438.88	1 749.93	2 081.12	20.05
#临时借款	110.40	246.69	407.72	549.70	806.15	885.47	51.65
五、同业往来	55.15	87.87	159.81	275.88	301.33	457.38	52.67
六、信贷基金	234.37	244.92	257.01	268.02	279.07	282.05	3.77
七、纯益	13.92	15.20	12.26	11.55	16.05	19.29	6.74
八、其他	70.99	47.21	11.02	33.01	33.91		

农业银行信贷资金来源增减额

（比上年末）　　　　单位：亿元

	1988年	1989年	1990年	1991年	1992年
资金来源总计	**406.58**	**588.22**	**1 004.78**	**1 049.92**	**1 275.52**
一、各项存款合计	226.43	341.73	585.09	678.96	811.43
（一）企业存款	46.36	18.07	68.96	108.06	222.76
1. 工业存款	3.39	−0.43	6.20	9.61	17.68
2. 商业存款	31.49	13.05	43.95	70.19	149.95
3. 乡镇企事业存款	7.87	−5.90	10.08	20.03	46.12
4. 单位定期存款	3.61	11.35	8.73	8.23	9.01
（二）农业存款	15.23	50.30	131.15	173.99	155.74
1. 国营农业企事业存款	−2.42	2.06	20.74	21.46	14.75
2. 集个体农业存款	2.74	1.60	2.54	5.27	14.89
3. 信用社存款	1.66	33.69	113.57	97.65	48.01
4. 信用社存款准备金	13.25	12.95	−5.70	49.61	78.10
（三）储蓄存款	167.52	254.80	363.59	365.54	394.79
1. 活期	54.33	−6.64	34.76	60.58	125.93
2. 定期	113.19	261.44	328.83	304.96	268.86
（四）其他存款	−2.68	18.56	21.39	31.37	38.14
二、金融债券	2.25	−2.79	−0.43	5.14	3.79
三、财政性存款	−2.13	15.31	15.75	12.88	0.75
四、向人行借款	159.26	189.07	256.01	311.05	331.19
#临时借款	136.29	161.03	141.98	256.45	79.32
五、同业往来	32.72	71.94	116.07	25.45	156.05
六、信贷基金	10.55	12.09	11.01	11.06	2.98
七、纯益	1.28	−2.94	−0.71	4.50	3.24
八、其他	−23.78	−36.19	21.99	0.89	−33.91

农业银行信贷资金来源增长率

（比上年末） 单位：%

	1988 年	1989 年	1990 年	1991 年	1992 年
资金来源总计	**14.85**	**18.71**	**26.92**	**22.16**	**22.04**
一、各项存款合计	15.22	19.94	28.46	25.71	24.44
（一）企业存款	15.19	5.14	18.67	24.64	40.76
1. 工业存款	13.29	－1.46	21.79	27.75	39.96
2. 商业存款	14.20	5.15	16.50	22.62	39.42
3. 乡镇企事业存款	14.50	－9.49	17.92	30.19	53.40
4. 单位定期存款	101.57	158.37	47.14	30.20	25.39
（二）农业存款	2.31	7.48	18.15	20.38	15.15
1. 国营农业企事业存款	－2.55	2.23	21.99	18.65	10.81
2. 集个体农业存款	22.28	10.54	15.22	27.45	60.83
3. 信用社存款	0.57	11.73	35.39	22.47	9.02
4. 信用社存款准备金	5.00	4.66	－1.95	17.40	23.34
（三）储蓄存款	39.33	42.91	42.85	30.15	25.02
1. 活期	54.37	－4.30	23.54	33.22	51.84
2. 定期	34.69	59.48	46.91	29.61	20.14
（四）其他存款	－2.70	19.25	18.59	22.99	22.74
二、金融债券	21.15	－21.65	－4.27	53.09	25.59
三、财政性存款	－7.13	55.29	36.64	21.92	1.05
四、向人行借款	19.08	19.02	21.64	21.61	18.93
#临时借款	123.45	65.27	34.82	46.65	9.84
五、同业往来	59.33	81.87	72.62	9.22	51.79
六、信贷基金	4.50	4.93	4.28	4.12	1.07
七、纯益	9.19	－19.34	－5.79	38.96	20.19
八、其他	－33.53	－76.64	199.63	2.70	

农业银行信贷资金来源构成

单位:%

	1987	1988 年	1989 年	1990 年	1991 年	1992 年
资金来源总计	**100.00**	**100.00**	**100.00**	**100.00**	**100.00**	**100.00**
一、各项存款合计	54.35	54.52	55.08	55.75	57.37	58.50
(以各项存款为 100)						
(一)企业存款	20.51	20.50	17.98	16.60	16.46	18.62
(以企业存款为 100)						
1. 工业存款	8.35	8.21	7.70	7.90	8.10	8.05
2. 商业存款	72.68	72.06	72.06	70.75	69.61	68.95
3. 乡镇企事业存款	17.80	17.69	15.23	15.13	15.80	17.22
4. 单位定期存款	1.17	2.04	5.01	6.22	6.49	5.78
(二)农业存款	44.17	39.23	35.15	32.33	30.96	28.65
(以农业存款为 100)						
1. 国营农业企事业存款	13.25	12.64	11.82	13.48	13.28	12.78
2. 集个体农业存款	1.88	2.24	2.31	2.25	2.38	3.33
3. 信用社存款	44.30	43.45	45.04	50.89	51.78	49.02
4. 信用社存款准备金	40.57	41.67	40.83	33.38	32.56	34.87
(三)储蓄存款	28.66	34.64	41.28	45.90	47.53	47.75
(以储蓄存款 100)						
1. 活期	23.44	25.98	17.40	15.04	15.40	18.70
2. 定期	76.56	74.02	82.60	84.96	84.60	81.30
(四)其他存款	6.66	5.63	5.59	5.17	5.05	4.98
二、金融债券	0.39	0.41	0.27	0.20	0.25	0.26
三、财政性存款	1.09	0.88	1.15	1.24	1.24	1.03
四、向人行借款	30.49	31.62	31.70	30.38	30.24	29.47
五、同业往来	2.02	2.80	4.28	5.82	5.21	6.48
六、信贷基金	8.56	7.79	6.89	5.66	4.82	3.99
七、纯益	0.51	0.48	0.33	0.24	0.28	0.27
八、其他	2.59	1.50	0.30	0.71	0.59	

农业银行信贷资金运用

（年末余额）　　　　单位：亿元

	1987年	1988年	1989年	1990年	1991年	1992年	1988—1992年平均每年增长（%）
资金运用总计	**2 736.73**	**3 143.31**	**3 731.53**	**4 736.31**	**5 786.23**	**7 061.75**	**20.87**
一、各项贷款合计	2 319.26	2 632.15	3 058.17	3 774.34	4 578.07	5 468.10	18.71
（一）流动资金贷款	1 849.38	2 105.17	2 455.91	3 042.37	3 675.29	4 300.13	18.38
1. 工业贷款	133.10	154.43	189.20	249.54	307.89	402.30	24.76
国营工业流动资金贷款	55.97	63.46	82.32	114.99	146.65	187.66	27.37
集体工业贷款	62.72	73.91	89.44	113.67	136.91	180.58	23.55
集体工业固定资产贷款	14.41	17.06	17.44	20.88	24.32	34.06	18.77
2. 商业贷款	1 388.73	1 569.39	1 873.57	2 359.28	2 868.97	3 315.32	19.01
国营商业贷款	65.67	85.82	107.60	126.74	147.33	218.84	27.22
供销社贷款	467.36	515.52	578.57	624.05	671.72	709.99	8.27
农机公司贷款	23.70	25.64	28.18	29.41	32.59	40.72	11.43
预购定金贷款	6 37	5.56	5.13	4.68	5.55	5.53	—2.79
乡镇企业供销公司贷款	24.03	24.56	27.11	32.15	37.12	44.04	12.88
集体商业贷款	53.47	60.51	61.04	65.26	75.19	106.32	14.74
个体商业贷款	11.89	14.50	12.27	12.51	13.47	17.97	8.61
收购农副产品贷款	690.21	789.80	998.82	1 405.83	1 818.30	2 085.35	24.75
其他商业贷款	46.03	47.48	54.85	58.65	67.70	86.56	13.46
3. 乡镇企业贷款	327.55	381.35	393.14	433.55	498.43	582.51	12.20
流动资金贷款	241.57	280.04	295.02	329.78	377.15	428.64	12.15
固定资产贷款	85.98	101.31	98.12	103.77	121.28	153.87	12.34
（二）固定资产贷款	46.88	58.45	65.58	76.43	99.86	139.18	24.31
1. 国营工业技改贷款	12.66	17.15	20.33	26.38	37.00	53.86	33.59
2. 国营商业技改贷款	14.30	15.19	15.17	15.57	17.05	22.69	9.67
3. 国营农业技改贷款	17.01	19.84	21.32	23.31	26.96	35.70	15.99
4. 基本建设贷款	2.91	6.27	8.76	11.17	18.85	26.93	56.04
（三）农业贷款	338.68	396.80	463.93	562.93	695.45	846.93	20.12
1. 国营农业贷款	111.14	134.10	164.46	203.00	248.64	310.57	22.82
2. 集体农业贷款	72.06	82.78	95.77	113.61	143.10	182.83	20.47
3. 农户贷款	79.26	86.79	90.60	99.41	114.85	126.18	9.75
4. 信用社贷款	36.46	33.69	33.97	37.47	41.35	30.47	—3.53
5. 扶贫贴息贷款	13.47	26.61	37.72	47.71	58.39	76.71	41.61
6. 外资配套贷款	5.66	7.81	10.16	16.65	21.90	25.12	34.72
7. 开发性贷款	20.63	25.02	31.25	45.08	67.22	95.05	35.73
（四）特种贷款	16.09	23.04	26.02	25.79	25.93	26.12	10.18
（五）其他贷款	68.23	48.69	46.73	66.82	81.54	155.74	17.95
二、缴存准备金	160.91	202.33	258.75	340.15	431.32	518.05	26.34
三、在人行存款	141.54	132.64	250.00	387.77	427.84	340.55	19.20
四、同业往来	71.69	127.31	105.03	168.11	278.31	578.07	51.81
五、现金	43.33	48.88	59.58	65.94	70.69	87.56	15.11
六、其他						69.42	

农业银行信贷资金运用增减额

（比上年末）　　　　单位：亿元

	1988年	1989年	1990年	1991年	1992年
资金运用总计	**406.58**	**588.22**	**1 004.78**	**1 049.92**	**1 275.52**
一、各项贷款合计	312.89	426.02	716.17	803.72	890.03
（一）流动资金贷款	255.79	350.75	586.45	632.93	624.84
1. 工业贷款	21.33	34.77	60.34	58.34	94.41
国营工业流动资金贷款	7.49	18.86	32.67	31.66	41.01
集体工业贷款	11.19	15.53	24.23	23.24	43.67
集体工业固定资产贷款	2.65	0.38	3.44	3.44	9.75
2. 商业贷款	180.66	304.19	485.70	509.70	446.35
国营商业贷款	20.15	21.78	19.14	20.59	71.51
供销社贷款	48.16	63.05	45.48	47.67	38.27
农机公司贷款	1.94	2.54	1.23	3.19	8.13
预购定金贷款	－0.81	－0.43	－0.45	0.87	－0.02
乡镇企业供销公司贷款	0.53	2.55	5.04	4.97	6.92
集体商业贷款	7.04	0.53	4.22	9.93	31.13
个体商业贷款	2.61	－2.23	0.24	0.96	4.50
收购农副产品贷款	99.59	209.02	407.01	412.47	267.06
其他商业贷款	1.45	7.38	3.79	9.05	18.85
3. 乡镇企业贷款	53.80	11.79	40.41	64.89	84.08
流动资金贷款	38.47	14.98	34.76	47.38	51.49
固定资产贷款	15.33	－3.19	5.65	17.50	32.59
（二）固定资产贷款	11.57	7.13	10.84	23.43	39.32
1. 国营工业技改贷款	4.49	3.18	6.05	10.62	16.86
2. 国营商业技改贷款	0.89	－0.02	0.40	1.48	5.64
3. 国营农业技改贷款	2.83	1.48	1.98	3.65	8.75
4. 基本建设贷款	3.36	2.49	2.41	7.68	8.07
（三）农业贷款	58.12	67.13	98.99	132.53	151.48
1. 国营农业贷款	22.96	30.36	38.54	45.64	61.93
2. 集体农业贷款	10.72	12.99	17.83	29.50	39.73
3. 农户贷款	7.53	3.81	8.82	15.44	11.33
4. 信用社贷款	－2.77	0.29	3.49	3.88	－10.88
5. 扶贫贴息贷款	13.14	11.11	9.99	10.68	18.32
6. 外资配套贷款	2.15	2.35	6.49	5.24	3.22
7. 开发性贷款	4.39	6.23	13.83	22.15	27.83
（四）特种贷款	6.95	2.98	－0.23	0.14	0.19
（五）其他贷款	－19.54	－1.97	20.12	14.69	74.20
二、缴存准备金	41.42	56.42	81.40	91.16	86.73
三、在人行存款	－8.90	117.36	137.77	40.06	－87.29
四、同业往来	55.62	－22.28	63.08	110.22	299.76
五、现金	5.55	10.70	6.36	4.76	16.87
六、其他					69.42

农业银行信贷资金运用增长率

（比上年末）　　　　单位：%

	1988 年	1989 年	1990 年	1991 年	1992 年
资金运用总计	**14.85**	**18.71**	**26.92**	**22.16**	**22.04**
一、各项贷款合计	13.49	16.18	23.41	21.29	19.44
（一）流动资金贷款	13.83	16.66	23.87	20.80	17.00
1. 工业贷款	16.09	22.58	31.88	23.38	30.66
国营工业流动资金贷款	13.38	29.71	39.68	27.53	27.96
集体工业贷款	17.84	21.02	27.08	20.44	31.90
集体工业固定资产贷款	18.30	2.22	19.71	16.49	40.05
2. 商业贷款	13.00	19.38	25.92	21.60	15.56
国营商业贷款	30.69	25.37	17.78	16.24	48.54
供销社贷款	10.30	12.23	7.86	7.63	5.70
农机公司贷款	8.16	9.88	4.37	10.83	24.94
预购定金贷款	−12.72	−7.69	−8.87	18.67	−0.36
乡镇企业供销公司贷款	2.23	10.36	18.60	15.45	18.64
集体商业贷款	13.15	0.87	6.90	15.21	41.40
个体商业贷款	21.91	−15.35	1.88	7.69	33.41
收购农副产品贷款	14.42	26.46	40.75	29.33	14.69
其他商业贷款	3.15	15.55	6.90	15.43	27.84
3. 乡镇企业贷款	16.42	3.09	10.27	14.96	16.87
流动资金贷款	15.92	5.34	11.77	14.36	13.65
固定资产贷款	17.82	−3.14	5.75	16.86	26.87
（二）固定资产贷款	24.68	12.19	16.53	30.65	39.38
1. 国营工业技改贷款	35.42	18.55	29.79	40.23	45.57
2. 国营商业技改贷款	6.25	−0.15	2.63	9.53	33.08
3. 国营农业技改贷款	16.69	7.42	9.31	15.66	32.46
4. 基本建设贷款	115.46	39.71	27.42	68.77	42.81
（三）农业贷款	17.16	16.91	21.33	23.54	21.78
1. 国营农业贷款	20.65	22.63	23.43	22.48	24.91
2. 集体农业贷款	14.88	15.70	18.60	25.96	27.76
3. 农户贷款	9.50	4.37	9.73	15.53	9.87
4. 信用社贷款	−7.60	0.84	10.29	10.34	−26.31
5. 扶贫贴息贷款	97.55	41.75	26.49	22.39	31.38
6. 外资配套贷款	37.99	30.09	63.93	31.46	14.70
7. 开发性贷款	21.27	24.88	44.25	49.13	41.40
（四）特种贷款	43.19	12.92	−0.88	0.52	0.73
（五）其他贷款	−28.63	−4.04	42.99	22.03	91.00
二、缴存准备金	25.73	27.88	31.46	26.80	20.11
三、在人行存款	−6.29	88.48	55.10	10.33	−20.40
四、同业往来	77.59	−17.50	60.05	65.56	107.71
五、现金	12.80	21.90	10.66	7.21	23.86
六、其他					

农业银行信贷资金运用构成

单位:%

	1987 年	1988 年	1989 年	1990 年	1991 年	1992 年
资金运用总计	**100.00**	**100.00**	**100.00**	**100.00**	**100.00**	**100.00**
一、各项贷款合计	84.67	83.66	81.85	79.69	79.12	77.43
(以各项贷款为 100)						
(一)流动资金贷款	80.72	80.97	81.21	81.37	80.28	78.64
(以流动资金贷款为 100)						
1. 工业贷款	7.11	7.24	7.62	8.13	8.38	9.36
(以工业贷款为 100)						
国营工业流动资金贷款	42.05	41.09	43.51	46.08	47.63	46.64
集体工业贷款	47.12	47.86	47.27	45.55	44.47	44.89
集体工业固定资产贷款	10.83	11.05	9.22	8.37	7.90	8.47
2. 商业贷款	74.19	73.63	75.44	76.82	78.06	77.10
(以商业贷款为 100)						
国营商业贷款	4.73	5.47	5.74	5.37	5.14	6.60
供销社贷款	33.65	32.85	30.88	26.45	23.41	21.42
农机公司贷款	1.71	1.63	1.50	1.24	1.14	1.23
预购定金贷款	0.46	0.35	0.27	0.20	0.19	0.17
乡镇企业供销公司贷款	1.73	1.57	1.45	1.36	1.29	1.33
集体商业贷款	3.85	3.86	3.26	2.77	2.62	3.21
个体商业贷款	0.86	0.92	0.66	0.53	0.47	0.54
收购农副产品贷款	49.70	50.33	53.31	59.59	63.38	62.90
其他商业贷款	3.31	3.02	2.93	2.49	2.36	2.60
3. 乡镇企业贷款	18.70	19.13	16.94	15.05	13.56	13.54
(以乡镇企业贷款为 100)						
流动资金贷款	73.75	73.43	75.04	76.07	75.67	73.59
固定资产贷款	26.25	26.57	24.96	23.93	24.33	26.41
(二)固定资产贷款	2.02	2.22	2.14	2.03	2.18	2.55
(以固定资产贷款为 100)						
1. 国营工业技改贷款	27.02	29.33	30.99	34.52	37.05	38.70
2. 国营商业技改贷款	30.49	25.99	23.13	20.37	17.07	16.30
3. 国营农业技改贷款	36.28	33.96	32.52	30.50	27.00	25.66
4. 基本建设贷款	6.21	10.72	13.36	14.61	18.88	19.34
(三)农业贷款	14.60	15.08	15.17	14.91	15.19	15.49
(以农业贷款为 100)						
1. 国营农业贷款	32.82	33.79	35.44	36.06	35.75	36.67
2. 集体农业贷款	21.27	20.86	20.65	20.18	20.58	21.59
3. 农户贷款	23.40	21.87	19.53	17.66	16.51	14.90
4. 信用社贷款	10.77	8.49	7.32	6.66	5.94	3.60
5. 扶贫贴息贷款	3.98	6.71	8.13	8.48	8.40	9.06
6. 外资配套贷款	1.67	1.97	2.19	2.96	3.15	2.96
7. 开发性贷款	6.09	6.31	6.74	8.00	9.67	11.22
(四)特种贷款	0.69	0.88	0.85	0.68	0.57	0.48
(五)其他贷款	1.97	0.85	0.63	1.01	1.78	2.84
二、缴存准备金	5.88	6.44	6.93	7.18	7.45	7.34
三、在人行存款	5.17	4.22	6.70	8.19	7.40	4.82
四、同业往来	2.62	4.05	2.81	3.55	4.81	8.19
五、现金	1.66	1.63	1.71	1.39	1.22	1.24
六、其他						0.98

各地区农业银行各项存款

单位：万元

	1989年		1990年		1991年		1992年	
	年末余额	比上年增减	年末余额	比上年增减	年末余额	比上年增减	年末余额	比上年增减
总　行	202	116	1 026	824	42 239	41 213	10 246	−31 993
北　京	552 803	76 703	697 353	144 550	862 392	165 039	1 086 020	223 628
天　津	345 299	48 335	459 770	114 471	556 142	96 372	661 580	105 438
河　北	1 373 174	246 865	1 694 287	321 113	2 157 382	463 095	2 493 407	336 025
山　西	581 753	114 655	732 960	151 207	851 702	118 742	1 042 554	190 852
内蒙古	291 314	17 510	380 645	89 331	429 760	49 115	495 718	65 958
辽　宁	996 554	173 173	1 280 537	283 983	1 578 199	297 662	1 921 135	342 936
吉　林	425 971	24 135	535 721	109 750	666 461	130 740	766 767	100 306
黑龙江	709 908	154 847	912 513	202 605	1 117 838	205 325	1 279 364	161 526
上　海	780 717	148 347	999 412	218 695	1 369 828	370 416	2 009 699	639 871
江　苏	1 416863	261 019	1 915 329	498 466	2 389 900	474 571	2 925 868	535 968
浙　江	1 000 933	201 630	1 371 704	370 771	1 746 703	374 999	2 134 827	388 124
安　徽	545 601	76 412	693 064	147 463	859 379	166 315	1 007 367	147 988
福　建	553 927	79 981	713 247	159 320	902 405	189 158	1 224 659	322 254
江　西	492 718	79 771	610 607	117 889	748 370	137 763	917 311	168 941
山　东	1 694 855	258 753	2 123 813	428 958	2 501 135	377 322	2 936 914	435 779
河　南	1 021 723	125 728	1 228 428	206 705	1 678 315	449 887	1 707 010	28 695
湖　北	828 807	144 540	1 034 317	205 510	1 270 099	235 782	1 431 054	160 955
湖　南	650 561	138 255	841 627	191 066	1 053 892	212 265	1 313 355	259 463
广　东	2 128 217	368 105	2 748 956	620 739	3 608 035	859 079	5 580 529	1 972 494
广　西	490 184	69 690	678 721	188 537	836 894	158 173	1 076 317	239 423
海　南	179 511	18 373	242 442	62 931	302 944	60 502	581 530	278 586
四　川	1 222 718	221 839	1 581 073	358 355	2 037 314	456 241	2 443 506	406 192
贵　州	232 058	31 116	294 367	62 309	400 960	106 593	486 777	85 817
云　南	560 575	124 089	731 761	171 186	911 426	179 665	1 101 199	189 773
陕　西	462 625	82 306	573 182	110 557	706 549	133 367	837 743	1 311 194
甘　肃	300 644	38 378	363 477	62 833	419 468	55 991	487 130	67 662
青　海	94 388	609	105 544	11 156	119 675	14 131	139 612	19 937
宁　夏	87 566	15 607	108 198	20 632	133 135	24 937	156 170	23 035
新　疆	532 419	76 356	751 414	218 995	936 510	185 096	1 053 983	117 473
#重　庆	160 097	28 138	203 294	43 197	268 913	65 619	327 135	58 222
武　汉	172 601	33 697	214 135	41 534	283 863	69 728	365 707	81 844
沈　阳	179 489	46 698	258 196	78 707	346 785	88 589	463 128	116 343
大　连	224 723	33 919	298 344	73 621	360 074	61 730	441 083	81 009
哈尔滨	99 272	21 015	125 613	26 341	186 414	60 801	241 057	54 643
广　州	433 905	84 764	557 183	123 278	737 097	179 914	1 209 212	472 115
西　安	105 359	21 370	133 569	28 210	161 515	27 946	197 568	36 053
青　岛	165 524	28 084	213 041	47 517	265 647	52 606	348 329	82 682
宁　波	152 126	29 378	221 389	69 263	288 568	67 179	357 150	68 582
厦　门	33 888	6 957	50 826	16 938	72 152	21 326	132 606	60 454
深　圳	223 989	20 414	290 309	66 320	485 450	195 141	895 375	409 925
长　春	94 525	94 525	118 615	24 090	150 637	32 022	191 218	40 581
南　京	115 679	115 679	151 421	35 742	195 818	44 397	253 979	58 161
成　都	207 619	207 619	278 361	70 742	373 669	95 308	468 487	94 818
新兵团							403 717	29 215
合　计	**20 554 588**	**3 417 243**	**26 405 495**	**5 850 907**	**33 195 051**	**6 789 556**	**41 309 351**	**8 114 300**

各地区农业银行储蓄存款

单位：万元

	1989年		1990年		1991年		1992年	
	年末余额	比上年增减	年末余额	比上年增减	年末余额	比上年增减	年末余额	比上年增减
总　行								
北　京	96 411	39 991	139 599	43 188	181 898	42 299	238 653	56 755
天　津	119 787	34 351	169 892	50 105	215 628	45 736	266 125	50 497
河　北	628 562	209 418	900 448	271 886	1 142 599	242 151	1 324 457	181 858
山　西	217 303	73 167	307 064	89 761	395 118	88 054	505 246	110 128
内蒙古	112 243	29 883	158 723	46 480	203 293	44 570	264 454	61 161
辽　宁	435 869	147 738	637 545	210 676	843 566	206 021	1 075 683	232 117
吉　林	199 659	50 003	286 772	87 113	374 418	87 646	472 614	98 196
黑龙江	351 530	110 320	482 989	131 459	612 500	129 511	730 553	118 053
上　海	348 970	113 035	504 943	155 973	681 855	176 912	872 826	190 971
江　苏	641 453	230 388	984 406	342 953	1 313 993	329 587	1 597 391	283 398
浙　江	352 950	125 546	534 232	181 282	699 413	165 181	879 507	180 094
安　徽	175 048	43 699	242 431	67 383	308 012	65 581	378 500	70 488
福　建	244 756	70 369	339 932	95 176	446 745	106 813	580 839	134 094
江　西	206 842	58 303	291 902	85 060	387 994	96 092	502 643	114 649
山　东	738 469	252 046	1 076 210	337 741	1 373 239	297 029	1 701 977	328 738
河　南	438 608	105 838	598 113	159 505	779 600	181 487	955 983	176 383
湖　北	362 340	82 352	481 782	119 442	610 009	128 227	722 443	112 434
湖　南	271 287	86 695	383 680	112 393	501 994	118 314	646 071	144 077
广　东	744 810	238 302	1 113 728	368 918	1 493 119	379 391	2 026 802	533 683
广　西	222 486	59 909	327 945	105 459	433 612	105 667	562 561	128 949
海　南	104 026	18 321	142 723	38 697	183 569	40 846	276 891	93 322
四　川	503 372	138 856	697 014	193 642	903 843	206 829	1 085 911	182 068
贵　州	79 733	17 861	105 498	25 765	139 681	34 183	180 168	40 487
云　南	190 186	49 763	259 175	68 989	334 989	75 814	420 606	85 617
陕　西	211 152	60 707	289 440	78 288	375 660	86 220	461 391	85 731
甘　肃	129 927	33 902	176 043	46 116	225 776	49 733	282 967	57 191
青　海	36 177	5 231	45 537	9 360	53 888	8 351	64 644	10 756
宁　夏	37 520	9 735	52 786	15 266	65 918	13 132	83 929	18 011
新　疆	283 619	52 249	390 438	106 819	494 459	104 021	562 449	67 990
# 重　庆	62 566	19 724	92 099	29 533	119 283	27 184	148 565	29 282
武　汉	55 066	15 377	80 575	25 509	107 611	27 036	137 217	29 606
沈　阳	75 155	34 595	127 732	52 577	182 889	55 157	262 183	79 294
大　连	84 076	26 466	124 100	40 024	164 766	40 666	212 245	47 479
哈尔滨	44 252	16 300	62 479	18 227	92 075	29 596	116 638	24 563
广　州	137 201	54 971	203 547	66 346	277 238	73 691	367 177	89 939
西　安	37 641	11 646	51 863	14 222	69 924	18 061	90 518	20 594
青　岛	70 422	24 875	116 404	45 982	153 321	36 917	193 521	40 200
宁　波	56 502	19 744	86 251	29 749	114 310	28 059	145 951	31 641
厦　门	15 577	4 262	23 268	7 691	32 337	9 069	43 336	10 999
深　圳	70 918	20 496	102 801	31 883	150 870	48 069	236 346	85 476
长　春	38 889		57 791	18 902	78 169	20 378	103 105	24 936
南　京	47 172		75 103	27 931	99 704	24 601	129 280	29 576
成　都	81 559		118 622	37 063	158 955	40 333	193 219	34 264
新兵团							275 785	26 100
合　计	**8 485 095**	**2 547 978**	**12 120 990**	**3 635 895**	**15 776 388**	**3 655 398**	**19 724 284**	**3 947 896**

各地区农业银行各项贷款

单位：万元

	1989 年		1990 年		1991 年		1992 年	
	年末余额	比上年增减	年末余额	比上年增减	年末余额	比上年增减	年末余额	比上年增减
总　行	5 300		5 300		3 600	−1 700	158 600	155 000
北　京	485 626	90 838	604 308	118 682	760 822	156 514	942 270	181 448
天　津	399 919	74 885	542 602	142 683	655 570	112 968	815 314	159 744
河　北	1 660 378	181 928	1 944 794	284 416	2 307 647	362 853	2 676 817	369 170
山　西	659 845	94 279	807 093	147 248	924 639	117 546	1 070 314	145 675
内蒙古	568 184	86 917	785 336	217 152	924 022	138 686	1 080 583	156 561
辽　宁	1 442 533	242 954	1 823 342	380 809	2 221 729	398 387	2 695 735	474 006
吉　林	1 215 018	122 812	1 680 279	465 261	2 143 576	463 297	2 476 862	333 286
黑龙江	1 368 795	168 977	1 724 547	355 752	2 161 497	436 950	2 464 679	303 182
上　海	815 949	221 221	980 530	164 581	1 260 754	280 224	1 764 943	504 189
江　苏	2 047 068	282 745	2 492 953	445 885	3 023 956	531 003	3 604 155	580 199
浙　江	1 137 303	154 986	1 358 443	221 140	1 595 620	237 177	1 918 662	323 042
安　徽	1 101 671	144 721	1 429 290	327 619	1 759 379	330 089	2 017 153	257 774
福　建	669 077	89 202	770 515	101 438	878 555	108 040	1 092 725	214 170
江　西	917 980	178 249	1 158 259	240 279	1 496 134	337 875	1 808 522	312 388
山　东	2 497 501	268 059	2 961 137	463 636	3 576 057	614 920	4 049 990	473 933
河　南	1 856 342	208 077	2 335 191	478 849	2 860 291	525 100	3 281 977	421 686
湖　北	1 810 426	287 537	2 369 026	558 600	2 735 144	366 118	3 066 104	330 960
湖　南	1 209 424	195 898	1 454 190	244 766	1 798 876	344 686	2 159 343	360 467
广　东	2 574 703	276 437	2 955 757	381 054	3 370 318	414 561	4 180 768	810 450
广　西	707 302	75 821	820 610	113 308	987 589	166 979	1 178 412	190 823
海　南	275 857	33 236	338 880	63 023	407 400	68 520	585 383	177 983
四　川	1 975 129	293 335	2 435 295	460 166	3 037 254	601 959	3 660698	623 444
贵　州	470 056	65 908	549 020	78 964	706 209	157 189	332 218	126 009
云　南	713 504	77 362	804 664	91 160	948 373	143 709	1 151 672	203 299
陕　西	743 731	117 750	902 346	158 615	1 050 176	147 830	1 247 458	197 282
甘　肃	428 005	55 720	525 064	97 059	615 271	90 207	737 123	121 852
青　海	101 625	22 042	118 892	17 267	131 939	13 047	157 207	25 268
宁　夏	130 880	22 563	156 485	25 605	177 667	21 182	214 216	36 549
新　疆	592 581	125 771	909 276	316 695	1 260 605	351 329	1 592 152	331 547
# 重　庆	233 769	34 895	300 847	67 078	384 653	83 806	468 997	84 344
武　汉	240 284	38 806	310 025	69 741	373 129	63 104	438 783	65 654
沈　阳	260 807	54 524	354 768	93 961	437 007	82 239	632 541	195 534
大　连	193 750	33 770	239 515	45 765	291 162	51 647	384 817	93 655
哈尔滨	144 640	30 843	190 142	45 502	309 406	119 264	386 651	77 245
广　州	360 416	42 996	416 114	55 698	469 358	53 244	590 934	121 576
西　安	165 061	27 139	198 965	33 904	231 044	32 079	311 282	80 238
青　岛	193 673	35 660	253 023	59 350	300 280	47 257	369 318	69 038
宁　波	177 012	27 612	226 068	49 056	266 100	40 032	327 601	61 501
厦　门	46 374	5 328	70 610	24 236	92 349	21 739	162 853	75 504
深　圳	310 155	52 534	381 328	71 173	458 826	77 498	588 528	129 702
长　春	278 458		413 168	134 710	542 978	129 810	629 855	86 877
南　京	155 659		177 252	21 593	221 434	44 182	271 138	49 704
成　都	269 934		328 942	59 008	405 934	76 992	503 120	97 186
新兵团							478 407	144 378
合　计	**30 581 712**	**4 260 230**	**37 743 424**	**7 161 712**	**45 780 669**	**8 037 245**	**54 682 055**	**8 901 386**

各地区农业银行商业贷款

单位：万元

	1989年		1990年		1991年		1992年	
	年末余额	比上年增减	年末余额	比上年增减	年末余额	比上年增减	年末余额	比上年增减
总行								
北京	230 287	47 822	273 162	42 875	344 828	71 666	450 848	106 020
天津	200 346	52 093	285 295	84 949	344 032	58 737	423 442	79 410
河北	1 098 797	144 448	1 257 862	159 065	1 511 223	253 361	1 658 965	147 742
山西	405 818	74 574	515 321	109 503	588 497	73 176	657 484	68 987
内蒙古	397 935	70 133	588 615	190 680	692 041	103 426	791 509	99 468
辽宁	874 002	172 867	1 138 458	264 456	1 413 712	275 254	1 681 551	267 839
吉林	836 781	83 734	1 232 689	395 908	1 603 752	371 063	1 813 418	209 666
黑龙江	850 080	132 119	1 141 102	291 022	1 469 203	328 101	1 661 175	191 972
上海	291 576	86 911	326 975	35 399	399 645	72 670	542 950	143 305
江苏	1 271 161	237 346	1 585 237	314 076	1 882 006	296 769	2 188 333	306 327
浙江	582 378	111 076	696 992	114 614	795 997	99 005	927 532	131 535
安徽	763 966	116 892	1 025 212	261 246	1 168 592	143 380	1 308 598	140 006
福建	299 565	62 098	337 411	37 846	372 844	35 433	432 726	59 882
江西	542 866	140 588	708 472	165 606	925 269	243 797	1 144 566	192 297
山东	1 809 894	188 852	2 115 278	305 384	2 563 866	448 588	2 766 563	202 697
河南	1 334 587	142 807	1 701 458	366 871	2 081 914	380 456	2 330 948	249 034
湖北	1 195 200	238 189	1 665 354	470 154	1 913 369	248 015	2 122 600	209 231
湖南	755 428	158 886	927 837	172 409	1 166 200	238 363	1 377 434	211 234
广东	1 426 258	175 852	1 578 683	152 425	1 778 884	200 201	2 154 607	375 723
广西	353 600	47 764	415 961	62 361	505 408	89 447	574 717	69 309
海南	141 487	12 986	172 993	31 506	207 364	34 371	289 623	82 259
四川	1 202 723	235 672	1 508 699	305 976	1 916 281	407 582	2 256 376	340 095
贵州	265 563	40 935	301 871	36 308	403 249	101 378	452 444	49 195
云南	435 083	55832	482 999	47 916	570 758	87 759	690 220	119 462
陕西	451 883	83 668	550 310	98 427	636 247	85 937	735 090	98 843
甘肃	260 266	41 308	335 426	75 160	400 871	65 445	486 009	85 138
青海	60 744	17 107	63 613	2 869	66 997	3 384	81 267	14 270
宁夏	63 561	13 947	80 894	17 333	88 445	7 551	102 042	13 597
新疆	333 880	85 339	578 600	244 720	851 245	272 645	1 049 915	198 670
# 重庆	135 952	25 025	179 806	43 854	234 233	54 427	284 256	50 023
武汉	153 037	30 678	201 099	48 062	238 457	37 358	276 790	38 333
沈阳	164 625	44 037	226 642	62 017	285 699	59 057	434 488	148 789
大连	89 892	14 636	111 171	21 279	131 786	20 615	165 220	33 434
哈尔滨	92 183	18 694	116 893	24 710	203 509	86 616	248 925	45 416
广州	196 301	24 777	207 334	11 033	223 231	15 897	278 207	54 976
西安	110 022	19 768	128 926	18 904	141 698	12 772	189 263	47 565
青岛	106 354	24 538	137 233	30 879	156 742	19 509	175 427	18 685
宁波	86 974	19 775	118 192	31 218	130 564	12 372	155 096	24 532
厦门	21 582	447	37 059	15 477	49 975	12 916	73 995	24 020
深圳	146 883	33 219	176 049	29 166	207 773	31 724	262 843	55 070
长春	189 682		310 967	121 285	422 284	111 317	479 569	57 285
南京	92 741		99 913	7 172	116 407	16 494	140 552	24 145
成都	153 716		183 533	29 817	226 590	43 057	286 692	60 102
新兵团							219 557	69 074
合计	**18 735 715**	**3 041 845**	**23 592 779**	**4 857 064**	**28 689 739**	**5 096 960**	**33 152 952**	**4 463 213**

各地区农业银行一般商业贷款

单位：万元

	1989年		1990年		1991年		1992年	
	年末余额	比上年增减	年末余额	比上年增减	年末余额	比上年增减	年末余额	比上年增减
总　行								
北　京	119 683	13 811	132 896	13 213	147 715	14 819	171 945	24 230
天　津	104 777	18 987	121 729	16 952	128 477	6 748	147 689	19 212
河　北	438 060	32 786	469 659	31 599	501 477	31 818	574 473	72 996
山　西	215 320	24 893	238 190	22 870	262 473	24 283	303 594	41 121
内蒙古	158 022	18 848	194 414	36 392	210 183	15 769	248 105	37 922
辽　宁	385 361	59 020	440 681	55 320	495 167	54 486	592 744	97 577
吉　林	332 859	28 938	379 286	46 427	423 398	44 112	485 995	62 597
黑龙江	396 778	34 436	441 629	44 851	483 249	41 620	568 371	85 122
上　海	246 682	43 363	251 059	4 377	300 380	49 321	436 228	135 848
江　苏	553 608	49 835	607 967	54 359	670 444	62 477	766 513	96 069
浙　江	321 961	43 051	349 589	27 628	384 862	35 273	453 456	68 594
安　徽	296 159	28 164	305 386	9 227	333 777	28 391	358 665	24 888
福　建	188 336	20 542	201 005	12 669	222 361	21 356	275 234	52 873
江　西	228 249	34 295	248 450	20 201	270 509	22 059	288 406	17 897
山　东	519 508	60 129	569 225	49 717	620 219	50 994	730 184	109 965
河　南	465 493	43 374	509 066	43 573	559 465	50 399	614 661	55 196
湖　北	427 481	39 793	457 605	30 124	513 245	55 640	554 385	41 140
湖　南	355 819	32 085	380 422	24 603	423 003	42 581	455 251	32 248
广　东	1 186 470	114 252	1 274 925	88 455	1 398 800	123 875	1 760 340	361 540
广　西	222 236	18 112	239 989	17 753	250 865	10 876	301 675	50 810
海　南	114 828	3 079	126 471	11 643	137 662	11 191	194 077	56 415
四　川	611 903	68 852	652 840	40 937	730 554	77 714	886 492	155 938
贵　州	114 006	12 740	122 552	8 546	138 829	16 277	139 518	689
云　南	192 500	21 152	199 593	7 093	210 468	10 875	230 802	20 334
陕　西	281 000	36 649	314 652	33 652	339 791	25 139	362 861	23 070
甘　肃	123 171	20 323	135 495	12 324	151 570	16 075	173 007	21 437
青　海	29 226	4 754	31 229	2 003	34 170	2 941	44 594	10 424
宁　夏	31 141	8 095	29 512	－1 629	32 909	3 397	41 029	8 120
新　疆	86 911	17 346	108 915	22 004	130 679	21 764	139 135	8 456
#重　庆	74 323	10 360	85 384	11 061	99 471	14 087	128 856	29 385
武　汉	85 695	13 662	99 497	13 802	120 389	20 892	138 916	18 527
沈　阳	81 939	16 056	99 086	17 147	112 755	13 669	158 489	45 734
大　连	49 751	8 750	56 955	7 204	61 610	4 655	82 615	21 005
哈尔滨	75 521	14 194	87 267	11 746	113 693	26 426	130 208	16 515
广　州	163 854	20 253	168 512	4 658	175 969	7 457	223 530	47 561
西　安	82 004	10 225	93 948	11 944	98 721	4 773	108 746	10 025
青　岛	45 108	7 181	50 644	5 536	56 153	5 509	79 385	23 232
宁　波	46 028	8 415	54 844	8 816	60 848	6 004	82 753	21 905
厦　门	18 033	1 081	30 901	12 868	42 508	11 607	69 058	26 550
深　圳	144 428	32 422	174 425	29 997	205 730	31 305	260 601	54 871
长　春	78 164		92 611	14 447	105 350	12 739	117 771	12 421
南　京	52 980		48 322	－4 658	59 043	10 721	64 527	5 484
成　都	84 420		90 988	6 568	100 490	9 502	111 165	10 675
新兵团							12 191	－993
合　计	**8 747 548**	**951 704**	**9 534 431**	**786 883**	**10 506 701**	**972 270**	**12 299 429**	**1 792 728**

各地区农业银行农副产品收购贷款

单位：万元

	1989年		1990年		1991年		1992年	
	年末余额	比上年增减	年末余额	比上年增减	年末余额	比上年增减	年末余额	比上年增减
总　行								
北　京	110 604	34 011	140 266	29 662	197 113	56 847	278 903	81 790
天　津	95 569	33 106	163 566	67 997	215 555	51 989	275 753	60 198
河　北	660 737	81 662	788 203	127 466	1 009 746	221 543	1 084 492	74 746
山　西	190 498	49 681	277 131	86 633	326 024	48 893	353 890	27 866
内蒙古	239 913	51 285	394 201	154 288	481 858	87 657	543 404	61 546
辽　宁	488 641	113 847	697 777	209 136	918 545	220 768	1 088 807	170 262
吉　林	503 922	54 796	853 403	349 481	1 180 354	326 951	1 327 423	147 069
黑龙江	453 302	97 683	699 473	246 171	985 954	285 481	1 092 804	106 850
上　海	44 894	43 548	75 916	31 022	99 265	23 349	106 722	7 457
江　苏	717 553	187 511	977 270	259 717	1 211 562	234 292	1 421 820	210 258
浙　江	260 417	68 025	347 403	86 986	411 135	63 732	474 076	62 941
安　徽	467 807	88 728	719 826	252 019	834 815	114 989	949 933	115 118
福　建	111 229	41 556	136 406	25 177	150 483	14 077	157 492	7 009
江　西	314 617	106 293	460 022	145 405	681 760	221 738	856 160	174 400
山　东	1 290 386	128 723	1 546 053	255 667	1 943 647	397 594	2 036 379	92 732
河　南	869 094	99 433	1 192 392	323 298	1 522 449	330 057	1716 287	193 838
湖　北	767 719	198 396	1 207 749	440 030	1 400 124	192 375	1 568 215	168 091
湖　南	399 609	126 801	547 415	147 806	743 197	195 782	922 183	178 986
广　东	239 788	61 600	303 758	63 970	380 084	76 326	394 267	14 183
广　西	131 364	29 652	175 972	44 608	254 543	78 571	273 042	18 499
海　南	26 659	9 907	46 522	19 863	69 702	23 180	95 546	25 844
四　川	590 820	166 820	855 859	265 039	1 185 727	329 868	1 369 884	184 157
贵　州	151 557	28 195	179 319	27 762	264 420	85 101	312 926	48 506
云　南	242 583	34 680	283 406	40 823	360 290	76 884	459 418	99 128
陕　西	170 883	47 019	235 658	64 775	296 456	60 798	372 229	75 773
甘　肃	137 095	20 985	199 931	62 836	249 301	49 370	313 002	63 701
青　海	31 518	12 353	32 384	866	32 827	443	36 673	3 846
宁　夏	32 420	5 852	51 382	18 962	55 536	4 154	61 013	5 477
新　疆	246 969	67 993	469 685	222 716	720 566	250 881	910 780	190 214
# 重　庆	61 629	14 665	94 422	32 793	134 762	40 340	155 400	20 638
武　汉	67 342	17 016	101 602	34 260	118 068	16 466	137 874	19 806
沈　阳	82 686	27 981	127 556	44 870	172 944	45 388	275 999	103 055
大　连	40 141	5 886	54 216	14 075	70 176	15 960	82 605	12 429
哈尔滨	16 662	4 500	29 626	12 964	89 816	60 190	118 717	28 901
广　州	32 447	4 524	38 822	6 375	47 262	8 440	54 677	7 415
西　安	28 018	9 543	34 978	6 960	42 977	7 999	80 517	37 540
青　岛	61 246	17 357	86 589	25 343	100 589	14 000	96 042	—4 547
宁　波	40 946	11 360	63 348	22 402	69 716	6 368	72 343	2 627
厦　门	3 549	—634	6 158	2 609	7 467	1 309	4 937	—2 530
深　圳	2 455	797	1 624	—831	2 043	419	2 242	199
长　春	111 518		218 356	106 838	316 934	98 578	361 798	44 864
南　京	39 761		51 591	11 830	57 364	5 773	76 025	18 661
成　都	69 296		92 545	23 249	126 100	33 555	175 527	49 427
新兵团							207 366	70 067
合　计	**9 988 167**	**2 090 141**	**14 058 348**	**4 070 181**	**18 183 038**	**4 124 690**	**20 853 523**	**2 670 485**

各地区农业银行乡镇企业贷款

单位：万元

	1989年		1990年		1991年		1992年	
	年末余额	比上年增减	年末余额	比上年增减	年末余额	比上年增减	年末余额	比上年增减
总行								
北京	82 411	4 704	93 853	11 442	105 373	12 146	115 283	9 910
天津	92 402	3 446	107 548	15 146	119 806	14 491	135 017	15 211
河北	223 434	6 798	242 682	19 248	261 538	21 631	293 298	31 760
山西	123 969	3 120	132 944	8 975	140 085	8 448	164 572	24 487
内蒙古	26 245	360	30 779	4 534	36 215	5 446	51 437	15 222
辽宁	195 709	5 605	221 104	25 395	241 040	21 249	271 551	30 511
吉林	84 704	280	95 058	10 354	105 951	13 364	138 958	33 007
黑龙江	85 013	257	95 958	10 945	104 942	11 224	126 045	21 103
上海	208 887	780	224 620	15 733	283 522	58 902	385 133	101 611
江苏	406 434	23 235	447 816	41 382	550 304	105 419	605 664	55 360
浙江	309 290	26 442	338 860	29 570	377 451	50 146	410 939	33 488
安徽	97 278	56	107 854	10 576	171 688	66 604	206 344	34 656
福建	126 988	8 403	140 223	13 235	127 424	14 436	140 895	13 471
江西	108 824	1 958	120 303	11 479	119 487	11 309	140 583	21 096
山东	281 432	7 545	310 863	29 431	329 592	28 447	377 403	47 811
河南	170 741	2 684	186 599	15 858	199 936	25 788	241 109	41 173
湖北	199 200	3 568	215 597	16 397	208 976	19 045	230 376	21 400
湖南	165 910	2 883	181 028	15 118	174 577	25 302	212 178	37 601
广东	430 389	12 399	471 194	40 805	479 282	54 755	543 882	64 600
广西	75 332	1 808	82 442	7 110	76 464	8 071	98 229	21 765
海南	10 987	615	12 098	1 120	10 088	—1 185	15 619	5 531
四川	390 020	5 887	411 834	21 814	392 393	30 272	447 532	55 139
贵州	39 742	500	44 408	4 666	51 189	10 157	66 737	15 548
云南	72 784	—56	80 286	7 502	73 949	7 257	89 368	15 419
陕西	102 582	2 595	113 084	10 502	122 671	12 205	150 537	27 866
甘肃	43 240	1 979	48 158	4 918	52 183	4 703	64 471	12 288
青海	8 304	180	9 524	1 220	10 047	538	13 818	3 771
宁夏	14 168	336	17 685	3 517	19 755	2 070	31 224	11 469
新疆	29 699	828	37 350	7 651	38 349	6 620	56 849	18 500
#重庆	52 578	2 231	57 119	4 541	62 630	8 038	73 443	10 813
武汉	20 379	1 266	24 519	4 140	28 667	4 308	34 028	5 361
沈阳	21 100	54	25 555	4 455	29 513	3 958	39 468	9 955
大连	39 767	2 381	46 969	7 202	51 093	4 324	57 759	6 666
哈尔滨	8 564	2	11 786	3 222	17 362	5 576	22 880	5 518
广州	35 903	1 488	42 478	6 575	46 182	5 246	50 955	4 773
西安	20 264	740	22 926	2 662	26 799	3 921	35 379	8 580
青岛	42 506	1 830	47 616	5 110	49 047	4 084	55 206	6 159
宁波	51 712	5 593	58 065	6 353	66 414	9 318	73 859	7 445
厦门	3 794	439	3 976	182	4 615	675	5 278	663
深圳	24 234	2 657	30 476	6 242	53 359	22 883	78 948	25 589
长春	18 260		21 195	2 935	24 687	3 492	30 812	6 125
南京	29 830		34 826	4 996	48 865	14 039	56 226	7 361
成都	68 561		73 304	4 743	73 463	6 157	86 389	12 926
新兵团							1 881	1 881
合计	**4 206 109**	**129 195**	**4 621 752**	**415 643**	**4 984 277**	**648 860**	**5 825 051**	**840 774**

各地区农业银行农业贷款

单位：万元

	1989年		1990年		1991年		1992年	
	年末余额	比上年增减	年末余额	比上年增减	年末余额	比上年增减	年末余额	比上年增减
总　行								
北　京	99 891	27 713	143 800	43 909	185 584	41 784	221 822	36 238
天　津	46 395	11 131	62 962	16 567	74 681	11 719	87 902	13 221
河　北	214 791	43 804	266 889	52 098	332 524	65 635	457 546	125 022
山　西	100 415	12 799	122 750	22 335	152 033	29 283	185 357	33 324
内蒙古	112 023	12 129	126 646	14 623	150 670	24 024	176 188	25 518
辽　宁	225 995	45 009	272 301	46 306	333 837	61 536	412 712	78 875
吉　林	245 609	30 969	292 528	46 919	356 486	63 958	418 226	61 740
黑龙江	339 238	22 874	365 226	25 988	427 619	62 393	478 771	51 152
上　海	83 985	19 310	103 363	19 378	135 015	31 652	176 080	41 065
江　苏	150 456	23 751	192 667	42 211	258 151	65 484	321 608	63 457
浙　江	97 828	13 053	119 646	21 818	157 458	37 812	197 615	40 157
安　徽	168 112	18 800	202 654	34 542	289 876	87 222	321 104	31 228
福　建	161 979	16 038	187 248	25 269	215 069	27 821	242 696	27 627
江　西	190 439	27 298	238 146	47 707	300 383	62 237	358 202	57 819
山　东	241 819	49 258	310 876	69 057	395 632	84 756	493 860	98 228
河　南	245 308	47 213	314 832	69 524	405 282	90 450	497 146	91 864
湖　北	216 204	28 839	254 873	38 669	311 599	56 726	354 963	43 364
湖　南	171 620	22 083	206 927	35 307	260 013	53 086	307 195	47 182
广　东	333 008	54 781	403 541	70 533	485 303	81 762	622 009	136 706
广　西	211 431	19 623	235 549	24 118	276 851	41 302	318 522	41 671
海　南	107 726	18 154	136 249	28 523	164 784	28 535	211 047	46 263
四　川	179 285	27 926	237 309	58 024	305 967	68 658	402 234	96 267
贵　州	107 257	13 971	128 452	21 195	155 434	26 982	176 973	21 539
云　南	155 840	13 182	176 459	20 619	198 848	22 389	241 270	42 422
陕　西	118 471	12 092	145 838	27 367	172 670	26 832	207 827	35 157
甘　肃	102 324	9 133	113 777	11 453	128 563	14 786	147 652	19 089
青　海	18 916	2 894	27 679	8 763	31 532	3 853	30 785	－747
宁　夏	22 760	4 308	27 669	4 909	33 124	5 455	37 346	4 222
新　疆	170 208	23 190	212 404	42 196	259 515	47 111	342 944	83 429
#重　庆	14 609	1 657	19 438	4 829	30 732	11 294	32 452	1 720
武　汉	32 743	4 842	40 678	7 935	50 389	9 711	58 169	7 780
沈　阳	24 378	5 795	31 267	6 889	39 551	8 284	59 913	20 362
大　连	42 810	13 098	53 702	10 892	65 630	11 928	80 348	14 718
哈尔滨	28 285	8 115	38 397	10 112	59 002	20 605	71 177	12 175
广　州	65 543	12 904	85 246	19 703	102 444	17 198	122 089	19 645
西　安	17 242	3 058	22 252	5 010	28 984	6 732	38 512	9 528
青　岛	16 625	3 940	27 835	11 210	35 302	7 467	46 534	11 232
宁　波	12 195	2 259	13 617	1 422	18 835	5 218	29 864	11 029
厦　门	13 919	3 690	17 251	3 332	17 169	－82	14 757	－2 412
深　圳	33 177	9 016	31 338	－1 839	31 620	282	34 441	2 821
长　春	61 376		69 067	7 691	81 536	12 469	98 801	17 265
南　京	16 469		22 655	6 186	29 082	6 427	32 001	2 919
成　都	11 174		19 777	8 603	29 363	9 586	36 674	7 311
新兵团							218 188	62 155
合　计	**4 639 333**	**671 325**	**5 629 260**	**989 927**	**6 954 503**	**1 325 243**	**8 470 602**	**1 516 099**

农业银行各项贷款累计发放与收回

（1992年）　　单位：亿元

项目名称	累放	比上年增减	累收	比上年增减
各项贷款合计	**7 188.46**	**646.65**	**6 319.51**	**518.14**
一、流动资金贷款	6 095.42	405.28	5 481.66	4 427.63
1. 工业贷款	584.08	128.66	493.47	96.96
国营工业流动资金贷款	267.30	51.82	228.39	44.98
集体工业贷款	298.08	69.07	256.23	50.53
集体工业固定资产贷款	18.71	7.77	8.85	1.43
2. 商业贷款	4 762.93	118.75	4 324.04	191.24
国营商业贷款	390.48	119.37	307.16	71.53
供销社贷款	1 402.68	−65.79	1 289.95	−5.68
农机公司贷款	77.92	12.68	69.76	7.71
预购定金贷款	29.76	−1.74	29.78	−0.84
乡镇企业供销公司贷款	99.27	19.38	92.32	17.42
集体商业贷款	213.45	69.17	184.95	50.62
个体商业贷款	24.33	7.73	20.11	4.46
收购农副产品贷款	2 417.15	−49.54	2 141.32	87.33
其他商业贷款	107.88	7.48		
3. 乡镇企业贷款	748.41	157.87	664.15	139.43
流动资金贷款	674.81	130.33	623.14	127.00
固定资产贷款	73.60	27.54	41.02	12.44
二、固定资产贷款	61.00	20.09	21.65	4.08
1. 国营工业技改贷款	25.58	8.60	8.67	2.27
2. 国营商业技改贷款	10.04	4.43	4.46	0.28
3. 国营农业技改贷款	14.70	5.76	5.92	0.68
4. 基本建设贷款	10.68	1.30	2.60	0.85
三、农业贷款	870.85	147.70	718.83	131.79
1. 国营农业贷款	415.30	65.07	354.35	49.79
2. 集体农业贷款	189.47	56.00	150.25	46.50
3. 农户贷款	93.92	2.28	82.62	6.45
4. 信用社贷款	62.46	1.26	71.17	14.03
5. 扶贫贴息贷款	31.28	11.71	12.94	3.91
6. 外资配套贷款	22.02	−2.37	18.89	3.01
7. 开发性贷款	56.40	13.76	28.60	8.11
四、特种贷款	13.40	0.68	13.21	0.71
五、其他贷款	147.79	72.89	84.16	48.67

农业银行各项贷款累计发放与收回

单位：亿元

项目名称	1990年			1991年		
	累计发放	累计收回	回收率%	累计发放	累计收回	回收率%
各项贷款合计	**6 013.22**	**5 297.30**	**88.09**	**6 541.81**	**5 738.37**	**87.71**
一、流动资金贷款	5 331.34	4 745.41	89.00	5 690.14	5 054.03	88.82
1. 工业贷款	401.46	341.18	84.98	455.42	396.51	87.06
国营工业流动资金贷款	189.12	155.73	82.34	215.48	183.41	85.11
集体工业贷款	204.97	180.72	88.16	229.01	205.70	89.82
集体工业固定资产贷款	7.37	4.73	64.17	10.94	7.42	67.82
2. 商业贷款	4 425.65	3 940.14	89.02	4 644.18	4 132.80	88.98
国营商业贷款	247.31	215.70	87.21	271.11	235.63	86.91
供销社贷款	1 540.82	1 388.75	90.13	1 468.47	1 295.63	88.22
农机公司贷款	66.38	65.12	98.10	65.24	62.05	95.11
预购定金贷款	31.03	31.47	101.41	31.50	30.62	97.20
乡企供销公司贷款	73.85	68.81	93.17	79.89	74.90	93.75
集体商业贷款	123.81	119.58	96.58	144.28	134.33	93.10
个体商业贷款	13.27	13.04	98.26	16.60	15.65	94.27
收购农副产品贷款	2 227.69	1 820.69	81.72	2 466.69	2 053.99	83.26
其他商业贷款	101.50			100.40		
3. 乡镇企业贷款	504.23	464.09	92.03	590.54	524.72	88.85
流动资金贷款	475.25	440.51	92.69	544.48	496.14	91.12
固定资产贷款	28.97	23.56	81.32	46.06	28.58	62.04
二、固定资产贷款	24.37	13.52	55.47	40.91	17.57	42.94
1. 国营工业技改贷款	10.11	4.03	39.86	16.98	6.40	37.69
2. 国营商业技改贷款	4.47	4.07	91.05	5.61	4.18	74.50
3. 国营农业技改贷款	6.78	4.82	71.09	8.94	5.24	58.61
4. 基本建设贷款	3.01	62	20.59	9.38	1.75	18.65
三、农业贷款	582.04	482.69	82.93	723.15	587.04	81.17
1. 国营农业贷款	303.14	264.60	87.28	350.23	304.56	86.95
2. 集体农业贷款	93.33	75.35	80.73	133.47	103.75	77.73
3. 农户贷款	79.71	70.80	88.82	91.64	76.17	83.11
4. 信用社贷款	47.80	44.33	92.74	61.20	57.14	93.36
5. 扶贫贴息贷款	16.12	6.30	39.08	19.57	9.03	46.14
6. 外资配套贷款	11.98	5.27	43.98	24.39	15.88	65.10
7. 开发性贷款	29.96	16.06	53.60	42.64	20.49	48.05
四、特种贷款	11.31	11.56	102.21	12.72	12.50	98.27
五、其他贷款	64.16	44.11	68.75	74.90	35.49	47.38

农业银行各项贷款累计发放与收回（续1）

单位：亿元

项目名称	1992年		
	累计发放	累计收回	回收率%
各项贷款合计	**7 188.46**	**6 319.51**	**87.91**
一、流动资金贷款	6 095.42	5 481.66	89.93
1. 工业贷款	584.09	493.47	84.48
国营工业流动资金贷款	267.30	228.39	85.44
集体工业贷款	298.08	256.23	85.96
集体工业固定资产贷款	18.71	8.85	47.30
2. 商业贷款	4 762.92	4 324.04	90.78
国营商业贷款	390.48	307.16	78.66
供销社贷款	1 402.68	1 289.95	91.96
农机公司贷款	77.92	69.76	89.52
预购定金贷款	29.76	29.78	100.06
乡企供销公司贷款	99.27	92.32	92.99
集体商业贷款	213.45	184.95	86.64
个体商业贷款	24.33	20.11	82.65
收购农副产品贷款	2 417.15	2 141.32	88.58
其他商业贷款	107.88		
3. 乡镇企业贷款	748.41	664.15	88.74
流动资金贷款	674.81	623.14	92.34
固定资产贷款	73.60	41.02	55.73
二、固定资产贷款	61.00	21.65	35.49
1. 国营工业技改贷款	25.58	8.67	33.89
2. 国营商业技改贷款	10.04	4.46	44.42
3. 国营农业技改贷款	14.70	5.92	40.27
4. 基本建设贷款	10.68	2.60	24.34
三、农业贷款	870.85	718.83	82.54
1. 国营农业贷款	415.30	354.35	85.32
2. 集体农业贷款	189.47	150.25	79.30
3. 农户贷款	93.92	82.62	87.96
4. 信用社贷款	62.46	71.17	113.94
5. 扶贫贴息贷款	31.28	12.94	41.36
6. 外资配套贷款	22.02	18.89	85.78
7. 开发性贷款	56.40	28.60	50.70
四、特种贷款	13.40	13.21	98.58
五、其他贷款	147.79	84.16	56.94

各地区农业银行各项贷款累计发放与收回

（1992 年）　　　　单位：万元

地区名称	各项贷款合计		一、流动资金贷款		1. 工业贷款	
	累放	累收	累放	累收	累放	累收
北　京	1 211 613	1 030 165	868 215	742 973	50 981	41 669
天　津	1 365 093	1 205 349	1 157 052	1 038 213	175 983	151 765
河　北	3 934 635	3 576 231	3 270 672	3 054 119	249 744	202 693
山　西	1 897 206	1 751 545	1 659 026	1 551 766	69 551	55 791
内蒙古	838 611	682 232	695 052	574 666	29 548	23 190
辽　宁	3 125 017	2 651 019	2 606 383	2 270 820	203 188	165 975
吉　林	3 070 628	2 737 341	2 649 481	2 395 384	66 833	55 411
黑龙江	1 898 100	1 594 946	1 452 896	1 224 723	84 979	69 813
上　海	2 932 906	2 428 717	2 493 544	2 107 450	970 890	829 712
江　苏	7 744 964	7 204 775	6 908 442	6 519 646	570 271	503 052
浙　江	5 185 797	4 862 764	4 651 013	4 420 849	619 757	554 634
安　徽	1 883 148	1 625 767	1 627 037	1 426 419	100 288	74 549
福　建	1 611 999	1 392 727	1 236 822	1 123 160	200 964	165 756
江　西	1 803 303	1 490 944	1 490 884	1 260 348	65 242	48 105
山　东	4 923 730	4 464 797	4 254 070	3 969 598	264 550	223 086
河　南	3 388 504	2 966 863	2 920 652	2 609 787	135 117	114 409
湖　北	2 716 170	2 385 217	2 277 206	2 030 819	144 478	129 738
湖　南	2 751 570	2 390 668	2 367 328	2 094 335	135 169	111 263
广　东	5 873 725	5 073 285	4 990 497	4 391 639	795 850	627 338
广　西	1 602 073	1 446 605	1 281 414	1 198 676	131 550	114 463
海　南	484 340	306 362	294 721	202 938	9 667	5 665
四　川	4 808 759	4 185 202	4 238 124	3 767 037	386 402	335 499
贵　州	765 058	639 093	605 396	549 386	33 442	30 014
云　南	1 497 561	1 294 244	1 245 522	1 097 765	91 939	79 056
陕　西	1 710 971	1 513 687	1 518 310	1 371 180	168 813	150 385
甘　肃	1 022 748	900 888	873 409	772 289	41 290	37 596
青　海	137 128	111 856	115 611	93 752	12 307	8 341
宁　夏	227 531	190 981	183 129	154 401	18 179	14 517
新　疆	1 471 681	1 140 135	1 022 297	802 469	13 834	11 174
#重　庆	542 168	457 817	480 107	407 306	49 542	37 583
武　汉	735 026	669 372	572 573	525 453	50 237	46 811
沈　阳	781 912	679 241	688 855	606 053	69 897	63 869
大　连	562 094	468 439	413 697	365 948	37 256	29 607
哈尔滨	406 625	329 408	331 948	276 020	23 564	18 543
广　州	904 908	783 332	706 798	627 631	107 810	88 392
西　安	483 759	403 520	427 266	359 120	93 034	81 033
青　岛	573 567	504 529	455 574	419 854	62 614	51 738
宁　波	910 883	849 382	794 550	752 067	97 077	86 571
厦　门	311 431	239 441	175 769	147 391	15 449	13 237
深　圳	539 465	409 763	489 739	372 223	171 933	135 076
长　春	936 552	849 675	826 391	761 053	11 552	9 624
南　京	523 697	473 993	441 263	402 857	35 370	28 470
成　都	1 115 653	1 018 467	1 025 952	945 888	108 704	101 668
新兵团	555 131	410 753	246 301	175 377	639	670
合　计	**71 884 569**	**63 195 005**	**60 954 205**	**54 816 607**	**5 840 806**	**4 934 659**

各地区农业银行各项贷款累计发放与收回（续1）

（1992年）

单位：万元

地区名称	(1) 国营工业流动资金贷款		(2) 集体工业贷款		(3) 集体工业固定资产贷款	
	累放	累收	累放	累收	累放	累收
北京	46 044	40 500	4 417	1 148	520	21
天津	93 182	85 431	77 249	65 914	5 552	420
河北	157 551	130 549	89 784	69 786	2 409	2 358
山西	34 010	30 616	34 647	24 893	894	282
内蒙古	15 556	12 905	13 544	10 106	448	179
辽宁	111 266	97 705	85 721	65 729	6 201	2 541
吉林	34 211	29 377	31 273	25 376	1 349	658
黑龙江	51 623	39 423	33 105	29 933	251	457
上海	420 697	357 031	525 210	463 910	24 983	8 771
江苏	34 800	29 873	497 612	454 093	37 859	19 086
浙江	100 986	98 944	491 724	445 389	27 047	10 301
安徽	43 353	35 255	48 212	36 790	8 723	2 504
福建	98 131	90 893	99 159	74 073	3 674	790
江西	38 086	26 057	26 087	21 252	1 069	796
山东	93 403	79 006	159 595	135 626	11 552	8 454
河南	68 374	59 746	63 314	54 158	3 429	505
湖北	59 352	53 379	79 421	71 084	5 705	5 275
湖南	69 305	56 009	58 452	49 831	7 412	5 423
广东	423 463	328 171	353 699	288 437	18 688	10 730
广西	70 441	61 525	56 532	51 940	4 577	998
海南	7 397	3 963	2 270	1 702		
四川	298 176	265 834	81 381	65 929	6 845	3 736
贵州	31 480	28 440	1 944	1 572	18	2
云南	71 320	62 434	18 592	15 957	2 027	665
陕西	143 047	130 280	22 812	18 264	2 954	1 841
甘肃	30 936	28 474	10 349	9 122	5	
青海	9 706	6 828	2 516	1 473	85	40
宁夏	10 608	9 205	5 518	3 724	2 053	1 588
新疆	6 455	5 998	6 627	5 062	752	114
#重庆	34 208	25 639	14 603	11 672	731	272
武汉	22 658	20 818	26 987	25 709	592	284
沈阳	47 648	44 755	21 022	18 052	1 227	1 062
大连	13 575	11 816	21 624	17 352	2 057	439
哈尔滨	9 204	4 952	14 275	13 466	85	125
广州	72 961	61 191	28 412	24 875	6 437	2 326
西安	83 194	74 415	9 249	6 485	591	133
青岛	18 417	14 763	41 808	33 762	2 389	3 213
宁波	7 177	7 124	86 977	77 929	2 923	1 518
厦门	8 027	6 571	6 722	6 631	700	35
深圳	169 295	131 892	2 638	3 184		
长春	6 111	4 945	5 396	4 662	45	17
南京	512	306	29 823	24 256	5 035	3 908
成都	83 118	77 661	23 514	23 212	2 072	795
新兵团	400	381	239	289		
合计	**2 672 959**	**2 283 851**	**2 980 766**	**2 562 273**	**187 081**	**88 535**

各地区农业银行各项贷款累计发放与收回（续2）

（1992年）

单位：万元

地区名称	2. 商业贷款		#：国营商业贷款		#：供销社贷款	
	累放	累收	累放	累收	累放	累收
北京	724 416	618 396	63 914	52 129	198 725	69 726
天津	771 056	691 646	60 174	49 921	184 661	53 499
河北	2 614 458	2 476 716	143 497	116 746	818 283	132 119
山西	1 322 407	1 253 389	117 617	99 356	432 877	101 141
内蒙古	627 289	528 480	27 222	13 867	218 025	14 717
辽宁	2 160 677	1 892 838	174 914	145 035	610 233	149 881
吉林	2 464 209	2 254 541	63 243	49 516	542 978	50 517
黑龙江	1 296 306	1 104 376	125 135	81 230	358 388	82 218
上海	1 017 361	874 056	139 632	106 635	356 022	126 017
江苏	4 843 483	4 577 266	223 852	211 045	1 949 959	250 731
浙江	2 930 632	2 799 072	236 104	224 540	1 007 641	280 265
安徽	1 331 330	1 191 107	58 990	53 046	336 090	59 999
福建	850 930	785 947	124 045	104 703	267 536	107 976
江西	1 319 282	1 126 981	90 205	84 573	398 792	86 528
山东	3 612 817	3 417 620	159 284	138 500	740 199	156 948
河南	2 563 428	2 314 437	156 008	129 312	523 775	129 560
湖北	2 016 145	1 805 898	192 637	174 413	514 077	172 723
湖南	2 057 637	1 846 155	86 971	65 653	557 684	71 041
广东	3 502 163	3 136 414	905 662	745 134	1 394 316	773 179
广西	1 072 427	1 028 439	84 925	79 635	384 997	81 694
海南	277 077	194 818	74 572	34 940	23 615	35 106
四川	3 400 987	3 035 928	323 980	244 806	993 048	252 943
贵州	535 808	498 751	41 737	50 671	134 418	49 825
云南	1 078 195	958 738	35 656	31 880	249 076	31 266
陕西	1 253 004	1 154 157	78 492	69 293	428 291	75 188
甘肃	773 168	688 036	76 180	66 466	213 374	67 174
青海	95 433	81 313	17 718	13 800	24 517	13 404
宁夏	143 635	130 038	7 172	4 149	45 236	3 972
新疆	973 562	774 906	15 214	13 001	129 007	15 135
#重庆	377 303	327 278	41 391	22 097	92 152	21 986
武汉	493 471	455 138	106 845	101 385	190 025	101 242
沈阳	585 615	515 241	82 414	71 709	171 455	70 573
大连	300 107	266 673	24 623	21 342	107 235	23 579
哈尔滨	289 591	244 175	33 818	23 988	123 117	24 148
广州	546 784	491 808	149 703	131 654	244 020	131 337
西安	308 303	260 738	13 729	10 021	117 812	12 392
青岛	319 837	301 152	26 454	22 697	109 864	24 568
宁波	506 574	482 042	41 318	36 853	157 141	44 753
厦门	153 196	127 692	74 981	63 893	13 204	63 893
深圳	249 525	194 455	205 212	150 884	20 806	150 884
长春	791 060	733 775	10 697	9 770	126 151	9 770
南京	307 240	283 095	13 998	10 640	148 178	17 901
成都	780 956	720 854	81 191	76 644	214 134	74 168
新兵团	242 687	173 613	7 098	7 786	8 448	7 511
合计	**47 629 322**	**43 240 459**	**3 904 752**	**3 253 995**	**14 026 840**	**3 494 492**

各地区农业银行各项贷款累计发放与收回（续3）

（1992年） 单位：万元

地区名称	#：农机公司贷款		#：预购定金贷款		#：乡镇企业供销公司贷款	
	累放	累收	累放	累收	累放	累收
北京	32 367	29 904	154	151	5 457	7 851
天津	14 255	11 534	91	22	14 059	13 741
河北	43 700	41 210	4 611	5 035	53 491	48 140
山西	36 189	36 418	1 132	1 618	50 559	46 309
内蒙古	23 521	21 692	3 163	3 247	7 629	5 988
辽宁	41 297	35 570	29 478	32 115	21 769	17 896
吉林	39 173	34 181	48 727	46 518	12 033	10 244
黑龙江	34 446	30 545	43 827	35 209	9 015	8 698
上海	6 843	5 543	510	485	33 588	29 437
江苏	38 038	35 053	27 020	28 781	164 901	159 145
浙江	59 008	53 560	2 681	2 703	208 186	205 529
安徽	12 127	10 138	31 903	32 314	10 912	9 038
福建	13 225	11 884	4 723	4 653	17 967	16 475
江西	13 782	11 717	21 717	22 012	15 204	13 844
山东	57 893	54 675	13	144	45 211	42 164
河南	50 912	48 311	2 889	6 549	26 531	23 964
湖北	33 167	28 168	26 309	27 234	18 758	16 608
湖南	22 064	20 767	24 458	24 070	29 772	27 247
广东	69 663	58 242	1 558	1 998	94 527	89 335
广西	17 141	14 590	1 442	1 599	16 710	12 657
海南	10 776	7 459			2 203	555
四川	45 862	40 130	7 515	7 725	81 632	71 931
贵州	3 548	3 015	63	144	1 042	826
云南	10 429	8 308	3 194	3 316	14 207	11 847
陕西	19 969	18 817	201	384	20 790	18 714
甘肃	11 403	10 775	3 034	3 192	10 844	9 910
青海	3 376	2 537			872	838
宁夏	2 052	1 668	1 553	1 553	1 314	1 274
新疆	12 981	11 188	5 663	4 990	3 494	2 959
#重庆	6 694	5 928			6 840	5 861
武汉	10 726	8 249	4 106	4 231	8 528	7 634
沈阳	16 150	13 542	7 781	7 804	2 279	2 026
大连	2 738	2 244	215	163	2 457	2 106
哈尔滨	9 117	6 822	2 355	2 324	7 139	7 147
广州	9 365	7 442			8 027	7 997
西安	4 883	4 078	185	324	10 735	9 548
青岛	5 492	5 256			4 002	3 538
宁波	11 885	10 979	1 971	1 971	47 347	45 631
厦门	663	613			400	365
深圳	500	253				
长春	11 103	9 256	20 979	20 030	4 618	4 152
南京	3 523	2 853	2 278	2 969	10 606	10 457
成都	15 868	15 586	305	305	29 920	27 597
新兵团			1 490	853		
合计	**779 207**	**697 599**	**297 629**	**297 811**	**992 677**	**923 164**

各地区农业银行各项贷款累计发放与收回（续4）

（1992年）　　单位：万元

地区名称	#：集体商业贷款		#：个体商业贷款		#：收购农副产品贷款	
	累放	累收	累放	累收	累放	累收
北京	12 861	11 190			412 327	330 537
天津	29 517	23 461	165	164	440 998	380 800
河北	65 469	55 483	2 363	2 646	1 472 091	1 397 347
山西	60 767	50 383	9 076	6 931	598 890	570 758
内蒙古	12 399	9 075	2 838	2 122	317 929	256 988
辽宁	67 803	49 668	1 737	1 457	1 177 987	1 007 725
吉林	38 346	27 940	2 699	1 527	1 689 042	1 541 972
黑龙江	27 945	19 853	2 372	2 018	656 807	549 959
上海	85 970	70 464	113	107	177 151	169 694
江苏	423 871	408 673	2 965	2 509	1 936 166	1 723 908
浙江	258 714	246 792	58 647	49 376	1 048 285	985 344
安徽	26 006	22 398	4 355	3 830	831 946	716 597
福建	58 733	48 071	8 476	6 893	278 440	271 432
江西	19 482	15 993	3 448	2 808	744 977	570 581
山东	103 106	91 052	273	230	2 451 703	2 358 971
河南	47 319	39 673	17 201	16 899	1 717 497	1 523 641
湖北	44 004	40 789	8 215	7 514	1 136 588	967 542
湖南	41 916	31 470	6 414	5 075	1 267 918	1 087 933
广东	442 125	382 211	76 876	61 989	430 229	416 504
广西	47 137	40 066	4 872	3 926	470 738	453 425
海南	13 010	7 351	3 222	1 947	141 620	115 768
四川	117 666	92 027	6 624	5 336	1 746 049	1 476 913
贵州	3 753	1 283	1 149	890	345 091	296 643
云南	24 376	18 640	2 703	1 682	713 850	614 444
陕西	31 534	22 961	6 471	5 143	626 835	550 704
甘肃	16 514	13 303	2 888	2 501	434 217	370 515
青海	1 789	1 295	1 107	737	43 683	39 842
宁夏	4 234	1 743	3 195	2 031	72 498	67 021
新疆	8 147	6 277	2 872	2 808	789 991	599 777
#重庆	25 481	19 213	834	535	187 516	166 878
武汉	25 086	23 824	1 277	1 131	138 313	115 313
沈阳	21 459	16 636	295	215	278 108	241 024
大连	16 990	10 558	155	5	136 392	123 963
哈尔滨	10 814	6 635	910	643	96 234	67 333
广州	45 093	34 893	5 143	3 158	80 227	72 812
西安	13 749	9 563	90	100	141 867	104 327
青岛	25 968	19 000			140 062	144 609
宁波	67 652	57 442	1 160	879	173 054	170 427
厦门	19 124	16 076	256	269	13 744	16 275
深圳	5 409	6 267	79	407	2 041	1 842
长春	10 546	7 851	1 088	632	591 624	546 760
南京	23 501	20 484	277	207	102 037	83 376
成都	29 341	25 919	147	135	405 479	356 052
新兵团	2 150	1 850	117	83	222 408	152 341
合计	**2 134 513**	**1 849 585**	**243 336**	**201 096**	**24 171 543**	**21 413 285**

各地区农业银行各项贷款累计发放与收回（续5）

（1992年） 单位：万元

地区名称	3. 乡镇企业贷款		(1) 乡镇企业流动资金贷款		(2) 乡镇企业固定资产贷款	
	累放	累收	累放	累收	累放	累收
北京	92 818	82 908	81 883	76 581	10 935	6 327
天津	210 013	194 802	192 897	185 434	17 116	9 368
河北	406 470	374 710	377 548	355 681	28 922	19 029
山西	267 068	242 586	249 343	228 048	17 725	14 538
内蒙古	38 215	22 996	27 952	20 376	10 263	2 620
辽宁	242 518	212 007	208 466	192 945	34 052	19 062
吉林	118 439	85 432	86 494	72 317	31 945	13 115
黑龙江	71 611	50 534	59 880	46 087	11 731	4 447
上海	505 293	403 682	419 953	366 491	85 340	37 191
江苏	1 494 688	1 439 328	1 406 430	1 374 472	88 258	64 856
浙江	1 100 624	1 067 143	1 057 400	1 042 205	43 224	24 938
安徽	195 419	160 763	154 604	134 287	40 815	26 476
福建	184 928	171 457	174 469	165 846	10 459	5 611
江西	106 360	85 262	90 670	75 600	15 690	9 662
山东	376 703	328 892	343 584	307 868	33 119	21 024
河南	222 107	180 941	199 988	167 046	22 119	13 895
湖北	116 583	95 183	101 744	86 591	14 839	8 592
湖南	174 522	136 917	150 452	121 823	24 070	15 094
广东	692 484	627 887	627 034	593 666	65 450	34 221
广西	77 437	55 774	61 963	49 655	15 474	6 119
海南	7 977	2 455	4 307	2 240	3 670	215
四川	450 735	395 610	401 185	365 593	49 550	30 017
贵州	36 146	20 621	28 220	17 982	7 926	2 639
云南	75 388	59 971	63 487	53 020	11 901	6 951
陕西	96 493	66 638	84 684	60 178	11 809	6 460
甘肃	58 951	46 657	50 593	43 550	8 358	3 107
青海	7 871	4 098	6 585	3 701	1 286	397
宁夏	21 315	9 846	14 634	8 913	6 681	933
新疆	34 901	16 389	21 624	13 141	13 277	3 248
#重庆	53 262	42 445	49 522	39 418	3 740	3 027
武汉	28 865	23 504	26 849	22 667	2 016	837
沈阳	33 343	26 943	26 524	23 525	6 819	3 418
大连	76 334	69 668	69 275	65 394	7 059	4 274
哈尔滨	18 793	13 302	15 005	12 717	3 788	585
广州	52 204	47 431	46 381	44 004	5 823	3 427
西安	25 929	17 349	23 598	16 150	2 331	1 199
青岛	73 123	66 964	69 005	63 660	4 118	3 304
宁波	190 899	183 454	184 082	180 000	6 817	3 454
厦门	7 124	6 462	6 713	6 267	411	195
深圳	68 281	42 692	45 966	35 832	22 315	6 860
长春	23 779	17 654	18 228	16 174	5 551	1 480
南京	98 653	91 292	89 970	86 414	8 683	4 878
成都	136 292	123 366	123 802	116 719	12 490	6 647
新兵团	2 975	1 094	35		2 940	1 094
合计	**7 484 077**	**6 641 489**	**6 748 073**	**6 231 337**	**736 004**	**410 152**

各地区农业银行各项贷款累计发放与收回（续6）

（1992年）　　单位：万元

地区名称	二、农村电力工业贷款		三、固定资产贷款		1．国营工业技改贷款	
	累放	累收	累放	累收	累放	累收
北京	215	244	14 233	4 957	6 821	2 010
天津			3 683	5 391	758	3 842
河北	1 200	808	19 621	4 718	10 122	1 979
山西	363	185	7 193	3 145	3 614	1 870
内蒙古	600	50	8 561	1 972	7 664	1 085
辽宁	5 510	359	28 739	7 288	17 940	3 939
吉林	1 459	378	18 920	8 584	6 962	4 419
黑龙江	361	61	27 991	12 163	7 661	1 173
上海			65 486	15 851	42 898	8 286
江苏	646	417	34 646	12 271	7 446	2 582
浙江	6 671	2 768	17 992	5 358	5 784	2 140
安徽	4 103	1 292	22 736	7 172	7 343	1 371
福建	11 009	3 859	12 352	8 713	4 627	4 863
江西	7 987	2 079	19 202	10 274	6 255	3 412
山东	1 643	3 028	34 228	12 053	16 216	5 309
河南	7 734	6 027	25 769	9 999	10 133	4 703
湖北	12 171	5 757	31 748	12 527	10 413	3 902
湖南	15 818	4 449	16 140	9 794	7 030	3 711
广东	14 759	7 955	29 027	13 169	16 908	6 914
广西	9 058	2 926	21 121	5 684	6 981	2 996
海南	362	165	8 302	1 011	3 960	423
四川	21 140	9 230	48 546	15 860	22 816	7 894
贵州	4 606	1 082	27 654	3 849	6 922	2 265
云南	7 955	2 341	9 672	4 303	5 662	2 138
陕西	1 514	544	15 737	2 992	7 787	1 909
甘肃	403	141	2 396	1 434	627	228
青海	500		710	259	630	126
宁夏	1 100		9 383	7 322	1 588	579
新疆	5 247	1 582	28 169	4 747	2 281	680
#重庆	1 211	602	7 468	1 337	2 950	97
武汉			12 077	6 901	5 801	3 212
沈阳			9 534	3 643	5 853	1 154
大连	3 250		6 179	1 386	4 370	669
哈尔滨	60	60	7 733	1 198	1 492	336
广州	93	120	5 699	2 886	3 513	1 954
西安	8	9	3 767	1 573	2 334	1 166
青岛	1 102	1 102	5 630	2 270	4 809	1 770
宁波	130	197	4 053	823	459	166
厦门			535	175	325	110
深圳						
长春			2 951	837	546	190
南京			3 430	1 420	1 002	654
成都	4 079	2 160	6 916	791	3 256	305
新兵团	600	200	14 081	3 355		
合计	**144 134**	**57 745**	**609 957**	**216 460**	**255 849**	**86 748**

各地区农业银行各项贷款累计发放与收回（续 7）

（1992 年）　　　　单位：万元

地区名称	2. 国营商业技改贷款		3. 国营农业技改贷款		4. 基本建设贷款	
	累放	累收	累放	累收	累放	累收
北京	2 746	790	3 033	2 133	1 633	24
天津	1 067	925	922	575	936	49
河北	2 952	705	4 483	1 457	2 064	577
山西	1 883	836	756	339	940	100
内蒙古	360	101	484	703	53	83
辽宁	4 768	2 669	4 977	243	1 054	437
吉林	4 202	1 955	7 210	1 664	546	546
黑龙江	4 943	1 807	8 335	3 109	7 052	6 074
上海	4 416	1 755	14 552	5 490	3 620	320
江苏	7 523	3 401	10 982	4 083	8 695	2 205
浙江	4 360	1 310	7 508	1 898	340	10
安徽	8 632	4 214	3 881	1 387	2 880	200
福建	1 925	609	3 840	1 241	1 960	2 000
江西	1 314	1 127	10 653	5 559	980	176
山东	11 370	3 579	6 642	3 165		
河南	7 228	2 961	4 604	2 221	3 804	114
湖北	6 779	2 472	6 474	4 914	8 082	1 239
湖南	4 280	2 755	4 810	3 328	20	
广东	4 517	2 086	7 002	4 169	600	
广西	787	398	4 877	1 893	8 476	406
海南	310	42	3 882	546	150	
四川	7 259	1 917	5 019	1 793	13 452	4 256
贵州	2 523	1 160	9	224	18 200	200
云南	1 149	357	2 380	1 548	481	260
陕西	1 749	319	4 358	764	1 843	
甘肃	614	247	705	959	450	
青海	80	63				
宁夏			195	138	7 600	6 600
新疆	614	361	14 394	3 606	10 880	100
#重庆	2 030	358	998	612	1 490	270
武汉	1 724	365	4 552	3 324		
沈阳	2 872	2 110	389	359	420	20
大连	840	187	969	530		
哈尔滨	3 000	305	3 241	557		
广州	1 340	500	846	432		
西安	609	42	824	365		
青岛	239	107	582	393		
宁波	2 350	370	1 244	287		
厦门			210	65		
深圳						
长春	1 236	530	1 169	117		
南京	84	185	2 344	581		
成都	1 105	392	1 115	64	1 440	30
新兵团	30	30	12 951	3 225	1 100	100
合计	**100 350**	**44 517**	**146 967**	**59 219**	**106 791**	**25 976**

各地区农业银行各项贷款累计发放与收回（续8）

（1992年）

单位：万元

地区名称	四、农业贷款		1. 国营农业贷款		2. 集体农业贷款	
	累放	累收	累放	累收	累放	累收
北京	290 577	254 339	253 356	224 828	32 419	25 147
天津	117 498	104 277	58 805	54 790	55 922	47 171
河北	609 185	485 080	178 219	151 290	163 929	113 857
山西	227 410	194 126	63 401	55 492	70 406	56 331
内蒙古	129 430	103 376	50 151	38 687	10 615	10 592
辽宁	403 550	324 676	188 197	156 137	126 714	107 721
吉林	383 520	321 780	197 727	168 820	92 961	68 245
黑龙江	396 080	344 887	278 765	243 395	38 515	34 884
上海	284 125	243 060	208 609	173 748	73 223	67 892
江苏	596 797	533 240	307 993	280 678	177 589	152 076
浙江	380 369	340 225	227 738	214 770	97 492	82 889
安徽	201 636	170 705	41 937	34 114	28 425	22 064
福建	186 666	159 036	52 280	50 386	75 708	61 290
江西	260 142	202 331	170 895	143 233	14 892	10 963
山东	511 711	413 483	20 884	168 494	202 371	161 880
河南	416 657	324 755	61 729	46 912	127 853	87 315
湖北	335 852	292 488	208 862	187 821	35 674	33 328
湖南	278 948	231 742	128 397	114 071	49 054	35 019
广东	718 271	581 560	341 537	294 144	203 260	158 694
广西	268 321	226 441	132 822	107 010	15 915	11 727
海南	134 461	88 784	95 369	68 539	4 584	2 307
四川	445 999	364 628	158 686	148 450	110 273	89 375
贵州	125 601	83 956	8 225	4 707	6 980	3 649
云南	228 650	186 202	54 921	43 598	28 388	19 741
陕西	168 708	133 544	63 637	51 076	23 708	16 853
甘肃	144 244	125 147	60 340	51 650	11 257	10 535
青海	20 008	20 753	6 906	4 094	860	321
宁夏	31 448	27 225	16 572	14 881	1 950	1 062
新疆	412 628	329 408	335 030	270 600	13 746	9 489
#重庆	43 895	42 174	37 330	37 494	5 151	
武汉	124 873	117 093	117 461	109 119	5 540	4 888
沈阳	607 789	50 807	42 249	34 982	11 985	10 652
大连	96 780	82 062	21 828	17 678	62 570	54 873
哈尔滨	60 798	48 623	49 814	36 394	3 626	4 506
广州	152 032	132 387	134 351	119 451	11 769	10 222
西安	49 636	40 107	35 007	28 334	6 983	5 278
青岛	62 388	51 156	30 579	25 344	31 175	25 234
宁波	69 306	58 277	42 151	38 425	26 295	19 065
厦门	13 137	15 544	3 533	4 537	7 353	7 704
深圳	26 670	23 849	23 828	17 567	1 563	4 293
长春	102 654	85 389	56 197	44 773	25 169	19 686
南京	57 871	54 952	35 309	32 145	18 054	15 643
成都	71 561	64 250	34 249	31 707	33 180	29 488
新兵团	293 777	231 622	286 348	230 322	340	246
合计	**8 708 492**	**7 118 254**	**4 152 950**	**3 543 415**	**1 894 683**	**1 502 417**

各地区农业银行各项贷款累计发放与收回（续9）

（1992年）　　　　单位：万元

地区名称	3. 农户贷款		4. 信用社贷款		5. 扶贫贴息贷款	
	累放	累收	累放	累收	累放	累收
北京	6	7			428	430
天津	1 366	1 258	155	155		
河北	166 495	152 058	18 891	20 051	21 503	9 537
山西	75 572	62 397	1 354	12 875	8 740	2 525
内蒙古	29 321	25 576	12 894	15 695	7 892	2 550
辽宁	18 388	16 116	13 026	14 212	7 614	2 987
吉林	32 588	32 412	30 683	27 969	1 161	341
黑龙江	43 975	42 735	7 164	6 999	2 511	1 080
上海			10	10		
江苏	4 552	4 131	50 235	54 754	174	182
浙江	17 963	15 926	10 642	13 641	4 890	3 287
安徽	40 445	40 196	47 395	51 474	14 046	6 699
福建	20 698	17 213	11 874	15 316	7 425	3 678
江西	4 949	4 887	9 773	10 632	11 055	3 633
山东	26 308	29 044	70	70	16 880	9 683
河南	134 902	123 184	12 178	21 711	25 741	10 525
湖北	10 477	10 355	21 916	24 771	22 413	13 073
湖南	14 199	10 202	32 365	39 304	7 516	3 467
广东	108 888	87 082	14 091	16 226	6 181	2 792
广西	7 092	7 051	53 001	73 652	25 692	9 519
海南	15 410	11 900	1 843	2 561	1 254	71
四川	20 502	18 443	64 803	60 469	40 837	16 107
贵州	9 446	7 276	62 644	57 379	28 405	8 159
云南	32 680	19 808	75 878	83 027	12 960	6 081
陕西	21 338	17 993	21 241	29 384	21 047	7 674
甘肃	48 021	38 879	19 476	21 872	3 941	1 787
青海	5 799	5 795	3 421	9 249	1 897	760
宁夏	4 921	3 636	4 723	6 618		
新疆	22 928	20 741	22 879	21 619	10 582	2 822
#重庆	118	108	255	255		
武汉	324	251	487	1 823		
沈阳	937	1 191	2 045	2 005		
大连	1 531	1 484	3 800	3 800		
哈尔滨	4 572	4 310	1 925	1 935	44	45
广州	2 516	1 275	50	715		
西安	3 222	2 839	112	940	952	317
青岛	112	82				
宁波	83	98	297	539		
厦门	869	1 995				
深圳	129	741				
长春	4 418	7 078	14 259	11 647		
南京	242	112	3 868	5 405		
成都	768	741	320	873	200	200
新兵团			50	50	3 550	
合计	**939 229**	**826 301**	**624 625**	**711 742**	**312 785**	**129 449**

各地区农业银行各项贷款累计发放与收回（续10）

（1992年）

单位：万元

地区名称	6. 外资配套贷款		7. 开发性贷款		五、特种贷款	
	累放	累收	累放	累收	累放	累收
北京	3 824	3 047	544	833	11 803	10 768
天津			1 250	903	14 737	13 232
河北	2 135	3 000	58 013	35 287	4 934	7 013
山西			7 937	4 506	934	781
内蒙古	6 066	4 965	12 491	5 311	565	517
辽宁	14 764	10 683	34 847	16 820	4 234	4 339
吉林	15 627	15 900	12 773	8 093	615	899
黑龙江	1 557	2 366	23 593	13 428	2 245	2 218
上海	1 613	1 179	670	231		
江苏	18 419	17 542	37 835	23 877	19 931	18 552
浙江	2 043	4 401	19 601	5 311	18 496	16 296
安徽	952	1 982	28 436	14 176	1 186	1 500
福建	8 274	7 457	10 407	3 696	314	1 878
江西	7 482	4 506	41 096	24 477	6 242	5 444
山东	34 264	29 611	29 974	14 701	10 943	8 959
河南	28 270	18 860	25 984	16 248	3 706	3 643
湖北	10 615	11 308	25 895	11 832	13 173	13 531
湖南	10 144	8 020	37 273	21 659	4 125	3 438
广东	12 246	10 886	32 068	11 736	5 589	9 115
广西	7 120	7 057	26 679	10 425	1 651	654
海南			16 001	3 406	9	14
四川	16 924	14 107	33 974	17 677	3 324	3 278
贵州	3 302	1 347	6 599	1 439	214	632
云南	9 971	7 419	13 852	6 528	2 536	2 193
陕西	4 626	3 270	13 111	7 294	1 552	1 782
甘肃			1 209	424	910	657
青海			1 125	534		
宁夏			3 282	1 028		
新疆			7 463	4 137		
#重庆	380		661	167	81	198
武汉	939	914	122	93	1 293	1 852
沈阳	1 184	1 121	2 389	856	3 989	3 409
大连	4 564	3 536	2 487	691	65	543
哈尔滨	100	1 120	717	313	1 484	1 345
广州	320	451	3 026	273	550	3 185
西安	399	551	2 961	1 848	204	160
青岛			522	496	4 648	4 335
宁波			480	150	12 452	11 731
厦门	500	418	882	890		
深圳	1 150	1 150				
长春	1 449	1 685	1 162	520	27	98
南京			398	246	397	265
成都	275	369	2 569	872	419	472
新兵团			3 489	1 004		
合计	**220 238**	**188 913**	**563 982**	**286 017**	**133 968**	**132 048**

农业银行贷款与国民经济有关指标比较

单位：亿元

年份	全国社会总产值		农村社会总产值		农行各项贷款合计	
	绝对数	比上年增长%	绝对数	比上年增长%	年末余额	比上年增长%
1980	8 534.00	11.67	2 792.12		512.01	24.58
1981	9 075.00	6.34			565.02	10.35
1982	9 966.00	9.82			623.08	10.28
1983	11 131.00	11.69	4 123.78		716.23	14.95
1984	13 171.00	18.33	5 067.55	22.89	1 459.64	103.79
1985	16 582.00	25.90	6 340.04	25.11	1 687.70	15.62
1986	19 045.00	14.85	7 554.23	19.15	1 996.12	18.27
1987	23 043.00	20.99	9 431.61	24.85	2 319.26	16.19
1988	29 807.00	29.35	12 534.69	32.90	2 632.15	13.49
1989	34 604.00	16.09	14 480.17	15.52	3 058.17	16.19
1990	38 035.00	9.92	16 619.21	14.77	3 774.34	23.42
1991	44 142.00	16.06	19 004.09	14.35	4 578.07	21.29
1992	55 842.00	26.51	25 386.28	33.58	5 468.10	19.44

年份	农业总产值		农行各项贷款合计		农业贷款合计	
	绝对数	比上年增长%	年末余额	比上年增长%	年末余额	比上年增长%
1980	1 922.60	13.25	512.01	24.58	113.76	13.79
1981	2 180.62	13.42	565.02	10.35	120.05	5.53
1982	2 483.26	13.88	623.08	10.28	131.68	9.65
1983	2 750.00	10.74	716.23	14.95	144.41	9.71
1984	3 214.13	16.88	1 459.64	103.79	202.23	40.04
1985	3 619.49	12.61	1 687.70	15.62	221.76	9.66
1986	4 013.01	10.87	1 996.12	18.27	279.83	26.19
1987	4 675.70	16.51	2 319.26	16.19	338.68	21.03
1988	5 865.27	25.44	2 632.15	13.49	369.80	17.16
1989	6 534.73	11.14	3 058.17	16.19	463.93	16.92
1990	7 662.10	17.25	3 774.34	23.42	562.93	21.34
1991	8 157.00	6.46	4 578.07	21.29	695.45	23.54
1992	9 084.71	11.37	5 468.10	19.44	846.93	21.78

注：产值按当年价格计算。

农业银行商业贷款与农村社会商品零售总额比较

年份	商业贷款			
	年末金额（亿元）	比上年增长 %	累放额（亿元）	比上年增长 %
1980	333.56	19.16	2 205.70	
1981	370.68	11.13	2 418.19	9.63
1982	399.51	7.78	2 601.13	7.57
1983	467.25	16.96	2 824.80	8.60
1984	1 015.08	117.25	3 115.16	10.28
1985	1 155.74	13.86	3 413.06	9.56
1986	1 241.97	7.46	2 590.63	－24.10
1987	1 388.73	11.82	3 314.52	27.94
1988	1 569.39	13.01	4 138.32	24.85
1989	1 873.57	19.38	4 260.03	2.94
1990	2 359.28	25.92	4 425.65	3.89
1991	2 868.97	21.60	4 644.18	4.94
1992	3 315.32	15.56	4 762.93	2.56

年份	乡村社会商品零售总额		百元商贷实现乡村社会商品零售额	
	金额（亿元）	比上年增长 %	按年末余额计算（元）	按累放额计算（元）
1980	1 189.70	20.81	35.67	53.94
1981	1 324.00	11.29	357.18	54.75
1982	1 480.00	11.78	370.45	56.90
1983	1 670.00	12.84	357.41	59.12
1984	1 999.30	19.72	196.96	64.18
1985	2 517.00	25.89	217.78	73.75
1986	2 856.00	13.47	229.96	110.24
1987	3 350.00	17.30	241.23	101.07
1988	4 222.40	26.04	269.5	102.03
1989	4 567.50	8.17	243.79	17.22
1990	4 565.10	－0.05	193.50	103.15
1991	5 044.40	10.50	175.83	108.62
1992	5 707.20	13.14	172.15	119.83

供销社贷款与供销社经济指标比较

年份	供销社系统贷款		利润和税金总额		商品销售额总额		百元贷款实现利税（元）	百元贷款实现销售额（元）
	金额（亿元）	增长速度%	金额（亿元）	增长速度%	金额（亿元）	增长速度%		
1980	278.48	21.41			941.25	10.45		337.99
1981	316.03	13.48			999.84	6.22		316.38
1982	346.72	9.72			1 051.32	5.15		303.19
1983	419.44	20.96			1 073.93	2.15		256.04
1984	564.63	34.62	46.46		1 127.79	5.02	8.23	199.74
1985	671.66	18.95	53.91	16.04	1 294.13	14.75	8.03	192.68
1986	695.52	3.55	47.54	−11.84	1 409.91	8.95	6.84	202.71
1987	734.16	5.56	57.61	21.18	1 692.55	20.05	7.85	230.54
1988	801.45	9.17	75.43	30.93	2 163.63	27.83	9.41	269.97
1989	875.52	9.24	66.71	−11.56	3 561.47	64.61	7.62	406.78
1990	1 027.86	17.40	44.86	−32.75	3 653.88	2.59	4.36	355.48
1991	1 200.69	16.81	49.00	9.25			4.08	
1992	1 322.95	10.18	93.73	91.25			7.08	

年份	供销社贷款（亿元）	增长速度%	年末流动资金占用（亿元）	增长速度%	自有流资（亿元）	增长速度%	百元流资占用贷款（元）	自有流动资金比例%
1980	278.48	21.41			169.59	−6.47		35.91
1981	316.03	13.48			163.96	−3.32		31.64
1982	346.75	9.72			160.25	−2.26		28.84
1983	419.44	20.96			150.39	−6.15		23.84
1984	564.63	34.62	748.19		137.04	−8.87	75.47	17.71
1985	671.66	18.95	875.27	17.00	134.70	−1.71	76.74	14.89
1986	695.52	3.55	927.97	6.02	138.65	2.93	74.95	14.38
1987	734.16	5.56	1 100.57	7.80	142.64	2.88	73.37	13.62
1988	801.45	9.17	1 169.58	16.89	153.88	7.88	68.52	12.48
1989	875.52	9.24	1 297.00	10.89	195.23	26.87	67.50	14.15
1990	1 027.82	17.42	1 493.76	15.17	181.17	−7.20	68.81	11.40
1991	1 200.69	16.81	1 606.54	7.55			71.71	
1992	1 322.95	10.18	1 819.50	13.26			72.71	

注："商品销售总额"和"自有流动资金"数据来源于《商业统计年报》。

农业银行农副产品收购贷款余额分月分析

单位：亿元

月份	1988年		1989年		1990年		1991年		1992年	
	当月余额	当月增减	当月余额	当月增减	当月余额	当月增减	当月余额	当月增减	当月余额	当月增减
1月	632.64	−57.57	761.84	−27.96	977.78	−16.41	1 385.56	−20.27	1 780.00	−38.30
2月	590.86	−41.78	732.76	−29.08	935.46	−42.32	1 354.31	−31.25	1 737.27	−42.73
3月	530.94	−59.92	691.77	−40.99	882.83	−52.63	1 315.26	−39.05	1 700.61	−36.66
4月	479.24	−51.70	646.91	−44.86	840.95	−41.88	1 267.23	−48.03	1 646.84	−53.75
5月	447.72	−31.52	609.09	−37.82	820.04	−20.91	1 230.54	−36.68	1 614.36	−32.50
6月	474.17	26.25	622.08	12.99	841.95	21.91	1 249.55	19.01	1 660.16	45.80
7月	481.28	7.11	642.57	20.49	874.34	32.39	1 273.29	23.74	1 672.80	12.64
8月	499.65	18.37	679.34	36.77	924.65	50.31	1 305.28	31.99	1 691.52	18.72
9月	531.48	31.83	723.25	43.91	1 029.15	104.50	1 390.34	85.86	1 754.34	62.86
10月	623.26	91.78	841.33	118.08	1 200.48	171.34	1 604.11	212.77	1 850.25	95.91
11月	727.31	104.05	937.58	96.25	1 317.70	117.22	1 755.22	151.11	1 969.17	118.92
12月	789.80	62.49	998.82	61.24	1 405.82	88.12	1 818.30	63.08	2 094.13	124.96
1—5月合计		−242.49		−108.71		−175.15		−175.21		−203.92
比上年末±%		−35.13		−22.88		−17.54		−12.47		−11.22
6—12月合计		342.08		389.73		585.50		587.00		479.77
比上年末±%		49.56		49.35		58.62		41.75		26.39
1—12月合计		99.59		209.2		410.35		411.79		275.85
比上年末±%		14.43		26.46		41.08		29.29		15.17

农业银行农副产品收购贷款累放额分月统计

单位：亿元

月份	1988年		1989年		1990年		1991年		1992年	
	累放额	当月发放	累放额	当月发放	累放额	当月发放	累放额	当月发放	累放额	当月发放
1月	87.35	87.35	97.13	97.13	96.89	96.89	143.13	143.13	123.13	123.13
2月	136.08	48.73	136.43	39.30	160.82	63.4	189.65	55.52	189.73	66.60
3月	224.73	88.65	243.14	106.71	287.04	126.22	335.59	136.94	363.81	174.08
4月	288.48	63.75	337.79	94.65	397.61	110.57	451.74	116.15	502.83	139.02
5月	360.10	71.62	412.15	74.36	500.53	102.52	551.94	100.2	625.18	122.35
6月	507.72	147.62	557.64	145.49	693.68	193.15	734.13	182.19	865.43	240.35
7月	628.71	120.99	694.15	136.51	868.25	174.57	909.55	175.42	1 066.82	201.43
8月	746.80	118.09	827.18	133.03	1 024.37	156.14	1 088.87	172.32	1 201.68	134.82
9月	893.10	146.30	991.87	164.69	1 297.01	272.64	1 257.18	175.21	1 417.70	216.02
10月	1 106.94	213.84	1 253.18	261.31	1 582.35	285.34	1 714.36	457.18	1 702.47	284.77
11月	1 332.33	225.39	1 492.42	239.24	1 847.74	265.39	2 057.94	343.58	1 971.76	269.29
12月	1 668.39	336.06	1 859.12	366.70	2 227.69	397.95	2 466.66	408.72	2 415.80	444.04
6—12月		1 308.29		1 446.97		1 727.16		1 914.72		1 790.62
占全年比重%		78.42		77.83		77.53		77.62		74.12
1—5月		360.10		412.15		500.53		551.94		625.18
占全年比重%		21.58		22.17		22.47		22.38		25.88

农业银行农副产品收购贷款和农副产品收购额比较

年份	收购农副产品贷款年末余额 绝对数（亿元）	收购农副产品贷款年末余额 增长速度%	社会农副产品收购总额 绝对数（亿元）	社会农副产品收购总额 增长速度%	商业部门农副产品收购额 绝对数（亿元）	商业部门农副产品收购额 增长速度%	每百元社会农副产品收购额占用贷款（元）	每百元商业农副产品收购额占用贷款（元）
1986	634.12	2.15	1 990.00	18.45	1 258.00	15.01	31.87	50.41
1987	690.21	8.85	2 369.20	19.06	1 454.78	15.64	29.13	47.44
1988	789.80	14.43	2 998.00	26.54	1 794.20	23.33	26.34	44.02
1989	998.82	26.46	3 386.00	12.94	2 053.70	14.46	29.50	48.64
1990	1 405.00	40.75	3 711.0	9.60	2 258.6	9.98	37.88	62.24
1991	1 818.3	29.34	4 161.9	12.15	2 453.2	8.62	43.69	74.13
1992	2 085.4	14.69	4 412.0	6.01	2 436.3	－0.69	47.24	85.60

农业银行农副产品收购贷款和农副产品收购额比较（续）

年份	农副产品收购贷款累放额 绝对数（亿元）	农副产品收购贷款累放额 增长速度%	社会农副产品收购总额 绝对数（亿元）	社会农副产品收购总额 增长速度%	商业部门农副产品收购额 绝对数（亿元）	商业部门农副产品收购额 增长速度%	每百元社会农副产品收购额占用贷款（元）	每百元商业农副产品收购额占用贷款（元）
1986	1 118.47	16.29	1 990.00	18.45	1 258.00	15.01	56.20	88.91
1987	1 392.02	24.46	2 396.20	19.06	1 454.78	15.64	58.75	95.69
1988	1 668.38	19.85	2 998.00	26.54	1 794.20	23.33	55.65	92.99
1989	1 859.12	11.43	3 386.00	12.94	2 053.70	14.46	54.91	90.53
1990	2 227.69	19.82	3 711.00	9.60	2 258.6	9.98	60.03	98.64
1991	2 466.69	10.73	4 161.90	12.15	2 453.2	8.62	59.27	100.55
1992	2 415.80	－2.06	4 412.00	6.01	2 436.3	－0.69	54.76	99.16

各地区农业银行农副产品收购贷款年末余额比重

单位:%

地区	1988年	1989年	1990年	1991年	1992年
北京	0.97	1.11	1.00	1.08	1.34
天津	0.79	0.96	1.16	1.19	1.32
河北	7.33	6.61	5.61	5.55	5.20
山西	1.78	1.19	1.97	2.32	1.70
内蒙古	2.39	2.40	2.80	2.65	2.61
辽宁	4.75	4.89	4.96	5.05	5.22
吉林	5.69	5.04	6.07	6.49	6.37
黑龙江	4.50	4.54	4.98	5.42	5.24
上海	0.02	0.45	0.54	0.55	0.51
江苏	6.71	7.18	6.95	6.66	6.82
浙江	2.44	2.61	2.47	2.26	2.27
安徽	4.80	4.68	5.12	4.59	4.56
福建	0.88	1.11	0.97	0.83	0.76
江西	2.64	3.15	3.27	3.75	4.11
山东	14.71	12.92	11.00	10.69	9.77
河南	9.75	8.70	8.48	8.37	8.23
湖北	7.21	7.69	8.59	7.70	7.52
湖南	3.45	4.00	3.89	4.09	4.42
广东	2.26	2.40	2.16	2.09	1.89
广西	1.29	1.32	1.25	1.40	1.31
海南	0.25	0.27	0.33	0.38	0.46
西川	5.37	5.91	6.09	6.52	6.57
贵州	1.56	1.52	1.28	1.45	1.56
云南	2.63	2.43	2.02	1.98	2.20
陕西	1.57	1.71	1.68	1.63	1.78
甘肃	1.47	1.37	1.42	1.37	1.50
青海	0.24	0.32	0.23	0.18	0.18
宁夏	0.34	0.32	0.37	0.31	0.29
新疆	2.27	2.47	3.34	3.96	4.37
合计	**100.00**	**100.00**	**100.00**	**100.00**	**100.00**

各地区农业银行农副产品收购贷款占主要存、贷款比重

单位：%

	农副产品收购贷款占各项存款%			农副产品收购贷款占各项贷款%			农副产品收购贷款占向人行借款%		
	1990 年	1991 年	1992 年	1990 年	1991 年	1992 年	1990 年	1991 年	1992 年
北　京	20.12	22.85	25.68	23.22	25.91	29.6	799.46	2 074.74	716.83
天　津	35.58	38.77	41.68	30.15	32.89	33.82	141.30	159.70	170.48
河　北	46.52	46.80	43.49	40.53	43.76	40.51	131.34	154.01	137.59
山　西	37.8	38.28	33.94	34.33	35.26	33.06	119.11	122.01	115.01
内蒙古	103.53	112.12	109.62	50.20	52.15	50.29	103.13	99.40	92.58
辽　宁	54.5	58.20	56.68	38.27	41.34	40.39	99.39	101.27	103.53
吉　林	159.31	177.10	173.12	50.19	55.07	53.59	77.72	82.57	78.05
黑龙江	76.66	88.21	85.42	40.56	45.62	44.34	77.69	88.82	82.65
上　海	7.59	7.25	5.31	7.74	7.88	6.05	76.84	100.51	18.02
江　苏	51.03	50.70	48.59	39.20	40.07	39.45	132.61	141.72	149.28
浙　江	25.33	23.54	22.21	25.57	25.76	24.71	152.51	159.77	154.08
安　徽	103.85	97.14	94.30	50.30	47.45	47.09	93.61	87.66	84.47
福　建	19.13	16.68	12.86	17.70	17.13	14.41	89.93	88.69	77.23
江　西	75.34	91.10	93.33	39.71	45.57	47.34	85.32	94.51	94.74
山　东	72.80	77.71	69.34	52.21	54.35	50.28	153.40	154.77	144.79
河　南	97.07	90.71	100.54	51.06	53.23	52.29	106.67	111.39	105.00
湖　北	116.76	110.24	109.58	50.98	51.19	51.15	97.89	98.08	95.91
湖　南	65.04	70.52	70.22	37.64	41.31	42.71	81.85	90.42	93.17
广　东	11.05	10.53	7.07	10.28	11.28	9.43	39.72	50.16	50.74
广　西	25.93	30.41	25.37	21.45	25.77	23.17	76.19	88.83	70.49
海　南	19.18	23.01	16.43	13.72	17.11	16.32	28.77	40.01	50.39
四　川	54.13	58.20	56.06	35.15	39.04	37.42	91.51	100.94	98.26
贵　州	60.90	65.94	64.29	32.66	37.44	37.60	75.77	93.13	90.34
云　南	38.73	39.53	41.72	35.22	37.99	39.89	125.71	128.72	133.16
陕　西	41.12	41.97	44.43	26.12	28.23	29.84	83.27	88.03	87.03
甘　肃	54.99	59.43	64.25	38.07	40.52	42.46	116.62	111.64	110.51
青　海	30.71	27.40	26.27	27.25	24.87	23.33	134.68	122.85	116.42
宁　夏	47.50	41.70	39.07	32.84	31.23	28.48	81.40	76.13	67.08
新　疆	62.51	76.95	86.41	51.66	57.16	57.20	197.18	178.28	147.18
# 重　庆	46.43	50.13	47.52	31.38	35.04	33.14	118.46	125.28	111.91
武　汉	47.45	41.60	37.70	32.77	31.65	31.42	104.08	109.55	108.04
沈　阳	49.42	49.86	59.59	35.96	39.57	43.63	117.60	133.51	130.27
大　连	18.17	19.49	18.73	22.63	24.11	21.47	312.75	230.16	149.30
哈尔滨	23.57	48.18	49.25	15.57	29.02	30.70	36.08	63.78	65.96
广　州	6.96	6.42	4.52	9.32	10.08	9.25	69.08	101.07	112.69
西　安	26.20	26.63	40.75	17.59	18.61	25.87	39.16	43.97	57.24
青　岛	40.66	37.88	27.57	34.23	33.50	26.01	235.78	237.26	178.32
宁　波	28.59	24.15	20.26	28.10	26.19	22.08	157.49	147.67	110.67
厦　门	12.20	10.39	3.72	8.78	8.13	3.03	32.06	29.18	11.46
深　圳	0.55	0.41	0.25	0.42	0.44	0.38	1.30	2.16	2.00
长　春	184.15	210.42	189.21	52.86	58.36	57.44	75.22	83.18	80.50
南　京	34.08	29.32	29.93	29.10	25.93	28.04	99.77	87.63	94.34
成　都	33.23	33.74	37.47	28.12	31.07	34.89	103.36	112.09	127.34
新兵团			51.36			43.35			199.42
合　计	**53.24**	**54.78**	**50.48**	**37.25**	**39.72**	**38.14**	**97.70**	**103.91**	**100.20**

各地区农业银行农副产品收购贷款累放额与商业收购额比较

单位：亿元

地区	1988年		1989年		1990年		1991年		1992年	
	累放额	收购额	累放额	收购额	累放额	收购额	累放额	收购额	累放额	收购额
北京	20.55	17.3	20.79	26.60	28.86	3.1	34.15	36.3	41.23	43.78
天津	15.79	18.59	26.52	22.20	35.78	22.1	37.15	19.5	44.10	17.80
河北	101.36	93.43	124.93	108.80	138.99	110.3	155.75	123.4	147.21	114.05
山西	38.93	31.25	39.00	37.60	47.4	41.3	58.87	41.3	147.21	114.05
内蒙古	32.66	38.57	31.94	38.30	41.43	43.5	35.79	41.3	31.79	37.26
辽宁	94.19	80.38	102.23	94.80	123.65	107	124.11	19.3	117.80	100.70
吉林	72.24	65.89	70.70	73.80	114.4	102.8	146.68	88.3	168.90	89.65
黑龙江	55.86	66.76	67.94	83.30	87.48	92.8	83.72	95.3	65.68	92.10
上海	0.96	32.02	12.55	56.20	19.03	42.2	18.9	73.	17.72	48.35
江苏	147.26	137.33	139.81	163.20	166.36	173.3	183.55	179.7	193.62	193.88
浙江	65.75	91.41	66.34	100.20	80.65	110.9	95.47	124.9	104.83	145.00
安徽	77.80	91.15	72.60	99.50	97.14	105.7	86.98	86.6	83.19	93.34
福建	19.15	42.81	25.93	49.50	28.1	50.4	29.68	60.3	27.84	62.48
江西	40.43	39.05	45.68	51.50	54.22	58.3	80.65	61.6	74.50	57.24
山东	189.52	172.78	211.11	191.30	229.69	193.3	262.7	249.0	245.17	212.24
河南	140.47	119.38	164.55	139.50	197.35	165.5	200.44	172.6	171.75	153.58
湖北	94.92	98.21	99.81	103.90	129.74	131.8	113.13	124.4	113.66	124.92
湖南	76.43	82.20	87.30	84.80	94.77	94.1	114.51	103.2	126.79	19.45
广东	38.09	124.39	45.39	153.20	46.27	156.7	53.98	183.0	43.02	190.22
广西	38.80	35.99	42.68	40.90	38.76	48.3	44.92	55.7	47.07	57.86
海南	2.75	3.99	7.88	8.50	8.68	10.2	10.16	9.5	14.16	11.18
四川	103.59	137.35	140.17	149.50	168.88	148.9	90.85	178.0	174.60	166.42
贵州	28.12	20.90	27.14	19.90	29.6	25.1	37.00	33.3	34.51	41.29
云南	71.79	43.72	69.13	41.10	58.87	42.2	58.83	45.2	71.39	50.65
陕西	34.69	35.61	42.70	40.70	48.21	43.2	53.36	47.4	62.68	47.72
甘肃	26.36	20.34	27.65	22.50	35.72	26.0	40.73	27.3	43.42	36.03
青海	2.83	5.13	4.61	6.20	3.62	7.2	2.84	6.0	4.37	6.10
宁夏	5.08	6.61	4.89	7.10	6.64	7.6	7.12	7.2	7.25	7.51
新疆	32.01	36.77	37.15	39.20	67.01	65.6	95.68	68.1	79.00	82.40
合计	**1 668.38**	**1 794.20**	**1 859.12**	**2 053.70**	**2 227.69**	**2 258.6**	**2 466.69**	**2 453.2**	**2 417.15**	**2 427.30**

注：各地区收购数字之和小于全国总计，原因是部分地区统计不全。

各地区占农副产品收购贷款累放、商业收购额比重

单位:%

地区	1988年		1989年		1990年		1991年		1992年	
	累放额	收购额	累放额	收购额	累放额	收购额	累放额	收购额	累放额	收购额
北京	1.23	0.96	1.12	1.30	1.3	1.33	1.38	1.48	1.71	1.80
天津	0.95	1.04	1.43	1.08	1.61	0.98	1.51	0.79	1.82	0.73
河北	6.08	5.21	6.72	5.30	6.24	4.88	6.31	5.03	6.09	4.70
山西	2.33	1.74	2.10	1.83	2.13	1.83	2.39	1.68	2.48	1.41
内蒙古	1.96	2.15	1.72	1.86	1.86	1.93	1.45	1.68	1.32	1.53
辽宁	5.65	4.48	5.50	4.62	5.55	4.74	5.03	4.46	4.87	4.15
吉林	4.33	3.67	3.80	3.59	5.14	4.55	5.95	3.6	6.99	3.69
黑龙江	3.35	3.72	3.65	4.06	3.93	4.11	3.39	3.88	2.72	3.79
上海	0.06	1.78	0.68	2.74	0.8	1.87	0.76	2.98	0.73	1.99
江苏	8.83	7.65	7.52	7.95	7.47	7.67	7.44	7.33	8.01	7.99
浙江	3.94	5.09	3.57	4.88	3.62	4.91	3.87	5.09	4.34	5.97
安徽	4.66	5.08	3.91	4.84	4.36	4.68	3.53	3.53	3.44	3.85
福建	1.15	2.39	1.39	2.41	1.26	2.23	1.2	2.46	3.08	2.36
江西	2.42	2.18	2.46	2.51	2.43	2.58	3.27	2.51	3.08	2.36
山东	11.36	9.63	11.35	9.31	10.31	8.56	10.65	10.15	10.14	8.74
河南	8.42	6.65	8.85	6.79	8.86	7.33	8.13	7.04	7.11	6.33
湖北	5.69	5.47	5.37	5.06	5.82	5.84	4.59	5.07	4.70	5.15
湖南	4.58	4.58	4.70	4.13	4.25	4.17	4.64	4.2	5.25	4.51
广东	2.28	6.93	2.44	7.46	2.09	6.94	3.19	7.46	1.78	7.84
广西	2.33	2.01	2.30	1.99	1.74	1.14	1.82	2.27	1.95	2.38
海南	0.16	0.22	0.42	0.41	0.4	0.45	0.41	0.39	0.59	0.46
四川	6.21	7.66	7.54	7.28	7.58	6.59	3.68	7.26	7.22	6.86
贵州	1.69	1.16	1.46	0.97	1.33	2.88	1.5	1.36	1.43	1.70
云南	4.3	2.44	3.72	2.00	2.64	1.87	2.38	1.84	2.95	2.09
陕西	2.08	1.98	2.30	1.98	2.16	1.91	2.16	1.93	2.59	1.97
甘肃	1.58	1.13	1.49	1.10	1.6	1.15	2.02	1.11	1.80	1.48
青海	0.17	0.29	0.25	0.30	0.16	0.32	0.12	0.24	0.18	0.25
宁夏	0.30	0.37	0.26	0.35	0.29	0.34	0.29	0.29	0.30	0.31
新疆	1.92	2.05	2.00	1.91	3.01	2.9	3.88	2.78	3.27	3.39
合计	**100.00**	**99.73**	**100.00**	**100.00**	**100.00**	**100.00**	**100.00**	**100.00**	**100.00**	**100.00**

注：各地区收购数字之和小于全国总计，原因是部分地区统计不全。

农业银行外汇资产负债
（1990—1992年）

单位：万美元

资　　产	1990年	1991年	1992年
总　　计	**267 449**	**406 628**	**568 065**
一、贷款合计	74 869	152 258	253 390
1. 一般外汇贷款	41 916	79 090	135 412
2. 三资企业贷款	32 953	73 168	117 978
二、利用外资贷款	831	2 881	7 431
1. 利用世行贷款	334	1 300	2 316
2. 利用亚行贷款		1 089	3 522
3. 利用外国政府贷款	497	492	1 593
三、同业往来	12 993	35 426	42 542
四、系统内往来	70 385	89 937	103 551
五、存放港澳及国外同业	39 009	30 814	27 158
六、境外拆出资金	27 152	14 228	19 940
七、向国外投资		65	101
八、库存现金	3 530	3 747	5 744
九、其他	38 680	77 272	108 208

负　　债	1990年	1991年	1992年
总　　计	**267 449**	**406 628**	**568 065**
一、存款合计	86 397	126 683	186 013
1. 个人定期存款	39 905	55 821	67 597
2. 个人活期储蓄存款	8 920	11 025	14 481
3. 企事业单位存款	23 762	41 424	73 938
4. 单位定期存款	13 805	18 410	28 641
5. 港澳及国外同业存款	5	3	1 356
二、同业往来	4 006	6 408	13 310
三、系统内往来	66 109	100 181	113 269
四、借入资金合计	8 309	14 747	33 109
1. 借入国外商业银行资金	7 100	8 191	20 937
2. 借入世行资金	1 209	3 752	7 040
3. 借入亚行资金		2 312	4 075
4. 借入外国政府资金		492	1 057
五、境外短期拆入资金	1 514	760	1 100
六、自有外汇营运资金	35 665	45 747	66 368
七、结益	4 222	6 793	5 747
八、其他	61 227	105 309	149 149

农业银行外汇存、贷款余额分月统计

（1992 年）　　单位：亿美元

项　　目	1月	2月	3月	4月	5月	6月	7月
各项存款合计	**12.50**	**12.49**	**12.75**	**13.52**	**14.30**	**14.81**	**15.59**
1. 企业存款	5.83	5.31	5.33	5.94	6.58	7.00	7.45
企事业单位存款	3.98	3.56	3.44	3.89	4.33	4.58	4.84
单位定期存款	1.85	1.74	1.83	1.90	2.13	2.28	2.53
其他存款	0.00	0.01	0.06	0.15	0.12	0.14	0.08
2. 储蓄存款	6.67	7.18	7.42	7.58	7.72	7.81	8.14
定期储蓄存款	5.56	5.98	6.11	6.28	6.37	6.39	6.51
活期储蓄存款	1.11	1.20	1.31	1.30	1.35	1.42	1.63
各项贷款合计	**15.58**	**14.31**	**15.89**	**16.54**	**17.29**	**19.32**	**19.43**
1. 一般外汇贷款	7.84	7.32	8.27	8.61	9.10	10.46	10.09
2. 三资企业贷款	7.30	6.72	7.15	7.43	7.69	8.33	8.81
3. 利用外资贷款	0.44	0.27	0.47	0.50	0.50	0.53	0.53
（1）利用世行贷款	0.13	0.11	0.26	0.27	0.24	0.24	0.22
（2）利用亚行贷款	0.13	0.11	0.16	0.18	0.21	0.24	0.26
（3）利用外国政府贷款	0.18	0.05	0.05	0.05	0.05	0.05	0.05

项　　目	8月	9月	10月	11月	12月	月平均余额
各项存款合计	**16.70**	**17.69**	**18.68**	**18.73**	**20.36**	**15.68**
1. 企业存款	8.53	9.39	10.29	10.30	12.12	7.84
企事业单位存款	6.00	6.69	7.31	7.00	8.80	5.37
单位定期存款	2.48	2.64	2.92	3.17	3.19	2.39
其他存款	0.05	0.06	0.06	0.13	0.13	0.08
2. 储蓄存款	8.17	8.30	8.39	8.43	8.24	7.84
定期储蓄存款	6.47	6.50	6.55	6.60	6.46	6.32
活期储蓄存款	1.70	1.80	1.84	1.83	1.78	1.52
各项贷款合计	**21.21**	**22.14**	**23.58**	**25.30**	**28.74**	**19.94**
1. 一般外汇贷款	11.07	11.67	12.49	13.34	15.07	10.44
2. 三资企业贷款	9.56	9.88	10.49	11.26	12.81	8.95
3. 利用外资贷款	0.58	0.59	0.60	0.70	0.86	0.55
（1）利用世行贷款	0.21	0.21	0.18	0.30	0.23	0.22
（2）利用亚行贷款	0.32	0.33	0.37	0.35	0.46	0.26
（3）利用外国政府贷款	0.05	0.05	0.05	0.05	0.17	0.07

信用社信贷资金平衡表

（1992 年）　　单位：亿元

	余　额	比上年增　减	比上年增长(%)		余　额	比上年增　减	比上年增长(%)
资金来源总计	4 874.77	1 185.11	32.12	资金运用总计	4 874.77	1 185.11	32.12
一、各项存款合计	3 477.66	768.32	28.36	一、各项贷款合计	2 453.92	645.28	35.68
1. 集体存款	610.38	217.71	55.44	1. 集体农业贷款	222.66	52.77	31.06
集体农业存款	215.23	79.36	58.41	2. 乡镇企业贷款	1 294.25	383.88	42.17
乡镇企业存款	301.75	110.10	57.45	(1)流动资金贷款	1 099.94	310.58	39.35
集体定期存款	31.07	11.54	59.09	(2)固定资产贷款	194.31	73.30	60.57
其他存款	62.33	16.71	36.63	3. 农户贷款	759.48	128.04	20.28
2. 农户储蓄存款	2 867.28	550.61	23.77	4. 其他工商业贷款	177.53	80.59	83.13
活期	592.29	158.55	36.55	二、转存银行款	1 080.49	164.58	17.97
定期	2 274.99	392.06	20.82	三、存人民银行特种款	30.41	−60.54	−66.56
二、自有资金	363.51	28.72	8.58	四、其他资金占款	1 000.46	397.90	66.03
三、股金	128.67	37.34	40.88	五、库存现金	59.30	18.53	45.45
四、借入银行款	60.58	9.77	19.23	六、其他	250.19	19.36	8.39
五、结益	11.12	2.55	29.75				
六、其他	833.23	338.41	68.39				

信用社各项存、贷款余额分月统计

（1992年）　　　　单位：亿元

项　　目	一月	二月	三月	四月	五月	六月
存款合计	**2 742.56**	**2 876.75**	**2 925.23**	**2 963.50**	**3 016.96**	**3 100.83**
1. 集体存款	192.83	181.71	189.41	194.40	203.33	218.50
集体农业存款	128.58	120.34	124.81	128.97	136.48	147.00
集体定期存款	20.66	19.60	20.30	21.49	21.82	23.11
其他存款	43.59	41.77	44.30	43.94	45.03	48.39
2. 乡镇企业存款	177.23	171.12	184.68	196.42	210.87	225.39
3. 农户储蓄存款	2 372.50	2 523.92	2 551.14	2 572.68	2 602.76	2 656.94
#定　期	1 938.67	2 060.35	2 091.90	2 113.51	2 135.91	2 164.56
贷款合计	**1 882.31**	**1 944.59**	**2 092.33**	**2 195.62**	**2 261.62**	**2 319.59**
1. 集体农业贷款	173.73	176.08	187.76	196.53	202.35	207.99
#种养业贷款	91.15	92.68	99.79	106.64	108.03	110.96
2. 乡镇企业贷款	942.51	970.28	1 024.18	1 059.74	1 089.61	1 125.17
流动资金贷款	820.20	846.20	896.49	926.39	950.51	977.75
固定资金贷款	122.31	124.08	127.69	133.35	139.10	147.42
3. 农户贷款	665.79	696.23	770.07	822.53	847.79	857.47
#种养业贷款	410.65	432.60	488.56	526.82	543.50	549.24
4. 其他工商贷款	100.28	102.00	110.32	116.82	121.87	128.96

项　　目	七月	八月	九月	十月	十一月	十二月	月平均余　额
存款合计	**3 151.00**	**3 204.54**	**3 261.58**	**3 203.21**	**3 382.44**	**3 477.66**	**3 108.86**
1. 集体存款	230.22	245.74	261.69	273.50	288.01	308.63	232.33
集体农业存款	156.60	167.92	176.98	184.62	197.35	215.23	157.07
集体定期存款	24.79	26.47	29.05	31.83	32.46	31.07	25.22
其他存款	48.83	51.35	55.66	57.05	58.20	62.33	50.04
2. 乡镇企业存款	236.49	257.16	266.79	275.51	288.01	301.75	232.62
3. 农户储蓄存款	2 684.29	2 701.64	2 733.10	2 771.20	2 806.42	2 867.28	2 653.66
#定　期	2 179.30	2 186.39	2 198.65	2 218.95	2 237.60	2 274.99	2 150.07
贷款合计	**2 375.13**	**2 431.11**	**2 474.69**	**2 487.58**	**2 483.66**	**2 453.92**	**2 283.51**
1. 集体农业贷款	213.45	218.48	223.14	221.86	222.66	222.66	205.51
#种养业贷款	112.87	115.13	116.70	114.56	113.24	111.89	107.80
2. 乡镇企业贷款	1 155.62	1 187.59	1 233.54	1 250.08	1 275.07	1 294.25	1 133.14
流动资金贷款	1 000.86	1 024.22	1 051.75	1 071.50	1 089.72	1 099.93	979.63
固定资金贷款	154.76	163.37	171.79	178.58	185.35	194.31	153.51
3. 农户贷款	869.11	881.58	878.08	861.87	826.81	759.48	811.40
#种养业贷款	554.00	557.87	551.37	534.69	505.08	461.33	509.64
4. 其他工商贷款	136.95	143.46	149.93	153.77	159.66	177.53	133.46

信用社转存银行款分月统计

单位：亿元

	1981 年	1982 年	1983 年	1984 年	1985 年	1986 年
1 月	213.17	215.25	268.74	322.61	296.74	386.41
2 月	166.87	198.40	248.46	309.84	287.49	387.88
3 月	145.50	175.06	213.47	270.47	265.27	357.34
4 月	131.63	160.68	190.94	245.90	243.90	339.22
5 月	121.85	155.21	181.18	230.79	246.69	335.34
6 月	131.71	167.27	188.31	230.61	258.16	356.72
7 月	130.72	172.32	187.56	230.52	264.96	364.98
8 月	136.46	178.39	192.89	227.81	271.33	367.94
9 月	143.34	182.32	202.66	227.52	275.39	371.40
10 月	165.31	208.66	233.42	249.69	295.81	401.39
11 月	203.06	241.90	284.96	280.40	334.01	438.60
12 月	250.06	298.53	366.48	326.39	401.37	493.31
最高月份	12 月	12 月	12 月	12 月	12 月	12 月
最低月份	5 月	5 月	5 月	9 月	4 月	5 月

	1987 年	1988 年	1989 年	1990 年	1991 年	1992 年
1 月	472.02	509.69	528.54	648.59	765.88	902.27
2 月	472.02	508.34	532.66	685.60	789.38	958.60
3 月	424.04	457.78	487.65	668.57	757.58	909.21
4 月	394.67	420.51	467.91	647.01	719.61	865.54
5 月	381.05	414.70	468.85	639.95	708.44	862.70
6 月	394.43	426.42	491.00	674.24	738.15	903.06
7 月	396.09	421.37	501.04	685.10	750.76	888.10
8 月	396.31	398.85	505.93	680.32	755.11	875.62
9 月	406.92	405.06	523.77	688.99	772.41	896.01
10 月	447.17	432.45	554.59	729.90	827.62	919.31
11 月	488.94	482.81	605.95	779.06	902.48	969.24
12 月	551.86	579.68	656.14	772.48	915.91	1080.49
最高月份	12 月	12 月	12 月	11 月	12 月	12 月
最低月份	5 月	5 月	4 月	5 月	5 月	5 月

注：信用社转存银行款含信用社存款准备金。

各地区信用社各项存款

（1992 年）　　单位：万元

地区名称	各项存款合计		1. 集体存款		（1）集体农业存款	
	余　额	比上年增减	余　额	比上年增减	余　额	比上年增减
北　京	940 814	211 873	344 665	98 762	109 366	27 113
天　津	516 574	123 893	105 029	34 283	29 182	6 480
河　北	2 972 332	490 857	262 520	56 457	76 305	17 493
山　西	1 211 277	210 354	130 252	20 709	44 275	7 738
内蒙古	300 141	59 704	33 073	6 281	13 078	2 854
辽　宁	1 592 560	324 983	212 290	53 328	74 221	3 686
吉　林	480 365	54 734	37 920	−3 523	12 158	−2 378
黑龙江	626 646	76 326	59 035	−10 575	32 085	−15 645
上　海	731 139	199 230	280 244	126 432	106 841	41 982
江　苏	2 532 264	456 991	497 834	141 835	187 072	47 119
浙　江	2 366 544	572 913	515 006	172 888	136 465	56 022
安　徽	800 440	139 142	128 262	26 348	24 191	4 010
福　建	798 915	215 954	149 202	69 059	66 086	31 356
江　西	553 519	109 637	64 707	14 853	5 471	961
山　东	3 153 954	346 619	376 126	30 299	136 077	9 113
河　南	1 662 584	190 190	177 109	33 709	59 582	12 887
湖　北	838 451	91 208	141 293	35 623	29 743	4 102
湖　南	1 173 353	301 031	151 644	34 861	39 789	9 721
广　东	6 544 798	2 405 847	1 626 145	1 023 386	718 557	453 166
广　西	704 382	218 390	101 136	42 938	29 555	14 324
海　南	188 266	72 169	28 389	21 665	14 356	11 752
四　川	1 887 889	384 455	301 274	83 219	58 930	16 171
贵　州	188 046	49 677	38 107	12 520	11 869	3 286
云　南	548 280	143 914	153 729	22 242	65 996	23 651
陕　西	843 644	154 625	87 474	15 305	26 596	3 362
甘　肃	291 012	49 067	45 937	6 717	15 858	1 554
青　海	36 074	6 370	10 686	1 464	6 207	870
宁　夏	84 999	13 962	9 263	1 649	3 161	459
新　疆	207 371	9 091	35 439	4 310	19 226	382
#重　庆	311 638	68 591	54 855	12 490	12 311	3 772
武　汉	185 102	41 479	55 169	17 290	10 279	3 200
沈　阳	255 957	66 906	50 177	11 113	15 167	−1 063
大　连	452 129	112 317	83 055	33 005	26 290	7 968
哈尔滨	79 060	14 859	12 202	1 686	6 614	−888
广　州	1 173 253	530 828	384 286	264 685	182 511	118 820
西　安	234 254	47 401	32 501	8 120	11 246	344
青　岛	269 096	41 159	44 028	10 241	18 986	3 878
宁　波	334 384	90 153	84 739	30 152	21 222	9 197
厦　门	95 678	51 305	43 002	33 000	20 487	16 150
深　圳	438 350	244 587	217 034	151 934	88 714	64 884
长　春	87 639	12 346	7 631	−30	2 508	−203
南　京	119 112	23 489	28 644	4 873	11 387	1 731
成　都	369 194	104 909	83 369	43 305	16 815	6 432
新兵团	2 142	−80	553	123	354	147
合　计	**34 776 633**	**7 683 206**	**6 103 790**	**2 177 044**	**2 152 298**	**793 591**

各地区信用社各项存款（续 1）

（1992 年）　　单位：万元

地区名称	（2）乡镇企业存款		（3）单位定期存款		（4）其它存款	
	余额	比上年增减	余额	比上年增减	余额	比上年增减
北京	164 137	48 571	20 395	3 633	50 767	19 445
天津	68 122	26 928	1 760	－31	5 965	906
河北	128 027	33 153	13 500	1 380	44 688	4 431
山西	59 179	10 407	5 899	604	20 899	1 960
内蒙古	17 298	3 667	376	－51	2 321	－189
辽宁	111 045	38 670	10 776	3 930	16 248	7 042
吉林	16 680	697	564	127	8 518	－1 969
黑龙江	21 723	3 262	564	－209	4 663	2 017
上海	160 985	74 899	4 597	2 912	7 821	6 639
江苏	258 501	77 153	24 334	8 819	27 927	8 744
浙江	272 074	78 104	31 998	17 826	74 469	20 936
安徽	60 094	17 929	3 487	1 180	40 490	3 229
福建	63 951	27 944	5 924	3 610	13 241	6 149
江西	47 689	10 559	4 266	2 131	7 281	1 202
山东	214 872	17 374	18 938	5 876	6 239	－2 064
河南	101 558	20 588	6 446	－353	9 523	587
湖北	76 163	22 760	11 676	1 303	23 711	7 458
湖南	68 155	16 927	6 864	2 481	36 836	5 732
广东	717 756	441 827	96 218	68 637	93 614	59 756
广西	55 278	24 233	4 827	1 482	11 476	2 899
海南	6 803	5 249	818	618	6 412	4 046
四川	167 692	50 692	13 587	3 166	61 065	13 190
贵州	14 357	5 572	1 116	140	10 765	3 522
云南	68 306	25 062	9 538	－15 306	9 889	－11 165
陕西	39 231	10 176	6 067	1 725	15 580	42
甘肃	19 477	3 381	3 052	203	7 550	1 579
青海	2 475	388	911	－85	1 093	291
宁夏	4 225	868	257	176	1 620	146
新疆	11 645	3 928	1 919	－504	2 649	504
#重庆	33 127	7 990	1 985	－47	7 432	775
武汉	27 339	10 604	5 355	－613	12 196	4 099
沈阳	27 492	8 839	671	348	6 847	2 989
大连	43 531	18 895	8 996	3 673	4 238	2 469
哈尔滨	4 530	1 990	200	－120	858	704
广州	144 938	104 619	38 501	29 376	18 336	11 870
西安	15 230	6 527	1 600	772	4 425	477
青岛	22 261	4 639	2 731	1 674	50	50
宁波	47 068	13 499	5 989	3 790	10 460	3 666
厦门	16 879	12 499	3 355	2 290	2 281	2 061
深圳	99 503	65 989	5 113	4 464	23 704	16 597
长春	3 878	72	168	28	1 077	73
南京	14 707	2 095	765	193	1 785	854
成都	51 466	27 820	3 144	1 811	11 944	7 242
新兵团	190	－16			9	－8
合计	**3 017 498**	**1 100 968**	**310 674**	**115 420**	**623 320**	**167 065**

各地区信用社各项存款（续2）

（1992年）　　　　单位：万元

地区名称	2. 农户储蓄存款		（1）活　期		（2）定　期	
	余　额	比上年增减	余　额	比上年增减	余　额	比上年增减
北　京	596 194	113 111	81 752	20 275	514 397	92 836
天　津	411 545	89 610	69 005	15 043	342 540	74 567
河　北	2 709 812	434 400	391 362	81 981	2 318 450	352 419
山　西	1 081 025	189 645	133 546	31 034	947 479	158 611
内蒙古	267 068	53 423	80 413	17 285	186 655	36 138
辽　宁	1 380 270	271 655	184 050	53 564	1 196 220	218 091
吉　林	442 445	58 257	100 755	10 498	341 690	47 759
黑龙江	567 611	86 901	113 149	19 330	454 462	67 571
上　海	450 895	72 798	3 654	1 973	447 241	70 825
江　苏	2 034 430	315 156	181 220	55 520	1 853 210	259 636
浙　江	1 851 538	400 025	387 782	86 541	1 463 756	313 484
安　徽	672 178	112 794	160 446	31 980	511 732	80 814
福　建	649 713	146 895	130 462	46 712	519 251	100 183
江　西	488 812	94 784	120 940	27 203	367 872	67 581
山　东	2 777 828	316 320	350 529	3 398	2 427 299	312 922
河　南	1 485 475	156 481	302 713	22 127	1 182 762	134 354
湖　北	697 158	55 585	125 073	15 311	572 085	40 274
湖　南	1 021 709	266 170	217 123	73 280	804 586	192 890
广　东	4 918 653	1 382 461	1 839 135	697 802	3 079 518	684 659
广　西	603 246	175 452	227 355	78 847	375 891	96 605
海　南	159 877	50 504	66 953	28 696	92 924	21 808
四　川	1 586 615	301 236	284 748	80 449	1 301 867	220 787
贵　州	149 939	37 157	58 811	17 735	91 128	19 422
云　南	394 551	121 672	96 137	31 988	298 414	89 684
陕　西	756 170	139 320	101 940	21 672	654 230	117 648
甘　肃	245 075	42 350	63 338	12 379	181 737	29 971
青　海	25 388	4 906	6 584	1 374	18 804	3 532
宁　夏	75 736	12 313	12 546	2 402	63 190	9 911
新　疆	171 932	4 781	31 411	－878	140 521	5 659
#重　庆	256 783	56 101	31 004	7 161	225 779	48 940
武　汉	129 933	24 189	25 312	7 195	104 621	16 994
沈　阳	205 780	55 793	30 470	9 759	175 310	46 034
大　连	369 074	79 312	40 565	13 263	328 509	66 049
哈尔滨	66 858	13 173	15 911	2 640	50 947	10 533
广　州	788 967	266 143	254 289	102 390	534 678	163 753
西　安	201 753	39 281	31 248	5 849	170 505	33 432
青　岛	225 068	30 918	29 739	4 692	195 329	26 226
宁　波	249 645	60 001	64 094	15 279	185 551	44 722
厦　门	52 676	18 305	4 807	1 911	47 869	16 394
深　圳	221 316	92 653	127 222	73 346	94 094	19 307
长　春	80 008	12 376	13 189	1 843	66 819	10 533
南　京	90 468	18 616	8 127	3 915	82 341	14 701
成　都	285 825	61 604	49 908	16 252	235 917	45 352
新兵团	1 589	－203	153	－284	1 436	81
合　计	**28 672 843**	**5 506 162**	**5 922 932**	**1 585 521**	**22 749 911**	**3 920 641**

各地区信用社各项贷款

（1992 年） 单位:万元

地区名称	各项贷款合计		1. 集体农业贷款		2. 乡镇企业贷款	
	余　额	比上年增减	余　额	比上年增减	余　额	比上年增减
北　京	468 524	122 306	129 481	20 154	302 808	87 746
天　津	386 380	120 964	38 610	7 782	306 919	104 898
河　北	2 076 905	396 076	167 056	24 194	887 056	244 229
山　西	891 508	172 048	95 262	17 474	415 935	97 042
内蒙古	168 421	43 364	7 440	1 970	54 531	21 589
辽　宁	1 258 907	365 014	202 672	56 489	641 071	177 898
吉　林	334 373	74 745	26 738	3 128	108 269	26 047
黑龙江	403 094	93 808	10 684	752	145 398	29 341
上　海	538 262	169 085	64 978	3 896	469 418	166 015
江　苏	1 716 304	379 184	210 119	51 195	1 379 736	317 806
浙　江	1 506 494	480 327	56 426	16 430	1 083 789	345 536
安　徽	487 877	78 074	10 427	610	173 165	57 009
福　建	517 973	178 690	52 473	15 173	206 217	89 586
江　西	352 775	92 527	2 935	—1 002	136 881	46 144
山　东	2 433 116	468 687	545 742	135 117	1 368 317	254 861
河　南	1 465 200	262 887	68 303	7 471	595 739	152 498
湖　北	611 968	135 130	45 340	1 258	231 000	54 767
湖　南	746 029	197 953	17 404	6 689	309 573	91 351
广　东	4 937 032	1 778 691	372 403	124 950	3 090 910	1 110 338
广　西	501 345	145 960	22 610	6 397	139 903	65 036
海　南	101 377	23 624	6 119	1 148	14 624	4 100
四　川	1 324 568	357 673	26 534	11 114	538 886	179 210
贵　州	143 215	36 171	4 415	1 466	16 261	7 373
云　南	308 349	78 838	13 171	4 652	87 437	40 226
陕　西	578 296	142 727	14 732	3 258	170 984	51 360
甘　肃	151 675	34 915	8 358	3 462	38 055	10 614
青　海	14 290	2 060	437	30	2 009	137
宁　夏	35 286	6 175	437	227	10 614	2 675
新　疆	79 668	15 127	5 334	2 285	16 949	3 307
#重　庆	220 750	63 738	4 591	1 039	83 905	24 592
武　汉	102 252	40 594	8 112	4 677	55 532	11 853
沈　阳	185 892	75 082	25 702	10 747	109 415	44 694
大　连	326 734	96 782	90 665	27 668	217 192	67 289
哈尔滨	54 411	20 466	853	205	39 744	17 628
广　州	795 193	404 530	64 620	30 791	433 356	214 598
西　安	126 893	34 403	4 419	491	70 059	23 398
青　岛	242 887	57 995	46 528	11 285	146 693	35 604
宁　波	196 525	68 974	6 250	2 108	169 499	60 499
厦　门	73 844	40 981	12 515	7 198	18 988	11 058
深　圳	193 443	87 171	4 116	—749	146 891	60 996
长　春	58 774	15 177	1 426	1 136	19 361	4 151
南　京	80 973	17 118	10 680	2 357	63 841	14 064
成　都	252 312	96 870	4 585	1 199	177 098	73 479
新兵团	1 123	—32	5	—8	353	64
合　计	**24 539 211**	**6 452 830**	**2 226 640**	**527 769**	**12 942 454**	**3 838 739**

各地区信用社各项贷款(续1)

(1992年) 单位:万元

地区名称	(1)流动资金贷款		(2)固定资产贷款	
	余　额	比上年增减	余　额	比上年增减
北　京	243 873	68 763	58 935	18 983
天　津	249 067	78 552	57 852	26 346
河　北	773 016	197 177	114 040	47 052
山　西	371 037	88 872	44 898	8 170
内蒙古	47 744	16 650	6 787	4 939
辽　宁	545 418	140 118	95 653	37 780
吉　林	104 898	25 503	3 371	544
黑龙江	135 842	29 631	9 556	—290
上　海	354 443	113 160	114 975	52 855
江　苏	1 173 226	253 245	206 510	64 561
浙　江	973 708	286 821	110 081	58 715
安　徽	164 293	52 734	8 872	4 275
福　建	188 639	80 370	17 578	9 216
江　西	126 041	43 192	10 840	2 952
山　东	1 133 809	213 526	234 508	41 335
河　南	590 023	151 282	5 716	1 216
湖　北	211 016	48 334	19 984	6 433
湖　南	275 398	77 929	34 175	13 422
广　东	2 445 256	825 326	645 654	285 012
广　西	124 668	59 021	15 235	6 015
海　南	13 272	3 997	1 352	103
四　川	452 967	148 773	85 919	30 437
贵　州	13 534	6 929	2 727	444
云　南	70 270	31 979	17 167	8 247
陕　西	159 560	47 997	11 424	3 363
甘　肃	35 643	9 680	2 412	934
青　海	1 522	191	478	—54
宁　夏	8 135	2 479	2 479	196
新　疆	12 987	3 479	3 962	—172
#重　庆	70 847	21 999	13 058	2 593
武　汉	49 446	9 285	6 086	2 568
沈　阳	80 860	26 428	28 555	18 266
大　连	175 129	51 983	42 063	15 306
哈尔滨	38 251	17 533	1 493	95
广　州	326 090	159 999	107 266	54 599
西　安	65 354	20 758	4 705	2 640
青　岛	131 282	28 640	33 411	6 964
宁　波	153 694	52 421	15 805	8 078
厦　门	17 945	10 016	1 043	1 042
深　圳	51 726	22 891	95 165	38 105
长　春	19 284	4 152	77	—1
南　京	52 436	11 971	11 405	2 093
成　都	156 567	63 115	20 531	10 364
新兵团	246	14	107	50
合　计	**10 999 305**	**3 105 710**	**1 943 149**	**733 029**

各地区信用社各项贷款(续2)

(1992年)　　单位:万元

地区名称	3. 农户贷款		4. 其它工商业贷款	
	余　额	比上年增减	余　额	比上年增减
北　京	7 030	—607	29 205	15 013
天　津	31 176	3 201	9 675	5 083
河　北	887 503	78 690	135 290	48 963
山　西	344 336	47 978	35 975	9 554
内蒙古	105 258	19 268	1 192	537
辽　宁	298 750	61 922	116 414	68 705
吉　林	186 578	47 574	12 788	—2 004
黑龙江	93 116	9 950	153 896	53 765
上　海	3 841	—811	25	—15
江　苏	114 097	5 660	12 352	4 523
浙　江	290 703	59 531	75 576	58 830
安　徽	299 502	19 090	4 783	1 365
福　建	222 974	42 744	36 309	31 187
江　西	201 039	44 162	11 920	3 223
山　东	347 168	30 725	171 889	47 984
河　南	737 923	79 122	63 235	23 796
湖　北	262 459	44 649	73 169	34 456
湖　南	345 298	80 614	73 754	19 299
广　东	1 040 623	294 301	433 096	249 102
广　西	341 357	63 551	24 475	10 976
海　南	77 361	16 955	3 273	1 421
四　川	550 643	76 991	208 505	90 358
贵　州	114 590	22 535	7 949	4 797
云　南	119 135	30 249	8 606	3 711
陕　西	336 310	73 228	56 270	14 881
甘　肃	97 265	16 099	7 997	4 740
青　海	11 408	1 541	436	352
宁　夏	21 340	2 719	2 895	554
新　疆	52 999	8 740	4 38[illegible]	795
#重　庆	52 211	9 445	80 043	28 662
武　汉	13 912	13 912	24 696	10 152
沈　阳	31 189	14 393	19 586	5 248
大　连	16 483	1 720	2 394	105
哈尔滨	9 765	1 180	4 049	1 453
广　州	84 508	29 937	212 709	129 204
西　安	44 802	8 775	7 613	1 739
青　岛	3 961	839	27 705	10 267
宁　波	17 643	4 387	3 133	1 980
厦　门	25 240	6 024	17 101	16 701
深　圳	17 790	3 061	24 646	23 863
长　春	31 690	11 870	6 297	—1 980
南　京	6 002	321	450	376
成　都	43 514	5 164	27 115	17 028
新兵团	271	71	494	—159
合　计	**7 594 782**	**1 280 371**	**1 775 335**	**805 951**

信用社信贷资金来源

（年末余额）　　单位：亿元

	1987年	1988年	1989年	1990年	1991年	1992年
资金来源总计	**1 618.54**	**1 911.31**	**2 309.98**	**2 999.49**	**3 689.66**	**4 874.77**
一、各项存款合计	1 225.21	1 399.82	1 663.37	2 144.94	2 709.34	3 477.66
1．集体存款	219.49	257.49	256.56	303.34	392.67	610.38
集体农业存款	89.87	98.37	91.95	106.45	135.87	215.23
乡镇企业存款	104.70	128.33	125.92	149.88	191.65	301.75
集体定期存款	3.48	5.02	9.04	12.41	19.53	31.07
其他存款	21.44	25.77	29.65	34.60	45.62	62.33
2．农户储蓄存款	1 005.72	1 142.33	1 406.81	1 841.60	2 316.67	2 867.28
活期	297.36	350.86	332.05	386.46	433.74	592.29
定期	708.36	791.47	1 074.76	1 455.14	1 882.93	2 274.99
二、自有资金	100.55	133.20	76.64	82.33	334.79	363.51
三、股金	23.41	36.58	62.75	79.36	91.33	128.67
四、借入银行款	37.67	36.03	37.63	42.01	50.81	60.58
五、结益	13.73	11.12	8.65	8.72	8.57	11.12
六、其他	217.97	294.56	460.94	642.13	494.83	833.23

信用社信贷资金来源增减额

（比上年末）　　单位：亿元

	1988年	1989年	1990年	1991年	1992年
资金来源总计	**292.77**	**398.67**	**689.50**	**690.17**	**1 185.11**
一、各项存款合计	174.61	263.56	481.57	564.40	768.32
1．集体存款	38.00	－0.93	46.77	89.34	217.71
集体农业存款	8.50	－6.42	14.50	29.42	79.36
乡镇企业存款	23.63	－2.41	23.95	41.78	110.10
集体定期存款	1.54	4.02	3.37	7.11	11.54
其他存款	4.33	3.88	4.95	11.03	16.71
2．农户储蓄存款	136.61	264.48	434.80	475.06	550.61
活期	53.50	－18.81	54.42	47.28	158.55
定期	83.11	283.29	380.38	427.78	392.06
二、自有资金	32.65	－56.56	5.70	－41.00	28.72
三、股金	13.17	26.17	16.60	11.97	37.34
四、借入银行款	－1.64	1.60	4.38	8.79	9.77
五、结益	－2.61	－2.47	0.07	－0.15	2.55
六、其他	76.59	166.38	181.18	－158.45	338.41

信用社信贷资金来源增长率

（比上年末）　　单位：%

	1988年	1989年	1990年	1991年	1992年
资金来源总计	**18.08**	**20.85**	**29.84**	**23.01**	**32.12**
一、各项存款合计	14.25	18.82	28.95	26.31	28.36
1. 集体存款	17.31	−0.35	18.22	29.45	55.44
集体农业存款	9.46	−6.53	15.77	27.63	58.41
乡镇企业存款	22.57	−1.87	19.02	27.87	57.45
集体定期存款	44.24	80.24	37.21	57.32	59.09
其他存款	20.16	15.06	16.68	31.87	36.63
2. 农户储蓄存款	13.58	23.15	30.90	25.79	23.77
活期	17.98	−5.36	16.38	12.23	36.55
定期	11.73	35.79	35.39	29.39	20.82
二、自有资金	32.46	−42.46	7.43	−49.79	8.58
三、股金	56.29	71.54	26.45	15.08	40.88
四、借入银行款	−4.36	4.44	11.64	20.95	19.23
五、结益	−19.01	−22.21	0.81	−0.18	29.75
六、其他	35.14	63.56	39.31	−22.94	68.39

信用社信贷资金运用

（年末余额）　　单位：亿元

	1987年	1988年	1989年	1990年	1991年	1992年
资金运用总计	**1 618.54**	**1 911.31**	**2 309.98**	**2 999.49**	**3 689.66**	**4 874.77**
一、各项贷款合计	771.35	908.60	1 090.72	1 413.01	1 808.64	2 453.92
1. 集体农业贷款	64.51	80.09	106.43	134.12	169.89	222.66
2. 乡镇企业贷款	359.31	440.17	540.23	700.72	910.37	1 294.25
流动资金贷款	282.74	352.41	456.44	608.27	789.36	1 099.94
固定资产贷款	76.57	87.76	83.79	92.45	121.01	194.31
3. 农户贷款	340.01	372.38	414.03	518.22	631.44	759.48
4. 其他工商业贷款	7.52	15.96	30.03	59.95	96.94	177.53
二、转存银行款	551.86	579.68	656.14	772.48	915.91	1 080.49
三、存人民银行特种款	47.46	49.14	36.92	52.62	90.95	30.41
四、其他资金占款	143.34	199.86	96.44	120.94	602.56	1 000.46
五、库存现金			33.16	34.56	40.77	59.30
六、其他	104.53	174.03	396.60	605.88	230.83	250.19

信用社信贷资金运用增减额

（比上年末）　　单位：亿元

	1988年	1989年	1990年	1991年	1992年
资金运用总计	**292.77**	**398.68**	**689.50**	**690.17**	**1 185.11**
一、各项贷款合计	137.25	182.11	322.29	395.63	645.28
1. 集体农业贷款	15.58	26.34	27.69	35.77	52.77
2. 乡镇企业贷款	80.85	100.06	160.50	209.65	383.88
流动资金贷款	69.67	104.03	151.84	181.09	310.58
固定资产贷款	11.18	−3.97	8.66	28.56	73.30
3. 农户贷款	32.38	41.65	104.18	113.23	128.04
4. 其他工商业贷款	8.44	14.06	29.92	36.99	80.59
二、转存银行款	27.83	76.46	116.34	143.42	164.58
三、存人民银行特种款	1.68	−12.22	15.71	38.33	−60.54
四、其他资金占款	56.52	−103.42	24.50	481.62	397.90
五、库存现金		33.16	1.40	6.21	18.53
六、其他	69.49	222.59	209.26	−375.05	19.36

信用社信贷资金运用增减率

（比上年末）　　单位：%

	1988年	1989年	1990年	1991年	1992年
资金运用总计	**18.08**	**20.85**	**29.84**	**23.01**	**32.12**
一、各项贷款合计	17.79	20.04	29.54	27.99	35.68
1. 集体农业贷款	24.15	32.88	26.01	26.66	31.06
2. 乡镇企业贷款	22.50	22.73	29.70	29.91	42.17
流动资金贷款	24.64	29.51	33.26	29.77	39.35
固定资产贷款	14.60	−4.51	10.33	30.89	60.57
3. 农户贷款	9.52	11.18	25.16	21.84	20.28
4. 其他工商业贷款	112.17	88.11	99.64	61.69	83.13
二、转存银行款	5.04	13.18	17.73	18.56	17.97
三、存人民银行特种款	3.54	−24.87	42.55	72.82	−66.56
四、其他资金占款	39.43	−51.74	25.40	398.23	66.03
五、库存现金			4.21	17.96	45.45
六、其他	66.47	127.91	52.76	−61.90	8.39

信用社信贷资金来源构成

单位：%

	1988年	1989年	1990年	1991年	1992年
资金来源总计	**100.00**	**100.00**	**100.00**	**100.00**	**100.00**
一、各项存款合计	73.24	72.00	71.51	73.43	71.34
（以各项存款为100）					
1. 集体存款	18.39	15.42	14.14	14.49	17.55
（以集体存款为100）					
集体农业存款	38.20	35.83	35.09	34.60	35.26
乡镇企事业存款	49.84	49.08	49.41	48.81	49.44
集体定期存款	1.95	3.53	4.09	4.97	5.09
其他存款	10.01	11.56	11.41	11.62	10.21
2. 农户储蓄存款	81.61	84.58	85.86	85.51	82.45
（以农户储蓄存款为100）					
活期	30.71	23.60	20.99	18.72	20.66
定期	69.29	76.40	79.01	81.28	79.34
二、自有资金	6.97	3.32	2.74	9.07	7.46
三、股金	1.91	2.72	2.65	2.48	2.64
四、借入银行款	1.89	1.63	1.40	1.38	1.24
五、结益	0.58	0.37	0.29	0.23	0.23
六、其他	15.41	19.96	21.41	13.41	17.09

信用社信贷资金运用构成

单位：%

	1988年	1989年	1990年	1991年	1992年
资金运用总计	**100.00**	**100.00**	**100.00**	**100.00**	**100.00**
一、各项贷款合计	47.54	47.22	47.11	49.02	50.34
（以各项贷款为100）					
1. 集体农业贷款	8.82	9.76	9.49	9.39	9.07
2. 乡镇企业贷款	48.44	49.53	49.59	50.33	52.74
（以乡镇企业贷款为100）					
流动资金贷款	80.06	84.49	86.81	86.71	84.99
固定资产贷款	19.94	15.51	13.19	13.29	15.01
3. 农户贷款	40.98	37.96	36.68	34.92	30.95
4. 其他工商企业贷款	1.76	2.75	4.24	5.36	7.24
二、转存银行款	30.33	28.40	25.75	24.82	22.17
三、存人民银行特种款	2.57	1.60	1.75	2.47	0.62
四、其他资金占款	10.46	4.17	4.03	16.33	20.52
五、库存现金		1.44	1.15	1.10	1.22
六、其他	9.10	17.17	20.21	6.26	5.13

各地区信用社各项存款

单位：万元

	1990年		1991年		1992年	
	年末余额	比上年增减	年末余额	比上年增减	年末余额	比上年增减
北京	592 497	142 157	728 941	136 444	940 814	211 873
天津	302 001	77 565	392 681	90 680	516 574	123 893
河北	2 004 787	463 999	2 481 475	476 688	2 972 332	490 857
山西	839 525	164 622	1 000 923	161 398	1 211 277	210 354
内蒙古	207 387	44 757	240 437	33 050	300 141	59 704
辽宁	1 019 534	245 141	1 267 577	248 043	1 592 560	324 983
吉林	337 116	70 407	425 631	88 515	480 365	54 734
黑龙江	447 186	95 484	550 320	103 134	626 646	76 326
上海	408 722	98 831	531 909	123 187	731 139	199 230
江苏	1 671 406	390 350	2 075 273	403 867	2 532 264	456 991
浙江	1 382 029	392 004	1 793 631	411 602	2 366 544	572 913
安徽	534 854	112 695	661 298	126 444	800 440	139 142
福建	441 880	120 797	582 961	141 081	798 915	215 954
江西	347 514	74 975	443 882	96 368	553 519	109 637
山东	2 400 434	445 891	2 807 335	406 901	3 153 954	346 619
河南	1 164 007	242 212	1 472 394	308 387	1 662 584	190 190
湖北	593 023	108 073	747 243	154 220	838 451	91 208
湖南	655 686	170 242	872 322	216 636	1 173 353	301 031
广东	3 045 558	672 108	4 138 951	1 093 393	6 544 798	2 405 847
广西	366 554	104 925	485 992	119 438	704 382	218 390
海南	99 829	19 991	116 097	16 268	188 266	72 169
四川	1 171 065	252 463	1 503 434	332 369	1 887 889	384 455
贵州	102 365	19 037	138 369	36 004	188 046	49 677
云南	308 421	65 463	404 366	95 945	548 280	143 914
陕西	561 340	116 844	689 019	127 679	843 644	154 625
甘肃	196 787	41 318	241 945	45 158	291 012	49 067
青海	26 114	3 173	29 704	3 590	36 074	6 370
宁夏	58 435	13 352	71 037	12 602	84 999	13 962
新疆	163 334	46 818	198 280	34 946	207 371	9 091
# 重庆	184 871	52 374	243 047	58 176	311 638	68 591
武汉	112 801	20 389	143 623	30 822	185 102	41 479
沈阳	146 873	38 805	189 051	42 178	255 957	66 906
大连	268 663	58 311	339 812	71 149	452 129	112 317
哈尔滨	35 711	6 118	64 201	28 490	79 060	14 859
广州	471 605	107 015	642 425	170 820	1 173 253	530 828
西安	152 156	31 942	186 853	34 697	234 254	47 401
青岛	193 429	30 182	227 937	34 508	269 096	41 159
宁波	184 290	56 772	244 231	59 941	334 384	90 153
厦门	29 385	9 793	44 373	14 988	95 678	51 305
深圳	121 594	33 977	193 763	72 169	438 350	244 587
长春	54 546	8 834	75 293	20 747	87 639	12 346
南京	79 039	15 038	95 623	16 584	119 112	23 489
成都	203 075	53 325	264 285	61 210	369 194	104 909
新兵团					2 142	−80
合计	**21 449 390**	**4 815 654**	**27 093 427**	**5 644 037**	**34 776 633**	**7 683 206**

各地区信用社储蓄存款

单位：万元

	1990年		1991年		1992年	
	年末余额	比上年增减	年末余额	比上年增减	年末余额	比上年增减
北 京	385 894	103 313	483 038	97 144	596 149	113 111
天 津	246 200	74 424	321 935	75 735	411 545	89 610
河 北	1 829 982	442 992	2 275 412	445 430	2 709 812	434 400
山 西	741 043	160 945	891 380	150 337	1 081 025	189 645
内蒙古	182 855	40 405	213 645	30 790	267 068	53 423
辽 宁	899 794	216 538	1 108 615	208 821	1 380 270	271 655
吉 林	306 125	67 821	384 188	78 063	442 445	58 257
黑龙江	390 988	75 923	480 710	89 722	567 611	86 901
上 海	291 059	85 649	378 097	87 038	450 895	72 798
江 苏	1 401 594	343 975	1 719 274	317 680	2 034 430	315 156
浙 江	1 122 526	329 524	1 451 513	328 987	1 851 538	400 025
安 徽	455 182	109 599	559 384	104 202	672 178	112 794
福 建	381 943	109 291	502 818	120 875	649 713	146 895
江 西	309 481	68 599	394 028	84 547	488 812	94 784
山 东	2 102 001	397 296	2 461 508	359 507	2 777 828	316 320
河 南	1 060 265	232 538	1 328 994	268 729	1 485 475	156 481
湖 北	512 903	110 191	641 573	128 670	697 158	55 585
湖 南	563 598	171 034	755 539	191 941	1 021 709	266 170
广 东	2 641 409	574 927	3 536 192	894 783	4 918 653	1 382 461
广 西	323 687	97 260	427 794	104 107	603 246	175 452
海 南	94 060	21 152	109 373	15 313	159 877	50 504
四 川	984 507	236 634	1 285 379	300 872	1 586 615	301 236
贵 州	82 725	16 983	112 782	30 057	149 939	37 157
云 南	230 569	53 671	272 879	42 310	394 551	121 672
陕 西	501 649	111 895	616 850	115 201	756 170	139 320
甘 肃	164 144	37 432	202 725	38 581	245 075	42 350
青 海	17 117	3 315	20 482	3 365	25 388	4 906
宁 夏	52 935	12 980	63 423	10 488	75 736	12 313
新 疆	139 805	41 666	167 151	27 346	171 932	4 781
# 重 庆	150 826	46 379	200 682	49 856	256 783	56 101
武 汉	84 109	22 797	105 744	21 635	129 933	24 189
沈 阳	120 148	32 276	149 987	29 839	205 780	55 793
大 连	233 795	48 268	289 762	55 967	369 074	79 312
哈尔滨	30 392	5 175	53 685	23 293	66 858	13 173
广 州	390 935	91 553	522 824	131 889	788 967	266 143
西 安	132 600	29 540	162 472	29 872	201 753	39 281
青 岛	164 838	27 126	194 150	29 312	225 068	30 918
宁 波	141 262	46 714	189 644	48 382	249 645	60 001
厦 门	23 510	8 394	34 371	10 861	52 676	18 305
深 圳	92 155	20 700	128 663	36 508	221 316	92 653
长 春	49 455	8 449	67 632	18 177	80 008	12 376
南 京	60 219	12 863	71 852	11 633	90 468	18 616
成 都	170 390	46 348	224 221	53 826	285 825	61 604
新兵团					1 589	—203
合 计	**18 416 040**	**434 797**	**23 166 681**	**4 750 641**	**28 672 843**	**5 506 162**

各地区信用社各项贷款

单位：万元

	1990年		1991年		1992年	
	年末余额	比上年增减	年末余额	比上年增减	年末余额	比上年增减
北京	274 242	51 447	346 218	71 976	468 524	122 306
天津	194 447	55 416	265 416	70 969	386 380	120 964
河北	1 363 582	337 959	1 680 829	317 247	2 076 905	396 076
山西	584 513	145 373	719 460	134 947	891 508	172 048
内蒙古	95 119	17 117	125 057	29 938	168 421	43 364
辽宁	676 624	167 852	893 893	217 269	1 258 907	365 014
吉林	199 351	35 760	259 628	60 277	334 373	74 745
黑龙江	224 914	46 685	309 286	84 372	403 094	93 808
上海	272 263	65 380	369 177	96 914	538 262	169 085
江苏	1 066 553	202 889	1 337 120	270 567	1 716 304	379 184
浙江	775 471	204 535	1 026 167	250 696	1 506 494	480 327
安徽	305 702	57 245	409 803	104 101	487 877	78 074
福建	262 646	68 871	339 283	76 637	517 973	178 690
江西	195 009	53 017	260 248	65 239	352 775	92 527
山东	1 612 329	333 121	1 964 429	352 100	2 433 116	468 687
河南	936 119	195 767	1 202 313	266 194	1 465 200	262 887
湖北	381 100	82 413	476 838	95 738	611 968	135 130
湖南	419 525	119 762	548 076	128 551	746 029	197 953
广东	2 373 113	621 856	3 158 341	785 228	4 937 032	1 778 691
广西	269 679	56 276	355 385	85 706	501 345	145 960
海南	69 134	6 863	77 753	8 619	101 377	23 624
四川	744 678	148 294	966 895	222 217	1 324 568	357 673
贵州	91 208	11 681	107 044	15 836	143 215	36 171
云南	201 076	26 551	229 511	28 435	308 349	78 838
陕西	356 626	79 816	435 569	78 943	578 296	142 727
甘肃	94 106	18 962	116 760	22 654	151 675	34 915
青海	11 307	1 218	12 230	923	14 290	2 060
宁夏	26 386	5 930	29 111	2 725	35 286	6 175
新疆	53 258	4 871	64 541	11 283	79 668	15 127
#重庆	113 031	36 721	157 012	43 981	220 750	63 738
武汉	59 987	10 833	61 658	1 671	102 252	40 594
沈阳	73 667	22 455	110 810	37 143	185 892	75 082
大连	175 721	34 699	229 952	54 231	326 734	96 782
哈尔滨	19 790	6 774	33 945	14 155	54 411	20 466
广州	321 277	78 348	390 663	69 386	795 193	404 530
西安	73 655	13 295	92 490	18 835	126 893	34 403
青岛	145 898	40 394	184 892	38 994	242 887	57 995
宁波	101 612	29 987	127 551	25 939	196 525	68 974
厦门	21 833	9 958	32 863	11 030	73 844	40 981
深圳	73 346	14 194	106 272	32 926	193 443	87 171
长春	31 594	6 713	43 597	12 003	58 774	15 177
南京	48 972	10 098	63 855	14 883	80 973	17 118
成都	128 027	26 428	155 442	27 415	252 312	96 870
新兵团					1123	—32
合计	**14 130 080**	**3 222 927**	**18 086 381**	**3 956 301**	**24 539 211**	**6 452 830**

各地区信用社乡镇企业贷款

单位：万元

	1990年		1991年		1992年	
	年末余额	比上年增减	年末余额	比上年增减	年末余额	比上年增减
北 京	174 209	28 619	215 062	40 853	302 808	87 746
天 津	144 189	45 698	202 021	57 832	306 919	104 898
河 北	496 186	112 291	642 827	146 641	887 056	244 229
山 西	253 018	70 234	318 893	65 875	415 935	97 042
内蒙古	24 426	7 072	32 942	8 516	54 531	21 589
辽 宁	334 445	100 094	463 173	128 728	641 071	177 898
吉 林	56 347	15 160	82 222	25 875	108 269	26 047
黑龙江	91 059	27 822	116 057	24 998	145 398	29 341
上 海	228 082	61 184	303 403	75 321	469 418	166 015
江 苏	857 722	158 124	1 061 930	204 208	1 379 736	317 806
浙 江	555 723	140 186	738 253	182 530	1 083 789	345 536
安 徽	87 039	11 802	116 156	29 117	173 165	57 009
福 建	86 485	24 769	116 631	30 146	206 217	89 586
江 西	67 631	21 875	90 737	23 106	136 881	46 144
山 东	914 365	174 911	1 113 456	199 091	1 368 317	254 861
河 南	325 090	63 661	443 241	118 151	595 739	152 498
湖 北	142 000	28 340	176 233	34 233	231 000	54 767
湖 南	166 488	37 903	218 222	51 734	309 573	91 351
广 东	1 485 633	383 899	1 980 572	494 939	3 090 910	1 110 338
广 西	52 316	14 556	74 867	22 551	139 903	65 036
海 南	9 295	868	10 524	1 229	14 624	4 100
四 川	269 635	45 054	359 676	90 041	538 886	179 210
贵 州	7 263	886	8 888	1 625	16 261	7 373
云 南	39 350	5 165	47 211	7 861	87 437	40 226
陕 西	96 702	16 981	119 624	22 922	170 984	51 360
甘 肃	21 387	3 977	27 441	6 054	38 055	10 614
青 海	1 868	−22	1 872	4	2 009	137
宁 夏	7 194	2 083	7 939	754	10 614	2 675
新 疆	12 083	1 791	13 642	1 559	16 949	3 307
# 重 庆	49 010	6 765	59 313	10 303	83 905	24 592
武 汉	38 046	6 613	43 679	5 633	55 532	11 853
沈 阳	42 257	13 346	64 721	22 464	109 415	44 694
大 连	105 692	29 822	149 903	44 211	217 192	67 289
哈尔滨	14 554	5 597	22 116	7 562	39 744	17 628
广 州	175 242	41 974	218 758	43 516	433 356	214 598
西 安	37 733	5 954	46 661	8 928	70 059	23 398
青 岛	101 313	26 205	129 089	27 776	164 693	35 604
宁 波	86 005	26 736	109 000	22 995	169 499	60 499
厦 门	4 352	2 103	7 930	3 578	18 988	11 058
深 圳	52 824	8 054	85 895	33 071	146 891	60 996
长 春	11 305	3 534	15 210	3 905	19 361	4 151
南 京	38 790	7 938	49 777	10 987	63 841	14 064
成 都	82 291	16 357	103 619	21 328	177 098	73 479
新兵团					353	64
合 计	**7 007 230**	**1 604 983**	**9 103 715**	**2 096 485**	**12 942 454**	**3 838 739**

各地区信用社农业贷款

单位：万元

	1990年		1991年		1992年	
	年末余额	比上年增减	年末余额	比上年增减	年末余额	比上年增减
北　京	89 729	19 001	116 964	27 235	136 511	19 547
天　津	47 691	7 629	58 803	11 112	69 786	10 983
河　北	814 187	192 284	951 675	137 488	1 054 559	102 884
山　西	313 332	66 107	374 146	60 814	439 598	65 452
内蒙古	69 831	10 057	91 460	21 629	112 698	21 238
辽　宁	316 751	55 308	383 011	66 260	501 422	118 411
吉　林	135 947	17 912	162 614	26 667	213 316	50 702
黑龙江	79 243	−4 606	93 098	13 855	103 800	10 702
上　海	44 141	4 211	65 734	21 593	68 819	3 085
江　苏	204 159	46 439	267 361	63 202	324 216	56 855
浙　江	211 019	60 358	271 168	60 149	347 129	75 961
安　徽	215 322	45 510	290 229	74 907	309 929	19 700
福　建	171 947	40 223	217 530	45 583	275 447	57 917
江　西	122 817	29 165	160 814	37 997	203 974	43 160
山　东	627 113	107 750	727 068	99 955	892 910	165 842
河　南	581 555	117 628	719 633	138 078	806 226	86 593
湖　北	212 498	39 014	261 892	49 394	307 799	45 907
湖　南	221 571	58 215	275 399	53 828	362 702	87 303
广　东	758 308	186 075	993 775	235 467	1 413 026	419 251
广　西	208 981	38 716	267 019	58 088	336 967	69 948
海　南	57 966	6 001	65 377	7 411	83 480	18 103
四　川	411 475	68 157	489 072	77 597	577 177	88 105
贵　州	81 929	10 435	95 004	13 075	119 005	24 001
云　南	157 425	20 519	177 405	19 980	212 306	34 901
陕　西	232 767	56 492	274 556	41 789	351 042	76 486
甘　肃	70 170	14 679	86 062	15 892	105 623	19 561
青　海	9 335	1 206	10 274	939	11 845	1 571
宁　夏	17 338	2 469	18 831	1 493	21 777	2 946
新　疆	38 795	1 767	47 308	8 513	58 333	11 025
# 重　庆	35 983	7 884	46 318	10 335	56 802	10 484
武　汉	14 025	1 980	3 435	−10 590	22 024	18 589
沈　阳	22 903	6 966	31 751	9 848	56 891	25 140
大　连	70 007	4 855	77 760	7 753	107 148	29 388
哈尔滨	3 572	359	9 233	5 661	10 618	1 385
广　州	78 210	14 099	88 400	10 190	149 128	60 728
西　安	30 659	8 742	39 955	9 296	49 221	9 266
青　岛	32 767	7 045	38 365	5 598	50 489	12 124
宁　波	14 938	3 157	17 398	2 460	23 893	6 495
厦　门	15 781	6 155	24 533	8 752	37 755	13 222
深　圳	14 879	5 096	19 594	4 715	21 906	2 312
长　春	17 323	1 457	20 110	2 787	33 116	13 006
南　京	10 107	2 119	14 004	3 897	16 682	2 678
成　都	38 932	9 603	41 736	2 804	48 099	6 363
新兵团					276	63
合　计	**6 523 342**	**1 318 721**	**8 013 282**	**1 489 940**	**9 821 422**	**1 808 140**

信用社各项贷款累计发放与收回

（1992 年） 单位：亿元

项目名称	累计发放	比上年增减	累计收回	比上年增减
各项贷款合计	**3 428.71**	**835.31**	**2 784.56**	**835.31**
1. 集体农业贷款	296.46	77.69	244.01	77.69
2. 乡镇企业贷款	1 967.76	570.00	1 583.44	570.00
流动资金贷款	1 840.12	506.78	1 528.95	506.78
固定资产贷款	127.64	63.22	54.49	63.22
3. 农户贷款	923.57	79.86	797.43	79.86
4. 其他工商业贷款	240.92	107.76	159.68	107.76

各地区信用社各项贷款累计发放与收回

（1992 年）　　单位：万元

地区名称	各项贷款合计		一、集体农业贷款		二、乡镇企业贷款	
	累放	累收	累放	累收	累放	累收
北京	474 670	352 364	125 362	105 208	311 239	223 493
天津	511 516	390 549	38 302	30 532	423 231	318 333
河北	2 343 832	1 948 383	174 934	150 295	935 741	691 477
山西	1 029 754	857 707	94 144	76 718	521 338	424 292
内蒙古	219 595	175 612	9 901	7 922	67 571	46 076
辽宁	1 521 047	1 156 008	249 164	192 655	764 360	586 483
吉林	348 270	273 527	20 293	17 166	108 452	82 398
黑龙江	409 233	315 404	17 710	16 958	114 551	85 189
上海	939 348	770 263	97 335	93 439	836 228	670 213
江苏	4 467 601	4 088 495	567 182	515 984	3 606 820	3 289 011
浙江	3 378 163	2 897 934	96 569	80 410	2 552 246	2 207 964
安徽	615 516	537 937	12 361	11 635	212 598	155 373
福建	692 584	513 890	51 565	36 391	302 802	213 215
江西	399 661	307 134	3 675	4 679	138 726	92 580
山东	3 289 875	2 821 188	754 884	619 767	1 727 266	1 472 405
河南	1 430 984	1 167 434	56 377	49 069	640 328	488 155
湖北	704 357	570 139	53 407	52 149	229 491	175 637
湖南	1 098 849	909 245	27 456	20 903	363 612	273 932
广东	6 908 065	5 110 705	394 711	269 638	4 661 216	3 541 094
广西	589 759	443 861	22 453	16 001	162 972	98 089
海南	65 528	40 147	5 557	4 428	11 216	6 701
四川	1 551 046	1 195 707	33 123	24 898	655 773	476 810
贵州	128 952	93 053	2 849	1 419	14 602	7 045
云南	325 866	248 402	14 816	10 168	105 476	66 557
陕西	477 978	353 603	10 185	7 387	143 076	91 906
甘肃	185 759	150 843	6 950	3 487	44 397	33 784
青海	13 792	11 741	383	353	1 162	1 026
宁夏	42 089	35 914	326	99	7 847	5 172
新疆	123 449	108 322	22 593	20 308	13 265	9 958
#重庆	234 935	171 197	4 126	3 087	79 385	54 793
武汉	143 458	102 865	10 835	6 124	70 326	58 473
沈阳	206 801	148 414	31 833	23 337	119 677	79 163
大连	465 076	368 294	129 650	101 982	297 363	230 074
哈尔滨	68 955	48 469	1 183	978	46 639	28 991
广州	943 938	539 408	64 049	33 258	542 465	327 867
西安	108 953	74 551	2 958	2 467	64 413	41 016
青岛	361 322	303 327	68 203	56 918	234 814	199 210
宁波	530 264	461 290	12 597	10 489	464 788	404 289
厦门	93 679	52 696	16 907	9 709	25 249	14 191
深圳	145 538	58 367	1 638	2 387	110 360	49 364
长春	79 190	64 013	2 419	1 283	24 880	20 729
南京	146 160	129 042	21 365	19 008	112 520	98 456
成都	339 831	242 961	6 902	5 703	252 848	179 369
新兵团	1 505	1 537		8	608	544
合计	**34 287 138**	**27 845 511**	**2 964 567**	**2 440 066**	**19 677 602**	**15 834 368**

各地区信用社各项贷款累计发放与收回（续1）

（1992年）　　　　单位：万元

地区名称	1. 流动资金贷款		2. 固定资产贷款	
	累　放	累　收	累　放	累　收
北　京	278 577	209 814	32 662	13 679
天　津	382 331	303 973	40 900	14 360
河　北	853 080	655 868	82 661	35 609
山　西	496 156	407 281	25 182	17 011
内蒙古	61 748	45 211	5 823	865
辽　宁	710 888	570 809	53 472	15 674
吉　林	106 776	81 266	1 676	1 132
黑龙江	112 873	83 221	1 678	1 968
上　海	750 949	637 789	85 279	32 424
江　苏	3 462 670	3 209 424	144 150	79 587
浙　江	2 470 253	2 183 447	81 993	24 517
安　徽	206 176	153 216	6 422	2 157
福　建	290 756	210 385	12 046	2 830
江　西	133 092	89 899	5 634	2 681
山　东	1 635 503	1 421 977	91 763	50 428
河　南	637 299	486 342	3 029	1 813
湖　北	214 860	167 439	14 631	8 198
湖　南	339 549	263 183	24 063	10 749
广　东	4 178 338	3 343 624	482 878	197 470
广　西	152 247	93 268	10 725	4 821
海　南	11 145	6 721	71	－20
四　川	608 455	459 860	47 318	16 950
贵　州	13 344	6 227	1 258	818
云　南	94 336	63 111	11 140	3 446
陕　西	137 330	89 495	5 746	2 411
甘　肃	42 567	32 888	1 830	896
青　海	970	780	192	246
宁　夏	6 885	4 406	962	766
新　疆	12 084	8 605	1 181	1 353
#重　庆	74 390	52 391	4 995	2 402
武　汉	66 933	57 648	3 393	825
沈　阳	99 093	75 547	20 584	3 616
大　连	275 317	223 334	22 046	6 740
哈尔滨	46 260	28 707	379	284
广　州	455 736	295 737	86 729	32 130
西　安	61 059	40 301	3 354	715
青　岛	219 320	190 680	15 494	8 530
宁　波	451 318	398 897	13 470	5 392
厦　门	24 191	14 175	1 058	16
深　圳	44 019	21 128	66 341	28 236
长　春	24 880	20 728		1
南　京	105 508	93 537	7 012	4 919
成　都	238 581	175 466	14 267	3 903
新兵团	548	534	60	10
合　计	**1 8401 237**	**15 289 529**	**1 276 365**	**544 839**

各地区信用社各项贷款累计发放与收回（续2）

（1992年） 单位：万元

地区名称	三、农户贷款		四、其它工商业贷款	
	累放	累收	累放	累收
北京	5 023	5 630	33 046	18 033
天津	32 586	29 382	17 397	12 302
河北	1 066 559	989 122	166 598	117 489
山西	376 140	328 118	38 132	28 579
内蒙古	140 083	120 511	2 040	1 103
辽宁	359 921	297 973	147 602	78 897
吉林	209 025	161 482	10 500	12 481
黑龙江	120 270	110 318	156 702	102 939
上海	5 715	6 526	70	85
江苏	265 843	260 267	27 756	23 233
浙江	566 211	506 452	163 137	103 108
安徽	384 293	366 054	6 264	4 875
福建	297 451	254 705	40 766	9 579
江西	239 321	195 159	17 939	14 716
山东	524 630	493 905	283 095	235 111
河南	657 621	577 338	76 658	52 872
湖北	304 558	259 908	116 901	82 445
湖南	633 433	559 273	74 348	55 137
广东	1 206 391	908 597	645 747	391 376
广西	370 551	306 966	33 783	22 805
海南	43 703	25 388	5 052	3 630
四川	609 167	531 480	252 983	162 519
贵州	101 706	79 596	9 795	4 993
云南	192 996	162 811	12 578	8 866
陕西	275 244	219 142	49 473	35 168
甘肃	119 631	103 531	14 781	10 041
青海	11 635	10 102	612	260
宁夏	31 539	28 820	2 377	1 823
新疆	84 489	75 749	3 102	2 307
#重庆	58 634	49 189	92 790	64 128
武汉	22 415	8 538	39 882	29 730
沈阳	30 247	26 050	25 044	19 864
大连	36 770	35 050	1 293	1 188
哈尔滨	17 943	16 763	3 190	1 737
广州	87 514	57 577	249 910	120 706
西安	36 330	27 555	5 252	3 513
青岛	10 753	9 914	47 552	37 285
宁波	43 269	38 882	9 610	7 630
厦门	30 016	23 990	21 507	4 806
深圳	9 440	6 379	24 100	237
长春	45 842	33 972	6 049	8 029
南京	11 398	11 077	877	501
成都	50 417	45 253	29 664	12 636
新兵团	400	329	497	656
合计	**9 235 735**	**7 974 305**	**2 409 234**	**1 596 772**

农业银行、信用社信贷资金情况

（1992 年）　　　　单位：亿元

资金来源项目	余　额	比上年增　减	比上年增长(%)	资金运用项目	余　额	比上年增　减	比上年增长(%)
农村存款合计	6 615.81	1 453.65	28.15	农村贷款合计	7 891.55	1 546.20	24.37
一、企业存款	1 070.97	332.86	45.10	一、流动资金贷款	5 594.36	1 008.70	22.00
1. 工商业存款	636.74	176.64	38.39	1. 工业贷款	402.30	94.41	30.66
2. 乡镇企事业存款	434.23	156.22	56.19	2. 商业贷款	3 315.31	446.34	15.56
二、农业存款	499.24	137.25	37.92	3. 乡镇企事业贷款	1 876.75	467.95	33.22
1. 国营农业企事业存款	151.24	14.75	10.80	二、固定资产贷款	139.18	39.32	39.38
2. 集体农业存款	254.60	94.25	58.78	三、农业贷款	1 798.61	343.18	23.58
3. 农业其它存款	93.40	28.25	43.36	1. 国营农业贷款	310.57	61.93	24.91
三、储蓄存款	4 839.71	945.40	24.28	2. 集体农业贷款	405.50	92.52	29.56
1. 活　期	961.16	284.48	42.04	3. 农户农业贷款	885.66	139.36	18.67
2. 定　期	3 878.55	660.92	20.54	4. 扶贫贴息贷款	76.71	18.32	31.38
四、其他存款	205.89	38.14	22.74	5. 外资配套贷款	25.12	3.22	14.70
				6. 开发性贷款	95.05	27.83	41.40
				四、特种贷款	26.12	0.19	0.73
				五、其他贷款	333.28	154.81	86.73

各地区农业银行、信用社各项存款

（1992 年）　　　　单位：万元

地区名称	农村存款合计		一、企业存款		1. 工商业存款	
	余　额	比上年增减	余　额	比上年增减	余　额	比上年增减
总　行	10 246	－31 993	10 246	－31 993	10 246	－31 993
北　京	1 661 169	397 705	497 688	158 942	291 275	100 951
天　津	1 015 650	234 634	245 320	76 608	132 319	36 113
河　北	4 632 311	714 809	362 624	60 772	191 902	19 429
山　西	1 902 405	352 624	174 248	34 600	92 370	18 168
内蒙古	673 055	138 931	75 485	18 043	53 617	13 159
辽　宁	3 094 617	650 188	395 638	119 445	232 075	62 602
吉　林	1 117 334	172 876	115 064	17 728	85 912	14 051
黑龙江	1 657 122	249 330	188 049	32 389	155 100	25 865
上　海	2 589 191	797 624	925 636	407 199	574 129	254 187
江　苏	4 870 830	898 622	782 714	216 187	374 139	96 776
浙　江	3 793 639	879 614	623 116	170 957	279 232	72 844
安　徽	1 442 773	236 908	235 012	56 514	151 419	34 092
福　建	1 756 956	449 391	288 171	97 320	173 684	50 678
江　西	1 310 308	265 131	203 049	39 748	134 100	25 104
山　东	5 409 358	757 538	587 892	92 147	340 262	66 003
河　南	3 047 587	404 653	371 808	46 879	235 646	20 145
湖　北	2 026 540	276 601	358 862	68 265	268 960	45 582
湖　南	2 097 769	473 773	226 905	37 104	140 946	16 839
广　东	10 424 504	3 786 907	2 064 340	1 072 482	1 056 910	479 294
广　西	1 581 068	430 016	232 981	79 262	149 179	46 078
海　南	681 760	306 900	148 910	106 231	136 009	96 382
四　川	3 664 478	702 183	590 989	148 470	357 031	78 325
贵　州	576 247	123 883	142 285	31 439	116 175	22 430
云　南	142 5037	286 300	360 441	61 229	252 520	23 174
陕　西	1 479 126	264 136	147 478	32 684	92 554	18 379
甘　肃	713 674	125 174	105 838	20 803	76 254	15 028
青　海	151 615	24 304	30 770	5 600	26 556	4 555
宁　夏	210 338	37 367	26 850	1 931	18 784	－664
新　疆	1 141 330	130 291	191 286	49 575	168 090	42 824
#重　庆	555 556	119 467	94 127	25 688	47 723	14 428
武　汉	507 860	119 042	151 924	47 034	119 942	35 140
沈　阳	635 816	177 974	108 745	38 097	74 447	26 642
大　连	766 829	191 891	118 454	47 723	52 283	18 814
哈尔滨	278 154	56 898	53 498	10 291	44 188	6 603
广　州	1 970 126	812 751	467 058	264 119	255 559	122 761
西　安	370 115	78 253	45 809	16 698	26 471	9 136
青　岛	561 708	115 699	99 793	36 871	65 563	28 888
宁　波	571 328	149 081	110 631	32 980	48 144	15 026
厦　门	195 141	92 194	66 222	40 858	47 306	27 687
深　圳	1 169 885	578 973	491 419	249 048	342 301	153 070
长　春	248 906	52 832	39 850	14 932	31 879	13 367
南　京	336 926	73 723	80 095	22 423	51 021	16 339
成　都	715 139	176 723	141 875	54 418	72 015	19 606
新兵团	405 130	29 608	35 421	700	35 178	674
合　计	**66 158 037**	**14 536 420**	**10 709 695**	**3 328 560**	**6 367 395**	**1 766 400**

各地区农业银行、信用社各项存款（续1）

（1992年）　　单位：万元

地区名称	2. 乡镇企事业存款		二、农业存款		1. 国营农业存款	
	余　额	比上年增减	余　额	比上年增减	余　额	比上年增减
总　行						
北　京	206 413	57 991	292 240	59 914	103 350	5 154
天　津	113 001	40 495	59 444	8 515	14 948	－737
河　北	170722	41 343	187 625	29 012	40 641	2 066
山　西	81 878	16 432	101 996	14 199	24 590	1 369
内蒙古	21 868	4 884	37 132	5 632	18 395	2 700
辽　宁	163 563	56 843	172 774	19 879	54 868	4 420
吉　林	29 152	3 677	54 354	368	29 677	3 605
黑龙江	32 949	6 524	119 478	－1 616	74 881	10 068
上　海	351 507	153 012	222 660	83 717	55 027	13 458
江　苏	408 575	119 411	336 944	73 158	75 327	869
浙　江	343 884	98 113	337 618	112 223	63 923	6 449
安　徽	83 593	22 422	102 289	4 876	30 425	－3 094
福　建	114 487	46 642	165 673	56 893	60 433	8 431
江　西	68 949	14 644	63 343	11 436	41 884	5 825
山　东	247 630	26 144	220 428	18 998	49 359	2 232
河　南	136 162	26 734	128 146	16 614	34 317	－480
湖　北	89 902	22 683	112 808	14 108	41 228	－502
湖　南	85 959	20 265	132 537	20 747	43 442	1 207
广　东	1 007 430	593 188	1 148 410	672 995	146 723	41 380
广　西	83 802	33 184	118 802	29 807	64 154	8 309
海　南	12 901	9 849	69 438	43 296	34 447	15 307
四　川	233 958	70 145	238 792	39 294	95 726	2 191
贵　州	26 110	9 009	59 560	13 269	33 647	5 788
云　南	107 921	38 055	161 694	5 406	68 216	6 705
陕　西	54 924	14 305	79 942	3 359	27 641	－2 849
甘　肃	29 584	5 775	56 898	5 365	25 740	1 000
青　海	4 214	1 045	20 900	2 772	9 980	1 524
宁　夏	8 066	2 595	16 222	3 849	10 104	2 521
新　疆	23 196	6 751	174 202	4 356	139 279	2 602
#重　庆	46 404	11 260	37 799	4 914	14 703	－78
武　汉	31 982	11 894	44 644	7 792	14 685	169
沈　阳	34 298	11 455	38 147	3 193	12 443	－128
大　连	66 171	28 909	53 312	14 458	7 414	40
哈尔滨	9 310	3 688	31 725	6 069	21 739	5 660
广　州	211 499	141 358	307 068	177 438	47 152	7 587
西　安	19 338	7 562	25 159	674	6 916	－1 032
青　岛	34 230	7 983	27 715	6 693	4 366	222
宁　波	62 487	17 954	46 039	17 430	5 500	148
厦　门	18 916	13 171	30 866	21 989	2 071	－516
深　圳	149 118	95 978	148 964	100 891	8 628	571
长　春	7 971	1 565	12 982	3 255	7 852	2 638
南　京	29 074	6 084	26 050	3 202	10 293	－222
成　都	69 860	34 812	55 287	18 218	21 661	1 827
新兵团	243	26	82 734	－611	81 288	－1 136
合　计	**4 342 300**	**1 562 160**	**4 992 349**	**1 372 441**	**1 512 372**	**147 518**

各地区农业银行、信用社各项存款（续 2）

（1992 年）　　　　单位：万元

地区名称	2. 集个体农业存款		3. 农业其它存款		三、储蓄存款	
	余　额	比上年增减	余　额	比上年增减	余　额	比上年增减
总　行						
北　京	117 728	31 682	71 162	23 078	834 802	169 866
天　津	36 771	8 377	7 725	875	677 670	140 107
河　北	88 796	21 135	58 188	5 811	4 034 269	616 258
山　西	50 608	10 266	26 798	2 564	1 586 271	299 773
内蒙古	16 040	3 172	2 697	−240	531 522	114 584
辽　宁	90 882	4 487	27 024	10 972	2 455 953	503 772
吉　林	15 595	−1 395	9 082	−1 842	915 059	156 453
黑龙江	39 370	−13 492	5 227	1 808	1 298 164	204 954
上　海	155 215	60 708	12 418	9 551	1 323 721	263 769
江　苏	209 356	54 726	52 261	17 563	3 631 821	598 554
浙　江	167 228	67 012	106 467	38 762	2 731 045	580 119
安　徽	27 887	3 561	43 977	4 409	1 050 678	183 282
福　建	86 075	38 703	19 165	9 759	1 230 552	280 989
江　西	9 912	2 278	11 547	3 333	991 455	209 433
山　东	145 892	12 954	25 177	3 812	4 479 805	645 058
河　南	77 860	16 860	15 969	234	2 441 458	332 864
湖　北	36 193	5 849	35 387	8 761	1 419 601	168 019
湖　南	45 395	11 327	43 700	8 213	1 667 780	410 247
广　东	811 855	503 222	189 832	128 393	6 945 455	1 916 144
广　西	38 345	17 117	16 303	4 381	1 165 807	304 401
海　南	27 761	23 325	7 230	4 664	436 768	143 826
四　川	68 414	20 747	74 652	16 356	2 672 526	483 304
贵　州	14 032	3 819	11 881	3 662	330 107	77 644
云　南	74 051	25 172	19 427	−26 471	815 157	207 289
陕　西	30 654	4 441	21 647	1 767	1 217 561	225 051
甘　肃	20 556	2 583	10 602	1 782	528 042	99 541
青　海	8 916	1 042	2 004	206	90 032	15 662
宁　夏	4 241	1 006	1 877	322	159 665	30 324
新　疆	30 355	1 754	4 568		734 381	72 771
#重　庆	13 679	4 264	9 417	728	405 348	85 383
武　汉	12 408	4 137	17 551	3 486	267 150	53 795
沈　阳	18 186	−16	7 518	3 337	467 963	135 087
大　连	32 664	8 276	13 234	6 142	581 319	126 791
哈尔滨	8 928	−175	1 058	584	183 496	37 736
广　州	203 079	128 605	56 837	41 246	1 156 144	356 082
西　安	12 218	457	6 025	1 249	292 271	59 875
青　岛	20 568	4 747	2 781	1 724	418 589	71 118
宁　波	24 090	9 826	16 449	7 456	395 596	91 642
厦　门	23 159	18 154	5 636	4 351	96 012	29 304
深　圳	111 519	79 259	28 817	21 061	457 662	178 129
长　春	3 885	516	1 245	101	183 113	37 312
南　京	13 207	2 377	2 550	1 047	219 748	48 192
成　都	18 538	7 338	15 088	9 053	479 044	95 868
新兵团	1 437	533	9	−8	277 374	25 897
合　计	**2 545 983**	**942 438**	**933 994**	**282 485**	**48 397 127**	**9 454 058**

各地区农业银行、信用社各项存款（续3）

（1992年）

单位：万元

地区名称	1. 活期		2. 定期		四、其它存款	
	余　额	比上年增减	余　额	比上年增减	余　额	比上年增减
总　行						
北　京	112 864	31 860	721 938	138 006	36 439	8 983
天　津	108 630	27 288	569 040	112 819	33 216	9 404
河　北	604 328	125 382	3 429 941	490 876	47 793	8 767
山　西	217 002	62 200	1 369 269	237 573	39 890	4 052
内蒙古	149 840	38 125	381 682	76 459	28 916	672
辽　宁	371 181	114 951	2 084 772	388 821	70 252	7 092
吉　林	203 897	26 454	711 162	129 999	32 857	－1 673
黑龙江	238 954	51 859	1 059 210	153 095	51 431	13 603
上　海	33 672	20 238	1 290 049	243 531	117 174	42 939
江　苏	257 715	100 627	3 374 106	497 927	119 351	10 723
浙　江	536 191	129 896	2 194 854	450 223	101 860	16 315
安　徽	245 664	45 091	805 014	138 191	54 794	－7 764
福　建	250 337	99 353	980 215	181 636	72 560	14 189
江　西	227 566	59 238	763 889	150 195	52 461	4 514
山　东	536 593	67 326	3 943 212	577 732	121 233	1 335
河　南	505 913	66 855	1 935 545	266 009	106 175	8 296
湖　北	264 395	52 730	1 155 206	115 289	135 269	26 209
湖　南	351 431	121 747	1 316 349	288 500	70 547	5 675
广　东	2616 640	1 063 222	4 328 815	852 922	266 299	125 286
广　西	393 241	135 600	772 566	168 801	63 478	16 546
海　南	170 836	81 127	265 932	62 699	26 644	13 547
四　川	467 647	136 261	2 204 879	347 043	162 171	31 115
贵　州	104 007	30 627	226 100	47 017	44 295	1 531
云　南	176 482	61 079	638 675	146 210	87 745	12 376
陕　西	182 466	41 424	1 035 095	183 627	34 145	3 042
甘　肃	119 213	31 059	408 829	68 482	22 896	－535
青　海	19 275	4 366	70 757	11 296	9 913	270
宁　夏	26 113	7 217	133 552	23 107	7 601	1 263
新　疆	119 548	11 686	614 833	61 085	41 461	3 589
#重　庆	54 604	14 801	350 744	70 582	18 282	3 482
武　汉	51 353	16 479	215 797	37 316	44 142	10 421
沈　阳	83 128	30 608	384 835	104 479	20 961	1 597
大　连	68 707	23 423	512 612	103 368	13 744	2 919
哈尔滨	43 165	11 069	140 331	26 667	9 435	2 802
广　州	350 497	138 606	805 647	217 476	39 856	15 112
西　安	48 959	11 546	243 312	48 329	6 876	1 006
青　岛	53 120	14 027	365 469	57 091	15 611	1 017
宁　波	85 914	22 277	309 682	69 365	19 062	7 029
厦　门	14 198	5 956	81 814	23 348	2 041	43
深　圳	289 232	159 234	168 430	18 895	71 840	50 905
长　春	35 164	9 290	147 949	28 022	12 961	－2 667
南　京	15 072	7 691	204 676	40 501	11 033	－94
成　都	87 948	29 493	391 096	66 375	38 933	8 219
新兵团	26 093	4 456	251 281	21 441	9 601	3 622
合　计	**9 611 641**	**2 844 888**	**38 785 486**	**6 609 170**	**2 058 866**	**381 361**

各地区农业银行、信用社各项贷款

（1992年）　　　　　　　　　　　　　　　　单位：万元

地区名称	农村贷款合计		一、流动资金贷款		1. 工业贷款	
	余　额	比上年增减	余　额	比上年增减	余　额	比上年增减
总　行	81 800	78 200				
北　京	1 410 682	303 801	919 785	212 988	50 846	9 312
天　津	1 201 490	280 708	951 544	223 737	86 166	24 218
河　北	4 744 838	766 433	3 002 937	470 782	163 618	47 051
山　西	1 961 822	329 244	1 275 838	204 275	37 847	13 759
内蒙古	1 244 475	202 706	929 781	142 643	32 304	6 364
辽　宁	3 950 888	840 206	2 783 631	513 361	189 458	37 113
吉　林	2 793 387	405 317	2 113 477	280 142	52 832	11 422
黑龙江	2 867 532	396 825	2 036 358	257 582	103 740	15 166
上　海	2 303 205	673 274	1 901 443	552 109	503 942	141 178
江　苏	5 310 584	963 902	4 458 926	746 712	285 193	67 219
浙　江	3 421 903	806 237	2 677 199	575 707	254 939	65 148
安　徽	2 457 571	339 928	1 792 010	257 410	103 903	25 739
福　建	1 601 772	396 302	894 756	198 149	114 918	35 210
江　西	2 155 578	405 689	1 504 158	276 675	82 128	17 138
山　东	6 483 106	942 620	4 732 865	554 333	220 582	48 964
河　南	4 739 525	694 106	3 276 324	463 413	108 528	20 708
湖　北	3 662 298	468 945	2 781 057	301 098	197 081	15 700
湖　南	2 898 592	565 359	2 030 058	364 085	130 873	23 899
广　东	9 105 247	2 591 276	6 376 015	1 719 170	586 616	168 509
广　西	1 664 635	357 530	910 661	183 199	97 812	27 089
海　南	679 505	202 325	332 217	95 892	12 351	4 002
四　川	4 953 791	977 257	3 532 527	635 054	289 733	60 610
贵　州	944 534	176 915	586 150	83 614	50 708	11 498
云　南	1 425 834	289 286	941 765	188 009	74 740	12 902
陕　西	1 809 609	348 151	1 153 493	198 496	96 882	20 427
甘　肃	878 460	159 163	614 456	111 733	25 921	3 693
青　海	169 206	33 156	117 663	22 144	20 569	3 966
宁　夏	248 202	44 619	164 803	31 403	20 923	3 662
新　疆	1 668 370	345 414	1 151 547	222 927	27 834	2 450
#重　庆	689 633	148 082	490 869	97 387	49 265	11 959
武　汉	541 035	107 584	405 160	58 973	38 810	3 426
沈　阳	817 354	269 598	644 936	209 807	61 565	6 369
大　连	711 551	190 437	468 063	115 038	27 892	7 649
哈尔滨	441 062	97 721	334 900	73 583	23 351	5 021
广　州	1 386 042	526 771	851 513	293 765	88 995	19 418
西　安	438 074	115 469	327 708	91 544	33 007	12 001
青　岛	612 205	127 033	435 100	71 324	39 774	10 876
宁　波	523 975	130 717	438 517	102 982	40 063	10 506
厦　门	236 697	111 485	106 133	37 955	7 872	2 214
深　圳	781 971	216 873	631 810	178 512	143 128	36 857
长　春	681 468	99 442	539 985	69 489	10 243	1 928
南　京	349 493	68 359	284 611	52 470	23 992	6 900
成　都	755 352	194 609	602 666	153 543	52 487	7 036
新兵团	479 530	144 346	223 123	70 988	1 332	−31
合　计	**78 915 241**	**15 461 694**	**55 943 444**	**10 086 842**	**4 022 987**	**944 116**

各地区农业银行、信用社各项贷款（续1）

（1992年）　　单位：万元

地区名称	2. 商业贷款		3. 乡镇企业贷款		二、固定资产贷款	
	余　额	比上年增减	余　额	比上年增减	余　额	比上年增减
总　行						－3 600
北　京	450 848	106 020	418 091	97 656	46 429	9 276
天　津	423 442	79 410	441 936	120 109	14 436	－1 708
河　北	1 658 965	147 742	1 180 354	275 989	50 308	14 903
山　西	657 484	68 987	580 507	121 529	16 358	4 049
内蒙古	791 509	99 468	105 968	36 811	22 761	6 588
辽　宁	1 681 551	267 839	912 622	208 409	68 424	21 559
吉　林	1 813 418	209 666	247 227	59 054	36 251	10 337
黑龙江	1 661 175	191 972	271 443	50 444	65 799	15 830
上　海	542 950	143 305	854 551	267 626	100 443	49 635
江　苏	21 188 333	306 327	1 985 400	373 166	65 741	22 375
浙　江	927 532	131 535	1 494 728	379 024	36 817	12 634
安　徽	1 308 598	140 006	379 509	91 665	48 678	15 783
福　建	432 726	59 882	347 112	103 057	33 967	3 639
江　西	1 144 566	192 297	277 464	67 240	36 197	8 928
山　东	2 766 563	202 697	1 745 720	302 672	74 685	22 175
河　南	2 330 948	249 034	836 848	193 671	55 488	15 770
湖　北	2 122 600	209 231	461 376	76 167	65 999	19 221
湖　南	1 377 434	211 234	521 751	128 952	38 324	6 326
广　东	2 154 607	375 723	3 634 792	1 174 938	66 575	15 889
广　西	574 717	69 309	238 132	86 801	45 039	15 436
海　南	289 623	82 259	30 243	9 631	15 486	6 701
四　川	2 256 376	340 095	986 418	234 349	114 012	32 686
贵　州	452 444	49 195	82 998	22 921	72 450	23 805
云　南	690 220	119 462	176 805	55 645	28 354	5 352
陕　西	735 090	98 843	321 521	79 226	36 059	12 745
甘　肃	486 009	85 138	102 526	22 902	8 938	963
青　海	81 267	14 270	15 827	3 908	6 673	451
宁　夏	102 042	13 597	41 838	14 144	20 090	2 061
新　疆	1 049 915	198 670	73 798	21 807	101 038	23 422
#重　庆	284 256	50 023	157 348	35 405	16 371	6 131
武　汉	276 790	38 333	89 560	17 214	15 967	5 176
沈　阳	434 488	148 789	148 883	54 649	19 034	5 982
大　连	165 220	33 434	274 951	73 955	14 747	4 793
哈尔滨	248 925	45 416	62 624	23 146	14 263	6 535
广　州	278 207	54 976	484 311	219 371	16 814	2 813
西　安	189 263	47 565	105 438	31 978	9 237	2 194
青　岛	175 427	18 685	219 899	41 763	11 967	3 360
宁　波	155 096	24 532	243 358	67 944	6 836	3 230
厦　门	73 995	24 020	24 266	11 721	2 351	360
深　圳	262 843	55 070	225 839	86 585		
长　春	479 569	57 285	50 173	10 276	6 992	2 114
南　京	140 552	24 145	120 067	21 425	6 287	2 010
成　都	286 692	60 102	263 487	86 405	22 414	6 125
新兵团	219 557	69 074	2 234	1 945	36 272	10 726
合　计	**33 152 952**	**4 463 213**	**18 767 505**	**4 679 513**	**1 391 819**	**393 231**

各地区农业银行、信用社各项贷款（续 2）

（1992 年）

单位：万元

地区名称	三、农业贷款		1. 国营农业贷款		2. 集体农业贷款	
	余　额	比上年增减	余　额	比上年增减	余　额	比上年增减
总　行	23 000	23 000	23 000	23 000		
北　京	358 221	55 832	160 628	28 528	183 848	27 426
天　津	157 484	24 204	38 459	4 015	82 927	16 533
河　北	1 503 221	229 093	91 571	26 929	275 536	74 279
山　西	624 955	110 297	31 949	7 948	154 858	31 550
内蒙古	284 357	49 537	50 331	10 797	38 457	2 198
辽　宁	910 380	198 472	159 745	32 060	335 122	75 441
吉　林	613 694	109 728	171 496	28 907	128 049	27 844
黑龙江	582 330	61 689	308 352	35 328	62 519	4 383
上　海	244 899	44 150	110 978	34 861	126 313	9 227
江　苏	635 949	124 831	149 492	27 215	311 993	76 708
浙　江	541 491	118 986	83 971	12 968	109 801	31 033
安　徽	583 574	55 008	40 298	7 822	56 043	6 959
福　建	509 217	88 986	42 082	1 893	151 491	29 590
江　西	556 457	101 753	186 189	27 681	29 269	2 914
山　东	1 386 770	264 070	154 441	33 350	730 153	175 608
河　南	1 295 720	187 990	57 748	15 105	184 001	48 004
湖　北	646 988	92 126	143 677	21 041	107 348	3 604
湖　南	663 117	141 424	94 483	14 325	74 838	20 723
广　东	2 022 482	558 092	261 196	47 384	548 731	169 519
广　西	640 367	132 366	101 472	25 811	64 929	10 609
海　南	287 272	65 084	119 360	26 830	27 336	3 425
四　川	947 936	180 512	108 810	20 236	110 117	37 012
贵　州	265 079	60 275	13 141	3 517	23 528	4 732
云　南	419 389	84 472	49 516	11 326	42 227	13 299
陕　西	542 724	119 785	40 422	12 580	42 345	10 095
甘　肃	242 937	41 046	32 097	8 682	23 854	4 184
青　海	40 339	6 652	6 089	2 812	2 897	569
宁　夏	57 823	9 063	18 218	1 691	3 053	1 115
新　疆	397 827	93 194	256 456	64 640	23 372	6 542
#重　庆	89 140	12 204	22 643	－164	11 847	2 039
武　汉	80 193	27 705	49 886	8 342	14 170	5 328
沈　阳	115 725	44 484	32 567	8 541	40 000	14 781
大　连	187 496	44 106	14 390	4 150	146 516	35 365
哈尔滨	81 795	13 570	57 717	13 420	6 792	－675
广　州	271 132	81 038	101 844	14 900	75 876	32 338
西　安	87 632	19 622	17 805	6 673	11 029	2 196
青　岛	97 023	23 356	18 658	5 235	72 383	17 226
宁　波	53 606	17 766	13 596	3 726	21 136	9 338
厦　门	52 512	10 810	2 634	－1 005	22 295	6 845
深　圳	56 347	5 133	28 477	6 261	8 335	－3 479
长　春	124 756	27 659	41 466	11 424	20 084	6 619
南　京	46 065	7 134	17 387	3 164	21 844	4 768
成　都	84 693	14 227	12 882	2 542	22 749	4 891
新兵团	218 464	62 218	203 221	56 026	1 385	86
合　计	**17 985 999**	**3 431 717**	**3 105 667**	**619 282**	**4 054 955**	**925 125**

各地区农业银行、信用社各项贷款（续3）

（1992年）　　　　　　　　　　单位：万元

地区名称	3. 农户贷款		4. 扶贫贴息贷款		5. 外资配套贷款	
	余　　额	比上年增减	余　　额	比上年增减	余　　额	比上年增减
总　行						
北　京	7 071	−608	430	−2	2 914	777
天　津	33 070	3 309				
河　北	1 031 450	93 115	36 063	12 224	1 836	−180
山　西	408 459	61 154	19 395	6 215		
内蒙古	155 810	23 266	16 277	5 292	4 151	1 102
辽　宁	328 792	64 196	13 994	4 627	11 105	4 081
吉　林	274 989	47 750	1 720	820	13 381	−273
黑龙江	168 603	11 192	2 824	1 431	2 042	−809
上　海	3 841	−811			2 934	434
江　苏	117 781	6 081	217	−8	13 035	877
浙　江	304 942	61 569	7 455	1 484	1 104	−2 358
安　徽	384 787	19 340	45 533	7 358	6 683	−731
福　建	255 269	46 227	25 106	3 748	16 058	817
江　西	212 721	44 227	46 552	7 337	8 748	2 976
山　东	383 866	27 989	34 177	7 197	27 080	4 653
河　南	901 480	90 645	66 737	15 216	36 654	9 410
湖　北	281 707	44 771	39 510	9 340	17 504	−693
湖　南	375 293	83 959	22 072	4 029	26 527	2 124
广　东	1 133 638	316 110	15 687	3388	9 566	1 360
广　西	337 681	63 526	62 881	16 035	17 650	66
海　南	114 607	21 051	1 586	1 183		
四　川	587 261	79 518	85 937	24 730	10 602	2 817
贵　州	134 946	24 694	70 070	20 218	7 975	1 955
云　南	252 629	43 120	46 071	6 879	9 734	2 526
陕　西	377 216	76 517	54 719	1 3373	3 951	1 353
甘　肃	163 651	25 242	20 892	2 153		
青　海	22 584	1 545	7 310	1 137		
宁　夏	27 964	4 003				
新　疆	74 467	10 926	23 879	7 760		
#重　庆	53 012	9 455			380	380
武　汉	14 492	13 985	17	−5	987	25
沈　阳	36 279	16 204	501	501	1 038	479
大　连	17 202	1 767			4 033	1 028
哈尔滨	15 528	1 442	2	−1		−1 020
广　州	88 489	31 178			290	−131
西　安	51 379	9 158	3 767	635	684	−152
青　岛	4 111	869				
宁　波	17 883	4 372				
厦　门	26 645	4 896			938	82
深　圳	18 826	2 449				
长　春	60 079	9 210			725	−236
南　京	6 184	451		−1		−1 400
成　都	44 103	5 191	200		1 046	−94
新兵团	271	71	7 180	3 550		
合　计	**8 856 575**	**1 393 623**	**767 094**	**183 164**	**251 234**	**32 284**

各地区农业银行、信用社各项贷款（续4）

（1992年）　　单位：万元

地区名称	6. 开发性贷款		四、特种贷款		五、其他贷款	
	余　额	比上年增减	余　额	比上年增减	余　额	比上年增减
总　行					58 800	58 800
北　京	3 330	－289	28 849	1 035	57 398	24 670
天　津	3 028	347	15 521	1 505	62 505	32 970
河　北	66 765	22 726	12 410	－2 079	175 962	53 734
山　西	10 294	3 430	3 377	153	41 294	10 470
内蒙古	19 331	6 882	2 223	49	5 353	3 889
辽　宁	61 622	18 067	8 223	－106	180 230	106 920
吉　林	24 059	4 680	4 030	－284	25 935	5 394
黑龙江	37 990	10 164	7 070	28	175 975	61 696
上　海	833	439	1 196	－507	55 224	27 887
江　苏	43 431	13 958	25 137	1 379	124 831	68 605
浙　江	34 218	14 290	15 600	2 206	150 796	96 704
安　徽	50 230	14 260	7 095	－314	26 214	12 041
福　建	19 211	6 711	3 851	－1 564	159 981	107 092
江　西	72 978	16 618	9 260	842	49 506	17 491
山　东	57 053	15 273	22 038	1 984	266 748	100 058
河　南	49 100	9 610	9 101	63	102 892	26 870
湖　北	57 242	14 063	24 239	－358	144 015	56 858
湖　南	69 904	16 264	13 060	687	154 033	52 837
广　东	53 664	20 331	12 399	－3 526	627 776	301 651
广　西	55 754	16 319	4 627	997	63 941	25 532
海　南	24 383	12 595	193	－5	44 337	34 653
四　川	45 209	16 199	14 070	13	345 246	128 992
贵　州	15 419	5 159	1 357	－414	19 498	9 635
云　南	19 212	7 322	3 898	343	32 428	11 110
陕　西	24 071	5 867	9 417	－230	67 916	17 355
甘　肃	2 443	785	2 011	253	10 118	5 168
青　海	1 459	589	79	－5	4 452	3 914
宁　夏	8 588	2 254	389	－113	5 097	2 205
新　疆	19 653	3 326	506	－90	17 452	5 961
#重　庆	1 258	494	1 199	－117	92 054	32 477
武　汉	641	30	3 540	－559	36 175	16 289
沈　阳	5 340	3 978	5 433	661	32 226	8 664
大　连	5 355	1 796	912	－478	40 333	26 978
哈尔滨	1 756	404	1 910	139	8 194	3 894
广　州	4 633	2 753	2 185	－2 635	244 398	151 790
西　安	2 968	1 112	2 202	44	11 295	2 065
青　岛	1 871	26	6 293	313	61 822	28 680
宁　波	991	330	7 713	721	17 303	6 018
厦　门		－8		－900	75 701	63 260
深　圳	709	－98	177	－272	93 637	33 500
长　春	2 402	642	444	－71	9 291	251
南　京	650	152	2 142	132	10 388	6 613
成　都	3 713	1 697	1 938	－53	43 641	20 767
新兵团	6 407	2 485			1 671	414
合　计	**950 474**	**278 239**	**261 226**	**1 942**	**3 332 753**	**1 547 962**

农业银行、信用社各项存款

（年末余额）　　　　单位：亿元

	1987年	1988年	1989年	1990年	1991年	1992年	1988年—1992年平均每年增长（%）
农村存款合计	**2 162.49**	**2 548.64**	**3 107.28**	**4 066.06**	**5 162.16**	**6 615.81**	**25.06**
一、企业存款	406.15	472.53	476.84	561.02	738.11	1 070.97	21.40
1. 工商业存款	247.17	282.04	294.66	344.81	460.10	636.74	20.84
2. 乡镇企事业存款	158.98	190.49	182.17	216.21	278.01	434.23	22.26
二、农业存款	221.77	236.47	241.61	287.70	361.99	499.24	17.62
1. 国营农业存款	94.65	92.23	94.29	115.03	136.49	151.24	9.83
2. 集个体农业存款	102.20	113.45	108.62	125.66	160.35	254.60	20.03
3. 农业其它存款	24.92	30.79	38.70	47.01	65.15	93.40	30.24
三、储蓄存款	1 431.90	1 736.04	2 255.32	3 053.70	3 894.31	4 839.71	27.58
1. 活期	397.27	505.10	479.65	568.82	676.68	961.16	19.33
2. 定期	1 034.63	1 230.94	1 775.67	2 484.88	3 217.63	3 878.55	30.25
四、其他存款	102.67	103.60	133.52	163.63	167.75	205.89	14.93

农业银行、信用社各项存款增减额

（比上年末）　　　　单位：亿元

	1988年	1989年	1990年	1991年	1992年
农村存款合计	**386.15**	**558.64**	**958.78**	**1 096.10**	**1 453.65**
一、企业存款	69.99	15.65	91.62	151.14	332.86
1. 工商业存款	38.48	23.97	57.58	89.34	176.64
2. 乡镇企事业存款	31.51	−8.31	34.03	61.80	156.22
二、农业存款	14.70	5.13	46.09	74.30	137.25
1. 国营农业存款	−2.42	2.06	20.74	21.46	14.75
2. 集个体农业存款	11.25	−4.84	17.04	34.69	94.25
3. 农业其它存款	5.86	7.91	8.31	18.14	28.25
三、储蓄存款	304.13	519.28	798.39	840.60	945.40
1. 活期	107.83	−25.45	89.17	107.86	284.48
2. 定期	196.31	544.73	663.61	163.93	660.92
四、其他存款	−2.68	18.57	22.68	30.06	38.14

农业银行、信用社各项存款增长率

（比上年末）　　单位：%

	1988年	1989年	1990年	1991年	1992年
农村存款合计	**17.85**	**21.91**	**30.85**	**26.96**	**28.16**
一、企业存款	17.08	3.26	18.49	25.75	45.10
1. 工商业存款	15.34	8.28	18.38	24.10	38.39
2. 乡镇企事业存款	19.81	−4.36	18.68	28.58	56.19
二、农业存款	6.62	2.17	19.07	25.82	37.92
1. 国营农业存款	−2.55	2.23	21.99	18.65	10.80
2. 集个体农业存款	11.00	−4.26	15.68	27.61	58.78
3. 农业其它存款	23.52	25.69	21.48	38.59	43.36
三、储蓄存款	21.23	29.91	35.40	27.52	24.28
1. 活期	27.14	−5.03	18.59	18.96	42.04
2. 定期	18.97	44.25	37.37	29.91	20.54
四、其他存款	−2.70	19.25	19.72	29.49	22.74

农业银行、信用社各项贷款

（年末余额）　　单位：亿元

	1987年	1988年	1989年	1990年	1991年	1992年	1988年—1992年平均每年增长（%）
农村贷款合计	**3 054.15**	**3 507.06**	**4 114.91**	**5 149.88**	**6 345.35**	**7 891.55**	**20.91**
一、流动资金贷款	2 208.69	2 545.33	2 996.14	3 743.08	4 585.66	5 594.36	20.43
1. 工业贷款	133.10	154.43	189.20	249.54	307.89	402.30	24.76
2. 商业贷款	1 388.73	1 569.30	1 873.57	2 359.28	2 868.97	3 315.31	19.01
3. 乡镇企事业贷款	686.86	821.51	933.36	1 134.26	1 408.80	1 876.75	22.27
二、固定资产贷款	46.88	58.45	65.58	76.43	99.86	139.18	24.31
三、农业贷款	706.74	815.59	950.42	1 177.79	1 455.43	1 798.61	20.54
1. 国营农业贷款	111.14	134.10	164.46	203.00	248.64	310.57	22.82
2. 集体农业贷款	136.56	162.87	202.21	247.72	312.98	405.50	24.32
3. 农户农业贷款	419.27	459.18	504.63	617.63	746.30	885.66	16.13
4. 扶贫贴息贷款	13.47	26.61	37.72	47.71	58.39	76.71	41.61
5. 外资配套贷款	5.66	7.81	10.16	16.65	21.90	25.12	34.72
6. 开发性贷款	20.63	25.02	31.25	45.08	67.22	95.05	35.73
四、特种贷款	16.09	23.04	26.02	25.79	25.93	26.12	10.18
五、其他贷款	75.75	64.65	76.75	126.79	178.48	333.28	34.49

农业银行、信用社各项贷款增减额

（比上年末）　　单位：亿元

	1988年	1989年	1990年	1991年	1992年
农村贷款合计	**452.92**	**607.85**	**1 034.97**	**1 195.48**	**1 546.20**
一、流动资金贷款	336.64	450.81	746.94	842.58	1 008.70
1. 工业贷款	21.33	34.78	60.33	58.35	94.41
2. 商业贷款	180.66	304.18	485.71	509.70	446.34
3. 乡镇企事业贷款	134.65	111.85	200.90	274.53	467.95
二、固定资产贷款	11.57	7.13	10.84	23.43	39.32
三、农业贷款	113.24	141.06	241.20	277.64	343.18
1. 国营农业贷款	22.96	30.36	38.55	45.64	61.93
2. 集体农业贷款	26.31	39.34	45.51	65.27	92.52
3. 农户农业贷款	39.91	45.45	113.00	128.67	139.36
4. 扶贫贴息贷款	13.14	11.11	9.99	10.68	18.32
5. 外资配套贷款	2.15	2.35	6.50	5.24	3.22
6. 开发性贷款	4.39	6.23	13.83	22.15	27.83
四、特种贷款	6.95	2.98	−0.23	0.14	0.19
五、其他贷款	−14.92	10.97	48.88	80.33	154.81

农业银行、信用社各项贷款增长率

（比上年末）　　单位：%

	1988年	1989年	1990年	1991年	1992年
农村贷款合计	**14.82**	**17.33**	**25.15**	**23.21**	**24.37**
一、流动资金贷款	15.24	17.71	24.93	22.51	22.00
1. 工业贷款	16.02	22.51	31.88	23.38	30.66
2. 商业贷款	13.00	19.38	25.92	21.60	15.56
3. 乡镇企事业贷款	19.60	13.61	21.52	24.20	33.22
二、固定资产贷款	24.68	12.19	16.53	30.65	39.38
三、农业贷款	15.56	16.78	24.56	23.57	23.58
1. 国营农业贷款	20.65	22.63	23.43	22.48	24.91
2. 集体农业贷款	19.26	24.15	22.50	26.34	29.56
3. 农户农业贷款	9.51	9.89	22.39	20.83	18.67
4. 扶贫贴息贷款	97.50	41.73	26.49	22.39	31.38
5. 外资配套贷款	37.94	30.15	63.93	31.46	14.70
6. 开发性贷款	21.27	24.88	44.25	49.13	41.40
四、特种贷款	43.19	12.92	−0.88	0.52	0.73
五、其他贷款	−28.03	28.62	99.19	81.84	86.73

农业银行、信用社各项存款构成

单位:%

	1988年	1989年	1990年	1991年	1992年
农村存款合计	**100.00**	**100.00**	**100.00**	**100.00**	**100.00**
一、企业存款	18.82	15.94	14.44	14.30	16.18
(以企业存款为100)					
1. 工商业存款	60.29	63.22	63.17	62.33	59.43
2. 乡镇企事业存款	39.71	36.78	36.83	37.67	40.57
二、农业存款	9.28	7.78	7.08	7.01	7.55
(以农业存款为100)					
1. 国营农业存款	39.00	39.02	39.98	37.71	30.29
2. 集个体农业存款	47.98	44.96	43.68	44.30	51.00
3. 农业其他存款	13.02	16.02	16.34	17.99	18.71
三、储蓄存款	68.12	72.58	75.10	75.44	73.16
(以储蓄存款为100)					
1. 活期	29.09	21.27	18.63	17.38	19.86
2. 定期	70.91	78.73	81.37	82.62	80.14
四、其他存款	3.78	3.70	33.38	3.25	3.11

农业银行、信用社各项贷款构成

单位:%

	1988年	1989年	1990年	1991年	1992年
农村贷款合计	**100.00**	**100.00**	**100.00**	**100.00**	**100.00**
一、流动资金贷款	73.16	67.08	73.24	72.27	70.89
(以流动资金贷款为100)					
1. 工业贷款	4.75	5.32	6.62	6.72	7.19
2. 商业贷款	62.28	62.90	62.55	62.56	59.26
3. 乡镇企业贷款	32.97	31.78	30.83	30.72	33.55
二、固定资产贷款	1.67	1.59	1.48	1.57	1.76
三、农业贷款	23.26	23.10	22.87	22.94	22.79
(以农业贷款为100)					
1. 国营农业贷款	16.44	17.29	17.24	17.08	17.27
2. 集体农业贷款	19.97	21.28	21.03	21.50	22.55
3. 农户农业贷款	56.30	53.10	52.44	51.28	49.24
4. 扶贫贴息贷款	3.26	3.97	4.05	4.01	4.26
5. 外资配套贷款	0.96	1.07	1.41	1.51	1.40
6. 开发性贷款	3.07	3.29	3.83	4.62	5.28
四、特种贷款	0.82	1.34	0.50	0.41	0.33
五、其他贷款	1.09	6.89	1.91	2.81	4.23

各地区行、社存款、农业产值比重

单位：亿元

	1985年					
	存款余额	比　重%	农村社会总产值	比　重%	农业总产值	比　重%
北　京	38.16	3.1	86.45	1.4	25.94	0.7
天　津	18.02	1.5	64.98	1.0	20.44	0.6
河　北	85.42	6.9	321.03	5.1	167.33	4.6
山　西	37.83	3.1	143.78	2.3	62.92	1.7
内蒙古	15.68	1.3	91.62	1.4	73.20	2.0
辽　宁	50.53	4.1	250.41	4.0	118.05	3.3
吉　林	22.86	1.9	124.71	2.0	85.89	2.4
黑龙江	32.29	2.6	165.22	2.6	114.31	3.2
上　海	37.31	3.0	138.48	2.2	31.38	0.9
江　苏	90.39	7.3	776.74	12.3	288.55	8.0
浙　江	68.36	5.5	444.09	7.0	174.05	4.8
安　徽	33.64	2.7	286.00	4.5	198.24	5.5
福　建	37.13	3.0	158.44	2.5	99.05	2.7
江　西	27.22	2.2	164.73	2.6	114.50	3.2
山　东	126.75	10.3	576.21	9.1	335.42	9.3
河　南	71.48	5.8	367.29	5.8	241.54	6.7
湖　北	45.67	3.7	309.14	4.9	192.33	5.3
湖　南	40.49	3.3	288.36	4.6	198.44	5.5
广　东	130.31	10.6	472.79	7.5	275.99	7.6
广　西	26.84	2.2	140.07	2.2	108.02	3.0
海　南						
四　川	74.98	6.1	452.31	7.1	313.06	8.7
贵　州	12.51	1.0	94.33	1.5	70.23	1.9
云　南	28.36	2.3	116.28	1.8	88.88	2.5
陕　西	27.61	2.2	125.12	2.0	79.57	2.2
甘　肃	17.03	1.4	67.75	1.1	48.82	1.4
青　海	6.16	0.5	16.52	0.3	12.25	0.3
宁　夏	4.91	0.4	16.00	0.3	12.02	0.3
新　疆	24.65	2.0	69.53	1.1	58.50	1.6
合　计	**1 232.59**	**100.0**	**6 328.38**	**100.0**	**3 608.92**	**100.0**

注：产值指标不包括西藏；计划单列市在各省内。

各地区行、社存款、农业产值比重（续 1）

单位：亿元

	1990 年					
	存款余额	比　重%	农村社会总产值	比　重%	农业总产值	比　重%
北　京	102.63	2.5	278.60	1.7	70.2	0.9
天　津	61.51	1.5	276.98	1.7	54.9	0.7
河　北	318.87	7.8	873.00	5.3	357.6	4.7
山　西	128.10	3.2	322.38	1.9	124.8	1.6
内蒙古	45.57	1.1	203.71	1.2	156.9	2.0
辽　宁	193.81	4.8	703.94	4.2	273.8	3.6
吉　林	74.40	1.8	322.17	1.9	189.1	2.5
黑龙江	113.19	2.8	385.58	2.3	245.4	3.2
上　海	132.83	3.3	392.74	2.4	68.2	0.9
江　苏	313.21	7.7	2 072.69	12.5	580.5	7.6
浙　江	226.15	5.6	1 139.35	6.9	336.8	4.4
安　徽	94.90	2.3	638.07	3.8	370.9	4.8
福　建	101.03	2.5	452.58	2.7	228.7	3.0
江　西	81.38	2.0	409.98	2.5	255.2	3.3
山　东	390.48	9.6	1 769.97	10.7	647.5	8.5
河　南	209.03	5.1	1 028.47	6.2	502.0	6.6
湖　北	139.31	3.4	700.80	4.2	402.2	5.2
湖　南	124.92	3.1	647.84	3.9	397.4	5.2
广　东	488.83	12.0	1 304.21	7.8	600.7	7.8
广　西	89.02	2.2	329.73	2.0	252.2	3.3
海　南	30.38	0.7	79.95	0.5	68.7	0.9
四　川	231.87	5.7	1 068.92	6.4	637.1	8.3
贵　州	33.89	0.8	194.00	1.2	145.5	1.9
云　南	88.57	2.2	282.47	1.7	211.7	2.8
陕　西	97.80	2.4	319.76	1.9	170.0	2.2
甘　肃	48.39	1.2	169.71	1.0	103.1	1.3
青　海	11.10	0.3	30.58	0.2	24.5	0.3
宁　夏	14.26	0.4	35.81	0.2	24.7	0.3
新　疆	80.51	2.0	166.80	1.0	144.7	1.9
合　计	**4 066.06**	**100.0**	**16 619.21**	**100.0**	**7 662.1**	**100.0**

注：产值指标不包括西藏；计划单列市在各省内。

各地区行、社存款、农业产值比重（续 2）

单位：亿元

	1991年					
	存款余额	比　重%	农村社会总产值	比　重%	农业总产值	比　重%
北　京	126.35	2.4	336.14	1.77	76.47	0.9
天　津	78.10	1.5	321.66	1.69	58.05	0.7
河　北	391.75	7.6	997.10	5.25	377.64	4.6
山　西	154.98	3.0	339.98	1.79	112.97	1.4
内蒙古	53.41	1.0	223.58	1.18	164.08	2.0
辽　宁	244.44	4.7	811.03	4.27	302.28	3.7
吉　林	94.45	1.8	330.19	1.74	188.38	2.3
黑龙江	140.78	2.7	404.12	2.13	247.71	3.0
上　海	179.15	3.5	510.09	2.69	73.65	0.9
江　苏	397.22	7.7	2 312.06	12.18	580.93	7.1
浙　江	291.40	5.6	1 408.87	7.42	368.64	4.5
安　徽	120.59	2.3	637.11	3.36	317.26	3.9
福　建	130.76	2.5	542.93	2.86	256.74	3.1
江　西	104.52	2.0	468.54	2.47	271.55	3.3
山　东	465.18	9.0	2 166.71	11.41	793.04	9.7
河　南	264.29	5.1	1 158.08	6.10	531.05	6.5
湖　北	174.99	3.4	731.80	3.86	405.04	5.0
湖　南	162.40	3.1	719.11	3.79	425.58	5.2
广　东	663.76	12.9	1 554.73	8.19	654.82	8.0
广　西	115.11	2.2	378.46	1.99	278.15	3.4
海　南	37.49	0.7	88.74	0.47	75.78	0.9
四　川	296.23	5.7	1 205.84	6.35	680.13	8.3
贵　州	45.24	0.9	223.03	1.17	165.34	2.0
云　南	113.87	2.2	305.32	1.61	222.93	2.7
陕　西	121.50	2.4	358.27	1.88	185.37	2.3
甘　肃	58.85	1.1	184.60	0.97	108.36	1.3
青　海	12.73	0.2	32.03	0.17	25.24	0.3
宁　夏	17.30	0.3	39.62	0.21	26.95	0.3
新　疆	101.10	2.0	192.22	1.01	162.01	2.0
合　计	**5 162.16**	**100.0**	**18 981.96**	**100.0**	**8 157.03**	**100.0**

注：产值指标不包括西藏；计划单列市在各省内。

各地区行、社存款、农业产值比重（续 3）

单位：亿元

	1992 年					
	存款余额	比　重%	农村社会总产值	比　重%	农业总产值	比　重%
北　京	166.12	2.51	444.83	1.75	85.42	0.94
天　津	101.57	1.54	469.16	1.85	62.16	0.69
河　北	463.23	7.00	1 297.62	5.12	419.82	4.63
山　西	190.24	2.88	436.76	1.72	131.43	1.45
内蒙古	67.31	1.02	262.23	1.03	180.27	1.99
辽　宁	309.46	4.68	1 091.64	4.30	340.75	3.76
吉　林	111.73	1.69	385.50	1.52	204.33	2.25
黑龙江	165.71	2.50	486.44	1.92	285.20	3.15
上　海	258.92	3.91	675.40	2.66	80.01	0.88
江　苏	487.08	7.36	3 516.02	13.86	673.47	7.43
浙　江	379.36	5.73	1 978.03	7.80	404.79	4.47
安　徽	144.28	2.18	871.97	3.44	390.05	4.30
福　建	175.70	2.66	772.16	3.04	300.72	3.32
江　西	131.03	1.98	582.11	2.30	298.35	3.29
山　东	540.94	8.18	2 882.91	11.37	840.71	9.28
河　南	304.76	4.61	1 536.47	6.06	573.65	6.33
湖　北	202.65	3.06	861.11	3.40	435.32	4.80
湖　南	209.78	3.17	904.27	3.57	471.22	5.20
广　东	1 042.45	15.76	2 166.41	8.54	737.12	8.13
广　西	158.11	2.39	503.51	1.99	333.12	3.68
海　南	68.18	1.03	106.62	0.42	87.20	0.96
四　川	366.45	5.54	1 585.62	6.25	744.79	8.22
贵　州	57.62	0.87	251.74	0.99	176.72	1.95
云　南	142.50	2.15	352.98	1.39	250.35	2.76
陕　西	147.91	2.24	428.10	1.69	205.34	2.27
甘　肃	71.37	1.08	224.01	0.88	122.70	1.35
青　海	15.16	0.23	35.54	0.14	27.26	0.30
宁　夏	21.03	0.32	45.22	0.18	28.37	0.31
新　疆	114.13	1.73	208.14	0.82	172.42	1.90
合　计	**6 615.80**	**100.00**	**25 362.52**	**100.00**	**9 062.26**	**100.00**

注：产值指标不包括西藏；划单列市在各省内。

农业百元产值占用行、社农业贷款分省比较

地　　区	农 业 总 产 值（亿元）				
	1987 年	1989 年	1990 年	1991 年	1992 年
北　　京	34.42	60.35	70.2	76.47	84.52
天　　津	32.93	51.82	54.9	58.05	62.16
河　　北	200.66	306.99	357.6	377.64	419.82
山　　西	61.42	104.94	124.8	112.97	131.43
内 蒙 古	87.74	126.72	156.9	164.08	180.27
辽　　宁	169.22	222.82	273.8	302.28	340.75
吉　　林	120.81	133.79	189.1	188.38	204.33
黑 龙 江	137.00	162.18	245.4	247.71	285.20
上　　海	38.84	60.63	68.2	73.65	80.01
江　　苏	380.25	522.26	580.5	580.93	673.47
浙　　江	228.12	307.84	336.8	368.64	404.79
安　　徽	255.34	341.53	370.9	317.26	390.05
福　　建	132.97	209.92	228.7	256.74	300.72
江　　西	144.35	197.93	255.2	271.55	298.35
山　　东	413.18	548.30	647.5	793.04	840.71
河　　南	323.62	449.88	502.0	531.05	573.65
湖　　北	249.68	335.04	402.2	405.04	435.42
湖　　南	253.39	337.48	397.4	425.58	471.22
广　　东	389.87	548.60	600.7	654.82	737.12
广　　西	137.92	212.17	252.2	278.15	333.12
海　　南		64.47	68.7	75.78	87.20
四　　川	388.94	527.67	637.1	680.13	744.79
贵　　州	92.25	133.68	145.5	165.34	176.72
云　　南	111.25	152.68	211.7	222.93	250.35
陕　　西	103.39	147.81	170.0	185.37	205.34
甘　　肃	65.51	89.12	103.1	108.36	122.70
青　　海	15.94	21.65	24.5	25.24	27.26
宁　　夏	14.76	21.43	24.7	26.95	28.37
新　　疆	81.64	121.50	144.7	162.01	172.42
全　　国	**4 665.40**	**6 521.20**	**7 644.9**	**8 136.14**	**9 062.26**

注：产值指标为当年价格，不包括西藏。

农业百元产值占用行、社农业贷款分省比较（续 1）

地　区	百 元 产 值 占 用 贷 款（元）				
	1985 年	1989 年	1990 年	1991 年	1992 年
北　京	16.73	28.22	33.22	39.54	42.38
天　津	16.54	16.65	20.13	22.96	25.34
河　北	17.24	26.90	29.92	33.74	35.81
山　西	28.45	32.10	34.11	45.63	47.55
内蒙古	14.33	13.31	12.19	14.31	15.78
辽　宁	16.04	21.61	21.32	23.55	26.72
吉　林	20.58	26.65	21.83	26.75	30.03
黑龙江	26.85	26.08	18.11	21.02	20.42
上　海	11.54	20.44	21.63	27.25	30.61
江　苏	4.28	5.70	6.68	8.80	9.44
浙　江	5.71	7.90	9.63	11.46	13.38
安　徽	8.17	8.72	10.08	16.66	14.96
福　建	12.37	13.32	15.05	16.37	16.93
江　西	9.78	13.99	13.92	16.74	18.65
山　东	10.04	13.88	14.49	14.16	16.50
河　南	12.07	15.49	17.60	20.86	22.59
湖　北	9.24	11.16	11.19	13.70	14.86
湖　南	6.25	9.61	10.44	12.26	14.07
广　东	13.74	16.15	19.07	22.36	27.44
广　西	14.13	16.46	16.37	18.26	19.22
海　南		23.59	27.16	29.32	32.95
四　川	7.83	9.36	9.76	11.28	12.73
贵　州	10.01	11.00	11.83	12.39	19.80
云　南	15.95	16.94	13.95	15.02	14.78
陕　西	15.38	18.80	21.01	22.81	20.37
甘　肃	20.36	16.55	16.78	18.63	19.80
青　海	12.65	12.08	12.57	13.35	14.78
宁　夏	14.98	16.52	17.09	18.11	20.37
新　疆	15.35	17.01	17.28	18.80	23.07
全　国	**11.80**	**14.60**	**15.41**	**17.89**	**19.85**

注：产值指标为当年价格，不包括西藏。

农业百元产值占用行、社农业贷款分省比较（续 2）

地区	百元产值占用累放额（元）				
	1985 年	1989 年	1990 年	1991 年	1992 年
北京	22.21	36.90	40.68	47.69	49.81
天津	21.62	22.10	28.52	30.23	30.28
河北	23.18	35.49	40.30	42.42	43.63
山西	18.94	33.10	37.51	47.48	52.98
内蒙古	16.75	11.76	11.30	13.03	14.78
辽宁	23.52	27.52	28.37	28.99	29.34
吉林	24.93	26.24	24.51	30.75	28.49
黑龙江	21.07	29.85	22.31	23.94	18.47
上海	23.33	43.41	41.86	43.71	48.39
江苏	7.12	10.50	13.43	17.33	20.48
浙江	15.28	14.31	20.23	26.28	25.51
安徽	8.17	7.62	11.76	17.96	14.12
福建	13.41	12.98	15.01	16.71	17.42
江西	27.83	17.45	14.00	16.91	16.53
山东	18.00	19.35	21.91	20.42	21.31
河南	12.07	14.94	19.24	20.87	19.50
湖北	11.75	10.59	12.76	14.9	15.43
湖南	11.42	10.13	14.07	17.19	19.26
广东	16.99	16.75	21.42	26.78	31.27
广西	12.96	11.56	14.26	15.74	18.26
海南		9.91	16.30	18.13	20.86
四川	7.48	9.60	11.13	12.62	13.74
贵州	6.82	5.09	6.32	7.38	9.48
云南	13.83	11.18	9.50	10.70	14.40
陕西	12.44	15.34	19.10	19.25	21.08
甘肃	15.08	14.89	17.70	19.88	20.48
青海	10.86	8.38	8.33	8.36	10.49
宁夏	19.47	17.41	17.13	18.22	20.66
新疆	22.97	21.79	23.17	26.19	28.81
全国	**14.80**	**16.20**	**18.73**	**21.35**	**22.38**

注：产值指标为当年价格，不包括西藏。

农业银行、信用社储蓄存款

（年末余额）　　　　单位：亿元

	1987年	1988年	1989年	1990年	1991年	1992年	1988年—1992年平均每年增长(%)
农村储蓄存款合计	**1 431.90**	**1 736.04**	**2 255.32**	**3 053.70**	**3 894.31**	**4 839.71**	**27.58**
一、按吸储单位分							
1. 农业银行	426.19	593.71	848.51	1 212.10	1 577.64	1 972.43	35.86
2. 信用社	1 005.72	1 142.32	1 406.81	1 841.60	2 316.67	2 867.28	23.31
二、按储蓄期限分							
1. 活期	397.27	505.10	479.65	568.82	676.68	961.16	19.33
2. 定期	1 034.63	1 230.94	1 775.67	2 484.88	3 217.63	3 878.55	30.25

农业银行、信用社储蓄存款增减额

（比上年末）　　　　单位：亿元

	1988年	1989年	1990年	1991年	1992年
农村储蓄存款合计	**304.13**	**519.28**	**798.38**	**840.60**	**945.41**
一、按吸储单位分					
1. 农业银行	167.52	254.80	363.59	365.54	394.79
2. 信用社	136.61	264.48	434.79	475.06	550.62
二、按储蓄期限分					
1. 活期	107.83	−25.45	89.17	107.86	284.49
2. 定期	196.30	544.73	709.21	732.74	660.92

农业银行、信用社储蓄存款增长率

（比上年末）　　单位：%

	1988 年	1989 年	1990 年	1991 年	1992 年
农村储蓄存款合计	**6.38**	**24.74**	**32.38**	**27.38**	**32.54**
一、按吸储单位分					
1. 农业银行	39.30	42.91	42.85	30.15	25.02
2. 信用社	13.58	23.15	30.90	25.79	23.76
二、按储蓄期限分					
1. 活期	27.14	−5.03	18.59	18.96	42.04
2. 定期	18.97	44.25	39.94	92.49	20.54

农业银行、信用社储蓄存款构成

单位：%

	1987 年	1988 年	1989 年	1990 年	1991 年	1992 年
农村储蓄存款合计	**100.00**	**100.00**	**100.00**	**100.00**	**100.00**	**100.00**
一、按吸储单位分						
1. 农业银行	29.76	34.20	37.62	39.69	40.51	40.76
2. 信用社	70.24	65.80	62.38	60.31	59.49	59.24
二、按储蓄存款期限分						
1. 活期	27.74	29.09	21.27	18.63	17.38	19.86
2. 定期	72.26	70.91	78.73	81.37	82.26	80.14

农业银行、信用社人均储蓄分省比较

单位：元

地区	农村人均储蓄					
	1985年	1987年	1989年	1990年	1991年	1992年
北京	272	543	962	1 197	1 702	2 128
天津	248	480	770	1 042	1 379	1 756
河北	121	250	402	525	650	763
山西	123	217	368	462	577	700
内蒙古	66	118	174	237	293	354
辽宁	141	302	497	665	864	1 085
吉林	92	198	299	387	514	615
黑龙江	94	189	336	438	585	648
上海	417	755	1 318	1 704	2 546	3 199
江苏	108	207	329	441	566	686
浙江	117	214	326	482	604	767
安徽	40	82	112	144	179	215
福建	97	165	216	291	372	484
江西	54	99	149	193	250	321
山东	123	219	365	441	537	657
河南	63	127	177	222	280	321
湖北	67	133	189	227	304	335
湖南	47	98	130	182	239	319
广东	184	363	611	767	944	1 440
广西	44	86	125	178	229	312
海南			349	450	642	832
四川	49	94	137	184	233	289
贵州	20	40	52	66	89	114
云南	40	76	115	152	187	248
陕西	69	144	231	297	368	452
甘肃	45	93	141	177	229	277
青海	78	121	165	199	241	283
宁夏	78	149	223	312	372	437
新疆	146	269	396	491	802	711
合计	**86**	**168**	**259**	**338**	**431**	**537**

注：各项指标均不包括西藏；人均储蓄按农业人口计算农民人均纯收入系国家统计局抽样调查资料。

农业银行、信用社人均储蓄分省比较（续）

单位：元

地　　区	农村人均纯收入					1990—1992平均每年增长		
	1985年	1989年	1990年	1991年	1992年	行、社储蓄	人均储蓄	人均纯收入
北　京	775.08	1 230.56	1 297.05	1 422.37	1 571.56	30.11	30.30	8.49
天　津	564.55	1 020.25	1 069.04	1 168.53	1 309.01	32.46	31.63	8.66
河　北	385.23	589.40	621.67	657.38	682.48	26.03	23.81	5.01
山　西	358.32	513.87	603.51	567.90	627.01	25.77	23.90	6.86
内蒙古	360.41	477.50	607.15	517.99	672.17	27.79	26.71	12.07
辽　宁	467.84	740.22	836.17	896.71	995.10	29.95	29.73	10.37
吉　林	413.74	623.96	803.52	748.33	807.41	27.84	27.17	8.97
黑龙江	397.84	535.19	759.86	734.80	949.20	24.88	24.47	21.05
上　海	805.92	1 379.87	1 907.32	2 003.38	2 225.87	33.66	34.39	17.28
江　苏	492.60	875.70	959.06	920.72	1 060.71	28.82	27.75	6.60
浙　江	548.60	1 010.72	1 099.04	1 210.77	1 359.13	33.57	33.00	10.38
安　徽	369.41	515.66	539.16	446.05	573.58	26.37	24.28	3.61
福　建	396.45	697.34	764.41	850.05	984.10	33.48	30.86	12.17
江　西	377.41	558.64	669.90	702.53	768.41	30.34	29.15	11.21
山　东	408.12	630.56	680.18	764.04	802.90	22.40	21.64	8.39
河　南	329.37	457.06	526.95	539.29	588.48	24.46	21.95	8.79
湖　北	421.24	571.84	670.80	626.92	677.82	22.88	21.02	5.83
湖　南	395.26	558.34	664.24	688.91	739.42	35.94	34.88	9.82
广　东	495.31	955.02	1 043.03	1 143.06	1 307.65	35.19	33.08	11.04
广　西	302.96	483.04	639.45	657.74	731.69	37.45	35.65	14.85
海　南		674.27	696.22	730.08	842.79	35.15	33.59	7.72
四　川	315.07	494.07	557.76	590.21	634.31	28.78	28.25	8.69
贵　州	287.83	430.34	435.14	465.53	506.13	31.41	29.91	5.56
云　南	338.34	477.89	540.86	572.58	617.98	30.46	29.20	8.95
陕　西	295.26	433.67	530.80	533.96	558.79	26.54	25.08	8.82
甘　肃	255.22	365.89	430.98	446.42	489.47	27.19	25.24	10.19
青　海	342.95	457.52	559.78	555.56	603.40	21.68	19.70	9.66
宁　夏	321.17	521.90	578.13	589.98	591.01	27.26	25.14	4.23
新　疆	394.30	545.61	683.47	703.17	740.44	24.37	21.54	10.71
合　计	**397.60**	**601.51**	**686.31**	**708.55**	**783.99**	**28.98**	**27.51**	**9.23**

农业银行、信用社乡镇企业贷款

（年末余额）　　单位：亿元

	1987年	1988年	1989年	1990年	1991年	1992年	1988—1992年平均每年增长（%）
乡镇企业贷款合计	**686.86**	**821.51**	**933.36**	**1 134.26**	**1 408.80**	**1 876.75**	**22.27**
一、按贷款部门分							
1. 农业银行	327.55	381.35	393.14	433.54	498.43	582.50	12.20
2. 信用社	359.31	440.17	540.22	700.72	910.37	1 294.25	29.21
二、按贷款用途分							
（一）乡企流资贷款	524.30	632.45	751.45	938.04	1 166.51	1 528.57	23.86
1. 乡企轻纺贷款	192.76	219.73	259.07	318.13	124.51	137.84	−6.49
2. 乡企食品贷款	35.81	40.65	43.52	48.48	26.91	28.35	−4.56
3. 乡企矿业贷款	15.22	18.01	21.51	27.66	13.25	15.92	0.90
4. 乡企建材贷款	69.46	79.61	94.63	114.19	54.72	61.04	−12.12
5. 乡企冶机化贷款	85.87	106.20	129.17	160.86	83.42	99.97	3.08
6. 乡企交运建贷款	16.21	18.33	18.74	20.81	9.97	9.17	−10.77
7. 乡企商业贷款	44.42	52.17	59.12	75.96	93.02	136.19	25.12
8. 乡企其他贷款	64.55	97.75	125.69	171.95	230.23	313.95	37.21
9. 乡企工业贷款					530.48	726.14	
10. 乡企其他企业贷款							
（二）乡企固资贷款	162.56	189.06	181.91	196.22	242.29	348.18	16.45
1. 乡企轻纺贷款	46.93	54.30	52.09	57.63	37.07	47.10	0.07
2. 乡企食品贷款	13.85	12.56	11.57	11.34	8.18	9.46	−7.34
3. 乡企矿业贷款	7.97	8.58	8.83	9.58	7.27	8.56	1.44
4. 乡企建材贷款	30.85	34.14	32.57	33.04	23.14	27.83	−2.04
5. 乡企冶机化贷款	24.26	30.76	30.30	34.95	24.82	34.68	7.41
6. 乡企交运建贷款	4.03	4.09	3.44	3.08	2.00	2.08	−12.39
7. 乡企商业贷款	4.65	4.66	4.02	4.03	4.28	7.40	9.74
8. 乡企其他贷款	29.65	39.64	38.76	42.25	54.70	79.14	21.70
9. 乡企设备贷款					80.54	131.64	
10. 黄金生产设备贷款	0.37	0.33	0.33	0.32	0.29	0.29	−4.76

农业银行、信用社乡镇企业贷款增减额

（比上年末）　　　　单位：亿元

	1988 年	1989 年	1990 年	1991 年	1992 年
乡镇企业贷款合计	**134.65**	**111.85**	**200.90**	**274.53**	**467.95**
一、按贷款部门分					
1. 农业银行	53.80	11.79	40.40	64.89	84.07
2. 信用社	80.85	100.06	160.50	209.64	383.88
二、按贷款用途分					
（一）乡企流资贷款	108.15	119.00	186.59	228.47	362.06
1. 乡企轻纺贷款	26.97	39.34	59.05	－193.62	13.33
2. 乡企食品贷款	4.84	2.87	4.95	－21.57	1.44
3. 乡企矿业贷款	2.79	3.50	6.15	－14.41	2.67
4. 乡企建材贷款	10.15	15.02	19.57	－59.47	6.32
5. 乡企冶机化贷款	20.33	22.97	31.69	－77.45	16.55
6. 乡企交运建贷款	2.12	0.41	2.08	－10.84	－0.80
7. 乡企商业贷款	7.75	6.96	16.84	17.06	43.17
8. 乡企其他贷款	33.20	27.93	46.26	58.29	83.72
9. 乡企工业贷款				530.48	195.66
10. 乡企其他企业贷款					
（二）乡企固资贷款	26.51	－7.15	14.31	46.06	105.89
1. 乡企轻纺贷款	7.38	－2.20	5.53	－20.55	10.03
2. 乡企食品贷款	－1.29	－0.99	－0.23	－3.16	1.28
3. 乡企矿业贷款	0.61	0.25	0.75	－2.31	1.29
4. 乡企建材贷款	3.29	－1.56	0.46	－9.89	4.69
5. 乡企冶机化贷款	6.50	－0.46	4.65	－10.13	9.86
6. 乡企交运建贷款	0.06	－0.65	－0.36	－1.08	0.08
7. 乡企商业贷款	0.01	－0.64	0.02	0.25	3.12
8. 乡企其他贷款	9.99	－0.88	3.49	12.43	24.46
9. 乡企设备贷款				80.54	51.10
10. 黄金生产设备贷款	－0.04	－0.02		－0.04	0.00

农业银行、信用社乡镇企业贷款增长率

（比上年末）　　单位：%

	1988 年	1989 年	1990 年	1991 年	1992 年
乡镇企业贷款合计	**19.60**	**13.61**	**21.52**	**24.20**	**33.21**
一、按贷款部门分					
1. 农业银行	16.42	3.09	10.27	14.96	16.86
2. 信用社	22.50	22.73	29.70	29.91	42.16
二、按贷款用途分					
（一）乡企流资贷款	20.62	18.81	24.83	24.35	31.03
1. 乡企轻纺贷款	13.99	17.90	22.79	−60.86	10.70
2. 乡企食品贷款	13.50	7.06	11.38	−44.49	5.35
3. 乡企矿业贷款	18.31	19.44	28.58	−52.09	20.16
4. 乡企建材贷款	14.61	18.86	20.67	−52.08	11.55
5. 乡企冶机化贷款	23.67	21.62	24.53	−48.14	19.84
6. 乡企交运建贷款	13.07	2.21	11.08	−52.08	−8.03
7. 乡企商业贷款	17.43	13.33	28.47	22.46	46.40
8. 乡企其他贷款	51.43	28.57	36.80	33.89	36.36
9. 乡企工业贷款					36.88
（二）乡企固资贷款	16.30	−3.78	7.86	23.47	43.70
1. 乡企轻纺贷款	15.70	−4.05	10.61	−35.66	27.04
2. 乡企食品贷款	−9.28	−7.87	−1.97	−27.88	15.65
3. 乡企矿业贷款	7.68	2.88	8.52	−24.10	17.61
4. 乡企建材贷款	10.66	−4.57	1.41	−29.94	20.24
5. 乡企冶机化贷款	26.78	−1.49	15.36	−28.98	39.72
6. 乡企交运建贷款	1.42	−15.85	−10.55	−34.91	4.07
7. 乡企商业贷款	0.20	−13.72	0.37	6.26	73.00
8. 乡企其他贷款	33.71	−2.22	9.01	29.42	44.70
9. 乡企设备贷款					63.44
10. 黄金生产设备贷款	−8.11		−3.03	−9.38	0.00

农业银行、信用社乡镇企业贷款构成

单位:%

	1987年	1988年	1989年	1990年	1991年	1992年
乡镇企业贷款合计	**100.00**	**100.00**	**100.00**	**100.00**	**100.00**	**100.00**
一、按贷款部门分						
1. 农业银行	49.35	48.08	43.78	39.75	35.38	31.04
2. 信用社	50.65	51.92	56.22	60.25	64.62	68.96
二、按贷款用途分						
(一) 乡企流动资金贷款	73.91	74.59	78.21	80.66	82.80	81.45
(以乡镇企业流动资金贷款为100)						
1. 乡企轻纺贷款	36.77	34.74	34.48	33.91	10.67	12.89
2. 乡企食品贷款	6.83	6.43	5.79	5.16	2.30	1.85
3. 乡企矿业贷款	2.90	2.85	2.86	2.95	1.13	1.04
4. 乡企建材贷款	13.25	12.59	12.59	12.17	4.69	3.99
5. 乡企冶机化贷款	16.38	16.79	17.19	17.15	7.15	6.54
6. 乡企交运建贷款	3.09	2.90	2.49	2.22	0.85	0.60
7. 乡企商业贷款	8.47	8.25	7.87	8.10	7.97	8.91
8. 乡企其他贷款	12.31	15.45	16.73	18.34	19.73	20.54
9. 乡企工业贷款					45.78	38.69
(二) 乡企固定资产贷款	22.92	22.30	18.93	16.87	17.20	18.55
(以乡镇企业固定资产贷款为100)						
1. 乡企轻纺贷款	28.87	28.72	28.63	29.37	15.29	13.53
2. 乡企食品贷款	8.52	6.64	6.36	5.78	3.38	2.72
3. 乡企矿业贷款	4.90	4.54	4.85	4.88	3.00	2.46
4. 乡企建材贷款	18.98	18.06	17.91	16.84	9.55	7.99
5. 乡企冶机化贷款	14.92	16.27	16.66	17.81	10.24	9.96
6. 乡企交运建贷款	2.48	2.16	1.89	1.57	0.83	0.60
7. 乡企商业贷款	2.86	2.46	2.21	2.05	1.77	2.13
8. 乡企其他贷款	18.24	20.97	21.31	21.53	22.58	22.73
9. 乡企设备贷款					33.24	37.81
10. 黄金设备贷款	0.23	0.18	0.18	0.17	0.12	0.08

行、社乡镇企业贷款分月余额

单位：亿元

年份	1月	2月	3月	4月	5月	6月	7月
1981	81.64	88.25	91.83	94.93	97.22	98.39	100.46
1982	104.30	108.96	113.80	116.22	117.19	117.20	117.98
1983	123.53	126.34	136.18	143.50	147.73	150.86	154.72
1984	150.10	155.92	167.26	174.35	178.54	184.77	195.53
1985	313.52	320.78	337.96	346.11	341.43	333.66	334.98
1986	369.61	378.09	395.96	411.98	425.70	437.88	452.91
1987	546.47	398.18	637.17	665.94	685.68	703.56	723.00
1988	734.90	749.67	784.57	810.64	829.49	854.87	874.46
1989	856.98	866.58	877.59	883.78	887.91	894.51	905.54
1990	972.50	985.79	1 008.45	1 029.53	1 046.66	1 067.11	1 077.78
1991	1 184.28	1 199.83	1 238.65	1 271.36	1 297.06	1 325.79	1 342.96
1992	1 471.95	1 505.11	1 572.51	1 620.88	1 665.01	1 714.10	1 757.15

年份	8月	9月	10月	11月	12月	最高月份	最低月份	最高与最低月差额
1981	101.72	102.32	102.51	101.10	97.59	10	1	20.87
1982	118.33	118.95	119.43	118.50	115.65	10	1	15.13
1983	156.92	156.61	154.60	149.03	140.05	8	1	33.39
1984	208.57	223.04	239.83	257.55	292.63	12	1	142.53
1985	335.35	336.52	338.51	338.05	352.41	12	1	38.89
1986	469.31	486.28	502.69	518.13	553.77	12	1	184.16
1987	738.09	753.73	745.69	732.07	709.38	9	1	207.26
1988	888.52	876.20	867.22	837.49	847.86	8	1	153.62
1989	911.84	916.30	922.26	929.83	960.84	12	1	103.86
1990	1 098.19	1 118.03	1 135.22	1 145.23	1 162.52	12	1	190.02
1991	1 366.96	1 389.29	1 405.55	1 417.94	1 443.83	12	1	259.55
1992	1 793.75	1 815.71	1 847.37	1 876.50	1 917.22	12	1	445.27

注：本表含农村电力工业贷款。

农业银行、信用社乡镇企业贷款分析

单位：亿元、元、%

项　　目	1980年	1990年	1991年	1992年
乡镇企业贷款年末余额	80.5	1 162.9	1 408.8	1 876.75
乡镇企业贷款年平均余额	73.87	1 042.47	1 293.8	1 679.16
乡镇企业贷款累放额	122.93	1 566.89	1 988.30	2 716.17
乡镇企业产值	659.5	9 581.1	11 621.7	17 584
乡镇企业流动资金	177.2	1 684	2 004.2	2 808.6
乡镇企业利税总额	144	1 012.1	1 118.4	1 797.7
乡镇企业贷款年末余额增长率		30.61 (1981—1990年平均)	21.15	33.22
乡镇企业贷款年平均余额增长率		30.30 (1981—1990年平均)	24.11	29.79
乡镇企业贷款累放额增长率		28.98 (1981—1990年平均)	26.89	36.61
乡镇企业产值增长率		30.68 (1981—1990年平均)	21.30	51.30
乡镇企业流动资金增长率		25.25 (1981—1990年平均)	21.39	37.39
乡镇企业利税总额增长率		21.53 (1981—1990年平均)	17.42	51.27
百元产值占用贷款（年末余额）	12.21	12.14	12.12	10.67
百元产值占用贷款（年平均余额）	11.20	10.88	11.13	9.55
百元产值占用贷款（累放额）	18.64	16.35	17.11	15.45
百元贷款利税率（年末余额）	178.88	87.03	84.36	95.79
百元贷款利税率（年平均余额）	194.94	97.09	91.85	107.06
百元贷款利税率（累放额）	117.14	97.09	91.85	66.19
流动资金贷款占乡企流动资金	25.08	55.70	57.06	54.42

各地区行、社乡镇企业贷款与产值分布

单位：亿元、%、元

	1989年					1990年				
	贷款余额	比重	乡企产值	比重	百元占贷	贷款余额	比重	乡企产值	比重	百元占贷
北京	22.8	2.37	188.83	2.25	12.07	26.80	2.31	226.67	2.37	11.83
天津	19.90	1.99	180.65	2.15	10.57	25.17	2.16	219.95	2.3	11.44
河北	60.73	6.32	542.43	6.46	11.20	73.89	6.35	604.64	5.2	12.22
山西	30.68	3.19	178.91	2.13	17.15	8.6	3.32	206.29	2.15	18.71
内蒙古	4.36	0.45	47.8	0.57	9.12	5.52	0.47	56.18	0.59	9.83
辽宁	43.01	4.48	425.48	5.06	10.11	55.55	4.78	456.95	4.77	12.16
吉林	12.59	1.31	144.15	1.72	8.73	15.14	1.3	152.54	1.59	9.93
黑龙江	14.83	1.54	148.00	1.76	10.02	18.7	1.61	149.79	1.56	12.48
上海	37.58	3.91	262.87	3.13	14.30	45.27	3.89	290.71	3.03	15.57
江苏	110.60	11.51	1 291.74	15.38	8.56	130.55	11.23	1 447.16	15.1	9.02
浙江	72.48	7.54	705.01	8.39	10.28	89.46	7.69	772.48	8.06	11.58
安徽	17.25	1.80	270.02	3.21	6.39	19.49	1.68	374.6	3.28	6.20
福建	18.87	1.96	221.96	2.64	8.50	22.67	1.95	266.2	2.78	8.52
江西	15.46	1.61	136.39	1.62	11.34	18.79	1.62	156.4	1.36	12.01
山东	102.28	10.62	1 004.64	11.96	10.16	122.52	10.54	1 196.15	12.48	10.24
河南	43.22	4.50	568.88	6.77	7.60	51.17	4.4	666.32	6.95	7.68
湖北	31.29	3.29	327.27	3.90	9.56	35.76	3.08	367.74	3.84	9.72
湖南	29.45	3.06	258.58	3.08	11.39	34.75	2.99	289.77	3.02	11.99
广东	153.21	15.95	643.34	7.66	23.81	195.68	16.83	740.32	7.73	26.43
广西	11.31	1.18	83.37	0.99	13.57	13.48	1.16	91.61	0.96	14.71
海南	1.94	0.20	12.92	0.15	15.02	2.14	0.18	13.78	0.14	15.53
四川	61.46	6.40	414.63	4.94	14.82	68.15	5.86	474.6	4.95	14.36
贵州	4.61	0.48	39.50	0.47	11.67	5.17	0.44	44.49	0.46	11.62
云南	10.70	1.11	60.57	0.72	17.67	11.96	1.03	96.11	1	12.44
陕西	18.23	1.90	139.49	1.66	13.07	20.98	1.8	160.36	1.67	13.08
甘肃	6.06	0.63	62.45	0.74	9.72	6.95	0.6	72.34	0.76	9.61
青海	1.02	0.11	5.91	0.07	17.26	1.14	0.1	6.4	0.07	17.81
宁夏	1.93	0.20	12.83	0.15	15.04	2.49	0.2	13.79	0.14	18.06
新疆	4.00	0.42	22.76	0.27	17.57	4.94	0.42	25.31	0.26	19.52
合计	**960.84**	**100.00**	**8 401.38**	**100.00**	**11.44**	**1 162.9**	**100**	**9 581**	**100**	**12.14**

注：资料来源：《中国乡镇企业统计摘要》；产值为当年价格，不包括西藏；贷款为年末余额，1987—1990年贷款余额含农村电力工业贷款。

各地区行、社乡镇企业贷款与产值分布（续）

单位：亿元、%、元

	1991年					1992年				
	贷款余额	比重	乡企产值	比重	百元占贷	贷款余额	比重	乡企产值	比重	百元占贷
北　京	32.04	2.27	280.34	2.41	11.43	41.81	2.23	369.43	2.10	11.32
天　津	32.18	2.28	264.04	2.27	12.19	44.19	2.35	380.53	2.16	11.61
河　北	90.44	6.42	723.94	6.23	12.49	118.04	6.29	1 037.40	5.90	11.38
山　西	45.90	3.26	240.04	2.07	19.12	58.05	3.09	354.43	2.02	16.38
内蒙古	6.92	0.49	70.31	0.60	9.84	10.60	0.56	102.82	0.58	10.31
辽　宁	70.42	5.00	549.90	4.73	12.81	91.26	4.86	855.44	4.86	10.76
吉　林	18.82	1.34	161.26	1.39	11.67	24.72	1.32	211.07	1.20	11.71
黑龙江	22.10	1.57	180.98	1.56	12.21	27.14	1.45	216.61	1.23	12.53
上　海	58.69	4.17	379.35	3.26	15.47	85.46	4.55	517.80	2.94	16.50
江　苏	161.22	11.44	1 664.26	14.32	9.69	198.54	10.58	2 760.26	15.70	7.19
浙　江	111.57	7.92	1 002.37	8.62	11.13	149.47	7.96	1 459.45	8.30	10.24
安　徽	28.78	2.04	375.75	3.23	7.66	37.95	2.02	592.70	3.37	6.40
福　建	24.41	1.73	334.80	2.88	7.29	34.71	1.85	544.62	3.10	6.37
江　西	21.02	1.49	200.01	1.72	10.51	27.75	1.48	301.75	1.72	9.20
山　东	144.30	10.24	1 476.43	12.70	9.77	174.57	9.30	2 320.51	13.20	7.52
河　南	64.32	5.57	838.84	7.22	7.67	83.68	4.46	1 235.48	7.03	6.77
湖　北	38.52	2.73	393.01	3.38	9.80	46.14	2.46	527.64	3.00	8.74
湖　南	39.28	2.79	339.98	2.93	11.55	52.18	2.78	503.35	2.86	10.37
广　东	245.98	17.46	955.87	8.22	25.73	363.48	19.37	1 431.47	8.14	25.39
广　西	15.13	1.07	121.43	1.04	12.46	23.81	1.27	279.03	1.59	8.53
海　南	2.06	0.15	16.86	0.15	12.22	3.02	0.16	25.40	0.14	11.89
四　川	75.21	5.34	586.97	5.05	12.81	98.64	5.26	948.33	5.39	10.40
贵　州	6.01	0.43	55.44	0.48	10.84	8.30	0.44	76.37	0.43	10.87
云　南	12.12	0.86	90.71	0.78	13.36	17.68	1.94	106.79	0.61	16.56
陕　西	24.23	1.72	183.88	1.58	13.18	32.15	1.71	236.43	1.34	13.60
甘　肃	7.96	0.57	82.16	0.71	9.69	10.25	0.55	110.32	0.63	9.29
青　海	1.19	0.08	7.07	0.06	16.83	1.58	0.08	8.32	0.05	18.99
宁　夏	2.77	0.20	15.62	0.13	17.73	4.18	0.22	20.88	0.12	20.02
新　疆	5.20	0.37	30.07	0.26	17.29	7.38	0.39	39.33	0.22	18.76
合　计	**1 408.80**	**100.00**	**11 621.69**	**100.00**	**12.12**	**1 876.75**	**100.00**	**17 583.97**	**100.00**	**10.67**

注：资料来源：《中国乡镇企业统计摘要》；产值为当年价格，不包括西藏；贷款为年末余额，1987—1990年贷款余额含农村电力工业贷款。

农业银行、信用社集体、农户农业贷款

（年末余额）　　单位：亿元

	1987 年	1988 年	1989 年	1990 年	1991 年	1992 年	1988—1992 年平均每年增长（%）
农业贷款合计	**555.83**	**622.05**	**706.84**	**865.35**	**1 059.28**	**1 291.15**	**18.36**
一、按发放贷款部门分							
1. 农业银行	151.31	169.58	186.38	213.01	257.95	309.01	15.35
2. 信用社	404.52	452.47	520.46	652.34	801.33	982.14	19.41
二、按贷款项目分							
1. 集体农业贷款	136.56	162.87	202.21	247.72	312.98	405.50	24.32
2. 农户农业贷款	419.27	459.18	504.63	617.63	746.30	855.65	16.13
三、按贷款用途分							
1. 农业贷款	341.47	364.22	405.97	488.09	586.20	687.93	15.04
# 农业银行	101.30	107.54	114.24	125.33	145.06	161.20	9.74
2. 林业贷款	3.71	4.83	5.42	7.17	9.91	12.37	27.23
# 农业银行	2.51	2.99	3.60	4.92	6.85	8.64	28.05
3. 牧业贷款	8.91	12.69	14.44	16.23	19.06	20.64	18.30
# 农业银行	3.81	5.35	6.47	7.12	8.12	9.01	18.78
4. 渔业贷款	23.44	28.45	34.75	40.72	48.47	58.01	19.87
# 农业银行	13.23	15.30	18.18	20.54	23.89	26.88	15.23
5. 工商业贷款	42.12	50.91	57.42	73.83	90.60	110.68	21.32
# 农业银行	6.88	9.00	9.12	10.64	12.10	14.69	16.38
6. 生活贷款	51.33	53.17	54.06	62.65	73.53	85.57	10.76
7. 其他行业贷款	84.85	107.78	134.78	176.66	231.51	315.95	30.07

农业银行、信用社集体、农户农业贷款增减额

（比上年末）　　　　　　　　单位：亿元

	1988 年	1989 年	1990 年	1991 年	1992 年
农业贷款合计	**66.22**	**84.79**	**158.51**	**193.93**	**231.87**
一、按发放贷款部门分					
1. 农业银行	18.26	16.80	26.63	44.94	51.06
2. 信用社	47.96	67.99	131.88	148.99	180.81
二、按贷款项目分					
1. 集体农业贷款	26.31	39.34	45.51	65.26	92.52
2. 农户农业贷款	39.91	45.45	113.00	128.67	139.35
三、按贷款用途分					
1. 农业贷款	22.75	41.75	82.13	98.10	101.73
# 农业银行	6.24	6.70	11.09	19.74	16.14
2. 林业贷款	1.12	0.59	1.75	2.74	2.46
# 农业银行	0.48	0.61	1.32	1.92	1.79
3. 牧业贷款	3.78	1.75	1.79	2.84	1.58
# 农业银行	1.54	1.12	0.65	1.01	0.89
4. 渔业贷款	5.01	6.30	5.97	7.75	9.54
# 农业银行	2.07	2.88	2.36	3.35	2.99
5. 工商业贷款	8.79	6.51	16.42	16.77	20.08
# 农业银行	2.12	0.12	1.52	1.46	2.59
6. 生活贷款	1.84	0.89	8.59	10.88	12.04
7. 其他行业贷款	22.93	27.00	41.86	54.85	84.44

农业银行、信用社集体、农户农业贷款增长率

（比上年末）　　　　单位：%

	1988年	1989年	1990年	1991年	1992年
农业贷款合计	**11.91**	**13.63**	**22.42**	**22.41**	**21.88**
一、按发放贷款部门分					
1. 农业银行	12.06	9.90	14.29	21.09	19.79
2. 信用社	11.85	15.02	25.33	22.84	22.56
二、按贷款项目分					
1. 集体农业贷款	19.26	24.15	22.50	26.34	29.55
2. 农户农业贷款	9.51	9.89	22.39	20.83	18.67
三、按贷款用途分					
1. 农业贷款	6.66	11.46	20.23	20.09	17.35
# 农业银行	6.16	6.22	9.70	15.74	11.12
2. 林业贷款	30.28	12.15	32.31	38.29	24.83
# 农业银行	18.93	20.45	36.72	39.07	26.20
3. 牧业贷款	42.37	13.75	12.39	17.48	8.24
# 农业银行	40.38	20.87	10.03	14.11	10.87
4. 渔业贷款	21.38	22.12	17.18	19.04	19.66
# 农业银行	15.66	18.83	12.97	16.32	12.48
5. 工商业贷款	20.86	12.78	28.59	22.70	22.16
# 农业银行	30.79	1.36	16.69	13.71	21.34
6. 生活贷款	3.57	1.67	15.80	17.36	16.37
7. 其他行业贷款	27.03	25.06	31.05	31.04	36.47

农业银行、信用社集体、农户农业贷款构成

单位:%

	1987	1988 年	1989 年	1990 年	1991 年	1992 年
农业贷款合计	**100.00**	**100.00**	**100.00**	**100.00**	**100.00**	**100.00**
一、按发放贷款部门分						
1. 农业银行	27.22	27.26	26.37	24.62	24.35	23.93
2. 信用社	72.78	72.74	73.63	75.38	75.65	76.07
二、按贷款项目分						
1. 集体农业贷款	24.57	26.18	28.61	28.63	29.55	31.41
2. 农户农业贷款	75.43	73.82	71.39	71.37	70.45	68.59
三、按贷款用途分						
1. 农业贷款	61.43	58.55	57.43	56.40	55.34	53.28
# 农业银行	29.66	29.53	28.14	25.68	24.84	23.43
2. 林业贷款	0.67	0.78	0.77	0.83	0.94	0.96
# 农业银行	67.65	61.90	66.42	68.62	69.12	69.85
3. 牧业贷款	1.60	2.04	2.04	1.88	1.80	1.60
# 农业银行	42.77	42.17	44.81	44.81	42.60	43.65
4. 渔业贷款	4.22	4.57	4.92	4.71	4.57	4.49
# 农业银行	56.43	53.77	52.32	52.32	49.29	46.34
5. 工商业贷款	7.58	8.18	8.12	8.53	8.55	8.57
# 农业银行	16.33	17.68	15.89	15.88	13.36	13.27
6. 生活贷款	9.24	8.55	7.65	7.24	6.94	6.63
7. 其他行业贷款	15.26	17.33	19.07	20.41	21.86	24.47

各地区农业银行、信用社各项存款

单位：万元

	1990年		1991年		1992年	
	年末余额	比上年增减	年末余额	比上年增减	年末余额	比上年增减
总　行	1 026	824	42 239	41 213	10 246	－31993
北　京	574 842	233 526	1 263 464	237 151	1 661 169	397 705
天　津	395 064	129 551	781 016	165 911	1 015 650	234 634
河　北	1 717 408	782 793	3 917 502	728 789	4 632 311	714 809
山　西	661 931	265 285	1 549 781	268 797	1 902 405	352 624
内蒙古	306 236	103 390	534 124	78 381	673 055	138 931
辽　宁	1 176 885	487 459	2 444 429	506 326	3 094 617	650 188
吉　林	492 206	163 828	944 458	200 442	1 117 334	172 876
黑龙江	830 416	260 858	1 407 792	275 854	1 657 122	249 330
上　海	1 018 775	325 252	1 791 567	463 220	2 589 191	797 624
江　苏	1 909 956	822 654	3 972 208	840 116	4 870 830	898 622
浙　江	1 256 664	663 384	2 914 025	652 490	3 793 639	879 614
安　徽	565 699	199 148	1 205 865	256 816	1 442 773	236 908
福　建	687 892	255 032	1 307 565	297 309	1 756 956	449 391
江　西	561 055	200 373	1 045 177	231 426	1 310 308	265 131
山　东	2 139 428	861 198	4 651 820	746 996	5 409 358	757 538
河　南	1 227 193	434 026	2 642 934	552 656	3 047 587	404 653
湖　北	1 009 224	266 952	1 749 939	356 866	2 026 540	276 601
湖　南	764 857	309 361	1 623 996	374 781	2 097 769	473 773
广　东	2 646 994	1 162 310	6 637 597	1 749 321	10 424 504	3 786 907
广　西	613 434	235 414	1 151 052	260 856	1 581 068	430 016
海　南	231 219	68 187	374 860	71 028	681 760	306 900
四　川	1 440 435	511 851	2 962 295	643 577	3 664 478	702 183
贵　州	262 715	69 176	452 364	113 480	576 247	123 883
云　南	653 238	196 986	1 138 737	253 048	1 425 037	286 300
陕　西	555 797	204 349	1 214 990	236 973	1 479 126	264 136
甘　肃	337 151	103 109	588 500	104 642	713 674	125 174
青　海	91 339	10 361	127 311	16 276	151 615	24 304
宁　夏	98 714	31 773	172 971	30 338	210 338	37 367
新　疆	683 293	229 365	1 011 039	205 976	1 141 330	130 291
# 重　庆	192 139	89 972	436 089	103 249	555 556	119 467
武　汉	204 716	59 235	388 818	98 215	507 860	119 042
沈　阳	230 059	106 016	457 842	117 130	635 816	177 974
大　连	256 237	113 925	574 938	117 318	766 829	191 891
哈尔滨	120 007	33 978	221 256	76 008	278 154	56 898
广　州	503 614	191 096	1 157 375	313 620	1 970 126	812 751
西　安	122 410	48 302	291 862	57 262	370 115	78 253
青　岛	221 363	90 252	446 009	81 813	561 708	115 699
宁　波	193 410	101 394	422 247	101 285	571 328	149 081
厦　门	47 615	22 325	102 947	32 807	195 141	92 194
深　圳	276 035	88 991	590 912	223 313	1 169 885	578 973
长　春	107 337	27 505	196 074	48 017	248 906	52 832
南　京	146 256	49 330	263 203	58 218	336 926	73 723
成　都	259 806	109 925	538 416	126 863	715 139	176 723
新兵团					405 130	29 608
合　计	**24 911 086**	**9 587 775**	**51 621 617**	**10 961 055**	**66 158 037**	**14 536 420**

各地区农业银行、信用社储蓄存款

单位：万元

	1990年				1991年				1992年			
	年末余额	比上年增减	比上年增长%	人均储蓄(元)	年末余额	比上年增减	比上年增长%	人均储蓄(元)	本末余额	比上年增减	比上年增长%	人均储蓄(元)
北　京	525 493	146 501	38.66	1 197	664 936	139 443	26.54	1 701.91	834 802	169 866	25.55	2 128.41
天　津	416 092	124 529	42.71	1 042	537 563	121 471	29.19	1 379.07	677 670	140 107	26.06	1 755.81
河　北	2 730 430	714 878	35.47	525	3 418 011	687 581	25.18	649.58	4 034 269	616 258	18.03	762.87
山　西	1 048 107	250 706	31.44	462	1 286 498	238 391	22.74	577.40	1 586 271	299 773	23.30	700.03
内蒙古	341 578	86 885	34.11	237	416 938	75 360	22.06	293.08	530 522	114 584	27.48	354.31
辽　宁	1 537 339	418 214	37.37	665	1 952 181	414 842	26.98	864.41	2 455 953	503 772	25.81	1 084.59
吉　林	592 897	154 934	35.38	387	758 606	165 709	27.95	514.07	915 059	156 453	20.62	614.70
黑龙江	873 977	207 382	31.11	438	1 093 210	219 233	25.08	584.51	1 298 164	204 954	18.75	648.12
上　海	796 002	241 622	43.58	1 704	1 059 952	263 950	33.16	0 545.51	1 323 721	263 769	24.88	3 198.79
江　苏	2 386 000	686 928	40.43	441	3 033 267	647 267	27.13	566.01	3 631 821	598 554	19.73	686.45
浙　江	1 656 758	510 806	44.57	482	2 150 926	494 168	29.83	604.00	2 731 045	580 119	26.97	767.12
安　徽	697 613	176 982	33.97	144	867 396	169 783	24.34	178.98	1 056 678	183 282	21.13	215.43
福　建	721 875	204 467	39.52	291	949 563	227 688	31.54	371.49	1 230 552	280 989	29.59	484.26
江　西	601 383	153 659	34.32	193	782 022	180 639	30.04	250.23	991 455	209 433	26.78	321.25
山　东	3 178 211	735 037	30.09	441	3 834 747	656 536	20.66	536.82	4 479 805	645 058	16.82	656.97
河　南	1 658 378	392 043	30.96	222	2 108 594	450 216	27.15	280.22	2 144 458	322 864	15.79	320.96
湖　北	994 685	229 633	30.02	227	1 251 582	256 897	25.83	304.06	1 419 601	168 019	13.42	335.42
湖　南	947 278	283 427	42.69	182	1 257 533	310 255	32.75	239.44	1 667 780	410 247	32.62	319.42
广　东	3 755 137	943 845	33.57	767	5 029 311	1 274 174	33.93	944.01	6 945 455	1 916 144	38.10	1 440.26
广　西	651 632	202 719	45.16	178	861 406	209 774	32.19	229.00	1 165 807	304 401	35.34	312.49
海　南	236 783	59 849	33.83	450	292 942	56 159	23.72	642.28	436 768	143 826	49.10	832.21
四　川	1 681 521	430 276	34.39	184	2 189 222	507 701	30.19	233.11	2 672 526	483 304	22.08	288.66
贵　州	188 223	42 748	29.39	66	252 463	64 240	34.13	88.56	330 107	77 644	30.75	114.30
云　南	489 744	122 660	33.41	152	607 868	118 124	24.12	186.70	815 157	207 289	34.10	247.73
陕　西	791 089	190 183	31.65	297	992 510	201 421	25.46	361.61	1 217 561	225 051	22.67	451.61
甘　肃	340 187	83 548	32.55	177	428 501	88 314	2596	228.96	528 042	99 541	23.23	277.06
青　海	62 654	12 675	25.36	199	74 370	11 716	18.70	241.15	90 032	15 662	21.06	282.90
宁　夏	105 721	28 246	36.46	312	129 341	23 620	2234	372.31	159 665	30 324	23.45	436.61
新　疆	530 243	148 485	38.90	491	661 610	131 367	24.77	802.15	734 381	72 771	11.00	710.99
#重　庆	242 925	75 912	45.45		319 965	77 040	31.71		405 348	85 383	26.69	
武　汉	164 684	48 306	41.51		213 355	48 671	29.55		267 150	53 795	25.21	
沈　阳	247 880	84 853	52.05		332 876	84 996	34.29		467 963	135 087	40.58	
大　连	357 895	88 292	32.75		454 528	96 633	27.00		581 319	126 791	27.90	
哈尔滨	92 871	23 402	33.69		145 760	52 889	56.95		183 496	37 736	25.89	
广　州	594 482	157 899	36.17		800 062	205 580	3458		1 156 144	356 082	44.51	
西　安	184 463	43 762	31.10		232 396	47 933	25.99		292 271	59 875	25.76	
青　岛	281 242	73 108	35.13		347 471	66 229	23.55		418 589	71 118	20.47	
宁　波	227 513	76 463	50.62		303 954	76 441	33.60		395 596	91 642	30.15	
厦　门	46 778	16 085	52.41		66 708	19 930	42.61		96 012	29 304	43.9341	
深　圳	194 956	52 583	36.93		279 533	84 577	43.38		457 662	178 129	63.72	
长　春	107 246	27 351	34.23		145 801	38 555	35.95		183 113	37 312	25.59	
南　京	135 322	40 794	43.16		171 556	36 234	26.78		219 748	48 192	28.09	
成　都	289 017	83 411	40.57		383 176	94 159	32.58		479 044	95 868	25.02	537.32
新兵团									277 374	25 897	10.30	
合　计	**30 537 030**	**7 893 867**	**35.40**		**38 943 069**	**8 406 039**	**27.53**	**431.11**	**48 397 127**	**9 454 058**	**24.28**	

注：1990—1991年人均储蓄根据1990年7月1日第四次人口普查10%抽样汇总中农业人口计算所得。

注：1992年人均储蓄根据农业部《1992年全国农业统计提要》中农业人口计算所得。

各地区农业银行、信用社各项贷款

单位：万元

	1990年		1991年		1992年	
	年末余额	比上年增减	年末余额	比上年增减	年末余额	比上年增减
总　行	5 300		3 600	－1 700	81 800	78 200
北　京	878 244	170 168	1 106 881	228 637	1 410 682	303 801
天　津	736 847	198 043	920 782	183 935	1 201 490	280 708
河　北	3 297 175	622 172	3 978 405	681 230	4 744 838	766 433
山　西	1 381 174	292 903	1 632 578	251 404	1 961 822	329 244
内蒙古	875 146	232 061	1 041 769	166 623	1 244 475	202 706
辽　宁	2 494 740	549 361	3 110 682	615 942	3 950 888	840 206
吉　林	1 863 968	492 498	2 388 070	524 102	2 793 387	405 317
黑龙江	1 949 429	402 489	2 470 707	521 278	2 868 532	396 825
上　海	1 252 793	229 961	1 629 931	377 138	2 303 205	673 274
江　苏	3 550 295	650 287	4 346 682	796 387	5 310 584	963 902
浙　江	2 127 755	424 867	2 615 666	487 911	3 421 903	806 237
安　徽	1 690 805	380 787	2 117 643	426 838	2 457 571	339 928
福　建	1 018 133	169 365	1 205 470	187 337	1 601 772	396 302
江　西	1 347 474	294 759	1 749 889	402 415	2 155 578	405 689
山　东	4 573 429	796 811	5 540 486	967 057	6 483 106	942 620
河　南	3 258 400	674 118	4 045 419	787 019	4 739 525	694 106
湖　北	2 732 686	639 445	3 193 353	460 667	3 662 298	468 945
湖　南	1 860 067	361 565	2 333 233	473 166	2 898 592	565 359
广　东	5 312 624	1 005 802	6 513 971	1 201 347	9 105 247	2 591 276
广　西	1 058 539	170 210	1 307 105	248 566	1 664 635	357 530
海　南	400 358	69 869	477 180	76 822	679 505	202 325
四　川	3 153 000	610 261	3 976 534	823 534	4 953 791	977 257
贵　州	601 973	84 125	767 619	165 646	944 534	176 915
云　南	967 247	113 349	1 136 548	169 301	1 425 834	289 286
陕　西	1 237 590	233 899	1 461 458	223 868	1 809 609	348 151
甘　肃	608 217	115 406	719 297	111 080	878 460	159 163
青　海	123 941	13 157	136 050	12 109	169 206	33 156
宁　夏	180 048	30 928	203 583	23 535	248 202	44 619
新　疆	961 371	320 997	1 322 956	361 585	1 668 370	345 414
# 重　庆	413 747	103 935	541 551	127 804	689 633	148 082
武　汉	368 999	80 534	433 451	64 452	541 035	107 584
沈　阳	428 317	116 456	547 756	119 439	817 354	269 598
大　连	415 236	80 464	521 114	105 878	711 551	190 437
哈尔滨	209 932	52 276	343 341	133 409	441 062	97 721
广　州	736 631	134 122	859 271	122 640	1 386 042	526 771
西　安	271 793	47 254	322 605	50 812	438 074	115 469
青　岛	398 921	99 744	485 172	86 251	612 205	127 033
宁　波	327 206	79 073	393 258	66 052	523 975	130 717
厦　门	90 769	32 690	125 212	34 443	236 697	111 485
深　圳	454 674	85 367	565 098	110 424	781 971	216 873
长　春	443 327	140 780	582 026	138 699	681 468	99 442
南　京	223 424	32 284	281 134	57 710	349 493	68 359
成　都	456 288	85 546	560 743	104 455	755 352	194 609
新兵团					479 530	144 346
合　计	**51 498 768**	**10 349 663**	**63 453 547**	**11 954 779**	**78 915 241**	**15 461 694**

各地区农业银行、信用社乡镇企业贷款

单位：万元

	1990年		1991年		1992年	
	年末余额	比上年增减	年末余额	比上年增减	年末余额	比上年增减
北　京	268 062	40 061	320 435	52 999	418 091	97 659
天　津	251 737	60 844	321 827	72 323	441 936	120 109
河　北	738 868	131 539	904 365	168 272	1 180 354	275 989
山　西	385 962	79 209	458 978	74 323	580 507	121 529
内蒙古	55 205	11 606	69 157	13 962	105 968	36 811
辽　宁	555 549	125 489	704 213	149 977	912 622	208 409
吉　林	151 405	25 514	188 173	39 239	247 227	59 054
黑龙江	187 017	38 767	220 999	36 222	271 443	50 444
上　海	452 702	76 917	586 925	134 223	854 551	267 626
江　苏	1 305 538	199 506	1 612 234	309 627	1 985 400	373 166
浙　江	894 583	169 756	1 115 704	232 676	1 494 728	379 024
安　徽	194 893	22 378	287 844	95 721	379 509	91 665
福　建	226 708	38 004	244 055	44 582	347 112	103 057
江　西	187 934	33 354	210 224	34 415	277 464	67 240
山　东	1 225 228	204 342	1 443 048	227 538	1 745 720	302 672
河　南	511 689	79 519	643 177	143 939	836 848	193 671
湖　北	357 597	44 737	385 209	53 278	461 376	76 167
湖　南	347 516	53 021	392 799	77 036	521 751	128 952
广　东	1 956 827	424 704	2 459 854	549 694	3 634 792	1 174 938
广　西	134 758	21 666	151 331	30 622	238 132	86 801
海　南	21 393	1 988	20 612	44	30 243	9 631
四　川	681 469	66 868	752 069	120 313	986 418	234 349
贵　州	51 671	5 552	60 077	11 782	82 998	22 921
云　南	119 636	12 667	121 160	15 118	176 805	55 645
陕　西	209 786	27 483	242 295	35 127	321 521	79 226
甘　肃	69 545	8 895	79 624	10 757	102 526	22 902
青　海	11 392	1 198	11 919	542	15 827	3 908
宁　夏	24 879	5 600	27 694	2 815	41 838	14 144
新　疆	49 483	9 442	51 991	8 179	73 798	21 807
# 重　庆	106 129	11 306	121 943	18 341	157 348	35 405
武　汉	62 565	10 753	72 346	9 941	89 560	17 214
沈　阳	67 812	17 801	94 234	26 422	148 883	54 649
大　连	152 661	37 024	200 996	48 535	274 951	73 955
哈尔滨	26 340	8 819	39 478	13 138	62 624	23 146
广　州	217 720	48 549	264 940	48 762	484 311	219 371
西　安	60 659	8 616	73 460	12 849	105 438	31 978
青　岛	148 929	31 315	178 136	31 860	219 899	41 763
宁　波	144 070	33 089	175 414	32 313	243 358	67 944
厦　门	8 328	2 285	12 545	4 253	24 266	11 721
深　圳	83 300	14 296	139 254	55 954	225 839	86 585
长　春	32 500	6 469	39 897	7 397	50 173	10 276
南　京	73 616	12 934	98 642	25 026	120 067	21 425
成　都	155 595	21 100	177 082	27 485	263 487	86 405
新兵团					2 234	1 945
合　计	**11 628 982**	**2 020 626**	**14 087 992**	**2 745 345**	**18 767 505**	**4 679 513**

各地区农业银行、信用社农业贷款

单位：万元

	1990年		1991年		1992年	
	年末余额	比上年增减	年末余额	比上年增减	年末余额	比上年增减
北　京	233 223	62 949	302 389	69 166	358 221	55 832
天　津	110 451	24 140	133 280	22 829	157 484	24 204
河　北	1 069 875	244 179	1 274 128	204 253	1 503 221	229 093
山　西	425 650	88 724	514 658	89 008	624 955	110 297
内蒙古	191 168	22 472	234 820	43 652	284 357	49 537
辽　宁	583 826	102 314	711 908	128 082	910 380	198 472
吉　林	412 813	56 308	503 966	91 153	613 694	109 728
黑龙江	444 437	21 434	520 641	76 204	582 330	61 689
上　海	147 504	23 589	200 749	53 245	244 899	44 150
江　苏	387 615	90 163	511 118	123 503	635 949	124 831
浙　江	324 506	81 368	422 505	97 999	541 491	118 986
安　徽	373 789	75 975	528 566	154 777	583 574	55 008
福　建	344 167	64 548	420 231	76 064	509 217	88 986
江　西	355 169	78 335	454 704	99 535	556 457	101 753
山　东	937 952	176 861	1 122 700	184 748	1 386 770	264 070
河　南	883 477	186 654	1 107 730	224 253	1 295 720	187 990
湖　北	449 931	76 115	554 862	104 931	646 988	92 126
湖　南	414 850	90 559	521 693	106 843	663 117	141 424
广　东	1 145 603	259 500	1 464 390	318 787	2 022 482	558 092
广　西	412 780	63 460	508 001	95 221	640 367	132 366
海　南	186 559	34 507	222 188	35 629	287 727	65 084
四　川	621 811	127 982	767 424	145 613	947 936	180 512
贵　州	172 126	25 110	204 804	32 678	265 079	60 275
云　南	295 391	36 776	334 917	39 526	419 389	84 472
陕　西	357 223	79 327	422 939	65 716	542 724	119 785
甘　肃	172 994	25 517	201 891	28 897	242 937	41 046
青　海	30 756	4 641	33 687	2 931	40 339	6 652
宁　夏	42 184	6 771	48 760	6 576	57 823	9 063
新　疆	250 036	43 394	304 633	54 597	397 827	93 194
#重　庆	55 290	12 849	76 936	21 646	89 140	12 204
武　汉	53 690	9 875	52 488	−1 202	80 193	27 705
沈　阳	54 052	13 895	71 241	17 189	115 725	44 484
大　连	123 709	15 747	143 390	19 681	187 496	44 106
哈尔滨	41 969	10 471	68 225	26 256	81 795	13 570
广　州	162 696	33 878	190 094	27 398	271 132	81 038
西　安	52 084	13 807	68 010	15 926	87 632	19 622
青　岛	60 602	18 255	73 667	13 065	97 023	23 356
宁　波	28 081	4 609	35 840	7 759	53 606	17 766
厦　门	31 358	7 983	41 702	10 344	52 512	10 810
深　圳	46 217	3 257	51 214	4 997	56 347	5 133
长　春	84 955	8 505	97 097	12 142	124 756	27 659
南　京	29 962	8 898	38 931	8 969	46 065	7 134
成　都	58 028	18 316	70 466	12 438	84 693	14 227
新兵团					218 464	62 218
合　计	**11 777 866**	**2 273 672**	**14 554 282**	**2 776 416**	**17 985 999**	**3 431 717**

各地区农业银行、信用社种植业贷款

单位：万元

	1990年		1991年		1992年	
	年末余额	比上年增减	年末余额	比上年增减	年末余额	比上年增减
北　京	53 467	14 953	76 090	22 623	90 313	14 223
天　津	31 612	10 197	39 555	7 943	48 992	9 437
河　北	432 423	94 737	499 251	66 828	558 612	59 361
山　西	235 417	45 629	280 720	45 303	336 032	55 312
内蒙古	96 011	8 066	113 975	17 964	129 989	16 014
辽　宁	197 568	30 966	243 056	45 488	305 405	62 349
吉　林	189 286	7 123	213 300	24 014	257 594	44 294
黑龙江	150 999	－6 345	163 877	12 878	175 422	11 545
上　海	51 556	5 980	63 483	11 927	63 783	300
江　苏	116 223	25 614	145 531	29 308	159 504	13 973
浙　江	93 866	24 337	119 583	25 717	145 501	25 918
安　徽	212 016	34 360	299 141	87 125	310 578	11 437
福　建	119 642	26 676	141 676	22 034	160 791	19 115
江　西	98 514	16 166	123 905	25 391	149 972	26 067
山　东	432 292	69 232	484 938	52 646	564 814	79 876
河　南	551 813	107 227	693 225	141 412	800 317	107 092
湖　北	183 308	23 446	219 142	35 834	253 985	34 843
湖　南	162 492	40 393	197 174	34 682	253 832	56 658
广　东	423 406	93 903	527 404	103 998	683 001	155 597
广　西	192 226	22 158	232 767	40 541	271 539	38 772
海　南	45 086	3 064	49 057	3 971	57 333	8 276
四　川	295 972	51 960	356 019	60 047	404 514	48 495
贵　州	88 799	11 623	100 968	12 169	118 568	17 600
云　南	156 063	17 606	173 002	16 939	205 456	32 454
陕　西	184 587	41 461	217 458	32 871	278 336	60 878
甘　肃	102 580	12 900	119 829	17 249	137 390	17 561
青　海	9 819	－94	10 783	964	11 335	552
宁　夏	17 850	1 904	19 814	1 964	22 882	3 068
新　疆	27 714	3 543	36 357	8 643	47 268	10 911
#重　庆	22 923	5 635	29 636	6 713	33 013	3 377
武　汉	12 444	1 157	7 572	－4 872	17 701	10 129
沈　阳	16 885	3 712	24 939	8 054	47 068	22 129
大　连	20 451	3 880	23 525	3 074	29 533	6 008
哈尔滨	7 486	517	15 243	7 757	16 277	1 034
广　州	36 744	5 223	40 583	3 839	53 137	12 554
西　安	18 396	3 474	22 904	4 508	27 096	4 192
青　岛	13 446	2 648	14 247	801	16 897	2 650
宁　波	7 288	1 038	8 749	1 461	11 672	2 923
厦　门	5 869	1 906	8 402	2 533	9 035	633
深　圳	12 769	5 365	11 699	－1 070	8 600	－3 099
长　春	53 562	48	55 332	1 770	67 822	12 490
南　京	7 738	2 451	9 853	2 115	11 466	1 613
成　都	24 513	7 806	29 674	5 161	33 394	3 720
新兵团					1 413	116
合　计	**4 952 607**	**838 785**	**5 961 080**	**1 008 473**	**7 003 058**	**1 041 978**

各地区农业银行、信用社养殖业贷款

单位：万元

	1990年		1991年		1992年	
	年末余额	比上年增减	年末余额	比上年增减	年末余额	比上年增减
北　京	36 832	6 109	41 699	4 867	45 244	3 545
天　津	17 945	2 237	23 883	5 938	28 023	4 140
河　北	16 617	1 241	19 110	2 493	21 684	2 574
山　西	5 222	162	5 233	11	5 325	92
内蒙古	15 736	1 395	16 555	819	17 166	611
辽　宁	94 583	11 130	104 597	10 014	124 716	20 119
吉　林	5 307	—272	6 720	1 413	8 132	1 412
黑龙江	7 628	—286	10 294	2 666	11 135	841
上　海	14 550	2 777	19 943	5 393	16 128	—3 815
江　苏	43 976	8 749	53 274	9 298	61 771	8 497
浙　江	32 706	6 799	41 566	8 860	52 828	11 262
安　徽	3 931	125	4 368	437	4 847	479
福　建	62 467	7 444	74 568	12 101	88 534	13 966
江　西	1 633	166	1 842	209	2 241	399
山　东	76 913	14 352	98 172	21 259	118 732	20 560
河　南	3 693	—501	4 045	352	5 136	1 091
湖　北	13 718	1 234	15 900	2 182	17 584	1 684
湖　南	4 698	435	5 462	764	7 029	1 567
广　东	59 135	10 594	70 941	11 806	83 632	12 691
广　西	12 441	2 076	14 850	2 409	17 139	2 289
海　南	14 228	1 155	15 684	1 456	19 973	4 289
四　川	4 052	117	4 078	26	5 107	1 027
贵　州	1 116	37	1 158	42	1 275	117
云　南	1 076	334	1 049	—27	1 089	40
陕　西	2 932	133	3 301	369	3 576	275
甘　肃	2 462	225	2 515	53	2 695	180
青　海	3 870	214	3 967	97	3 785	—182
宁　夏	797	—7	819	22	1 215	396
新　疆	9 211	—676	9 787	576	10 689	902
#重　庆	33	—111	42	9	74	32
武　汉	2 541	221	1 493	—1 048	4 576	3 083
沈　阳	5 040	1 147	6 711	1 671	8 252	1 541
大　连	63 609	8 506	70 392	6 783	87 225	16 833
哈尔滨	658	112	1 436	778	1 512	76
广　州	1 298	143	1 596	298	2 639	1 043
西　安	1 441	72	1 722	281	1 923	206
青　岛	7 065	1 366	8 245	1 180	10 310	2 065
宁　波	4 331	333	5 712	1 381	7 545	1 833
厦　门	11 046	1 348	14 987	3 941	15 455	468
深　圳	4 479	694	5 127	648	3 290	—1 837
长　春	645	—23	919	274	1 586	667
南　京	2 457	998	2 617	160	2 933	316
成　都	968	92	1 080	112	1 285	205
新兵团					14	8
合　计	**569 475**	**77 598**	**675 380**	**105 905**	**786 430**	**111 050**

各地区种植业百元产值占用行、社贷款比较

地区	种植业产值（亿元）					百元产值占用种植业贷款（元）				
	1988年	1989年	1990年	1991年	1992年	1988年	1989年	1990年	1991年	1992年
北京	26.88	32.88	37.8	38.28	41.6	9.71	11.10	14.14	19.88	21.71
天津	26.34	31.45	31.0	32.58	34.0	4.40	6.65	10.20	12.14	14.41
河北	159.39	193.43	238.6	242.91	262.3	18.09	17.15	18.12	20.55	21.30
山西	58.11	71.59	86.4	72.25	86.4	27.84	26.33	27.25	38.86	38.89
内蒙古	57.52	63.98	88.8	91.89	100.5	13.84	13.66	10.81	12.40	12.94
辽宁	110.86	109.87	146.2	158.26	176.1	12.83	15.05	13.51	15.36	17.34
吉林	97.54	86.61	135.3	129.38	138.9	17.17	20.97	13.99	16.49	18.55
黑龙江	85.3	111.48	178.0	170.88	199.9	18.57	13.57	8.48	9.59	8.77
上海	21.58	25.54	29.1	30.51	32.8	16.77	17.82	17.72	20.81	19.45
江苏	270.74	286.55	321.2	316.17	356.8	2.96	3.13	3.62	4.60	4.47
浙江	129.11	145.97	163.9	180.0	179.9	4.40	4.60	5.73	6.64	8.09
安徽	199.11	220.22	243.7	189.29	242.4	8.83	7.99	8.70	15.80	12.81
福建	77.76	93.29	102.5	117.74	133.0	9.35	8.98	11.67	12.03	12.09
江西	80.99	96.57	136.5	143.3	148.5	9.51	8.34	7.22	8.64	10.10
山东	313.61	347.61	397.9	471.53	437.0	9.85	10.41	10.86	10.28	12.92
河南	238.91	302.22	333.7	340.93	357.7	16.46	14.67	16.54	20.33	22.37
湖北	168.18	198.55	252.9	247.01	265.5	8.34	7.95	7.25	8.87	9.57
湖南	137.46	164.86	219.2	234.74	248.1	8.58	7.36	7.41	8.39	10.23
广东	223.99	266.53	298.0	321.84	360.8	11.90	12.13	14.21	16.38	18.93
广西	79.52	100.91	136.2	149.37	172.8	19.03	16.75	14.11	15.58	15.71
海南	20.18	27.08	26.8	28.72	33.3	19.28	15.03	16.82	17.08	17.21
四川	254.44	284.73	363.2	387.01	417.7	8.49	8.44	8.15	9.19	9.68
贵州	65.42	70.75	78.2	94.86	96.6	11.43	10.49	11.36	10.64	12.28
云南	75.15	84.30	119.6	130.67	146.7	18.14	16.29	13.05	13.24	14.01
陕西	80.09	94.24	109.2	117.11	127.5	16.26	15.12	16.90	18.57	21.83
甘肃	50.19	55.25	67.6	69.33	79.5	18.13	16.22	15.17	17.28	17.28
青海	7.77	9.65	11.5	11.56	12.1	12.23	10.05	8.54	9.33	9.34
宁夏	12.28	15.03	17.1	18.77	19.5	11.64	10.31	10.44	10.56	11.74
新疆	50.55	78.40	104.4	117.58	123.8	3.70	2.92	2.65	3.09	3.82
合计	**3 179.0**	**3 669.5**	**4 474.3**	**4 654.42**	**5 031.7**	**11.46**	**11.06**	**11.07**	**12.81**	**13.92**

注：产值为当年价，不包括西藏。

各地区种植业百元产值占用行、社贷款比较（续）

地区	百元产值占用种植业贷款累放额（元）				
	1988年	1989年	1990年	1991年	1992年
北京	8.04	8.39	12.06	16.98	16.97
天津	3.64	7.00	12.29	13.44	17.21
河北	28.03	21.84	23.81	25.50	24.71
山西	24.11	23.96	28.54	39.78	40.27
内蒙古	12.90	11.47	10.17	11.89	12.05
辽宁	17.23	17.10	17.53	18.08	17.59
吉林	16.30	17.73	14.12	17.17	15.35
黑龙江	11.78	9.97	8.17	9.76	7.55
上海	26.83	26.98	26.08	28.48	26.95
江苏	6.50	6.06	7.74	9.17	9.32
浙江	7.83	6.35	9.76	12.39	12.75
安徽	8.78	6.74	10.47	17.12	11.58
福建	9.48	8.94	12.18	12.15	12.00
江西	9.74	13.42	8.62	10.30	10.19
山东	16.63	15.25	17.25	15.96	16.87
河南	19.21	13.79	18.25	20.56	19.25
湖北	8.58	6.92	8.35	9.89	9.29
湖南	11.60	9.14	12.20	14.37	17.18
广东	11.14	10.25	13.13	16.72	18.48
广西	16.68	10.64	11.19	13.34	14.99
海南	7.78	3.80	4.29	5.33	6.01
四川	7.44	8.42	9.69	10.22	10.34
贵州	7.87	5.14	7.15	7.20	9.08
云南	13.69	10.02	8.86	9.98	12.51
陕西	14.00	12.42	15.63	15.80	16.71
甘肃	13.09	13.14	14.56	16.67	17.09
青海	8.62	6.01	5.83	6.31	6.36
宁夏	15.07	10.98	11.87	12.68	14.05
新疆	6.41	4.23	4.76	6.55	7.04
合计	**12.79**	**11.17**	**12.86**	**14.62**	**14.67**

注：产值为当年价，不包括西藏。

各地区林业百元产值占用行、社贷款比较

地区	林业总产值（亿元）					百元产值占用林业贷款（元）				
	1988年	1989年	1990年	1991年	1992年	1988年	1989年	1990年	1991年	1992年
北京	0.81	0.65	0.9	1.52	1.6	18.52	32.31	31.11	21.71	27.50
天津	0.72	0.33	0.5	0.34	0.5	6.94	15.15	8.00	11.76	12.00
河北	7.82	8.72	9.6	12.38	13.9	6.52	6.88	9.48	9.69	11.44
山西	4.29	4.42	7.8	7.86	8.8	3.03	2.94	2.31	4.96	3.41
内蒙古	3.83	3.93	6.2	6.67	7.8	1.31	1.53	1.13	1.35	1.54
辽宁	4.86	4.65	6.6	6.94	7.5	2.47	2.58	1.97	1.87	2.13
吉林	2.81	3.43	4.2	4.42	5.1	2.14	1.46	1.19	1.36	1.76
黑龙江	6.59	6.97	7.6	8.20	10.3	2.28	2.44	2.24	2.56	2.04
上海	0.44	0.38	0.4	0.39	0.4	2.27		2.50	2.56	2.50
江苏	7.23	6.96	7.9	7.55	9.9	1.24	1.44	2.03	3.44	3.23
浙江	14.35	13.59	14.8	17.42	21.0	1.39	1.69	1.69	1.78	1.43
安徽	16.62	17.77	17.0	18.66	20.8	1.20	1.01	1.53	1.93	2.40
福建	17.37	19.26	21.5	25.40	29.2	3.86	5.04	6.19	6.93	7.29
江西	12.36	12.15	16.0	20.80	23.4	1.46	1.56	1.25	0.91	1.07
山东	14.80	14.28	20.5	22.19	23.7	0.74	0.70	0.68	0.86	0.93
河南	17.23	19.78	20.8	22.19	25.1	1.92	0.56	0.58	0.77	1.00
湖北	10.85	11.61	14.2	16.81	17.4	1.84	1.81	1.69	2.26	2.59
湖南	21.69	21.55	21.9	24.59	28.1	0.28	0.32	0.46	2.60	3.27
广东	25.00	25.32	28.5	29.64	32.9	2.04	2.49	2.88	3.24	3.77
广西	11.91	13.29	18.1	20.87	26.8	0.67	0.83	0.66	0.96	0.93
海南	5.02	4.67	16.8	18.93	20.7	1.59	2.78	0.48	0.48	0.48
四川	20.90	21.66	24.1	25.48	29.2	1.44	1.80	1.91	2.24	2.77
贵州	6.13	5.90	7.9	9.44	12.2	4.08	5.08	7.22	8.05	7.30
云南	6.53	8.38	18.3	18.69	22.8	1.68	1.31	0.87	0.96	1.01
陕西	8.37	8.44	9.0	10.54	13	0.84	0.71	0.89	1.14	1.08
甘肃	3.80	3.29	3.3	3.53	4.1	0.26	0.30	0.30	0.57	0.98
青海	0.67	0.69	0.7	0.68	0.7	1.49	2.90	1.43	1.47	4.29
宁夏	0.54	0.60	1.3	1.26	1	5.56	6.67	3.85	5.56	11.00
新疆	2.27	2.55	3.8	4.24	4.2	4.85	4.71	3.95	4.25	5.71
合计	**255.81**	**264.22**	**330.0**	**367.61**	**422.6**	**1.89**	**2.05**	**2.17**	**2.70**	**2.94**

注：产值为当年价，不包括西藏。

各地区林业百元产值占用行、社贷款比较（续）

地区	百元产值占用林业贷款累放额（元）				
	1988年	1989年	1990年	1991年	1992年
北京	18.52	18.46	20.00	14.47	16.88
天津	2.78	6.06	8.00	8.82	16.00
河北	2.17	5.62	8.75	8.24	7.27
山西	1.40	2.04	1.15	3.05	2.84
内蒙古	1.04	0.76	0.48	0.60	1.41
辽宁	1.65	1.72	1.52	1.30	1.20
吉林	1.42	0.29	1.19	0.90	0.98
黑龙江	1.97	1.29	1.18	2.32	1.17
上海	2.27	2.63	2.50	2.56	2.50
江苏	0.97	1.15	2.53	3.97	3.74
浙江	1.46	1.62	1.62	1.78	1.24
安徽	0.60	0.51	1.00	1.07	1.39
福建	1.90	2.41	3.35	3.31	3.18
江西	0.65	0.74	0.81	0.48	0.56
山东	0.34	0.42	0.49	0.72	0.63
河南	0.41	0.61	0.91	0.45	0.96
湖北	1.57	1.46	1.20	1.78	1.61
湖南	0.51	0.28	0.64	2.60	1.71
广东	1.24	2.05	1.93	2.19	2.74
广西	0.42	0.38	0.28	0.57	0.49
海南	1.00	0.43	0.06	0.16	0.01
四川	1.05	0.97	1.99	0.98	0.96
贵州	1.47	0.85	3.92	2.44	1.89
云南	1.07	0.36	0.27	0.37	0.35
陕西	0.48	0.36	0.44	0.66	0.54
甘肃		0.30	0.30	0.57	4.88
青海			0.29	0.59	1.43
宁夏	3.70	3.33	1.54	2.38	5.00
新疆	3.96	2.35	2.37	1.89	3.10
合计	**1.11**	**1.24**	**1.55**	**1.74**	**1.19**

注：产值为当年价，不包括西藏。

各地区渔业百元产值占用行、社贷款比较

地区	渔业总产值（亿元）					百元产值占用渔业贷款（元）				
	1988年	1989年	1990年	1991年	1992年	1988年	1989年	1990年	1991年	1992年
北京	1.35	1.89	2.3	2.64	3.4	24.44	20.11	19.13	17.42	14.71
天津	4.27	3.93	5.0	4.65	5.4	16.39	23.66	22.60	32.26	33.70
河北	5.11	6.19	9.9	11.10	14.9	11.74	17.93	12.22	11.89	9.60
山西	0.33	0.43	0.4	0.58	0.6	6.06	13.95	17.50	10.34	8.33
内蒙古	0.76	0.98	1.2	1.36	1.5	6.58	6.12	6.67	6.62	6.00
辽宁	20.73	21.29	28.2	33.07	40.2	24.55	30.77	25.67	24.10	23.86
吉林	2.14	2.53	2.8	3.06	3.3	3.74	3.56	2.86	3.27	4.55
黑龙江	2.91	3.36	4.7	5.24	6.3	3.78	4.46	3.62	4.58	3.81
上海	7.08	7.55	8.0	8.97	9.2	3.95	5.17	6.50	3.90	4.46
江苏	39.46	41.57	49.4	50.66	63.9	6.72	8.06	8.12	9.63	8.92
浙江	33.34	33.84	40.9	51.81	64.2	5.70	6.29	6.65	6.79	7.04
安徽	9.47	6.69	11.1	12.79	14	2.85	3.10	2.79	2.74	2.86
福建	30.59	31.22	35.3	40.40	53.6	13.24	15.63	15.58	16.41	14.53
江西	7.12	7.99	10.4	12.61	15.4	1.40	1.50	1.15	1.03	1.10
山东	40.05	42.41	55.6	78.71	113.6	11.14	14.15	13.35	12.02	10.09
河南	2.72	2.86	3.9	4.20	4.9	2.57	2.45	2.05	1.67	2.04
湖北	17.59	19.25	23.9	25.06	27.6	5.40	5.35	4.69	5.19	5.51
湖南	12.65	14.63	17.1	20.23	23.7	2.37	2.39	2.22	2.13	2.32
广东	54.27	62.59	69.2	80.20	99.9	7.39	6.81	7.57	7.82	7.48
广西	6.55	8.16	9.0	10.56	17	13.74	11.76	13.00	13.54	9.76
海南	3.98	5.01	7.4	8.76	11.2	29.90	24.35	17.84	16.55	16.70
四川	7.43	8.88	10.1	11.41	13	1.75	1.58	1.29	1.40	1.38
贵州	0.81	0.85	1.0	1.14	1.3	2.47	2.35	2.00	1.75	0.77
云南	1.52	1.88	1.4	1.37	2	1.97	1.06	2.86	2.19	2.00
陕西	0.57	0.68	0.9	1.03	1.3	10.53	11.76	10.00	11.65	11.54
甘肃	0.12	0.17	0.2	0.27	0.3	33.33	11.76	15.00	7.41	6.67
青海	0.03	0.04	0.1	0.08	0.1			1.00	1.25	10.00
宁夏	0.32	0.39	0.5	0.52	0.6	6.25	5.13	4.00	5.77	6.67
新疆	0.47	0.61	0.9	0.99	1.2	8.51	9.84	6.67	7.07	6.67
合计	**313.74**	**340.87**	**410.6**	**483.47**	**613.6**	**9.07**	**10.19**	**9.92**	**10.03**	**9.46**

注：产值为当年价，不包括西藏。

各地区渔业百元产值占用行、社贷款比较（续）

地区	百元产值占用渔业贷款累放额（元）				
	1988年	1989年	1990年	1991年	1992年
北京	37.04	14.81	13.04	12.12	9.12
天津	23.19	27.74	36.20	37.42	37.59
河北	27.59	26.33	22.32	16.22	10.94
山西	9.09	16.28	10.00	3.45	5.00
内蒙古	7.89	5.10	5.83	2.21	3.33
辽宁	34.68	30.58	29.11	30.06	27.86
吉林	2.80	2.77	2.14	2.94	3.33
黑龙江	5.50	5.36	4.04	4.77	3.65
上海	6.50	7.81	10.38	10.81	6.52
江苏	9.93	12.20	11.96	14.07	13.54
浙江	5.64	5.38	7.56	9.46	8.97
安徽	1.90	1.86	1.71	1.95	1.79
福建	9.55	9.64	9.92	13.27	12.29
江西	3.65	1.00	0.38	0.56	0.84
山东	15.53	15.85	15.59	15.90	11.50
河南	2.94	2.45	2.05	1.67	2.86
湖北	5.51	4.31	3.35	4.15	4.96
湖南	3.08	2.05	1.87	2.13	2.36
广东	4.53	3.23	5.00	5.14	4.93
广西	7.94	3.06	5.00	4.83	4.06
海南	13.32	5.19	4.73	5.37	6.61
四川	2.29	0.79	0.50	0.88	2.31
贵州	2.47		0.30	0.44	0.77
云南	2.63	2.13	5.00	2.92	2.00
陕西	10.53	8.82	6.67	9.71	7.69
甘肃	8.33	5.88	2.00	1.11	3.33
青海			0.40	0.25	0.00
宁夏	6.25	5.13	4.00	5.77	6.67
新疆	10.64	6.56	4.44	6.06	5.83
合计	**10.06**	**9.19**	**9.94**	**10.34**	**9.72**

注：产值为当年价，不包括西藏。

各地区牧业百元产值占用贷款比较

地区	牧业总产值（亿元）					百元产值占用牧业贷款（元）				
	1988年	1989年	1990年	1991年	1992年	1988年	1989年	1990年	1991年	1992年
北京	15.19	19.27	28.0	32.75	36.3	13.63	13.96	11.57	11.33	11.07
天津	9.07	11.63	14.7	16.38	17.1	7.06	5.42	4.56	5.37	5.73
河北	69.23	79.22	83.3	94.79	108.4	0.59	0.54	0.55	0.62	0.68
山西	20.89	24.51	27.6	30.05	33.1	1.91	1.80	1.63	1.53	1.45
内蒙古	42.75	43.16	46.4	49.45	55.3	3.06	3.21	3.21	3.15	2.93
辽宁	64.37	66.43	75.5	86.64	97.8	2.07	2.71	2.93	2.87	2.94
吉林	28.16	34.72	41.4	45.15	50	1.38	1.35	1.09	1.26	1.34
黑龙江	25.25	29.30	49.2	59.14	64.3	2.42	2.18	1.20	1.32	1.37
上海	21.11	25.01	30.3	33.38	37.2	3.79	3.16	3.10	4.94	3.23
江苏	139.10	146.62	160.5	168.09	188.4	0.10	0.12	0.24	0.27	0.25
浙江	71.46	78.40	79.6	82.11	93	0.56	0.29	0.69	0.78	0.82
安徽	73.95	77.40	82.0	79.53	92.9	0.12	0.10	0.10	0.11	0.10
福建	38.99	51.12	53.4	57.44	67	1.26	1.21	1.40	1.44	1.58
江西	50.92	58.50	67.3	68.69	82.9	0.06	0.05	0.06	0.07	0.07
山东	108.00	125.27	151.9	200.35	240.8	0.23	0.21	0.18	0.18	0.17
河南	79.52	90.25	104.9	133.96	139.8	0.47	0.39	0.27	0.27	0.29
湖北	78.39	88.84	98.0	102.19	110.4	0.23	0.24	0.26	0.28	0.22
湖南	108.02	115.13	117.2	122.57	146	0.08	0.07	0.08	0.09	0.10
广东	112.10	132.13	143.0	155.23	174.8	0.43	0.45	0.48	0.53	0.51
广西	55.71	75.07	75.4	81.81	100.5	0.14	0.11	0.09	0.07	0.05
海南	9.35	10.73	13.7	14.93	17.3	0.96	0.84	0.73	0.80	0.75
四川	168.49	187.16	209.6	225.03	251.7	8.15	0.13	0.13	0.11	0.13
贵州	37.36	41.06	41.3	42.66	47.2	0.29	0.22	0.24	0.23	0.23
云南	36.54	41.15	54.0	55.68	61.5	0.19	0.12	0.13	0.13	0.11
陕西	29.59	31.30	35.7	40.17	45.3	0.78	0.64	0.56	0.52	0.46
甘肃	24.19	25.10	26.3	28.24	31.1	0.83	0.80	0.84	0.85	0.80
青海	9.04	9.51	11.0	11.65	13	4.09	3.89	3.55	3.43	2.92
宁夏	4.90	4.67	5.4	6.04	6.6	1.22	1.28	1.11	0.83	1.21
新疆	21.74	25.97	29.4	32.22	35.8	3.40	3.58	2.93	2.82	2.74
合计	**1 553.40**	**1 748.60**	**1 955.8**	**2 145.32**	**2 445.5**	**0.82**	**0.83**	**0.83**	**0.89**	**0.84**

注：产值为当年价，不包括西藏。

各地区牧业百元产值占用贷款比较（续）

地　区	百元产值占用牧业贷款累放额（元）				
	1988 年	1989 年	1990 年	1991 年	1992 年
北　京	14.35	10.07	10.25	10.26	9.31
天　津	8.05	5.33	4.69	5.62	6.90
河　北	0.68	0.47	0.52	0.70	0.63
山　西	1.48	1.43	0.98	1.10	1.15
内蒙古	2.85	1.99	2.13	1.94	2.15
辽　宁	2.80	3.15	3.36	3.43	3.37
吉　林	1.17	0.98	0.92	1.26	1.42
黑龙江	3.25	2.70	1.22	1.61	1.68
上　海	8.38	7.68	6.73	8.12	3.39
江　苏	0.20	0.22	0.53	0.59	0.57
浙　江	0.99	0.80	1.17	1.50	1.37
安　徽	0.08	0.05	0.07	0.08	0.06
福　建	2.03	1.76	2.21	2.14	2.21
江　西	0.02	0.03	0.06	0.07	0.04
山　东	0.31	0.20	0.18	0.24	0.22
河　南	0.54	0.19	0.22	0.22	0.21
湖　北	0.19	0.27	0.17	0.26	0.14
湖　南	0.13	0.08	0.09	0.14	0.16
广　东	0.33	0.32	0.38	0.44	0.38
广　西	0.13	0.08	0.07	0.06	0.04
海　南	0.53	0.28	0.29	0.40	0.35
四　川	0.18	0.12	0.23	0.10	0.13
贵　州	0.16	0.10	0.10	0.09	0.13
云　南	0.14	0.07	0.09	0.07	0.07
陕　西	0.41	0.29	0.22	0.20	0.18
甘　肃	0.74	0.56	0.49	0.57	0.64
青　海	3.98	2.73	1.91	1.97	1.85
宁　夏	0.82	0.64	0.56	0.50	1.06
新　疆	5.98	3.70	3.06	2.86	2.49
合　计	**0.99**	**0.81**	**0.88**	**0.97**	**0.86**

注：产值为当年价，不包括西藏。

农业银行、信用社各项贷款累计发放与收回

（1992 年）　　单位：亿元

项　目　名　称	累计发放	比上年增减	累计收回	比上年增减
各项贷款合计	**10 554.71**	**1 480.69**	**9 041.60**	**1 480.69**
一．工业贷款	584.08	128.66	493.47	128.66
二．商业贷款	4 762.93	118.75	4 324.04	118.75
1．商业贷款	2 345.78	168.29	1 906.89	168.29
2．收购农副产品贷款	2 417.15	－49.54	2 141.32	－49.54
三．技术改造贷款	50.32	18.79	19.05	18.79
四．基本建设贷款	10.68	1.30	2.60	1.30
五．乡镇企业贷款	2 716.17	727.87	2 247.59	727.87
六．农业贷款	2 028.42	303.99	1 689.09	303.99
1．国营农业贷款	415.30	65.07	354.35	65.07
2．集体农业贷款	485.93	133.69	394.25	133.69
3．农户贷款	1 017.50	82.15	880.07	82.15
4．扶贫贴息贷款	31.28	11.71	12.94	11.71
5．外资配套贷款	22.02	－2.37	18.89	－2.37
6．开发性贷款	56.40	13.76	28.60	13.76
七．特种贷款	13.40	0.68	13.21	0.68
八．其他贷款	388.72	180.66	243.84	180.66

各地区农业银行、信用社各项贷款累计发放与收回

（1992 年）　　　　单位：万元

地区名称	各项贷款合计		一．工业贷款		二．商业贷款	
	累　放	累　放	累　放	累　放	累　放	累　放
北　京	1 686 283	1 382 529	50 981	41 669	724 416	618 396
天　津	1 876 454	1 595 743	175 983	151 765	771 056	691 646
河　北	6 259 576	5 505 723	249 744	202 693	2 614 458	2 476 716
山　西	2 925 606	2 607 898	69 551	55 791	1 322 407	1 253 389
内蒙古	1 045 312	844 950	29 548	23 190	627 289	528 480
辽　宁	4 633 038	3 794 001	203 188	165 975	2 160 677	1 892 838
吉　林	3 388 215	2 980 185	66 833	55 411	2 464 209	2 254 541
黑龙江	2 300 169	1 903 186	84 979	69 813	1 290 306	1 104 376
上　海	3 872 244	3 198 970	970 890	829 712	1 017 361	874 056
江　苏	12 162 330	11 243 035	570 271	503 052	4 843 483	4 577 266
浙　江	8 553 318	7 750 056	619 757	554 634	2 930 632	2 799 072
安　徽	2 451 269	2 116 309	100 288	74 549	1 331 330	1 191 107
福　建	2 292 709	1 894 743	200 964	165 756	850 930	785 947
江　西	2 193 191	1 788 305	65 242	48 105	1 319 282	1 126 981
山　东	8 213 535	7 285 915	264 550	223 086	3 612 817	3 417 620
河　南	4 807 310	4 122 119	135 117	114 409	2 563 428	2 314 437
湖　北	3 398 611	2 933 440	144 478	129 738	2 016 145	1 805 898
湖　南	3 818 054	3 267 548	135 169	111 263	2 057 637	1 846 155
广　东	12 767 699	10 169 899	795 850	627 338	3 502 163	3 136 414
广　西	2 138 831	1 837 465	131 550	114 463	1 072 427	1 028 439
海　南	548 025	344 666	9 667	5 665	277 077	194 818
四　川	6 295 002	5 316 106	386 402	335 499	3 400 987	3 035 928
贵　州	831 366	669 502	33 442	30 014	535 808	498 751
云　南	1 747 549	1 466 768	91 939	79 056	1 078 195	958 738
陕　西	2 167 708	1 846 049	168 813	150 385	1 253 004	1 154 157
甘　肃	1 189 031	1 032 255	41 290	37 596	773 168	688 036
青　海	147 499	120 176	12 307	8 341	95 433	81 313
宁　夏	264 897	222 172	18 179	14 517	143 635	130 038
新　疆	1 572 251	1 225 578	13 834	11 174	973 562	774 906
#重　庆	776 848	628 759	49 542	37 583	377 303	327 278
武　汉	877 997	771 750	50 237	46 811	493 471	455 138
沈　阳	986 668	825 610	69 897	63 869	585 615	515 241
大　连	1 023 370	832 933	37 256	29 607	300 107	266 673
哈尔滨	473 655	375 952	23 564	18 543	289 591	244 175
广　州	1 848 796	1322 690	107 810	88 392	546 784	491 808
西　安	592 600	477 959	93 034	81 033	308 303	260 738
青　岛	934 889	807 856	62 614	51 738	319 837	301 152
宁　波	1 440 850	1 310 375	97 077	86 571	506 574	482 042
厦　门	405 110	292 137	15 449	13 237	153 196	127 692
深　圳	685 003	468 130	171 933	135 076	249 525	194 455
长　春	1 001 438	899 429	11 552	9 624	791 060	733 775
南　京	665 989	599 167	35 370	28 470	307 240	283 095
成　都	1 455 164	1 261 108	108 704	101 668	780 956	720 854
新兵团	556 586	412 240	639	670	242 687	173 613
合　计	**105 547 082**	**90 415 891**	**5 840 806**	**4 934 659**	**47 629 322**	**43 240 459**

各地区农业银行、信用社各项贷款累计发放与收回（续1）

（1992年）　　　　单位：万元

地区名称	1. 商业贷款		2. 农副产品收购贷款		三. 技术改造贷款	
	累放	累放	累放	累放	累放	累放
北　京	312 089	206 069	412 327	330 537	12 600	4 933
天　津	330 058	250 648	440 998	380 800	2 747	5 342
河　北	1 142 367	1 004 625	1 472 091	1 397 347	17 557	4 141
山　西	723 517	654 499	598 890	570 758	6 253	3 045
内蒙古	309 360	210 551	317 929	256 988	8 508	1 889
辽　宁	982 690	714 851	1 177 987	1 007 725	27 685	6 851
吉　林	775 167	565 499	1 689 042	1 541 972	18 374	8 038
黑龙江	639 499	447 569	656 807	549 959	20 939	6 089
上　海	840 210	696 905	177 151	169 694	61 866	15 531
江　苏	2 907 317	2 641 100	1 936 166	1 723 908	25 951	10 066
浙　江	1 882 347	1 750 787	1 048 285	985 344	17 652	5 348
安　徽	499 384	359 161	831 946	716 597	19 856	6 972
福　建	572 490	507 507	278 440	271 432	10 392	6 713
江　西	574 305	382 004	744 977	570 581	18 222	10 098
山　东	1 161 114	965 917	2 451 703	2 358 971	34 228	12 053
河　南	845 931	596 940	1 717 497	1 523 641	21 965	9 885
湖　北	879 557	669 310	1 136 588	967 542	23 666	11 288
湖　南	789 719	578 237	1 267 918	1 087 933	16 120	9 794
广　东	3 071 934	2 706 185	430 229	416 504	28 427	13 169
广　西	601 689	557 701	470 738	453 425	12 645	5 278
海　南	135 457	53 198	141 620	115 768	8 152	1 011
四　川	1 654 938	1 289 879	1 746 049	1 476 913	35 094	11 604
贵　州	190 717	153 660	345 091	296 643	9 454	3 649
云　南	364 345	244 888	713 850	614 444	9 191	4 043
陕　西	626 169	527 322	626 835	550 704	13 894	2 992
甘　肃	338 951	253 819	434 217	370 515	1 946	1 434
青　海	51 750	37 630	43 683	39 842	710	259
宁　夏	71 137	57 540	72 498	67 021	1 783	722
新　疆	183 571		789 991	599 777	17 289	4 647
#重　庆	189 787	139 762	187 516	166 878	5 978	1 067
武　汉	355 158	316 825	138 313	115 313	12 077	6 901
沈　阳	307 507	237 133	278 108	241 024	9 114	3 623
大　连	163 715	130 281	136 392	123 963	6 179	1 386
哈尔滨	193 357	147 941	96 234	67 333	7 733	1 198
广　州	466 557	411 581	80 227	72 812	5 699	2 886
西　安	166 436	118 871	141 867	104 327	3 767	1 573
青　岛	179 775	161 090	140 062	144 609	5 630	2 270
宁　波	333 520	308 988	173 054	170 427	4 053	823
厦　门	139 452	113 948	13 744	16 275	535	175
深　圳	247 484	192 414	2 041	1 842		
长　春	199 436	142 151	591 624	546 760	2 951	837
南　京	205 203	181 058	102 037	83 376	3 430	1 420
成　都	375 477	315 375	405 479	356 052	5 476	761
新兵团	20 279		222 408	152 341	12 981	3 255
合　计	**23 457 779**	**19 068 916**	**24 171 543**	**21 413 285**	**503 166**	**190 484**

各地区农业银行、信用社各项贷款累计发放与收回（续2）

（1992年）　　　　　　　　单位：万元

地区名称	四．基本建设贷款		五．乡镇企业贷款		六．农业贷款	
	累放	累收	累放	累收	累放	累收
北　　京	1 633	24	404 057	306 401	420 962	365 130
天　　津	936	49	633 244	513 135	188 231	164 036
河　　北	2 064	577	1 342 211	1 066 187	1 831 788	1 604 446
山　　西	940	100	788 406	666 878	696 340	586 087
内 蒙 古	53	83	105 786	69 072	266 520	216 114
辽　　宁	1 054	437	1 006 878	798 490	999 609	801 092
吉　　林	546	546	226 891	167 830	582 155	472 459
黑 龙 江	7 052	6 074	186 162	135 723	526 896	465 164
上　　海	3 620	320	1 341 521	1 073 895	387 165	343 015
江　　苏	8 695	2 205	5 101 508	4 728 339	1 379 587	1 254 737
浙　　江	340	10	3 652 870	3 275 107	1 032 507	913 446
安　　徽	2 880	200	408 017	316 136	550 895	496 920
福　　建	1 960	2 000	487 730	384 672	523 808	434 816
江　　西	980	176	245 086	177 842	493 365	391 537
山　　东			2 103 969	1 801 297	1 791 155	1 527 085
河　　南	3 804	114	862 435	669 096	1 118 477	929 451
湖　　北	8 082	1 239	346 074	270 820	671 901	579 774
湖　　南	20		538 134	410 849	907 427	772 614
广　　东	600		5 353 700	4 168 981	2 305 282	1 743 569
广　　西	8 476	406	240 409	153 863	608 324	475 756
海　　南	150		19 193	9 156	181 878	116 039
四　　川	13 452	4 256	1 106 508	872 420	1 023 486	860 537
贵　　州	18 200	200	50 748	27 666	167 512	107 592
云　　南	481	260	180 864	126 528	360 584	276 154
陕　　西	1 843		239 569	158 544	432 896	330 689
甘　　肃	450		103 348	80 441	251 349	210 293
青　　海			9 033	5 124	28 605	21 959
宁　　夏	7 600	6 600	29 162	15 018	58 590	49 526
新　　疆	10 880	100	48 166	26 347	496 831	403 846
#重　　庆	1 490	270	132 647	97 238	106 400	94 195
武　　汉			99 191	81 977	157 636	129 932
沈　　阳	420	20	153 020	106 106	120 824	98 189
大　　连			373 697	299 742	259 400	215 294
哈 尔 滨			65 432	42 293	77 999	64 429
广　　州			594 669	375 298	303 545	222 507
西　　安			90 342	58 365	88 812	69 189
青　　岛			307 937	266 174	141 344	117 988
宁　　波			655 687	587 743	124 875	107 109
厦　　门			32 373	20 653	60 060	49 243
深　　圳			178 641	92 056	37 748	32 615
长　　春			48 659	38 383	136 656	108 997
南　　京			211 173	189 748	86 766	79 632
成　　都	1 440	30	389 140	302 735	128 560	114 333
新 兵 团	1 100	100	3 583	1 638	294 127	231 909
合　　计	**106 791**	**25 976**	**27 161 679**	**22 475 857**	**20 284 169**	**16 890 883**

各地区农业银行、信用社各项贷款累计发放与收回（续3）

（1992年）　　单位：万元

地区名称	1. 国营农业贷款		2. 集体农业贷款		3. 农户贷款	
	累　放	累　收	累　放	累　收	累　放	累　收
北　京	253 356	224 828	157 781	130 355	5 029	5 637
天　津	58 805	54 790	94 224	77 703	33 952	30 640
河　北	178 219	151 290	338 863	264 152	1 233 054	1 141 180
山　西	63 401	55 492	164 550	133 049	451 712	390 515
内蒙古	50 151	38 687	20 516	18 514	169 404	146 087
辽　宁	188 197	156 137	375 878	300 376	378 309	314 089
吉　林	197 727	168 820	113 254	85 411	241 613	193 894
黑龙江	278 765	243 395	56 225	51 842	164 245	153 053
上　海	208 609	173 748	170 558	161 331	5 715	6 526
江　苏	307 993	280 678	744 771	668 060	270 395	264 398
浙　江	227 738	214 770	194 061	163 299	584 174	522 378
安　徽	41 937	34 114	40 786	33 699	424 738	406 250
福　建	52 280	50 386	127 273	97 681	318 149	271 918
江　西	170 895	143 233	18 567	15 642	244 270	200 046
山　东	201 844	168 494	957 255	781 647	550 938	522 949
河　南	61 729	46 912	184 230	136 384	792 523	700 522
湖　北	208 862	187 821	89 081	85 477	315 035	270 263
湖　南	128 397	114 071	76 510	55 922	647 632	569 475
广　东	341 537	294 144	597 971	428 332	1 315 279	9 956 679
广　西	132 822	107 010	38 368	27 728	377 643	314 017
海　南	95 369	68 539	10 141	6 735	59 113	37 288
四　川	158 686	148 450	143 396	114 273	629 669	549 923
贵　州	8 225	4 707	9 829	5 068	111 152	86 872
云　南	54 921	43 598	43 204	29 909	225 676	182 619
陕　西	63 637	51 076	33 893	24 240	296 582	237 135
甘　肃	60 340	51 650	18 207	14 022	167 652	142 410
青　海	6 906	4 094	1 243	674	17 434	15 897
宁　夏	16 572	14 881	2 276	1 161	36 460	32 450
新　疆	335 030	270 600	36 339	29 797	107 417	96 490
#重　庆	37 330	37 494	9 277	7 237	58 752	49 297
武　汉	117 461	109 119	16 375	11 012	22 739	8 789
沈　阳	42 249	34 982	43 818	33 989	31 184	27 241
大　连	21 828	17 678	192 220	156 855	38 301	36 534
哈尔滨	49 814	36 394	4 809	5 484	22 515	21 073
广　州	134 351	119 451	75 818	43 480	90 030	58 852
西　安	35 007	28 334	9 941	7 745	39 552	30 394
青　岛	30 579	25 344	99 378	82 152	10 865	9 996
宁　波	42 151	38 425	38 892	29 554	43 352	38 980
厦　门	3 533	4 537	24 260	17 413	30 885	25 985
深　圳	23 828	17 567	3 201	6 680	9 569	7 120
长　春	56 197	44 773	27 588	20 969	50 260	41 050
南　京	35 309	32 145	39 419	34 651	11 640	11 189
成　都	34 249	31 707	40 082	35 191	51 185	45 994
新兵团	286 348	230 322	340	254	400	329
合　计	**4 152 950**	**3 543 415**	**4 859 250**	**3 942 483**	**10 174 964**	**8 800 606**

各地区农业银行、信用社各项贷款累计发放与收回（续 4）

（1992 年）　　单位：万元

地区名称	4. 扶贫贴息贷款		5. 外资配套贷款	
	累　放	累　收	累　放	累　收
北　　京	428	430	3 824	3 047
天　　津				
河　　北	21 503	9 537	2 135	3 000
山　　西	8 740	2 525		
内 蒙 古	7 892	2 550	6 066	4 965
辽　　宁	7 614	2 987	14 764	10 683
吉　　林	1 161	341	15 627	15 900
黑 龙 江	2 511	1 080	1 557	2 366
上　　海			1 613	1 179
江　　苏	174	182	18 419	17 542
浙　　江	4 890	3 287	2 043	4 401
安　　徽	14 046	6 699	952	1 982
福　　建	7 425	3 678	8 274	7 457
江　　西	11 055	3 633	7 482	4 506
山　　东	16 880	9 683	34 264	29 611
河　　南	25 741	10 525	28 270	18 860
湖　　北	22 413	13 073	10 615	11 308
湖　　南	7 516	3 467	10 144	8 020
广　　东	6 181	2 792	12 246	10 886
广　　西	25 692	9 519	7 120	7 057
海　　南	1 254	71		
四　　川	40 837	16 107	16 924	14 107
贵　　州	28 405	8 159	3 302	1 347
云　　南	12 960	6 081	9 971	7 419
陕　　西	21 047	7 674	4 626	3 270
甘　　肃	3 941	1 787		
青　　海	1 897	760		
宁　　夏				
新　　疆	10 582	2 822		
#重　　庆			380	
武　　汉			939	914
沈　　阳			1 184	1 212
大　　连			4 564	3 536
哈 尔 滨	44	45	100	1 120
广　　州			320	451
西　　安	952	317	399	551
青　　岛				
宁　　波				
厦　　门			500	418
深　　圳			1 150	1 150
长　　春			1 449	1 685
南　　京				
成　　都	200	200	275	369
新 兵 团	3 550			
合　　计	**312 785**	**129 449**	**220 238**	**188 913**

各地区农业银行、信用社各项贷款累计发放与收回（续5）

（1992年）

单位：万元

地区名称	6. 开发性贷款		七. 特种贷款	
	累　放	累　收	累　放	累　收
北　京	544	833	11 803	10 768
天　津	1 250	903	14 737	13 232
河　北	58 013	35 287	4 934	7 013
山　西	7 937	4 506	934	781
内蒙古	12 491	5 311	565	517
辽　宁	34 847	16 820	4 234	4 339
吉　林	12 773	8 093	615	899
黑龙江	23 593	13 428	2 245	2 218
上　海	670	231		
江　苏	37 835	23 877	19 931	18 552
浙　江	19 601	5 311	18 496	16 296
安　徽	28 436	14 176	1 186	1 500
福　建	10 407	3 696	314	1 878
江　西	41 096	24 477	6 242	5 444
山　东	29 974	14 701	10 943	8 959
河　南	25 984	16 248	3 706	3 643
湖　北	25 895	11 832	13 173	13 531
湖　南	37 273	21 659	4 125	3 438
广　东	32 068	11 736	5 589	9 115
广　西	26 679	10 425	1 651	654
海　南	16 001	3 406	9	14
四　川	33 974	17 677	3 324	3 278
贵　州	6 599	1 439	214	632
云　南	13 852	6 528	2 536	2 193
陕　西	13 111	7 294	1 552	1 782
甘　肃	1 209	424	910	657
青　海	1 125	534		
宁　夏	3 282	1 028		
新　疆	7 463	4 137		
#重　庆	661	167	81	198
武　汉	122	93	1 293	1 852
沈　阳	2 389	856	3 989	3 409
大　连	2 487	691	65	543
哈尔滨	717	313	1 484	1 345
广　州	3 026	273	550	3 185
西　安	2 961	1 848	204	160
青　岛	522	496	4 648	4 335
宁　波	480	150	12 452	11 731
厦　门	882	890		
深　圳				
长　春	1 162	520	27	98
南　京	398	246	397	265
成　都	2 569	872	419	472
新兵团	3 489	1 004		
合　计	**563 982**	**286 017**	**133 968**	**132 048**

2

现 金

农业银行现金收支分月统计

（1992 年）　　单位：亿元

项　　目	1 月	2 月	3 月	4 月	5 月	6 月
收　入　合　计	**720.72**	**829.34**	**764.66**	**739.36**	**739.01**	**753.13**
一、商业销售收入	204.68	213.21	231.02	223.83	217.77	217.55
二、农村信用收入	187.14	244.40	182.39	172.19	174.21	186.29
1. 农村信用社收入	152.86	210.64	143.77	134.79	136.98	148.45
2. 乡镇企事业收入	24.53	24.51	28.75	27.66	27.48	27.99
#商品销售收入	11.19	10.75	13.56	12.93	12.60	12.87
3. 城乡个体收入	9.75	9.25	9.87	9.74	9.75	9.85
三、储蓄存款收入	241.53	284.68	260.31	248.63	249.51	245.41
四、其他收入	84.51	84.34	87.86	89.48	92.12	97.18
五、债券收入	0.87	0.64	0.93	2.72	3.10	4.36
#农村金融债券收入	0.17	0.14	0.16	0.10	0.22	0.28
六、其他金融机构收入	1.99	2.07	2.15	2.51	2.30	2.34
投放（＋）回笼（－）	331.56	－158.21	15.27	71.54	65.88	73.02
支　出　合　计	**1 052.28**	**671.13**	**779.93**	**810.90**	**804.89**	**826.15**
一、工资性支出	131.12	72.00	79.31	85.48	83.04	84.30
1. 国家工资性支出	103.16	58.05	63.74	68.16	65.72	66.08
2. 城镇工资性支出	27.96	13.95	15.57	17.32	17.32	18.22
二、农付产品采购支出	84.96	43.20	50.19	53.30	60.43	96.23
三、农村信用支出	474.67	247.89	300.08	313.76	303.08	292.04
1. 信用社支出	382.40	197.02	245.99	250.59	238.57	225.87
2. 乡镇企事业支出	76.10	39.04	39.09	46.98	48.37	50.10
#工资性收入	32.40	11.98	9.89	12.01	12.42	12.93
3. 城乡个体支出	16.17	11.83	15.00	16.19	16.14	16.07
四、储蓄存款支出	229.99	212.22	244.46	243.54	238.71	230.52
五、其他支出	129.07	94.12	104.10	112.38	116.13	118.35
六、债券支出	0.45	0.61	0.46	0.90	1.93	2.82
#农村金融债券支出	0.03	0.06	0.02	0.08	0.16	0.23
七、其他金融机构支出	2.02	1.09	1.33	1.54	1.57	1.89

农业银行现金收支分月统计（续）

（1992 年）　　　　单位：亿元

项　　目	7 月	8 月	9 月	10 月	11 月	12 月
收 入 合 计	**792.05**	**801.59**	**849.64**	**862.29**	**911.74**	**1 200.48**
一、商业销售收入	221.05	215.72	222.87	221.05	210.94	245.45
二、农村信用收入	189.13	194.16	213.91	225.52	256.60	337.21
1. 农村信用社收入	149.63	151.50	165.97	176.48	205.83	272.65
2. 乡镇企事业收入	29.40	31.48	34.66	35.44	35.47	42.33
#商品销售收入	13.03	14.24	15.82	16.16	15.84	17.76
3. 城乡个体收入	10.10	11.18	13.28	13.60	15.30	22.23
三、储蓄存款收入	262.43	269.46	287.26	294.14	314.57	447.01
四、其他收入	108.39	113.70	117.92	114.26	121.45	162.67
五、债券收入	7.91	5.61	4.68	3.95	4.53	3.60
#农村金融债券收入	1.24	0.58	0.41	0.24	0.17	0.11
六、其他金融机构收入	3.14	2.94	3.00	3.37	3.65	4.54
投放（+）回笼（-）	112.69	134.84	146.55	168.95	179.08	177.80
支 出 合 计	**904.74**	**936.43**	**996.19**	**1 031.24**	**1 090.82**	**1 378.28**
一、工资性支出	93.62	88.55	98.36	94.37	100.83	138.76
1. 国家工资性支出	73.59	68.64	76.69	72.78	78.33	108.73
2. 城镇工资性支出	20.03	19.91	21.67	21.59	22.50	30.03
二、农付产品采购支出	73.81	79.29	100.14	144.16	144.94	128.59
三、农村信用支出	332.80	354.00	352.62	348.39	375.89	483.09
1. 信用社支出	259.26	279.21	274.50	269.91	292.90	376.66
2. 乡镇企事业支出	55.38	55.65	58.85	57.89	61.33	77.94
#工资性收入	14.54	14.49	16.24	13.72	14.73	19.58
3. 城乡个体支出	18.16	19.14	19.27	20.59	21.66	28.49
四、储蓄存款支出	259.31	272.18	282.97	289.18	305.13	411.97
五、其他支出	132.53	135.74	147.73	149.76	159.64	209.43
六、债券支出	10.71	4.52	11.87	2.83	1.63	2.04
#农村金融债券支出	0.44	0.41	0.63	0.17	0.09	0.12
七、其他金融机构支出	1.96	2.15	2.50	2.55	2.76	4.40

农业银行农副产品采购现金支出分月统计

	1 月	2 月	3 月	4 月	5 月	6 月	7 月
绝对数							
1980	18.28	10.34	10.48	12.33	14.08	16.28	15.74
1981	24.30	6.93	13.71	15.42	19.43	24.51	21.55
1982	26.64	11.87	17.80	18.04	23.83	32.75	29.41
1983	31.78	14.87	19.28	20.75	24.84	41.37	42.55
1984	36.80	12.36	22.95	22.19	26.24	42.20	59.49
1985	49.80	24.01	24.11	23.30	28.26	53.73	59.20
1986	42.17	15.19	23.02	24.85	38.12	68.40	56.83
1987	49.74	21.79	32.91	34.34	47.07	72.27	72.60
1988	61.67	37.35	37.62	43.46	54.73	92.66	79.02
1989	65.44	28.61	46.22	40.37	47.65	76.33	74.41
1990	68.90	29.26	50.52	46.11	58.32	83.51	81.09
1991	85.11	45.96	42.19	50.20	59.09	81.42	78.31
1992	84.96	43.20	50.19	53.30	60.43	96.23	73.81
各月支出占全年支出%							
1980	8.16	4.62	4.68	5.50	6.29	7.27	7.03
1981	8.23	2.35	4.64	5.22	6.58	8.30	7.30
1982	7.04	3.14	4.70	4.77	6.30	8.65	7.77
1983	5.66	2.65	3.43	3.69	4.42	7.37	7.58
1984	5.63	1.89	3.51	3.40	4.02	6.46	9.10
1985	7.91	3.81	3.83	3.70	4.49	8.53	9.40
1986	5.71	2.03	3.08	3.32	5.10	9.15	7.60
1987	5.84	2.56	3.86	4.03	5.53	8.49	8.52
1988	6.43	3.89	3.92	4.53	5.70	9.66	8.24
1989	6.67	2.91	4.71	4.11	4.85	7.78	7.58
1990	5.87	2.49	4.31	4.28	4.97	7.12	6.91
1991	6.88	3.72	3.41	4.06	4.78	6.58	6.33
1992	8.02	4.08	4.74	5.03	5.71	9.08	6.97

农业银行农副产品采购现金支出分月统计（续）

单位：亿元、%

	8 月	9 月	10 月	11 月	12 月	全年支出	最高月份	最低月份
绝对数								
1980	16.45	18.73	26.39	32.13	32.78	224.01	12月	2月
1981	23.18	25.54	37.57	39.86	43.35	295.35	12月	2月
1982	29.67	35.65	50.01	48.68	54.11	378.46	12月	2月
1983	42.93	65.92	89.04	102.53	65.80	561.66	11月	2月
1984	55.35	64.20	121.56	101.44	88.70	653.48	10月	2月
1985	52.97	50.05	68.75	102.58	93.07	629.83	11月	2月
1986	59.60	74.92	122.19	118.28	103.48	747.59	10月	2月
1987	72.35	98.56	134.38	105.13	110.53	851.67	10月	2月
1988	86.92	92.85	130.62	133.99	108.50	959.39	11月	2月
1989	82.98	79.67	159.04	146.92	134.05	981.69	10月	2月
1990	92.24	128.42	220.06	162.80	151.98	1 173.22	10月	2月
1991	92.01	115.44	260.31	187.21	139.32	1 236.57	10月	3月
1992	79.29	100.14	144.16	144.94	128.59	1 059.23	11月	2月
各月支出占全年支出%								
1980	7.34	8.36	11.78	14.34	14.63	100.00		
1981	7.85	8.65	12.72	13.50	14.68	100.00		
1982	7.84	9.42	13.21	12.86	14.30	100.00		
1983	7.64	11.74	15.85	18.25	11.72	100.00		
1984	8.47	9.82	18.60	15.52	13.57	100.00		
1985	8.41	7.95	10.92	16.29	14.78	100.00		
1986	7.97	10.02	16.34	15.82	13.84	100.00		
1987	8.50	11.57	15.78	12.34	12.98	100.00		
1988	9.06	9.68	13.61	13.97	11.31	100.00		
1989	8.45	8.12	16.20	14.97	13.66	100.00		
1990	7.86	10.95	18.76	13.88	12.95	100.00		
1991	7.44	9.34	21.05	15.14	11.27	100.00		
1992	7.49	9.45	13.61	13.68	12.14	100.00		

农业银行现金收支分上半年、下半年、季度统计

（1992 年） 单位：亿元

项　　目	全　年	上半年	下半年	一季度	二季度	三季度	四季度
收入合计	**9 964.07**	**4 546.26**	**5 417.81**	**2 314.73**	**2 231.53**	**2 443.29**	**2 974.52**
一、商业销售收入	2 645.16	1 308.07	1 337.09	648.92	659.15	659.65	677.44
二、农村信用收入	2 563.16	1 146.62	1 416.54	613.94	532.68	597.20	819.34
1. 农村信用社收入	2 049.53	927.50	1 122.03	507.27	420.23	467.08	654.95
2. 乡镇企事业收入	369.71	160.91	208.80	77.79	83.12	95.55	113.25
# 商品销售收入	166.74	73.89	92.85	35.49	38.40	43.09	99.76
3. 城乡个体收入	143.92	58.21	85.71	28.88	29.33	34.57	51.14
三、储蓄存款收入	3 404.95	1 530.08	1 874.87	786.52	743.56	819.15	1 055.72
四、其他收入	1 273.90	535.51	738.39	256.70	278.81	340.02	398.37
五、债券收入	42.90	12.61	30.29	2.44	10.17	18.20	12.09
#农村金融债券收入	3.83	1.07	2.76	0.46	0.61	2.23	0.53
六、其他金融机构收入	34.00	13.37	20.63	6.21	7.16	9.07	11.56
投放（+）回笼（－）	1 318.95	399.05	919.90	188.60	210.45	394.08	525.82
支出合计	**11 283.02**	**4 945.31**	**6 337.71**	**2 503.33**	**2 441.98**	**2 837.37**	**3 500.34**
一、工资性支出	1 149.74	535.25	614.49	282.43	252.82	280.53	333.96
1. 国家工资性支出	903.66	424.90	478.76	224.95	199.95	218.92	259.84
2. 城镇工资性支出	246.08	110.35	135.73	57.48	52.87	61.61	74.12
二、农付产品采购支出	1 059.23	388.31	670.92	178.36	209.95	253.23	417.69
三、农村信用支出	4 178.30	1 931.51	2 246.79	1 022.63	908.88	1 039.42	1 207.37
1. 信用社支出	3 292.84	1 540.42	1 752.42	825.39	715.03	812.96	939.46
2. 乡镇企事业支出	666.73	299.69	367.04	154.24	145.45	169.88	197.16
# 工资性收入	184.93	91.63	93.30	54.27	37.36	45.27	48.03
3. 城乡个体支出	218.73	91.40	127.33	43.00	48.40	56.58	70.75
四、储蓄存款支出	3 220.16	1 399.43	1 820.73	686.67	712.76	814.45	1 006.28
五、其他支出	1 609.02	674.18	934.84	327.30	346.88	416.01	518.83
六、债券支出	40.78	7.18	33.60	1.52	5.66	27.11	6.49
# 农村金融债券支出	2.42	0.57	1.85	0.11	0.46	1.48	0.37
七、其他金融机构支出	25.79	9.45	16.34	4.42	5.03	6.62	9.72

各地区农业银行现金投放（+）回笼（－）分上半年、下半年、季度统计

（1992 年）

单位：万元

地区	全年	上半年	下半年	一季度	二季度	三季度	四季度
全国总计	**13 189 526**	**3 990 448**	**9 199 078**	**1 885 991**	**2 104 457**	**3 940 799**	**5 258 279**
北京	467 936	184 798	283 138	101 239	83 559	111 019	172 119
天津	204 324	64 160	140 164	39 820	24 340	59 008	81 156
河北	509 000	148 517	360 483	56 120	92 397	173 928	186 555
山西	565 532	228 120	337 412	124 189	103 931	158 860	178 552
内蒙古	182 528	98 563	83 965	34 812	63 751	55 923	28 042
辽宁	682 267	269 079	413 188	169 248	99 831	203 453	209 735
吉林	388 686	90 249	298 437	40 347	49 902	80 564	217 873
黑龙江	473 867	149 068	324 799	84 563	64 505	132 729	192 070
上海	239 977	50 802	189 175	20 502	30 300	43 907	145 268
江苏	1 494 822	411 628	1 083 194	172 953	238 675	368 156	715 038
浙江	921 336	280 119	641 217	94 460	185 659	329 191	312 026
安徽	558 842	261 749	297 093	125 575	136 174	120 868	176 225
福建	484 856	173 303	311 553	73 945	99 358	155 107	156 446
江西	261 712	100 743	160 969	62 566	38 177	54 181	106 788
山东	872 173	323 773	548 400	170 828	152 945	187 182	361 218
河南	768 720	248 045	520 675	136 162	111 883	220 927	299 748
湖北	437 070	97 895	339 175	61 852	36 043	129 108	210 067
湖南	225 172	45 738	179 434	19 964	25 774	83 911	95 523
广东	1 256 938	214 843	1 042 095	104 454	110 389	398 462	643 633
广西	91 976	6 169	85 807	4 500	1 669	63 937	21 870
海南	195 336	60 906	134 430	30 986	29 920	59 680	74 750
四川	597 510	95 887	501 623	－25 064	120 951	228 241	273 382
贵州	194 332	57 921	136 411	28 083	29 838	87 415	48 996
云南	373 674	80 459	293 215	55 916	24 543	182 065	111 150
陕西	207 474	72 187	135 287	29 977	42 210	71 451	63 836
甘肃	131 942	43 282	88 660	12 233	31 049	55 381	33 279
青海	11 650	3 934	7 716	－888	4 822	7 290	426
宁夏	51 422	15 988	35 434	8 420	7 568	24 167	11 267
新疆	338 452	112 523	225 929	48 229	64 294	94 688	131 241
#重庆	28 216	－8 558	36 774	－15 128	6 570	17 278	19 496
武汉	82 125	9 047	73 078	3 752	5 295	32 800	40 278
沈阳	60 560	15 441	45 119	11 752	3 689	20 221	24 898
大连	125 587	46 789	78 798	23 304	23 485	37 420	41 378
哈尔滨	62 982	8 445	54 537	2 310	6 135	17 472	37 065
广州	－7 419	－28 680	21 261	1 553	－30 233	7 542	13 719
西安	27 838	12 160	15 678	5 827	6 333	6 285	9 393
青岛	102 013	32 925	69 088	15 573	17 352	16 887	52 201
宁波	412 844	268 756	144 088	120 381	148 375	64 076	80 012
厦门	－4 008	－1 352	－2 656	1 533	－2 885	－1 284	－1 372
深圳	－237 258	－168 431	－68 827	－39 557	－128 874	－58 905	－9 922
长春	93 589	17 952	75 637	4 858	13 094	20 363	55 274
南京	46 538	19 546	26 992	8 285	11 261	1 313	25 679
成都	50 102	－21 718	71 820	－21 845	127	21 769	50 051
新兵团	64 381	20 103	44 278	8 365	11 738	15 927	28 351

农业银行现金投放

单位：亿元

	全 年	上 半 年	下 半 年	一 季 度	二 季 度	三 季 度	四 季 度
1986	559.88	148.57	411.31	64.92	83.64	152.02	259.29
1987	621.91	226.59	395.32	100.90	125.69	198.70	196.62
1988	822.82	321.07	501.75	146.82	174.25	264.26	237.49
1989	592.47	227.09	365.37	126.06	101.04	107.65	257.72
1990	641.14	89.30	551.84	28.37	60.94	220.50	331.34
1991	872.03	237.95	634.08	146.71	91.24	236.58	397.50
1992	1 318.95	399.04	919.91	188.60	210.45	394.08	525.83

农业银行现金收入与支出

单位：亿元

	1988 年	1989 年	1990 年	1991 年	1992 年
一、商品销售收入	1 921.41	1 950.61	2 036.66	2 298.10	2 645.16
二、农村信用收入	1 332.28	1 378.29	1 637.52	2 019.14	2 563.16
1. 农村信用社收入	1 045.22	1 104.93	1 337.29	1 639.87	2 049.53
2. 乡镇企事业收入	207.14	197.27	215.27	270.45	369.71
3. 城乡个体收入	79.92	76.09	84.96	108.82	143.92
三、储蓄存款收入	1 222.43	1 539.73	1 830.16	2 326.90	3 404.95
四、其它收入	477.87	588.62	686.51	868.71	1 273.90
五、债券收入	15.30	17.29	14.47	17.29	42.90
六、其它金融机构收入	4.58	8.35	15.56	20.30	34.00
收入合计	4 973.88	5 482.89	6 220.88	7 550.43	9 964.07
内部现金收入	1 993.71	2 076.79	2 531.13	3 140.33	4 074.07
由人行发行库领取现金	1 205.56	1 075.07	1 285.76	1 638.11	2 159.59
同业拆入现金	3.37	6.40	6.58	6.33	11.03
前期业务库存	509.17	634.28	747.87	840.08	849.97
收入总计	**8 685.68**	**9 275.43**	**10 792.22**	**13 175.28**	**17 058.73**
一、工资性支出	600.37	677.80	780.49	922.00	1 149.74
1. 国家工资性支出	478.27	541.77	627.51	738.75	903.66
2. 城镇工资性支出	122.10	136.03	152.98	183.25	246.08
二、农付品采购支出	959.39	981.69	1 173.22	1 236.57	1 059.23
三、农村信用支出	2 407.14	2 244.93	2 424.68	3 044.46	4 178.30
1. 信用社支出	1 914.36	1 782.05	1 921.80	2 407.88	3 292.84
2. 乡镇企事业支出	384.67	361.32	387.02	485.30	666.73
3. 城乡个体支出	108.11	101.56	115.86	151.28	218.73
四、储蓄存款支出	1 158.80	1 406.60	1 581.42	2 091.57	3 220.16
五、其它支出	655.21	742.79	869.30	1 090.69	1 609.02
六、债券支出	11.24	13.74	21.35	22.03	40.78
七、其它金融机构支出	4.55	7.80	11.56	15.14	25.79
支出合计	5 796.70	6 075.36	6 862.02	8 422.46	11 283.02
内部现金支出	1 995.62	2 078.32	2 532.83	3 142.38	4 072.75
交回人行发行库现金	375.88	466.48	632.09	751.85	815.44
同业拆出现金	3.10	9.83	11.12	13.68	20.82
本期业务库存	514.38	645.45	754.16	844.91	866.70
支出总计	**8 685.68**	**9 275.43**	**10 792.22**	**13 175.28**	**17 058.73**

农业银行现金投放（+）回笼（—）分月统计

	1 月	2 月	3 月	4 月	5 月	6 月	7 月
绝对数（亿元）							
1980	40.86	—1.50	—1.50	3.64	3.59	8.23	12.19
1981	69.34	—25.77	0.29	6.27	7.73	12.73	14.52
1982	64.29	—10.74	6.21	6.81	6.66	17.12	15.90
1983	67.57	11.76	12.04	20.25	17.11	25.34	29.89
1984	100.04	—30.99	19.37	17.32	17.05	25.58	44.41
1985	89.37	40.10	5.89	17.62	17.73	34.89	42.09
1986	78.55	—17.62	3.99	19.46	24.95	39.24	35.21
1987	135.19	—58.75	24.45	38.19	42.25	45.27	55.43
1988	111.20	44.20	—8.58	50.21	49.06	74.98	75.05
1989	191.69	—55.80	—9.85	29.22	26.49	45.34	33.64
1990	179.63	—139.54	—11.74	20.91	20.53	19.49	40.53
1991	166.35	31.51	—51.15	29.34	29.34	32.55	52.02
1992	331.56	—158.21	15.27	71.54	65.88	73.02	112.69
各月投放占全年投放%							
1980	21.95			1.96	1.93	4.42	6.55
1981	32.11		0.13	2.90	3.58	5.89	6.72
1982	24.74		2.39	2.62	2.56	6.59	6.12
1983	18.11	3.15	3.23	5.43	4.59	6.79	8.01
1984	18.41		3.56	3.19	3.14	4.71	8.17
1985	16.84	7.56	1.11	3.32	3.34	6.58	7.93
1986	14.03		0.71	3.48	4.46	7.01	6.29
1987	21.74		3.93	6.14	6.79	7.28	8.91
1988	13.51	5.37		6.10	5.96	9.11	9.12
1989	32.35			4.93	4.47	7.65	5.68
1990	28.02			3.26	3.20	3.04	6.32
1991	19.08	3.61		3.36	3.36	3.73	5.97
1992	25.14		1.16	5.42	4.99	5.54	8.54

农业银行现金投放（+）回笼（-）分月统计（续）

	8 月	9 月	10 月	11 月	12 月	全年投放	最高月份	最低月份
绝对数（亿元）								
1980	13.68	17.53	21.80	28.99	38.67	186.18	1月	3月
1981	16.09	19.03	25.68	28.00	42.06	215.97	1月	2月
1982	17.54	26.77	30.66	34.17	44.43	259.82	1月	2月
1983	25.79	44.02	45.37	50.13	23.74	373.01	1月	2月
1984	46.59	58.23	90.21	76.20	79.42	543.43	1月	2月
1985	42.53	45.66	46.54	79.26	68.91	530.59	1月	3月
1986	49.34	67.47	88.56	81.92	88.81	559.88	12月	2月
1987	57.84	85.42	83.06	60.19	53.37	621.91	1月	2月
1988	99.25	89.96	81.27	92.44	63.78	822.82	1月	3月
1989	42.18	31.84	88.97	86.01	82.73	592.46	1月	2月
1990	70.48	109.48	133.81	102.33	95.50	641.14	1月	2月
1991	80.66	103.90	187.95	117.33	92.22	872.03	10月	3月
1992	134.84	146.55	168.95	179.08	177.80	1318.95	1月	2月
各月投放占全年投放%								
1980	7.35	9.42	11.71	15.57	20.77	100.00		
1981	7.45	8.81	11.89	12.96	19.47	100.00		
1982	6.75	10.30	11.80	13.15	17.10	100.00		
1983	6.91	11.80	12.16	13.44	6.36	100.00		
1984	8.57	10.72	16.60	14.02	14.61	100.00		
1985	8.02	8.61	8.77	14.94	12.99	100.00		
1986	8.81	12.05	15.82	14.63	15.86	100.00		
1987	9.30	13.74	13.36	9.68	8.58	100.00		
1988	12.06	10.93	9.88	11.23	7.75	100.00		
1989	7.12	5.37	15.02	14.52	13.96	100.00		
1990	10.99	17.08	20.87	15.96	14.90	100.00		
1991	9.25	11.91	21.55	13.45	10.58	100.00		
1992	10.22	11.11	12.81	13.58	13.48	100.00		

信用社现金收支分月统计表

(1992)

单位：亿元

项目	1月	2月	3月	4月	5月	6月
收入合计	**529.87**	**627.53**	**567.65**	**549.29**	**541.94**	**555.56**
一、集体现金收入	22.75	18.90	20.43	20.60	20.16	21.45
二、乡镇企事业收入	63.37	64.17	72.63	72.59	73.18	76.40
三、个人存款收入	364.76	460.46	389.84	371.71	364.97	363.77
四、农户贷款收入	32.46	33.96	34.54	35.59	34.60	40.29
五、商品销售收入	3.07	3.73	4.05	3.72	4.06	4.61
六、其他收入	43.46	46.31	46.16	45.08	44.97	49.04
投放（+）回笼（-）	202.62	11.85	91.67	107.56	91.71	68.19
支出合计	**732.49**	**639.38**	**659.32**	**656.85**	**633.65**	**623.75**
一、集体现金支出	67.96	37.79	29.04	32.27	32.04	34.00
#农户分配	18.32	6.00	3.99	3.34	3.70	3.59
二、乡镇企事业支出	158.70	105.98	95.68	110.46	115.41	119.61
#工资性支出	44.69	20.59	15.55	18.20	18.73	19.66
三、个人存款支出	367.05	371.44	389.88	381.38	370.47	356.03
四、农户贷款支出	62.57	52.58	78.28	66.60	50.75	45.57
五、农副产品收购	2.69	2.22	1.94	2.40	2.33	3.70
六、其他支出	73.52	69.37	64.50	63.74	62.65	64.84

项目	7月	8月	9月	10月	11月	12月
收入合计	**579.11**	**602.28**	**654.56**	**664.27**	**734.55**	**1007.75**
一、集体现金收入	23.89	25.63	25.56	26.23	28.71	38.74
二、乡镇企事业收入	80.45	83.58	92.87	91.76	96.33	122.35
三、个人存款收入	379.81	395.95	421.49	425.59	460.62	593.87
四、农户贷款收入	40.69	42.24	49.71	58.54	78.82	141.92
五、商品销售收入	4.26	3.62	3.92	3.79	3.65	4.76
六、其他收入	50.01	51.26	61.01	58.36	66.42	106.11
投放（+）回笼（-）	103.39	113.88	95.31	88.23	79.13	72.60
支出合计	**682.50**	**716.16**	**749.87**	**752.50**	**813.68**	**1 080.35**
一、集体现金支出	36.80	38.52	40.32	41.14	44.62	61.99
#农户分配	3.73	3.78	4.21	4.08	4.65	7.10
二、乡镇企事业支出	131.10	132.66	143.79	146.53	157.23	197.93
#工资性支出	21.64	21.33	31.54	23.89	25.58	32.89
三、个人存款支出	393.86	422.35	437.60	438.07	471.55	606.39
四、农户贷款支出	47.52	48.19	45.38	43.67	50.14	84.41
五、农副产品收购	2.42	2.79	3.15	3.50	3.24	3.51
六、其他支出	70.80	71.65	79.63	79.59	86.90	126.12

信用社现金收支分上半年、下半年、季度统计表

单位：亿元

项　　目	全　年	上半年	下半年	一季度	二季度	三季度	四季度
收入合计	**7 614.39**	**3 371.87**	**4 242.52**	**1 725.07**	**1 646.80**	**1 835.95**	**2 406.57**
一、集体现金收入	293.06	124.30	168.76	62.09	62.21	75.08	93.68
二、乡镇企事业收入	989.68	422.35	567.33	200.17	222.18	256.89	310.44
三、个人存款收入	4 992.83	2 315.51	2 677.32	1 215.07	1 100.44	1 197.24	1 480.08
四、农户贷款收入	623.38	211.44	411.94	100.96	110.48	132.65	279.29
五、商品销售收入	47.24	23.25	23.99	10.86	12.39	11.80	12.19
六、收入其他	668.20	275.02	393.18	135.92	139.10	162.29	230.89
投放（＋）回笼（－）	1 126.12	573.58	552.54	306.13	267.45	312.58	239.96
支出合计	**8 740.51**	**3 945.45**	**4 795.06**	**2 031.20**	**1 914.25**	**2 148.53**	**2 646.53**
一、集体现金支出	496.48	233.10	263.38	134.79	98.31	115.63	147.75
#农户分配	66.49	38.94	27.55	28.31	10.63	11.72	15.83
二、乡镇企事业支出	1 615.08	705.84	909.24	360.35	345.49	407.55	501.69
#工资性支出	294.30	137.43	156.87	80.83	56.60	74.51	82.36
三、个人存款支出	5 006.05	2 236.24	2 769.81	1 128.36	1 107.88	1 253.80	1 516.01
四、农户贷款支出	675.65	356.34	319.31	193.43	162.91	141.09	178.22
五、农副产品收购	33.90	15.29	18.61	6.86	8.43	8.36	10.25
六、其他支出	913.35	398.64	514.71	207.41	191.23	222.10	292.61

各地区信用社现金投放（＋）回笼（－）分上半年、下半年、季度统计

（1992 年）

单位：万元

地　区	全　年	上半年	下半年	一季度	二季度	三季度	四季度
全国总计	**11 261 219**	**5 735 806**	**5 525 413**	**3 061 282**	**2 674 524**	**3 125 813**	**2 399 600**
北　京	480 956	209 964	270 992	114 943	95 021	115 136	155 856
天　津	199 582	87 104	112 478	47 998	39 106	51 012	61 466
河　北	494 683	267 406	227 277	126 376	141 030	185 089	42 188
山　西	395 194	213 072	182 122	120 657	92 415	104 555	77 567
内蒙古	76 946	85 936	－8 990	44 056	41 880	18 834	－27 824
辽　宁	576 467	333 631	242 836	185 413	148 218	161 246	81 590
吉　林	170 698	131 402	39 296	74 700	56 702	40 712	－1 416
黑龙江	235 848	160 844	75 004	90 660	70 184	58 444	16 560
上　海	402 177	192 473	209 704	122 977	69 496	90 078	119 626
江　苏	2 066 532	924 584	1 141 948	503 654	420 930	558 933	583 015
浙　江	1 245 625	521 830	723 795	273 902	247 928	376 741	347 054
安　徽	302 863	210 981	91 882	128 858	82 123	91 584	298
福　建	300 674	142 195	158 479	59 932	82 263	96 507	61 972
江　西	134 090	103 243	30 847	53 631	49 612	35 200	－4 353
山　东	1 190 693	610 367	580 326	313 057	297 310	328 515	251 811
河　南	331 871	204 800	127 071	109 335	95 465	93 614	33 457
湖　北	139 751	87 242	52 509	54 748	32 494	46 588	5 921
湖　南	218 750	156 117	62 633	85 762	70 555	57 187	5 446
广　东	1 260 977	404 014	856 963	153 364	250 650	358 169	498 794
广　西	66 706	83 938	－17 232	39 583	44 355	23 591	－40 823
海　南	11 144	－775	11 919	220	－995	5 675	6 244
四　川	432 555	187 338	245 217	105 197	82 141	109 483	135 734
贵　州	42 525	48 064	－5 539	28 810	19 254	－2 179	－3 360
云　南	165 037	115 248	49 789	75 355	39 893	36 318	13 471
陕　西	158 356	92 147	66 209	51 438	40 709	46 900	19 309
甘　肃	64 353	62 255	2 098	38 812	23 443	15 551	－13 453
青　海	11 754	11 754	0	6 928	4 826	1 846	－1 846
宁　夏	28 503	23 921	4 582	15 870	8 051	4 896	－314
新　疆	55 909	64 711	－8 802	35 246	29 465	15 588	－24 390
# 重　庆	48 104	18 136	29 968	8 293	9 843	15 268	14 700
武　汉	53 726	21 640	32 086	10 602	11 038	15 168	16 918
沈　阳	128 654	63 178	65 476	34 169	29 009	37 040	28 436
大　连	124 374	62 448	61 926	31 669	30 779	31 180	30 746
哈尔滨	37 086	25 480	11 606	13 572	11 908	9 108	2 498
广　州	184 762	60 634	124 128	29 571	31 063	41 884	82 244
西　安	46 477	21 672	24 805	11 854	9 818	13 689	11 116
青　岛	122 386	50 976	71 410	28 953	22 023	32 747	38 663
宁　波	566 674	393 809	172 865	158 911	234 898	82 463	90 402
厦　门	23 408	9 914	13 494	3 729	6 185	6 547	6 947
深　圳	－43 897	－52 850	8 953	－9 851	－42 999	－17 985	26 938
长　春	42 036	29 737	12 299	15 022	14 715	7 647	4 652
南　京	106 470	49 217	57 253	28 852	20 365	25 942	31 311
成　都	152 840	54 168	98 672	27 495	26 673	33 753	64 919
新兵团	2 780	815	1 965	363	452	572	1 393

信用社现金收入与支出

单位：亿元

	1988年	1989年	1990年	1991年	1992年
一、集体现金收入	140.95	139.34	159.17	203.03	293.06
二、乡镇企事业收入	473.19	465.88	531.03	688.06	989.68
三、个人存款收入	2 194.95	2 393.52	2 809.82	3 581.14	4 992.83
四、农户贷款收入	360.88	333.07	438.35	539.95	623.38
五、商品销售收入	43.76	40.78	39.66	40.25	47.24
六、其它收入	293.87	337.56	390.40	480.93	668.20
收入合计	3 507.58	3 710.15	4 368.43	5 533.38	7 614.39
从银行领取现金	1 878.79	1 753.94	1 884.77	2 364.57	3 247.81
信用分社交存现金	596.31	672.00	792.95	1 026.61	1 444.94
期初库存	163.05	226.97	272.54	324.34	397.26
收入总计	**6 145.74**	**6 363.05**	**7 318.68**	**9 248.89**	**12 704.40**
一、集体现金支出	292.61	276.76	299.46	364.72	496.48
二、乡镇企事业支出	850.74	816.05	882.37	1 120.03	1 615.08
三、个人存款支出	2 354.32	2 440.00	2 682.72	3 480.99	5 006.05
四、农户贷款支出	363.43	319.47	479.27	589.38	675.65
五、农副产品收购支出	40.99	32.14	33.75	34.83	33.90
六、其它支出	387.13	447.80	532.81	661.72	913.35
支出合计	4 289.22	4 332.22	4 910.38	6 251.67	8 740.51
送存银行现金	1 037.40	1 086.78	1 318.05	1 608.42	2 029.69
信用分社提取现金	649.25	709.39	814.45	1 058.69	1 518.54
期末库存	169.86	234.67	275.81	330.11	415.66
支出总计	**6 145.74**	**6 363.06**	**7 318.68**	**9 248.89**	**12 704.40**

信用社现金投放

单位：亿元

	全　年	上半年	下半年	一季度	二季度	三季度	四季度
1987	566.33	355.89	210.44	198.51	157.38	140.67	69.77
1988	781.63	462.98	318.66	243.38	219.59	224.28	94.37
1989	622.07	416.98	205.08	234.84	182.15	134.44	70.64
1990	541.95	328.11	213.84	178.59	149.52	152.19	61.65
1991	718.30	456.87	261.43	265.31	191.56	184.68	76.75
1992	1 126.12	573.58	552.54	306.13	267.45	312.58	239.96

信用社现金投放（＋）回笼（－）分月统计

	1月	2月	3月	4月	5月	6月	7月
绝对数（亿元）							
1982	71.00	14.10	25.11	21.65	19.24	19.06	17.73
1983	61.09	36.59	32.36	31.57	27.43	21.00	22.76
1984	75.19	13.52	37.43	32.38	30.08	22.95	27.01
1985	87.23	58.02	35.94	43.12	36.42	26.63	27.00
1986	78.75	32.68	40.00	45.12	41.25	26.26	29.91
1987	115.74	18.69	64.09	62.17	56.07	39.15	43.31
1988	106.23	75.34	61.81	85.87	71.58	62.15	65.00
1989	133.00	31.75	70.09	72.46	62.47	47.21	42.29
1990	133.85	－15.06	59.80	65.57	54.40	29.54	41.07
1991	134.52	76.16	54.63	84.18	67.04	40.34	52.86
1992	202.62	11.84	91.67	107.56	91.70	68.19	103.39
各月投放占全年投放％							
1982	24.49	4.86	8.66	7.47	6.64	6.57	6.12
1983	21.36	12.79	11.31	11.04	9.59	7.34	7.96
1984	20.75	3.73	10.33	8.93	8.30	6.33	7.45
1985	19.49	12.97	8.03	9.64	8.14	5.95	6.03
1986	17.14	7.11	8.70	9.82	8.98	5.71	6.51
1987	20.44	3.30	11.32	10.98	9.90	6.91	7.65
1988	13.59	9.64	7.91	10.99	9.16	7.95	8.32
1989	21.38	5.10	11.27	11.65	10.04	7.59	6.80
1990	24.70		11.03	12.10	10.04	5.45	7.58
1991	18.73	10.66	7.61	11.72	9.33	5.62	7.36
1992	17.99	1.05	8.14	9.55	8.14	6.06	9.18

信用社现金投放（十）回笼（一）分月统计（续）

	8月	9月	10月	11月	12月	全年投放	最高月份	最低月份
绝对数（亿元）								
1982	18.32	20.64	14.38	21.01	27.67	289.91	1月	2月
1983	21.24	16.75	1.44	1.64	12.16	286.03	1月	10月
1984	29.38	28.31	16.48	20.81	28.90	362.44	1月	2月
1985	31.67	35.07	23.71	22.73	19.91	447.45	1月	12月
1986	40.78	43.68	23.49	24.08	33.51	459.51	1月	10月
1987	48.31	49.06	23.05	24.70	22.01	566.35	1月	2月
1988	86.89	72.39	33.59	31.09	29.70	781.64	1月	12月
1989	49.39	42.77	25.28	23.41	21.96	622.08	1月	12月
1990	56.06	55.06	17.61	23.98	20.06	541.95	1月	2月
1991	66.90	64.92	30.65	22.46	23.64	718.30	1月	11月
1992	113.88	95.31	88.23	79.13	72.60	1 126.12	1月	2月
各月投资占全年投放%								
1982	6.32	7.12	4.96	7.25	9.54	100.00		
1983	7.43	5.86	0.50	0.57	4.25	100.00		
1984	8.11	7.81	4.55	5.74	7.97	100.00		
1985	7.08	7.84	5.30	5.08	4.45	100.00		
1986	8.87	9.51	5.11	5.24	7.29	100.00		
1987	8.53	8.66	4.07	4.36	3.89	100.00		
1988	11.12	9.26	4.30	3.98	3.80	100.00		
1989	7.94	6.88	4.06	3.76	3.53	100.00		
1990	10.34	10.16	3.25	4.42	3.70	100.00		
1991	9.31	9.04	4.27	3.13	3.29	100.00		
1992	10.11	8.46	7.83	7.03	6.45	100.00		

农业银行、信用社现金投放

单位：亿元

	全年		上半年		下半年	
	银行	信用社	银行	信用社	银行	信用社
1986	559.88	459.51	148.57	264.06	411.31	195.45
1987	621.91	566.33	226.59	355.89	395.32	210.44
1988	822.82	781.63	321.07	462.98	501.75	318.66
1989	592.47	622.07	227.09	416.98	365.37	205.08
1990	641.14	541.95	89.30	328.11	551.84	213.84
1991	872.03	718.30	237.95	456.87	634.08	261.43
1992	1 318.95	1 126.12	399.04	573.58	919.91	552.54

	一季度		二季度		三季度		四季度	
	银行	信用社	银行	信用社	银行	信用社	银行	信用社
1986	64.92	151.42	83.64	112.64	152.02	114.38	259.29	81.07
1987	100.90	198.51	125.69	157.38	198.70	140.67	196.62	69.77
1988	146.82	243.38	174.25	219.59	264.26	224.28	237.49	94.37
1989	126.06	234.84	101.04	182.15	107.65	134.44	257.72	70.64
1990	28.37	178.59	60.94	149.52	220.50	152.19	331.34	61.65
1991	146.71	265.31	91.24	191.56	236.58	184.68	397.50	76.75
1992	188.60	306.13	210.45	267.45	394.08	312.58	525.83	239.96

3

机构、人员、财务

农业银行系统机构、人员统计

（1992 年）　　　　　　　　　　　　　　单位：个，人

项目	总计	总行	省、自治区直辖市分行	单列市分行	地区中心支行	省辖市分支行	县支行	县级市支行
一、机构数	56417	1	29	14	164	146	1864	320
二、期末职工总数	503 397	723	6 575	2 217	13 703	12 509	98 778	21 643
#女性	150 006	268	1 720	616	3 229	2 968	21 639	5 466
(一) 管理人员	134 117	559	5 050	1 665	10 526	9 618	70 639	15 630
1. 行政管理人员	42 134	181	1 696	640	3 396	3 042	21 532	4 621
#党、团	3 813	12	121	85	246	261	1 982	358
工会	6 362	14	198	63	516	423	3 494	765
人事	5 383	49	213	72	459	370	2 831	567
监察	6 017	21	222	75	539	453	3 388	703
保卫	6 593	5	151	70	473	420	3 617	778
2. 业务管理人员	91 983	378	3 354	1 025	7 130	6 576	49 107	11 009
计划	6 887	25	253	89	510	475	3 594	812
统计	3 249	8	93	22	232	216	1 898	348
会计	13 631	40	521	157	958	835	7 397	1 647
出纳	3 523	9	84	20	147	155	2 040	435
资金组织	8 614	20	244	112	599	644	4 496	1 111
农业信贷	9 330	20	297	71	749	600	5 560	1 120
工业信贷	5 533	25	247	69	474	415	2 711	784
商业信贷	6 801	17	213	89	476	448	3 873	810
稽核	8 172	12	199	74	574	506	4 833	1 048
信用合作	8 137	28	376	115	900	834	4 336	968
外汇业务	1 315	87	53	9	88	89	225	181

农业银行系统机构、人员统计（续1）

（1992年） 单位：个，人

项目	储蓄所	营业部	城郊办事处	国际业务部	信托投资公司	管理干部学院	职工中专	干部学校	招待所	其他
一、机构数	20 876	312	539	134	175	3	37	120	27	280
二、期末职工总数	30 387	13 908	23 915	2 107	2 693	735	3 280	1 970	434	2 278
#女　性	16 124	6 857	8 183	926	965	259	1 317	678	200	700
（一）管理人员		3 984	12 688	811	934	136	683	452	99	643
1. 行政管理人员		1 229	4 040	77	142	136	683	452	99	168
#党、团		147	434	10	21	15	81	19	1	20
工　会		169	618	5	20	7	48	10	3	9
人　事		172	508	14	19	13	56	15	2	23
监　察		110	476	1	2	6	14	2		5
保　卫		248	741	7	13	7	40	14		9
2. 业务管理人员		2 755	8 648	734	792					475
计　划		278	791	25	14					21
统　计		111	302	8	5					6
会　计		472	1 440	61	50					53
出　纳		143	438	15	18					19
资金组织		401	934	12	7					34
农业信贷		159	719	18	5					12
工业信贷		133	644	11	8					12
商业信贷		216	626	16	4					13
稽　核		202	716	3	1					4
信用合作		49	530							
外汇业务		8	81	492						2

农业银行系统机构、人员统计（续2）

（1992年）　　单位：个，人

项目	总计	总行	省、自治区直辖市分行	单列市分行	地区中心支行	省辖市分支行	县支行	县级市支行
信托	1 402		45		92	106	286	121
金融研究	1 141	36	204	61	155	127	353	87
劳动工资	3 068	6	91	34	229	184	1 741	345
业务综合	11 180	45	434	103	946	942	5 764	1 192
（二）业务人员	308 982						8 752	1 617
会计	94 151						3 185	587
出纳	59 919						1 547	291
储蓄存款	36 059						790	110
农业信贷	33 160						1 323	168
工业信贷	10 751						517	106
商业信贷	13 955						902	161
外汇业务	1 079						13	32
信托	1 328						41	17
所主任	21 816						23	10
所副主任	33 576						34	16
其他业务	3 188						377	119
（三）教育人中员	4 990	29	172	58	324	251	792	200
（四）服务人员	44 680	129	1 279	483	2 407	2 304	15 993	3 665
1. 业务服务	29 128	68	601	177	1 207	1 250	12 537	2 828
#计算机人员	6 227	55	362	93	429	633	1 935	558
2. 生活服务	15 552	61	678	306	1 200	1 054	3 456	837
（五）其他人员	10 628	6	74	11	446	336	2 602	531

农业银行系统机构、人员统计（续3）

（1992年）　　　　　　　　　　　　单位：个，人

项目	储蓄所	营业部	城郊办事处	国际业务部	信托投资公司	管理干部学院	职工中专	干部学校	招待所	其他
信　托		6	98	5	600					43
金融研究		33	62							23
劳动工资		99	324	5	6					4
业务综合		445	943	63	74					229
（二）业务人员	29 881	7 937	6 767	1 189	1 551					910
会　计	4 289	3 770	2 648	273	259					145
出　纳	3 359	1 650	1 223	99	116					38
储蓄存款	19 182	1 093	983	43	6					30
农业信贷	32	224	517	30	16					11
工业信贷	1	256	403	47	19					3
商业信贷	14	499	516	22	12					11
外汇业务	21	36	81	651						2
信　托	1	28	27	1	965					92
所主任	1 121	65	78	3	9					7
所副主任	1 805	110	91	3	9					12
其他业务	56	206	200	17	140					559
（三）教育人中员		31	125			398	1 631	965		14
（四）服务人员	248	1 641	3 719	88	188	187	883	524	335	659
1. 业务服务	201	1 441	2 839	53	108		56	57	33	432
#计算机人员	154	244	594	13	12		15	2		259
2. 生活服务	47	200	880	35	80	187	827	467	302	227
（五）其他人员	258	305	616	19	20	14	83	29		52

各地区农业银行系统机构情况

（1992 年）　　　　单位：个

地　　区	总　　计	总　　行	直辖市分行省、自治区	单列市分行	地区中心支行	省辖市分支行	县支行	县级市支行
总　　计	**56 417**	**1**	**29**	**14**	**164**	**146**	**1 864**	**320**
总　　行	1	1						
北　　京	240		1				8	
天　　津	241		1				6	
河　　北	3 209		1		9	2	125	16
山　　西	1 753		1		9	3	92	9
内 蒙 古	1 676		1		8	5	78	11
辽　　宁	1 969		1			12	30	8
吉　　林	1 423		1		2	6	22	15
黑 龙 江	2 087		1		3	10	49	16
上　　海	407		1				8	
江　　苏	2 944		1			10	41	20
浙　　江	1 503		1		2	8	47	26
安　　徽	1 798		1		7	9	66	9
福　　建	1 537		1		3	5	61	11
江　　西	2 520		1		5	6	76	10
山　　东	3 839		1		5	10	70	24
河　　南	3 951		1		5	12	105	15
湖　　北	2 438		1		8	5	45	23
湖　　南	2 190		1		13	1	88	18
广　　东	3 318		1			18	70	5
广　　西	1 925		1		8	4	76	7
海　　南	482		1			2	16	1
四　　川	3 321		1		10	9	145	12
贵　　州	987		1		9		77	7
云　　南	1 769		1		15	2	115	10
陕　　西	1 376		1		9		87	8
甘　　肃	1 428		1		9	5	67	8
青　　海	358		1		6	1	35	
宁　　夏	252		1		4		15	2
新　　疆	1 407		1		15	1	82	13
#重　　庆	483			1			10	3
武　　汉	266			1			4	
沈　　阳	320			1			2	
大　　连	454			1			1	3
哈 尔 滨	246			1			4	1
广　　州	303			1			3	1
西　　安	208			1			7	
青　　岛	331			1				5
宁　　波	236			1			9	
厦　　门	69			1			1	
深　　圳	103			1			1	
长　　春	370			1			4	2
南　　京	243			1			5	
成　　都	432			1			11	1
长　　院	1			1				
武　　院	1							
天　　院	1							
信　　托	1							

各地区农业银行系统机构情况（续）

（1992 年）　　　　单位：个

地区	储蓄所	营业部	城郊办事处	国际业务部	信托投资公司	管理干部学院	职工中专	干部学校	招待所	其他
总计	**20 876**	**312**	**539**	**134**	**175**	**3**	**37**	**120**	**27**	**280**
总行										
北京	88	1	12	1	1		1		1	2
天津	119	5	8	1	1		1			3
河北	1 524	16	23	6	12		1	7	5	7
山西	663	13	15	1	2		1	2		
内蒙古	556	13	3		1		1	1	1	
辽宁	1 039	13	20	1	4		1	11		11
吉林	883	6	11	2	2		1	3	3	1
黑龙江	780	12	78	4	5		2	2		7
上海	69	14	15	1	1		1			9
江苏	640	22	17	12	12		2	9		17
浙江	743	12	2	4	6		1	5	1	8
安徽	749	9	17	2	15		1	11	2	6
福建	563	9	1	5	1			1	1	1
江西	752	11	20	8	12		1	6	1	3
山东	1 350	2	28	9	4		3	12		10
河南	1 365	13	34	14	10		2	4		48
湖北	840	13	32	11	13		3	5	3	11
湖南	918	10	10	8	11		3	5	1	24
广东	1 519	30	39	13	6		1	2	1	18
广西	616	11	14	7	3		1	4	3	3
海南	114	5	4	1	1		1			
四川	1 535	15	17	1	14			10		26
贵州	246	1		1	3		1			1
云南	154	3	1	1	1		1	2		3
陕西	410	4		2	5		2	6		2
甘肃	309	9	10	1	7		1	1	1	16
青海	80	2	3	1			1			1
宁夏	55	3	10	1	1		1			
新疆	227	3	4	2	5		1	2		10
#重庆	264	1	6	1	1					1
武汉	63	1	10	1	1			1		3
沈阳	214	7	9	1	1			1	1	4
大连	268	2	4	1	2			1		1
哈尔滨	92	1	8	1	1			1		2
广州	151		9	1	1			1		3
西安	100	1	4		1					5
青岛	135	1	8	1	1			1	1	2
宁波	129		3	1	1				1	1
厦门	34	8	6	1	1					
深圳	24	1	9	1	1					4
长春	190	1	5	1	1			1		2
南京	64	1	7	1	1			1		2
成都	242	7	3	1	1			1		2
长院						1				
武院						1				
天院						1				
信托					1					

各地区农业银行系统全部职工人数统计

(1992 年)　　　　单位：人

地区	总计	总行	省、自治区直辖市分行	单列市分行	地区中心支行	省辖市分支行	县支行	县级市支行	营业所
总计	**503 397**	**723**	**6 575**	**2 217**	**13 703**	**12 509**	**98 778**	**21 643**	**265 542**
总行	723	723							
北京	5 261		175				769		2 691
天津	4 322		163				434		2 195
河北	26 260		228		1 088	246	8 875	1 231	10 977
山西	11 985		207		809	235	4 200	707	3 952
内蒙古	14 592		212		775	416	4 269	788	5 753
辽宁	16 259		216			1 032	2 100	530	9 792
吉林	12 538		198		302	623	1 873	1 448	6 903
黑龙江	19 447		236		575	466	3 941	1 329	9 237
上海	8 486		195				733		5 290
江苏	24 549		220			796	2 840	1 538	16 309
浙江	16 003		381		132	728	2 493	1 052	8 881
安徽	16 366		219		429	572	3 261	490	9 742
福建	13 023		214		216	423	2 873	617	7 579
江西	17 764		191		363	408	3 398	473	9 948
山东	29 722		252		529	844	5 281	1 924	15 296
河南	31 719		258		538	1 501	6 159	828	19 011
湖北	23 652		273		785	434	3 215	1 862	12 955
湖南	21 172		250		1 157	116	4 413	980	11 659
广东	26 745		330			1 763	4 293	537	13 345
广西	15 996		253		556	321	3 480	427	9 020
海南	4 741		257			236	986	48	2 270
四川	29 137		292		1 060	703	6 956	838	15 251
贵州	12 099		176		639		4 197	483	5 594
云南	15 884		217		824	180	3 838	456	9 429
陕西	12 779		207		614		3 475	454	6 864
甘肃	10 205		160		543	292	1 934	292	5 591
青海	3 607		149		320	73	931		1 551
宁夏	3 057		200		335		605	54	1 180
新疆	12 431		246		1 114	101	2 843	651	6 306
#重庆	4 560			222			636	202	2 540
武汉	3 536			164			293		2 101
沈阳	2 736			166			185		1 164
大连	3 117			178			63	338	1 812
哈尔滨	3 099			171			450	90	1 184
广州	4 126			196			202	119	1 950
西安	2 282			154			416		1 188
青岛	2 950			118				555	1 339
宁波	2 792			132			477		1 476
厦门	948			136			50		179
深圳	2 041			170			83		783
长春	3 679			147			390	227	2 036
南京	2 436			102			263		1 445
成都	3 818			161			605	75	1 774
长院	266								
武院	246								
天院	223								
信托	45								

各地区农业银行系统全部职工人数统计（续）

（1992 年）　　　　单位：人

地　区	储蓄所	营业部	城郊办事处	国际业务部	信托投资公司	管理干部学院	职工中专	干部学校	招待所	其他
总　计	**30 387**	**13 908**	**23 915**	**2 107**	**2 693**	**735**	**3 280**	**1 970**	**434**	**2 278**
总　行										
北　京	471	95	804	151	28		24		9	44
天　津	607	308	495	37	27		46			10
河　北	355	1 356	1 380	74	143		119	80	47	61
山　西	506	583	588	12	24		122	13		
内蒙古	1 236	766	187		32		57	93	8	
辽　宁	357	913	859	20	73		112	138		117
吉　林	82	228	575	62	45		77	12	108	2
黑龙江	466	588	2 093	28	116		268	9		95
上　海	325	737	792	50	86		71			207
江　苏	757	632	568	177	220		140	170		182
浙　江	1 499	599	43	27	43		72	44	9	
安　徽	495	325	541	20	72		59	102	18	21
福　建	544	320	9	64	16			86	44	18
江　西	1 637	287	689	56	108		109	76	12	9
山　东	2 895	71	1 876	140	33		267	218		96
河　南	922	746	1 050	115	126		232	56		177
湖　北	1 665	570	1 114	125	222		292	25	39	76
湖　南	1 041	353	456	74	113		344	54	18	144
广　东	3 645	1 069	1 172	190	101		108	20	52	120
广　西	803	283	462	80	51		81	136	32	11
海　南	571	223	51	29	28		42			
四　川	2 252	396	819	33	141			257		139
贵　州	811	67		15	34		69			14
云　南	528	135	63	16	16		72	100		10
陕　西	833	50		17	42		165	55		3
甘　肃	629	147	469	4	16		63	6	6	53
青　海	315	87	107	4			56			14
宁　夏	225	96	288		24		50			
新　疆	418	145	199	19	64		163	24		138
#重　庆	510	56	348	15	20					11
武　汉	202	62	558	39	43			20		54
沈　阳	200	207	627	44	42			23	7	71
大　连	73	230	311	38	39			19		16
哈尔滨	27	126	945	25	33			17		31
广　州	702		726	61	55			19		96
西　安	150	86	255		18					15
青　岛	271	73	471	22	33			18	19	31
宁　波	406		244	17	23				6	11
厦　门	79	168	241	44	51					
深　圳	104	134	532	65	98					72
长　春	30	155	492	69	82			23		28
南　京	243	40	233	19	40			21		30
成　都	500	396	183	10	27			36		51
长　院						266				
武　院						246				
天　院						223				
信　托					45					

农业银行系统全部职工人数和工资统计

（1992 年）

项目	年末人数（人）					
	合计	计划内用工				计划外用工
		小计	固定职工	合同制职工	临时职工	
总计	**503 397**	**495 200**	**440 290**	**51 926**	**2 984**	**8 197**
总行	723	723	723			
省、自治区、直辖市分行	6 575	6 504	6 330	150	24	71
单列市分行	2 217	2 202	2 085	110	7	15
地区中心支行	13 703	13 545	13 110	297	138	158
省辖市分支行	12 509	12 327	11 602	616	109	182
县支行	98 778	97 688	91 442	5 548	698	1 090
县级市支行	21 643	21 340	20 276	951	203	213
营业所	265 542	260 028	223 964	34 854	1 210	5 514
储蓄所	30 387	30 187	24 807	5 315	65	200
营业部	13 908	13 840	12 299	1 505	36	68
城郊办事处	23 915	23 640	21 612	1 903	125	275
国际业务部	2 107	2 099	1 996	103		8
信托投资公司	2 693	2 684	2 538	145	1	9
管理干部学院	735	705	642	1	62	30
职工中专	3 280	3 075	2 833	101	141	205
干部学校	1 970	1 884	1 720	92	72	86
招待所	434	389	218	93	78	45
其他	2 278	2 250	2 093	142	15	28

农业银行系统全部职工人数和工资统计（续1）

（1992年）

项　目	平均人数（人）					
	合　计	计划内用工				计划外用工
		小　计	固定职工	合同制职工	临时职工	
总　计	**487 880**	**478 580**	**427 690**	**47 777**	**3 113**	**9 300**
总　行	710	710	710			
省、自治区、直辖市分行	6 364	6 306	6 126	140	40	58
单列市分行	2 150	2 135	2 021	107	7	15
地区中心支行	13 132	12 992	12 607	251	134	140
省辖市分支行	11 850	11 672	11 053	499	120	178
县支行	96 849	95 778	89 929	5 126	723	1 071
县级市支行	21 157	20 902	19 790	894	218	255
营业所	257 716	251 145	217 808	32 116	1 221	6 571
储蓄所	29 470	29 241	24 276	4 904	61	229
营业部	13 074	12 987	11 536	1 409	42	87
城郊办事处	22 923	22 647	20 782	1 733	132	276
国际业务部	1 851	1 844	1 753	91		7
信托投资公司	2 294	2 284	2 164	119	1	10
管理干部学院	748	718	641	1	76	30
职工中专	3 301	3 096	2 835	100	161	205
干部学校	1 945	1 856	1 707	79	70	89
招待所	435	389	209	102	78	46
其　他	1 911	1 878	1 743	106	29	33

农业银行系统全部职工人数和工资统计（续2）

（1992年）

项目	工资总额（百元）					
	合计	计划内用工				计划外用工
		小计	固定职工	合同制职工	临时职工	
总计	**14 827 893**	**14 622 562**	**13 175 837**	**1 388 172**	**58 553**	**205 331**
总行	21 961	21 961	21 961			
省、自治区、直辖市分行	221 985	220 509	215 614	4 159	736	1 476
单列市分行	85 127	84 769	80 561	3 959	249	358
地区中心支行	422 278	419 386	410 850	5 661	2 875	2 892
省辖市分支行	395 554	392 203	369 894	20 201	2 108	3 351
县支行	2 942 672	2 917 634	2 742 385	160 778	14 471	25 038
县级市支行	646 337	640 250	608 156	27 525	4 569	6 087
营业所	7 665 549	7 524 246	6 608 926	893 784	21 536	141 303
储蓄所	903 133	897 051	739 692	156 656	703	6 082
营业部	408 482	406 171	366 088	39 520	563	2 311
城郊办事处	725 671	718 923	657 979	58 360	2 584	6 748
国际业务部	57 445	57 217	54 142	3 075		228
信托投资公司	73 018	72 732	69 323	3 395	14	286
管理干部学院	21 882	20 244	18 960	21	1 263	1 638
职工中专	105 271	101 586	95 740	2 348	3 498	3 685
干部学校	59 180	57 484	53 585	2 368	1 531	1 696
招待所	13 825	12 342	7 557	3 373	1 412	1 483
其他	58 523	57 854	54 424	2 989	441	669

各地区农业银行系统全部职工人数和工资统计

（1992 年）

地区	年末人数（人）					
	合计	计划内用工				计划外用工
		小计	固定职工	合同制职工	临时职工	
总计	**503 397**	**495 200**	**440 290**	**51 926**	**2 984**	**8 197**
总行	723	723	723			
北京	5 261	5 241	5 129	18	94	20
天津	4 322	4 272	4 249	16	7	50
河北	26 260	26 200	21 960	4 071	169	60
山西	11 958	11 785	11 063	602	120	173
内蒙古	14 592	14 259	12 396	1 711	152	333
辽宁	16 259	16 259	13 981	2 125	153	
吉林	12 538	12 308	10 271	1 520	517	230
黑龙江	19 447	18 572	18 093	479		875
上海	8 486	8 486	8 451	34	1	
江苏	24 549	23 920	21 868	2 041	11	629
浙江	16 003	16 003	14 535	1 453	15	
安徽	16 366	16 303	15 345	898	60	63
福建	13 023	12 869	10 421	2 354	94	154
江西	17 764	17 319	15 433	1 885	1	445
山东	29 722	29 657	29 055	462	140	65
河南	31 719	30 623	24 937	5 680	6	1 096
湖北	23 652	22 529	20 653	1 729	147	1 123
湖南	21 172	20 683	17 469	2 802	412	489
广东	26 745	26 153	18 222	7 931		592
广西	15 996	15 930	13 922	1 972	36	66
海南	4 741	4 741	3 769	972		
四川	29 137	28 630	25 911	2 400	319	507
贵州	12 099	11 921	11 343	578		178
云南	15 884	15 786	15 559	151	76	98
陕西	12 779	12 535	11 377	1 158		244
甘肃	10 205	10 102	9 860	209	33	103
青海	3 607	3 549	3 461	47	41	58
宁夏	3 057	3 057	2 801	220	36	
新疆	12 431	12 420	12 258	112	50	11
#重庆	4 560	4 506	3 938	543	25	54
武汉	3 536	3 445	3 388	42	15	91
沈阳	2 736	2 736	1 925	787	24	
大连	3 117	3 117	2 770	296	51	
哈尔滨	3 099	3 073	2 936	137		26
广州	4 126	4 126	2 615	1 511		
西安	2 282	2 253	2 031	222		29
青岛	2 950	2 934	2 860	49	25	16
宁波	2 792	2 792	2 467	324	1	
厦门	948	945	782	159	4	3
深圳	2 041	2 029	1 510	519		12
长春	3 679	3 565	2 634	849	82	114
南京	2 436	2 368	2 120	247	1	68
成都	3 818	3 726	3 112	610	4	92
长院	266	266	233	1	32	
武院	246	216	216			30
天院	223	223	193		30	
信托	45	45	45			

各地区农业银行系统全部职工人数和工资统计（续 1）

（1992 年）

地区	平均人数（人）					
	合计	计划内用工				计划外用工
		小计	固定职工	合同制职工	临时职工	
总计	**487 880**	**478 580**	**427 690**	**47 777**	**3 113**	**9 300**
总行	710	710	710			
北京	5 169	5 149	5 038	17	94	20
天津	4 096	4 046	4 023	16	7	50
河北	25 639	25 622	21 688	3 743	191	17
山西	11 788	11 628	10 906	602	120	160
内蒙古	14 333	14 000	12 191	1 657	152	333
辽宁	15 473	15 473	13 585	1 735	153	
吉林	12 335	12 100	10 170	1 399	531	235
黑龙江	19 249	18 403	17 933	470		846
上海	8 025	8 025	7 991	33	1	
江苏	22 957	21 072	19 551	1 510	11	1 885
浙江	15 449	15 449	13 956	1 478	15	
安徽	15 547	15 484	14 537	889	58	63
福建	12 277	12 122	9 943	2 091	88	155
江西	17 493	17 066	15 298	1 767	1	427
山东	28 821	28 803	28 166	414	223	18
河南	30 890	29 856	24 540	5 310	6	1 034
湖北	23 363	22 235	20 437	1 651	147	1 128
湖南	20 759	20 297	17 153	2 732	412	462
广东	25 890	25 306	17 895	7 411		584
广西	15 729	15 677	13 825	1 820	32	52
海南	4 593	4 593	3 665	928		
四川	28 201	27 747	25 247	2 180	320	454
贵州	11 894	11 716	11 035	681		178
云南	15 573	15 474	15 239	149	86	99
陕西	12 585	12 341	11 218	1 123		244
甘肃	9 974	9 871	9 627	211	33	103
青海	3 567	3 510	3 421	49	40	57
宁夏	2 879	2 879	2 646	197	36	
新疆	11 911	11 901	11 750	102	49	10
#重庆	4 275	4 221	3 816	380	25	54
武汉	3 386	3 293	3 240	38	15	93
沈阳	2 663	2 663	1 881	757	25	
大连	2 967	2 967	2 649	269	49	
哈尔滨	2 927	2 901	2 831	70		26
广州	3 833	3 833	2 475	1 358		
西安	2 258	2 229	2 008	221		29
青岛	2 612	2 600	2 541	34	25	12
宁波	2 665	2 665	2 351	313	1	
厦门	893	889	741	144	4	4
深圳	1 846	1 834	1 359	475		12
长春	3 577	3 463	2 696	685	82	114
南京	2 403	2 174	2 091	82	1	229
成都	3 616	3 533	2 944	585	4	83
长院	280	280	233	1	46	
武院	245	215	215			30
天院	223	223	193		30	
信托	42	42	42			

各地区农业银行系统全部职工人数和工资统计（续 2）

（1992 年）

地区	工资总额（百元）					
	合计	计划内用工				计划外用工
		小计	固定职工	合同制职工	临时职工	
总计	**14 827 893**	**14 622 562**	**13 175 837**	**1 388 472**	**58 553**	**205 331**
总行	21 961	21 961	21 961			
北京	134 935	134 503	132 246	414	1 843	432
天津	141 566	140 525	139 980	409	136	1 041
河北	681 279	681 097	590 049	87 358	3 690	182
山西	333 025	328 929	310 951	15 112	2 866	4 096
内蒙古	370 713	361 118	317 821	40 010	3 287	9 595
辽宁	463 784	463 784	414 101	46 699	2 984	
吉林	332 328	328 398	284 151	32 840	11 407	3 930
黑龙江	557 955	541 372	529 758	11 614		16 583
上海	364 276	364 276	362 829	1 402	45	
江苏	672 264	622 302	581 704	40 386	212	49 962
浙江	476 873	476 873	435 751	40 855	267	
安徽	377 684	376 017	358 490	16 693	834	1 667
福建	403 981	400 488	334 087	65 890	511	3 493
江西	480 384	476 709	434 300	42 385	24	3 675
山东	852 826	852 778	837 046	10 566	5 166	48
河南	810 006	791 836	658 012	133 824		18 170
湖北	714 121	675 131	632 906	39 108	3 117	38 990
湖南	646 755	638 606	553 635	78 487	6 484	8 149
广东	1 125 071	1 115 205	795 990	319 215		9 866
广西	476 028	475 335	427 415	47 304	616	693
海南	199 978	199 978	157 587	42 391		
四川	772 202	764 610	713 998	46 685	3 927	7 592
贵州	304 460	302 706	286 764	15 942		1 754
云南	514 571	512 550	506 514	4 901	1 135	2 021
陕西	348 483	344 006	318 216	25 790		4 477
甘肃	318 295	316 764	310 521	5 468	775	1 531
青海	113 327	112 631	110 717	1 133	781	696
宁夏	89 851	89 851	84 154	4 308	1 389	
新疆	437 029	436 872	433 005	2 981	886	157
#重庆	126 842	126 040	116 364	9 393	283	802
武汉	104 038	101 535	100 003	1 050	482	2 503
沈阳	95 795	95 795	73 210	21 936	649	
大连	83 719	83 719	77 067	5 465	1 187	
哈尔滨	79 958	79 394	77 832	1 562		564
广州	143 371	143 371	95 199	48 172		
西安	58 337	57 914	52 652	5 262		423
青岛	88 065	87 728	85 862	1 216	650	337
宁波	87 089	87 089	78 332	8 738	19	
厦门	42 099	41 958	35 726	6 029	203	141
深圳	110 760	110 346	80 587	29 759		414
长春	80 401	78 352	64 065	12 931	1 356	2 049
南京	69 589	63 146	60 304	2 818	24	6 443
成都	98 189	96 972	83 267	13 650	55	1 217
长院	7 779	6 879	6 175	21	683	900
武院	8 201	7 463	7 463			738
天院	5 902	5 902	3 522		580	
信托	1 748	1 748	1 748			

农业银行系统全部职工工资总额构成情况

(1992 年)　　单位：人，百元

项　　目	年平均人数	全年工资总额	计时工资		奖　·　金		
				#基础和职务工资		#发放上年奖金	#劳动竞赛奖
总　　计	**487 880**	**14 827 893**	**6 083 653**	**5 776 706**	**3 543 692**	**126 649**	**461 767**
总　　行	710	21 961	10 354	10 354	7 171	609	34
省、自治区、直辖市分行	6 364	221 985	95 083	90 673	58 689	2 375	1 667
单列市分行	2 150	85 127	36 885	32 832	20 957	2 056	829
地区中心支行	13 132	422 278	196 557	185 448	100 220	4 307	13 485
省辖市分支行	11 850	395 554	161 341	152 848	94 971	2 962	11 053
县　支　行	96 849	2 942 672	1 259 302	1 188 600	684 565	25 846	100 404
县级市支行	21 157	646 337	276 362	265 452	150 431	6 329	26 031
营　业　所	257 716	7 665 549	3 074 450	2 935 886	1 828 189	57 832	252 147
储　蓄　所	29 470	903 133	339 920	326 915	221 064	7 770	20 674
营　业　部	13 074	408 482	159 478	151 447	106 431	4 949	11 687
城郊办事处	22 923	725 671	300 442	281 584	174 819	7 519	15 875
国际业务部	1 851	57 445	22 496	21 697	15 360	717	810
信托投资公司	2 294	73 018	30 322	27 850	17 718	586	1 396
管理干部学院	748	21 882	11 276	8 837	5 308		
职工中专	3 301	105 271	51 401	45 341	25 086	771	2 827
干部学校	1 945	59 180	27 851	25 166	13 992	1 056	1 478
招　待　所	435	13 825	5 877	4 233	3 472	132	302
其　　他	1 911	58 523	24 256	21 543	15 249	843	1 068

农业银行系统全部职工工资总额构成情况（续）

（1992 年）　　单位：人，百元

项　目	各种津贴			加班加点工资	其　他
		#年功性津贴	#物价补贴		
总　计	**4 972 125**	**889 646**	**1 604 333**	**183 641**	**44 782**
总　行	4 084	1 541	1 861	132	220
省、自治区、直辖市分行	66 249	14 588	26 308	1 650	314
单列市分行	26 445	4 256	11 023	824	16
地区中心支行	120 067	30 489	39 839	4 358	1 076
省辖市分支行	134 581	26 310	49 181	3 642	1 019
县　支　行	953 292	191 607	294 894	36 114	9 399
县级市支行	209 752	42 015	68 523	8 615	1 177
营　业　所	2 646 773	445 132	826 400	98 926	17 211
储　蓄　所	325 191	49 401	102 234	13 620	3 338
营　业　部	133 174	20 345	50 397	5 049	4 350
城郊办事处	240 216	40 690	89 150	6 773	3 412
国际业务部	18 855	2 686	7 561	358	376
信托投资公司	22 707	4 291	8 573	597	1674
管理干部学院	5 106	1 642	2 429	192	
职工中专	26 985	6 681	10 165	1 274	525
干部学校	16 418	4 256	6 680	819	100
招　待　所	4 170	628	1 806	286	20
其　他	18 060	3 088	7 312	412	546

各地区农业银行系统全部职工工资总额构成情况

（1992 年）　　　　单位：人，百元

地区	年平均人数	全年工资总额	计时工资		奖金		
				#基础和职务工资		#发放上年奖金	#劳动竞赛奖
总计	**487 880**	**14 827 893**	**6 083 653**	**5 776 706**	**3 543 692**	**126 649**	**461 767**
总行	710	21 961	10 354	10 354	7 171	609	34
北京	5 169	134 935	60 827	58 290	23 672	1 320	662
天津	4 096	141 566	45 264	43 817	40 493	4 590	527
河北	25 639	681 279	318 433	309 272	179 154	1 371	36 400
山西	11 788	333 025	142 486	135 399	69 211	678	2 202
内蒙古	14 333	370 713	180 583	178 025	55 068	1 124	1 413
辽宁	15 473	463 784	202 066	187 739	78 787	3 540	5 192
吉林	12 335	332 328	153 810	129 719	80 698	19	29 221
黑龙江	19 249	557 955	293 238	263 755	93 215	8 718	23 630
上海	8 025	364 276	101 951	91 443	135 281	4 296	4 913
江苏	22 957	672 264	275 967	268 727	180 565	4 033	7 537
浙江	15 449	476 873	174 148	174 148	129 409	23 490	2 820
安徽	15 547	377 684	174 927	173 643	89 429	3 234	24 024
福建	12 277	403 981	137 271	128 569	102 768	18 981	2 405
江西	17 493	480 384	180 134	177 438	167 086	2 008	25 932
山东	28 821	852 826	367 068	356 625	189 259	3 025	23 614
河南	30 890	810 006	364 453	357 113	183 689	56	115 628
湖北	23 363	714 121	297 676	287 758	173 216	1 872	37 102
湖南	20 759	646 755	242 874	227 961	207 986	2 346	1 352
广东	25 890	1 125 071	292 910	277 900	295 173	5 751	17 704
广西	15 729	476 028	187 320	183 493	89 977	1 197	3 757
海南	4 593	199 978	58 595	48 430	52 088	1 046	771
四川	28 201	772 202	330 447	307 790	154 594	2 232	3 757
贵州	11 894	304 460	129 519	129 519	74 779	5 233	28 641
云南	15 573	514 571	217 641	210 671	114 185	2 316	14 048
陕西	12 585	348 483	153 625	146 722	58 045	41	28 061
甘肃	9 974	318 295	162 361	160 830	60 573	462	
青海	3 567	113 327	56 983	37 865	22 284		36
宁夏	2 879	89 851	38 617	35 966	25 545	1 775	199
新疆	11 911	437 029	214 984	191 565	91 316	1 635	653
#重庆	4 275	126 842	47 817	43 955	34 152	1 128	1 032
武汉	3 386	104 038	51 806	51 140	23 064	182	147
沈阳	2 663	95 795	38 954	38 564	29 340	7 247	3 887
大连	2 967	83 719	33 123	31 531	26 058	143	84
哈尔滨	2 927	79 958	34 725	28 939	14 200	2 502	4 104
广州	3 833	143 371	45 345	45 345	40 191	1 632	27
西安	2 258	58 337	26 041	25 451	14 857	1 017	5 271
青岛	2 612	88 065	29 840	29 840	15 728	1 738	614
宁波	2 665	87 089	31 269	29 353	27 552	3 407	326
厦门	893	42 099	10 195	8 257	7 901		3 669
深圳	1 846	110 760	49 057	42 409	19 000		
长春	3 577	80 401	39 890	36 299	14 742	592	
南京	2 403	69 589	26 274	26 070	23 055	47	135
成都	3 616	98 189	40 877	39 654	23 128		236
长院	280	7 779	4 583	3 233	1 126		
武院	245	8 201	3 664	3 155	2 466		
天院	223	5 902	3 029	2 449	1 716		
信托	42	1 748	632	516	700	16	

各地区农业银行系统全部职工工资总额构成情况（续）

（1992 年）　　　　单位：人，百元

地　区	各种津贴			加班加点工资	其　他
		#年功性津贴	#物价补贴		
总　计	**4 972 125**	**889 646**	**1 604 333**	**183 641**	**44 782**
总　行	4 084	1 541	1 861	132	220
北　京	49 380	7 813	15 564	992	64
天　津	54 559	6 572	10 979	1 250	
河　北	175 093	46 912	52 027	6 599	2 000
山　西	116 319	22 191	28 111	3 908	1 101
内蒙古	132 081	27 083	45 333	2 906	75
辽　宁	178 842	27 814	75 409	4 089	
吉　林	95 479	19 931	38 992	2 276	65
黑龙江	168 915	30 268	55 411	2 293	294
上　海	109 192	18 545	38 997	3 538	14 314
江　苏	205 564	43 436	72 004	10 009	159
浙　江	154 436	26 430	82 362	15 493	3 387
安　徽	108 707	28 660	45 645	3 240	1 381
福　建	159 328	20 729	74 324	3 307	1 307
江　西	126 856	31 990	22 778	6 308	
山　东	287 233	50 722	71 105	7 845	1 421
河　南	253 003	62 482	91 720	7 963	898
湖　北	222 549	49 037	44 498	12 876	7 804
湖　南	190 427	36 819	73 681	5 293	175
广　东	520 655	50 607	143 009	12 685	3 648
广　西	183 991	29 014	47 870	13 368	1 372
海　南	85 799	7 234	27 813	3 496	
四　川	275 917	48 530	96 276	11 244	
贵　州	92 989	21 508	10 590	5 225	1 948
云　南	167 936	29 490	46 155	14 212	597
陕　西	132 684	25 987	35 092	3 898	231
甘　肃	94 072	20 021	25 421	1 289	
青　海	32 597	4 940	12 256	350	1 113
宁　夏	24 213	4 878	11 839	1 476	
新　疆	126 749	21 118	32 182	3 194	786
#重　庆	43 033	7 340	15 877	1 840	
武　汉	27 168	5 377	14 469	1 952	48
沈　阳	26 307	4 295	11 126	1 194	
大　连	23 707	3 817	9 303	831	
哈尔滨	30 541	4 961	11 431	492	
广　州	57 201	6 997	27 373	580	54
西　安	16 716	3 554	3 961	602	121
青　岛	41 703	4 658	7 448	635	159
宁　波	27 005	4 313	12 991	1 263	
厦　门	23 623	1 376	4 602	380	
深　圳	42 423	3 491	21 216	280	
长　春	25 216	5 481	11 053	553	
南　京	19 012	3 975	8 707	1 245	3
成　都	33 336	5 999	13 030	848	
长　院	1 974	577	1 064	96	
武　院	2 037	534	1 032	34	
天　院	1 095	531	330	62	
信　托	379	78	16		37

农业银行系统在职职工保险福利费用构成情况

（1992 年）　　　　单位：百元

项目	合计	医疗卫生费		丧葬抚恤救济费	生活困难补助	文体宣传费	集体福利事业补贴费
			#家属医疗困难补助费				
总计	**3 300 777**	**1 403 773**	**169 597**	**56 240**	**83 546**	**123 342**	**149 251**
总行	8 691	4 830	172	148	41	166	932
省、自治区、直辖市分行	79 107	42 955	5 255	475	2 245	2 585	6 671
单列市分行	55 100	12 996	952	89	69	4 782	322
地区中心支行	115 618	54 487	5 853	3 494	2 294	5 801	6 038
省辖市分支行	139 217	72 219	6 284	1 380	1 708	8 086	13 785
县支行	781 038	332 202	40 764	19 267	21 064	35 091	35 902
县级市支行	192 533	80 030	10 811	4 225	4 774	9 266	6 841
营业所	1 348 074	583 491	75 170	23 467	43 366	36 358	51 504
储蓄所	141 096	61 801	7 860	675	2 680	4 262	6 844
营业部	102 239	39 840	4 651	449	2 158	3 260	6 242
城郊办事处	205 488	73 976	7 633	1 951	2 269	8 053	8 136
国际业务部	24 658	6 314	598	27	157	630	791
信托投资公司	33 452	8 707	715	135	130	1 906	895
管理干部学院	10 905	5 189	465	90	85	635	1 333
职工中专	21 702	10 342	1 178	298	229	1 271	433
干部学校	12 710	6 729	688	49	148	366	747
招待所	4 313	1 453	108		48	115	1 014
其他	24 836	6 212	440	21	81	709	761

农业银行系统在职职工保险福利费用构成情况（续）

（1992年）　　　　单位：百元

项目	集体福利设施费	计划生育补贴	上下班交通费补贴	洗理卫生费	冬季取暖补贴	其他	#发给个人
总计	**335 777**	**95 669**	**199 770**	**470 672**	**118 058**	**264 679**	**31 822**
总行	330	14	828	740		662	
省、自治区、直辖市分行	4 434	1 914	3 528	6 718	768	6 814	113
单列市分行	20 176	415	936	2 167	148	13 000	93
地区中心支行	11 045	3 082	6 797	12 888	4 782	4 910	473
省辖市分支行	9 440	2 663	5 479	11 159	2 421	10 787	3 581
县支行	79 520	23 836	41 315	112 254	33 605	46 982	6 990
县级市支行	18 976	6 341	12 590	26 502	7 052	15 936	576
营业所	119 768	40 995	90 007	219 231	49 795	90 092	9 355
储蓄所	12 810	4 713	8 837	22 512	5 328	10 634	2 622
营业部	8 841	3 089	7 053	15 308	3 082	12 917	1 794
城郊办事处	18 930	6 091	16 324	28 867	9 017	31 874	4 538
国际业务部	7 520	288	896	1 663	228	6 174	412
信托投资公司	11 693	427	1 194	2 170	411	5 784	87
管理干部学院	165	370	577	680	159	1 622	534
职工中专	1 502	701	1 582	3 974	613	727	
干部学校	904	351	794	1 655	260	707	468
招待所	533	94	203	487	147	219	
其他	9 190	285	830	1 697	212	4 838	186

各地区农业银行系统在职职工保险福利费用构成情况

（1992 年）　　　　单位：百元

地　　区	合　计	医疗卫生费		丧葬抚恤救济费	生活困难补　助	文　体宣传费	集体福利事　业补贴费
			#家属医疗困难补助费				
总　计	**3 300 777**	**1 403 773**	**169 597**	**56 240**	**83 546**	**123 342**	**149 251**
总　行	8 691	4 830	172	148	41	166	932
北　京	36 018	17 228	3 327	148	221	2 245	8
天　津	29 841	14 759	2 162	202	345	770	1 883
河　北	151 196	64 654	8 124	2 375	2 006	3 512	3 018
山　西	65 273	23 666	2 246	1 300	2 019	3 337	2 154
内蒙古	66 179	26 861	541	1 430	907	2 248	2 787
辽　宁	97 052	43 190	4 957	1 461	1 261	1 671	1 926
吉　林	65 483	28 546	2 870	982	3 390	2 427	658
黑龙江	109 166	54 111	3 662	2 501	2 305	3 548	4 835
上　海	69 738	31 702	1 831	63	1 320	2 433	656
江　苏	131 541	63 980	10 392	1 814	9 692	7 297	3 782
浙　江	120 015	63 765	11 954	631	1 116	2 318	8 465
安　徽	89 266	31 757	3 396	1 904	4 349	3 289	4 337
福　建	48 282	19 207	2 981	1 521	3 812	1 634	3 909
江　西	113 658	51 827	9 179	1 422	4 183	4 350	6 532
山　东	173 931	89 448	4 976	1 488	2 381	7 333	3 699
河　南	167 978	71 119	7 220	4 699	4 515	7 702	3 068
湖　北	168 402	80 360	9 775	4 900	5 628	9 248	1 090
湖　南	135 875	52 341	6 826	3 232	2 367	6 076	4 852
广　东	280 546	113 968	15 553	3 171	7 805	9 906	23 587
广　西	101 596	37 567	4 644	2 284	5 240	4 216	6 602
海　南	41 552	19 018	3 336	1 097	1 405	1 117	3 492
四　川	177 642	92 766	17 520	4 236	5 112	6 514	11 288
贵　州	68 968	24 853	1 854	2 352	2 958	2 726	1 272
云　南	107 566	56 750	6 494	2 067	736	3 011	3 899
陕　西	62 246	29 706	3 033	2 457	956	1 481	3 539
甘　肃	39 550	16 641	1 434	902	2 298	966	3 291
青　海	19 905	8 717	1 506	256	347	379	213
宁　夏	20 399	6 292	569	494	1 005	257	2 531
新　疆	70 234	25 102	2 723	2 755	567	1 283	7 399
#重　庆	28 937	15 704	1 941	206	590	1 359	1 902
武　汉	25 066	12 659	1 345	126	167	824	801
沈　阳	21 690	13 887	604	82	167	154	151
大　连	19 176	9 984	712	185	334	362	1
哈尔滨	17 965	5 118	707	215	104	1 352	450
广　州	73 686	15 977	1 915	137	49	3 354	2 030
西　安	12 629	6 282	845	132	45	799	1 135
青　岛	19 563	5 933	256	131	146	1 948	1 862
宁　波	17 880	8 737	1 578	56	136	353	875
厦　门	8 872	1 874	373	79	71	137	
深　圳	154 884	11 380	580	233	33	6 455	
长　春	15 956	8 612	1 429	156	603	501	448
南　京	13 170	7 044	268	62	641	529	133
成　都	22 303	10 557	1 267	58	88	1 120	2 607
长　院	2 702	1 889	119	42	25		
武　院	3 976	1 500	266	48	45	285	440
天　院	4 227	1 800	80		15	350	893
信　托	306	105	55				

各地区农业银行系统在职职工保险福利费用构成情况（续）

（1992 年） 单位：百元

地　　区	集体福利设施费	计划生育补　贴	上下班交通费补贴	洗　理卫生费	冬季取暖补　贴	其　他	#发给个人
总　计	**335 777**	**95 669**	**199 770**	**470 672**	**118 058**	**264 679**	**31 822**
总　行	330	14	828	740		662	
北　京	343	1 314	3 764	6 977	1 141	2 629	
天　津	1 131	1 718	1 593	4 292	1 330	1 818	
河　北	7 439	4 936	17 647	32 816	9 207	3 586	1 002
山　西	5 512	1 699	3 748	12 556	6 203	3 079	1 274
内蒙古	5 897	1 732	3 472	11 085	8 527	1 233	
辽　宁	1 597	3 651	15 430	19 045	3 907	3 913	
吉　林	4 041	2 524	5 394	10 496	5 171	1 854	1 419
黑龙江	8 887	3 377	1 676	15 781	8 759	3 386	225
上　海	3 117	2 984	3 519	11 287		12 657	
江　苏	7 890	5 465	6 364	21 940	1 937	1 380	618
浙　江	6 013	3 914	3 190	14 703	65	15 835	
安　徽	10 978	3 182	9 839	16 375	1 101	2 155	
福　建	5 346	1 515	1 487	9 851			
江　西	14 153	2 747	8 422	15 622	4 400		
山　东	8 937	5 360	13 584	25 839	7 423	8 439	900
河　南	6 679	4 324	20 305	29 984	9 986	5 597	
湖　北	20 554	3 674	2 991	20 834	7 288	2 016	453
湖　南	15 422	4 872	14 602	20 375	827	10 909	
广　东	25 377	7 643	6 484	21 913	818	59 874	12 782
广　西	10 195	2 557	3 933	17 643	1 235	10 124	4 609
海　南	3 808	1 743	1 877	5 529		2 466	284
四　川	22 407	5 479	3 647	22 282	3 911		
贵　州	4 068	1 899	11 285	10 836	5 092	1 627	46
云　南	13 269	2 757	3 343	12 882	1 095	7 757	302
陕　西	4 175	1 681	527	12 162	4 957	605	
甘　肃	2 773	857	3 152	5 865	2 699	106	
青　海	119	926	731	4 311	2 785	1 121	
宁　夏	2 274	479	990	2 737	3 340		
新　疆	2 416	1 765	6 462	10 389	6 768	5 328	
#重　庆	2 197	818	2 545	3 200		416	416
武　汉	4 360	344	897	3 065	583	1 240	
沈　阳		479	2 021	3 416	1 333		
大　连	130	730	1 704	3 902	1 844		
哈尔滨	113	497	2 250	5 620	1 521	725	646
广　州	2 344	1 560	2 843	3 172		42 220	5 258
西　安	324	327	586	1 856	1 052	91	
青　岛	1 740	759	2 291	2 360	589	1 804	574
宁　波	819	619	596	2 606		3 083	372
厦　门	3 774	207	234	1 192		1 304	
深　圳	90 519	467		4 207		41 590	
长　春	2	633	1 302	2 704	995		
南　京	583	458	1 005	2 318	10	387	88
成　都	3 560	601	545	3 167			
长　院		75	210	226		235	
武　院	165	115	257	244	86	791	534
天　院		180	110	210	73	596	
信　托		12	88	60		41	20

全部职工专业技术职务资格情况

（1992年）　　单位：人

项目	总计				经济人员				
		#高级职称	#中级职称	#初级职称	小计	高级经济师	经济师	助理经济师	经济员
总计	**503 397**	**1 971**	**45 059**	**258 787**	**153 812**	**1 271**	**31 763**	**72 962**	**47 816**
总行	723	68	254	146	273	45	163	56	9
省、自治区、直辖市分行	6 575	572	2 447	1 716	3 112	417	1 647	916	132
单列市分行	2 217	116	648	569	872	92	447	295	38
地区中心支行	13 703	342	4 057	5 632	6 803	228	2 832	3 183	560
省辖市分支行	12 509	334	3 459	4 515	5 510	260	2 454	2 366	430
县支行	98 778	75	15 108	54 307	43 057	58	11 015	22 286	9 698
县级市支行	21 643	41	3 444	11 669	9 358	34	2 584	4786	1 954
营业所	265 542	1	8 191	141 648	65 892	1	6 390	30 199	29 302
储蓄所	30 387		323	15 235	5 019		196	2 165	2 658
营业部	13 908	17	1 185	6 897	3 067	13	740	1 539	775
城郊办事处	23 915	40	3 158	11 868	7 892	37	2 182	3 777	1 896
国际业务部	2 107	22	355	801	752	17	283	362	90
信托投资公司	2 693	41	502	1 124	1 062	33	399	507	13
管理干部学院	735	63	208	128	19	5	11	3	
职工中专	3 280	158	846	1 019	264	11	108	111	34
干部学校	1 970	39	478	646	300	6	109	143	42
招待所	434		17	62	36		11	20	5
其他	2 278	42	379	805	524	14	192	248	70

全部职工专业技术职务资格情况（续1）

（1992年）　　单位：人

项目	会计人员					统计人员				
	小计	高级会计师	会计师	助理会计师	会计师	小计	高级统计师	统计师	助理统计师	统计员
总计	**141 423**	**163**	**8 916**	**53 841**	**78 503**	**277**	**2**	**44**	**152**	**79**
总行	57	8	20	24	5	6		4	2	
省、自治区、直辖市分行	775	60	379	276	60	6	1	4	1	
单列市分行	298	14	112	134	38	3			3	
地区中心支行	2 096	33	683	1 108	272	19		8	9	2
省辖市分支行	1 849	28	602	912	307	13		6	3	4
县支行	24 110	5	3 178	12 332	8 595	92		5	56	13
县级市支行	5 325	4	730	2 816	1 775	25		6	14	5
营业所	83 538		1 760	27 156	54 622	68		6	38	24
储蓄所	10 478		124	3 103	7 251	7			1	6
营业部	4 781	3	366	2 159	2 253	14		2	7	5
城郊办事处	6 575	2	716	3 005	2 852	13		1	12	
国际业务部	360	1	47	197	115	1			1	
信托投资公司	522	3	69	295	155	2	1		1	
管理干部学院	17		10	4	3	2		1		1
职工中专	129		27	66	36	4		1	2	1
干部学校	139		30	79	30	1			1	
招待所	25		3	13	9					
其他	349	2	60	162	125	1			1	

全部职工专业技术职务资格情况（续2）

（1992年）　　　　单位：人

项目	工程技术人员					教学人员			
	小计	高级工程师	工程师	助理工程师	技术员	小计	正副教授	高级讲师	讲师
总计	**3 189**	**92**	**804**	**1 817**	**476**	**3 494**	**60**	**210**	**1 664**
总行	59	11	18	30		24	1	3	16
省、自治区、直辖市分行	392	29	170	164	29	129		19	75
单列市分行	84	5	39	35	5	40		2	31
地区中心支行	355	1	107	208	39	222		6	125
省辖市分支行	435	10	123	246	56	162		10	98
县支行	542	1	69	355	117	217		1	94
县级市支行	203	3	23	135	42	90			35
营业所	203		8	135	60	72			11
储蓄所	40		1	22	17	5			
营业部	131		28	74	29	36		1	13
城郊办事处	278		53	172	53	80		1	48
国际业务部	29	1	10	16	2	28		3	9
信托投资公司	50	2	20	24	4	21		1	10
管理干部学院	20	4	10	6		266	51		141
职工中专	38	2	17	17	2	1 433	8	130	628
干部学校	16		1	14	1	655		32	321
招待所						1			1
其他	314	23	107	164	20	13		1	8

全部职工专业技术职务资格情况（续 3）

（1992 年）　　　　单位：人

项目	教学人员		其他专业技术人员				未取得专业技术职称的人员	其他人员
	助教	教员	小计	高级职称	中级职称	初级职称		
总计	**1 436**	**124**	**3 622**	**173**	**1 868**	**1 581**	**111 496**	**86 084**
总行	4		49		33	16	169	86
省、自治区、直辖市分行	32	3	321	46	172	103	396	1 444
单列市分行	7		36	3	19	14	216	668
地区中心支行	88	3	536	74	302	160	1 099	2 573
省辖市分支行	51	3	339	26	176	137	1 205	2 996
县支行	110	12	1472	10	747	715	10 497	18 791
县级市支行	50	5	153		66	87	2 835	3 654
营业所	55	6	67		16	51	74 743	10 959
储蓄所	4	1	9		2	7	10 400	4 429
营业部	22		70		36	34	3 470	2 339
城郊办事处	30	1	228		158	70	4 089	4 760
国际业务部	16		8		6	2	784	145
信托投资公司	10		10	1	4	5	687	339
管理干部学院	74		75	3	35	37	36	300
职工中专	599	67	156	7	65	84	223	1 033
干部学校	288	23	51	1	17	33	147	661
招待所		17		2	15	11	344	
其他	4		25	2	12	11	489	563

全部职工基本情况

(1992年)　　单位：人

项目	总计	#女	#少数民族	#从非国家干部选聘	文化程度 高等院校 本科以上毕业者	专科毕业者	肄业者
总计	**503 397**	**150 006**	**35 547**	**47 511**	**14 050**	**61 826**	**1 295**
#干部	444 605	135 158	32 359	47 506	14 026	60 750	1 261
#从非国家干部中选聘	47 511	15 147	2 050	264	52	2 788	76
#女干部	135 158	4 598	8 571	14 399	4 361	17 681	186
一、总行	723	268	16		295	236	
1. 干部小计	678	259	15		295	235	
行长	1				1		
副行长	5				1	3	
相当正副行长级							
主任	21	2			13	4	
副主任	28	4			10	14	
相当正副主任级							
处长	49	12	2		23	18	
副处长	96	28	4		41	45	
相当正副处长级							
主任科员（科长）	21	7	1		1	3	
副主任科员（副科长）	24	9	1		6	6	
科员办事员	133	54	2		54	20	
专业技术干部	300	143	6		145	117	
2. 其他人员	45	9	1			1	
二、省级分行	6 597	1 735	345	126	1 208	2 182	24

全部职工基本情况（续1）

（1992年）　　单位：人

项目	文化程度				政治情况	
	中等专业学校		高中	初中以下	共产党员	共青团员
	毕业者	肄业者				
总计	**111 287**	**4 198**	**187 189**	**123 552**	**170 205**	**108 504**
#干部	108 439	3 913	158 250	97 966	154 448	96 355
#从非国家干部中选聘	6 974	767	27 421	9 433	10 399	13 664
#女干部	38 242	1 409	53 613	19 666	21 920	40 251
一、总行	68		69	55	366	89
1. 干部小计	65		49	34	365	86
行长					1	
副行长	1				5	
相当正副行长级						
主任	1		1	2	21	
副主任	1		1	2	28	
相当正副主任级						
处长	4		2	2	43	
副处长			6	4	74	
相当正副处长级						
主任科员（科长）	3		2	7	13	
副主任科员（副科长）	3		3	6	17	1
科员办事员	32		22	5	41	67
专业技术干部	20		12	6	122	18
2. 其他人员	3		20	21	1	3
二、省级分行	1 040	5	1 153	985	3 602	917

全部职工基本情况（续2）

（1992年） 单位：人

项目	政治情况		年龄			
	民主党派	无党派	25岁以下	26岁至30岁	31岁至35岁	36岁至40岁
总计	**210**	**224 478**	**103 394**	**142 865**	**91 060**	**55 732**
#干部	209	193 593	81 379	129 639	82 154	48 832
#从非国家干部中选聘	5	23 443	14 376	16 987	8 566	4 203
#女干部	39	72 948	32 430	45 605	28 538	13 587
一、总行	2	266	69	153	127	153
1. 干部小计	2	225	67	144	116	137
行长						
副行长						
相当正副行长级						
主任						
副主任					1	4
相当正副主任级						
处长		6			3	11
副处长	2	20		4	13	27
相当正副处长级						
主任科员（科长）		8			2	9
副主任科员（副科长）		6		5	2	7
科员办事员		25	50	50	11	10
专业技术干部		160	17	85	79	69
2. 其他人员		41	2	9	11	16
二、省级分行	21	2 057	533	1 412	1 211	1 020

全部职工基本情况（续3）

（1992年） 单位：人

项目	年龄 41岁至45岁	46岁至50岁	51岁至54岁	55岁至59岁	#女	60岁以上
总计	**33 065**	**29 255**	**21 810**	**24 903**	**279**	**1 313**
#干部	29 200	27 158	20 800	24 212	260	1 231
#从非国家干部中选聘	1 641	936	569	231	5	2
#女干部	6 854	5 006	2 831	304	147	3
一、总行	88	49	46	33		5
1. 干部小计	82	49	45	33		5
行长		1				
副行长		1	1	1		2
相当正副行长级						
主任	2	2	7	9		1
副主任	6	4	3	9		1
相当正副主任级						
处长	6	9	15	4		1
副处长	25	12	12	3		
相当正副处长级						
主任科员（科长）	4	2	1	3		
副主任科员（副科长）	4	1				
科员办事员	7	4	1			
专业技术干部	28	13	5	4		
2. 其他人员	6		1			
二、省级分行	686	649	419	540	22	127

全部职工基本情况（续4）

（1992年）　　单位：人

项　目	总计	#女	#少数民族	#从非国家干部选聘	文化程度 高等院校 本科以上毕业者	专科毕业者	肄业者
1. 干部小计	5 848	1 563	310	126	1 208	2 154	24
行（院）长	29		1		8	7	
副行（院）长	89	2	5		22	30	1
相当正副行长级	86	2	5		17	12	
处　长	412	20	20		64	115	2
副处长	609	57	33		105	255	7
相当正副处长级	178	17	9		18	54	2
主任科员	824	170	43	3	87	333	3
副主任科员	889	258	37	14	160	394	8
科员、办事员	685	267	35	72	124	163	
专业技术干部	2 047	770	122	37	603	791	1
2. 其他人员	749	172	35			28	
三、单列市分行	2 217	612	24	80	292	654	2
1. 干部小计	1 848	353	24	80	292	649	2
行长	14	1			3	8	
相当行长级	2	1			1		
副行长	41	1			9	22	
相当副行长级	32	1				13	
处长	130	6	2		10	40	1
相当处长级	12	2	1		1	3	
副处长	233	23	2		17	92	1

全部职工基本情况（续5）

（1992年）　　单位：人

项目	文化程度				政治情况	
	中等专业学校		高中	初中以下	共产党员	共青团员
	毕业者	肄业者				
1. 干部小计	1 007	5	854	596	3 417	827
行（院）长	5	1	5	3	29	
副行（院）长	16		10	10	89	
相当正副行长级	16		22	19	86	
处　长	92		62	77	399	
副处长	116	1	62	63	580	
相当正副处长级	32		34	38	163	
主任科员	162		110	129	654	4
副主任科员	125	1	124	77	507	69
科员、办事员	124		194	80	241	224
专业技术干部	319	2	231	100	669	530
2. 其他人员	33		299	389	185	90
三、单列市分行	356		555	358	1 078	337
1. 干部小计	341		355	209	1 006	290
行长	1		2		14	
相当行长级				1	2	
副行长	3		2	5	40	
相当副行长级	6		7	6	32	
处长	23		21	35	127	
相当处长级	3		3	2	11	
副处长	37		48	38	186	1

全部职工基本情况（续6）

（1992年）　　单位：人

项目	政治情况		年			龄
	民主党派	无党派	25岁以下	26岁至30岁	31岁至35岁	36岁至40岁
1. 干部小计	21	1 583	410	1 284	1 069	844
行（院）长						
副行（院）长						
相当正副行长级						
处　长	2	11			4	11
副处长	1	28		13	65	111
相当正副处长级	4	11			8	16
主任科员	6	160		31	129	184
副主任科员	3	310	1	219	278	173
科员、办事员		220	143	190	162	97
专业技术干部	5	843	266	831	423	252
2. 其他人员		474	123	128	142	176
三、单列市分行	6	796	262	433	386	373
1. 干部小计	6	546	190	375	300	300
行长						1
相当行长						
副行长		1			1	6
相当副行长						1
处长		3		1	3	19
相当处长级		1			1	1
副处长	2	44		9	31	33

全部职工基本情况（续7）

（1992年）　　单位：人

项目	年龄					
	41岁至45岁	46岁至50岁	51岁至54岁	55岁至59岁	#女	60岁以上
1. 干部小计	584	604	400	530	21	123
行（院）长		4	6	11		8
副行（院）长	10	27	18	26		8
相当正副行长级	1	10	7	40		28
处　长	37	93	96	147	5	24
副处长	117	126	81	89	2	7
相当正副处长级	20	28	24	58	2	24
主任科员	143	137	82	108	5	10
副主任科员	106	67	29	14	2	2
科员、办事员	60	21	8	4	1	
专业技术干部	90	91	49	33	4	12
2. 其他人员	102	45	19	10	1	4
三、单列市分行	289	187	120	141	3	26
1. 干部小计	234	168	116	139	3	26
行长		6	1	5		1
相当行长						2
副行长	9	10	7	7		1
相当副行长	4	3	5	16		3
处长	14	25	18	44	1	6
相当处长级	1	1	1	7		
副处长	52	45	37	23		3

全部职工基本情况（续8）

（1992年）　　　　单位：人

项目	总计	#女	#少数民族	#从非国家干部选聘	文化程度 高等院校 本科以上毕业者	专科毕业者	肄业者
相当副处长级	37	10	1	1	2	16	
主任科员（科员）	157	42	3		10	57	
副主任科员（副科长）	186	60	5	1	20	65	
科员、办事员	191	77	4	38	15	46	
专业技术干部	813	311	6	40	204	287	
2. 其他人员	369	77				5	
四、中心支行	27 977	6 810	1 960	1 217	1 989	8 584	181
1. 干部小计	24 978	6 206	1 730	1 217	1 988	7 519	180
行长	322	3	26		32	87	3
副行长	800	26	81	1	54	248	21
相当正副行长级	749	28	51		36	119	6
科　长	3 556	269	222	15	142	816	48
副科长	4 771	799	291	71	178	1 734	53
科员、办事员	3 139	882	210	542	171	633	3
专业技术干部	11 641	4 199	849	588	1 375	3 882	46
2. 其他人员	2 999	604	230		1	65	1
四、县支行	123 727	27 833	10 541	7 952	2 143	18 464	592
1. 干部小计	110 787	25 709	9 284	7 952	2 139	18 302	585
行长	2 072	39	225	5	32	498	52
副行长	4 890	223	484	39	44	1 405	97
相当正副行长级	6 469	394	546	37	49	603	39

全部职工基本情况（续9）

（1992年）　　单位：人

项目	文化程度				政治情况	
	中等专业学校		高中	初中以下	共产党员	共青团员
	毕业者	肄业者				
相当副处长级	4		6	9	33	
主任科员（科员）	36		24	30	108	6
副主任科员（副科长）	45		34	22	86	28
科员、办事员	31		71	28	93	46
专业技术干部	152		137	33	274	209
2. 其他人员	15		200	149	72	47
四、中心支行	5 177	74	7 482	5 490	14 012	3 590
1. 干部小计	5 023	74	6 269	3 925	13 258	3 235
行长	46	2	71	81	321	
副行长	142	1	174	160	795	
相当正副行长级	129	1	144	314	740	1
科　长	701	5	785	1 059	3 188	9
副科长	911	13	1 100	782	3 442	103
科员、办事员	578	12	1 200	542	1 277	538
专业技术干部	2 516	40	2 795	987	3 495	2 584
2. 其他人员	154		1 213	1 565	754	355
四、县支行	28 003	847	40 689	32 989	58 828	17 476
1. 干部小计	27 515	817	34 984	26 445	54 274	15 586
行长	360	7	433	690	2 062	1
副行长	970	19	1 151	1 204	4 646	22
相当正副行长级	1 061	12	1 376	3 329	5 823	9

全部职工基本情况（续10）

（1992年）　　单位：人

项目	政治情况		年			龄
	民主党派	无党派	25岁以下	26岁至30岁	31岁至35岁	36岁至40岁
相当副处长级		4			5	3
主任科员（科员）	2	41		16	29	37
副主任科员（副科长）		72	4	49	48	35
科员、办事员		52	47	52	39	29
专业技术干部	2	328	139	248	143	135
2.其他人员		250	72	58	86	73
四、中心支行	37	10 338	2 816	6 439	5 461	4 234
1.干部小计	37	8 448	2 178	5 864	4 877	3 680
行长		1			2	22
副行长		5		2	27	112
相当正副行长级	1	7		1	5	27
科　长	9	350		71	297	498
副科长	10	1 216	20	631	1 133	1 103
科员、办事员	2	1 322	557	856	706	542
专业技术干部	15	5 547	1 601	4 302	2 707	1 376
2.其他人员		1 890	638	575	584	554
四、县支行	52	47 371	12 824	32 139	25 638	16 998
1.干部小计	52	40 875	9 849	29 193	23 355	14 724
行长		9	1	50	165	332
副行长	1	221	2	374	910	1 007
相当正副行长级	4	633	8	129	423	712

全部职工基本情况（续11）

（1992年）　　　　单位：人

项　　目	年龄 41岁至45岁	46岁至50岁	51岁至54岁	55岁至59岁	#女	60岁以上
相当副处长级	13	4	9	1		2
主任科员（科员）	31	16	10	17	1	1
副主任科员（副科长）	27	12	6	5		
科员、办事员	18	3	1	2		
专业技术干部	65	43	21	12	1	7
2. 其他人员	55	19	4	2		
四、中心支行	2 672	2 590	1 622	1 951	28	192
1. 干部小计	2 333	2 413	1 536	1 916	27	181
行长	40	81	66	98		13
副行长	143	241	138	121	1	16
相当正副行长级	63	152	121	335		45
科　长	573	741	566	755	9	54
副科长	696	596	315	260	3	17
科员、办事员	237	113	75	50		3
专业技术干部	581	489	255	297	14	33
2. 其他人员	339	177	86	35	1	11
四、县支行	10 268	9 513	6 990	8 931	83	426
1. 干部小计	9 043	8 855	6 660	8 698	75	410
行长	387	501	319	307	1	10
副行长	913	943	445	285	1	11
相当正副行长级	835	1 128	1 107	1 992	7	135

全部职工基本情况（续12）

（1992年）　　　　单位：人

项目	总计	# 女	# 少数民族	#从非国家干部选聘	文化程度 高等院校 本科以上毕业者	专科毕业者	肆业者
科员、办事员	17 283	3 021	1 026	2 447	322	1 910	67
专业技术干部	80 073	22 032	7 003	5 424	1 682	13 886	330
2. 其他人员	12 940	2 124	1 257		4	162	7
六、营业所、储蓄所	295 422	94 156	21 055	34 452	3 775	22 423	326
1. 干部小计	260 620	84 303	19 556	34 452	3 760	21 850	307
科员、办事员	15 329	3 564	890	1 535	205	979	18
专业技术干部	245 291	80 739	18 666	32 917	3 555	20 871	289
2. 其他人员	34 802	9 853	1 499		15	573	19
七、其他机构	46 734	18 592	1 606	3 684	4 348	10 283	170
1. 干部小计	39 846	16 583	1 440	3 679	4 344	10 041	163
局长级	2				2		
副局长级	17				9	2	1
处长级	235	14	10	1	43	94	7
副处长级	608	71	18	5	108	229	5
科长级	2 116	357	71	31	199	657	16
副科长级	3 591	850	98	77	283	1 128	34
科员、办事员	4 489	1 414	139	743	341	791	10
专业技术干部	28 788	13 877	1 104	2 822	3 359	7 140	90
2. 其他人员	6 888	2 009	166	5	4	242	7

全部职工基本情况（续 13）

（1992 年）　　单位：人

项目	文化程度				政治情况	
	中等专业学校		高中	初中以下	共产党员	共青团员
	毕业者	肄业者				
科员、办事员	3 279	102	7 062	4 531	8 443	2 662
专业技术干部	21 845	677	24 962	16 691	33 300	12 892
2. 其他人员	488	30	5 705	6 544	4 554	1 890
六、营业所、储蓄所	67 310	2 992	122 358	76 238	77 642	74 116
1. 干部小计	65 495	2 766	104 412	62 030	69 109	65 722
科员、办事员	2 782	21	8 075	3 549	3 871	3 643
专业技术干部	62 713	2 745	96 337	58 781	65 238	62 079
2. 其他人员	1 815	226	17 946	14 208	8 533	8 394
七、其他机构	9 333	280	14 883	7 437	14 677	11 979
1. 干部小计	8 993	251	11 327	4 727	13 019	10 609
局长级					2	
副局长级	1		3	1	16	
处长级	38		38	15	231	
副处长级	79	1	101	85	561	
科长级	369	3	416	456	1 769	8
副科长级	619	12	859	656	2 433	98
科员、办事员	859	26	1 798	664	1 661	1 113
专业技术干部	7 028	209	8 112	2 850	6 396	9 390
2. 其他人员	340	29	3 556	2 710	1 658	1 370

全部职工基本情况（续14）

（1992年）　　单位：人

项　　目	政治情况		年			龄
	民主党派	无党派	25岁以下	26岁至30岁	31岁至35岁	36岁至40岁
科员、办事员	10	6 168	2 653	4 035	3 535	2 657
专业技术干部	37	33 844	7 185	24 605	18 322	10 016
2. 其他人员		6 496	2 975	2 946	2 283	2 274
六、营业所、储蓄所	34	143 630	76 592	89 291	49 730	27 089
1. 干部小计	34	125 755	60 618	81 239	45 140	24 250
科员、办事员	8	7 807	3 889	4 490	3 095	1 220
专业技术干部	26	117 948	56 729	76 749	42 045	23 030
2. 其他人员		17 875	15 974	8 052	4 590	2 839
七、其他机构	58	20 020	10 298	12 998	8 507	5 865
1. 干部小计	57	16 161	8 067	11 540	7 297	4 897
局长级						
副局长级		1				
处长级		4		1	6	15
副处长级	1	46		6	35	85
科长级	1	338	2	91	250	411
副科长级	5	1 055	24	481	834	779
科员、办事员		1 765	1 246	1 156	777	667
专业技术干部	50	12 952	6 795	9 805	5 395	2 940
2. 其他人员	1	3 859	2 231	1 458	1 210	968

全部职工基本情况（续15）

（1992年）　　　　单位：人

项　　目	年、龄 41岁至45岁	46岁至50岁	51岁至54岁	55岁至59岁	#女	60岁以上
科员、办事员	1 539	1 064	738	1 015	10	47
专业技术干部	5 369	5 219	4 051	5 099	56	207
2. 其他人员	1 225	658	330	233	8	16
六、营业所、储蓄所	15 672	13 683	11 061	11 897	106	407
1. 干部小计	14 088	12 730	10 601	11 574	102	380
科员、办事员	713	759	541	599	4	23
专业技术干部	13 375	11 971	10 060	10 975	98	357
2. 其他人员	1 584	953	460	323	4	27
七、其他机构	3 390	2 584	1 552	1 410	37	130
1. 干部小计	2 836	2 339	1 442	1 322	32	106
局长级		1				1
副局长级	1	3	1	8		4
处长级	35	64	47	61	1	6
副处长级	97	170	92	114	2	9
科长级	379	393	279	290	5	21
副科长级	516	441	528	242	2	16
科员、办事员	324	153	79	83	3	4
专业技术干部	1 484	1 114	686	524	19	45
2. 其他人员	554	245	110	88	5	24

专业技术职务聘任情况

（1992年）　　单位：人

项　　目		总		计	经	济	人	员	
		高级职称	中级职称	初级职称	小计	高级经济师	经济师	助理经济师	经济员
总　　计	**293 262**	**1 445**	**41 173**	**250 644**	**146 817**	**929**	**29 525**	**69 848**	**46 515**
总　　行	272	6	151	115	148	1	91	49	7
省、自治区、直辖市分行	4 259	370	2 200	1 689	2 775	267	1 467	905	136
单列市分行	1 122	78	532	512	723	62	363	263	35
地区中心支行	9 380	271	3 728	5 381	6 479	208	2 697	3 049	525
省辖市分支行	7 739	252	3 139	4 348	5 126	192	2 231	2 277	426
县　支　行	66 298	66	13 640	52 592	41 327	56	10 271	21 584	9 416
县级市支行	15 029	36	3 281	11 712	9 134	29	2 481	4 704	1 920
营　业　所	144 868	1	7 788	137 079	63 136	1	6 077	28 502	28 556
储　蓄　所	15 049		297	14 752	4 828		177	2 060	2 591
营　业　部	7 620	14	1 076	6 530	2 866	11	689	1 447	719
城郊办事处	14 195	35	2 718	11 442	7 435	33	1 926	3 646	1 830
国际业务部	1 126	16	340	770	724	12	273	356	83
信托投资公司	1 628	37	480	1 111	1 033	29	383	499	122
管理干部学院	367	51	204	112	12		9	3	
职工中专	1 967	146	801	1 020	261	10	104	113	34
干部学校	1 112	32	445	635	291	6	106	140	39
招　待　所	71		14	57	32		9	19	4
其　　他	1 160	34	339	787	487	12	171	232	72

专业技术职务聘任情况(续1)

(1992年)　　　　单位:人

项目	会计人员					统计人员				
	小计	高级会计师	会计师	助理会计师	会计员	小计	高级统计师	统计师	助理统计师	统计员
总计	**137 997**	**129**	**8 395**	**52 434**	**77 039**	**246**	**2**	**41**	**136**	**67**
总行	34	1	14	15	4	3		2	1	
省、自治区、直辖市分行	734	43	359	271	61	5	1	3	1	
单列市分行	259	10	92	121	36	3			3	
地区中心支行	2 060	33	654	1 104	269	18		8	8	2
省辖市分支行	1 802	24	576	895	307	11		6	3	2
县支行	23 507	5	2 923	12 018	8 561	84		6	51	27
县级市支行	5 516	4	718	2 873	1 921	24		5	14	5
营业所	81 450		1 689	26 410	53 351	56		6	31	19
储蓄所	10 172		119	2 979	7 074	8			2	6
营业部	4 565	2	333	2 051	2 179	11		2	4	5
城郊办事处	6 368	2	685	2 887	2 794	14		1	13	
国际业务部	353	1	46	193	113					
信托投资公司	517	3	65	292	157	2	1		1	
管理干部学院	16		9	4	3	1		1		
职工中专	132		28	68	36	4		1	2	1
干部学校	136		28	77	31	1			1	
招待所	24		3	12	9					
其他	352	1	54	164	133	1			1	

专业技术职务聘任情况(续2)

(1992年)　　单位:人

项目	工程技术人员					教学人员	
	小计	高级工程师	工程师	助理工程师	技术员	小计	正副教授
总计	**2 881**	**77**	**722**	**1 628**	**454**	**3 237**	**54**
总行	38	2	12	24		15	
省、自治区、直辖市分行	373	28	159	160	26	106	
单列市分行	79	5	36	33	5	36	
地区中心支行	328	1	99	191	37	183	
省辖市分支行	401	10	110	226	55	151	
县支行	496		62	322	112	184	
县级市支行	191	3	19	125	44	84	
营业所	156		6	94	56	42	
储蓄所	32			16	16	4	
营业部	117		25	63	29	33	
城郊办事处	245		43	157	45	67	
国际业务部	20		8	10	2	23	
信托投资公司	48	3	19	22	4	20	
管理干部学院	19	4	10	5		255	46
职工中专	34	2	16	14	2	1 398	8
干部学校	15		1	13	1	624	
招待所							
其他	289	19	97	153	20	12	

专业技术职务聘任情况(续3)

(1992年) 单位:人

项目	教学人员				其他专业技术人员			
	高级讲师	讲师	助教	教员	小计	高级职称	中级职称	初级职称
总计	**185**	**1 536**	**1 342**	**120**	**2 084**	**69**	**954**	**1 061**
总行	1	12	2		34	1	20	13
省、自治区、直辖市分行	12	65	26	3	266	19	147	100
单列市分行	1	30	5		22		11	11
地区中心支行	6	102	72	3	312	23	168	121
省辖市分支行	10	93	46	2	248	16	123	109
县支行		81	93	10	700	5	297	398
县级市支行		35	45	4	80		23	57
营业所		3	34	5	28		7	21
储蓄所			3	1	5		1	4
营业所	1	13	19		28		14	14
城郊办事处		40	26	1	66		23	43
国际业务部	3	7	13		6		6	
信托投资公司	1	10	9		8		3	5
管理干部学院		141	68		64	1	34	29
职工中专	123	600	600	67	138	3	52	83
干部学校	26	296	278	24	45		14	31
招待所					15		2	13
其他	1	8	3		19	1	9	9

各类专业技术人员基本情况

（1992 年）　　　　单位：人

项目	总数	#女	#少数民族	#从非国家干部中选聘	#担任中层以上领导职务
总计	**417 437**	**130 143**	**30 644**	**37 674**	**28 083**
#担任行政领导职务的	28 083	3 162	1 805	252	27 919
相当厅(局)级	284	11	10		284
相当处级	3 594	233	199	13	3 576
相当科级	24 205	2 918	1 596	239	24 059
#从非国家干部中选聘	37 445	11 233	1 410	35 590	288
#高级职称	1 971	124	85		1 586
#中级职称	45 059	6 517	2 348	586	17 565
#初级职称	258 787	89 057	19 909	18 613	7 927
1. 工程技术人员	4 093	972	177	167	347
高级工程师	92	11	1		49
工程师	804	144	20	8	206
助理工程师	1 817	404	91	59	74
技术员	476	156	20	48	7
未聘任专业技术职务的	904	257	45	52	11
2. 农业技术人员	67	10	7		13
高级农艺师	4		1		
农艺师	16	5			8
助理农艺师	36	5	6		3
技术员	8				1
未聘任专业技术职务的	3				1
3. 卫生技术人员	376	284	16	8	35
正副主任医师	2				2

各类专业技术人员基本情况(续1)

(1992年)

单位:人

项目	文化程度							
	高等院校				中等专业学校		高中	初中以下
	毕业者			肄业	毕业者	肄业者		
	研究生毕业者	本科毕业者	专科毕业者					
总计	**416**	**13 198**	**58 116**	**1 146**	**104 582**	**3 800**	**145 321**	**90 858**
#担任行政领导职务的	49	1 516	7 418	309	5 343	74	6 299	7 075
相当厅(局)级		62	101	1	41	1	41	37
相当处级	12	408	1 122	44	662	5	610	731
相当科级	37	1 046	6 195	264	4 640	68	5 648	6 307
#从非国家干部中选聘	1	71	2 217	70	5 544	700	22 087	6 755
#高级职称	18	558	349	17	264	4	363	398
#中级职称	158	2 537	11 114	330	7 361	65	8 044	15 450
#初级职称	89	4 577	32 922	665	69 782	2 842	91 992	55 918
1. 工程技术人员	89	1 501	1 424	12	610	5	377	75
高级工程师	5	80	7					
工程师	29	321	339		81		21	13
助理工程师	20	714	573	8	299	3	166	34
技术员		6	211	1	155	1	90	12
未聘任专业技术职务的	35	380	294	3	75	1	100	16
2. 农业技术员		22	17		26		1	1
高级农艺师		2			1			1
农艺师		11	5					
助理农艺师		8	10		18			
技术员			2		5		1	
未聘任专业技术职务的		1			2			
3. 卫生技术人员		31	80		206		26	33
正副主任医师		2						

各类专业技术人员基本情况(续2)

(1992年)　　　　单位:人

项　　目	政治情况				年龄		
	共产党员	共青团员	民主党派	无党派	25岁以下	26岁至30岁	31岁至35岁
总　计	**142 328**	**90 858**	**200**	**184 051**	**74 066**	**123 524**	**77 850**
#担任行政领导职务	23 841	414	48	3 780	104	2 033	4 032
相当厅(局)级	282			2			4
相当处级	3 449	8	9	128		40	176
相当科级	20 110	406	39	3 650	104	1 993	3 852
#从非国家干部中选	8 066	10 253	8	19 118	11 716	13 163	6 710
#高级职称	1744		21	206			14
#中级职称	33 409	485	120	11 045	19	2 716	4 841
#初级职称	83 786	49 081	54	125 866	23 560	92 504	61 217
1. 工程技术人员	990	1 450	6	1 647	1 093	1 407	572
高级工程师	54		3	35			
工程师	377	43	3	381		145	157
助理工程师	409	635		773	287	886	324
技术员	55	266		155	210	180	38
未聘任专业技术职务的	95	506		303	596	196	53
1. 农业技术人员	32	8		27	2	12	11
高级农艺师	4						
农艺师	13			3			2
助理农艺师	11	6		19		9	8
技术员	3	1		4		3	1
未聘任专业技术职务的	1	1		1	2		
3. 卫生技术人员	181	18	2	175	10	31	57
正副主任医师	2						

各类专业技术人员基本情况(续3)

(1992年)　　单位:人

项目	年龄 36岁至40岁	41岁至45岁	46岁至50岁	51岁至54岁	55岁至59岁	#女	60岁以上
总　计	**45 689**	**27 380**	**25 645**	**19 685**	**22 522**	**158**	**1 076**
#担任行政领导职务	4 938	4 372	4 902	3 359	4 019	25	324
相当厅(局)级	6	20	79	37	90		48
相当处级	443	529	849	572	867	7	118
相当科级	4 489	3 823	3 974	2 750	3 062	18	158
#从非国家干部中选	3 163	1 313	765	436	177	3	2
#高级职称	30	82	361	461	825	22	198
#中级职称	5 721	5 734	8 842	7 548	9 190	64	448
#初级职称	32 018	17 415	13 184	9 319	9 295	59	275
1. 工程技术人员	459	254	172	103	31	2	2
高级工程师	1	4	35	43	9		
工程师	203	143	98	40	16	1	2
助理工程师	197	86	24	9	4	1	
技术员	29	7	8	2	2		
未聘任专业技术职务的	29	14	7	9			
2. 农业技术人员	10	6	8	13	5		
高级农艺师				2	2		
农艺师	1	1	7	4	1		
助理农艺师	8	3	1	5	2		
技术员	1	2		1			
未聘任专业技术职务的				1			
3. 卫生技术人员	95	75	62	39	5	2	2
正副主任医师				2			

各类专业技术人员基本情况（续4）

（1992年）

单位：人

项目	总数	#女	#少数民族	#从非国家干部中选聘	#担任中层以上领导职务
主治医师	162	120	5		25
医（护）师	138	106	5	3	7
医（护）士	56	44	5	5	1
未聘任专业技术职务的	18	14	1		
4. 教学人员	3 781	1 356	261	25	735
学院 正副教授	60	9	1		34
学院 讲师	177	57	8		53
学院 助教	120	57	7	1	9
学院 未聘任专业职务的	26	10		1	11
中专干校 高级讲师	210	35	10		125
中专干校 讲师	1 487	483	109	3	422
中专干校 助理讲师	1 316	549	91	8	63
中专干校 教员	124	61	17	6	
中专干校 未聘任专业技术职务的	261	95	18	6	18
5. 经济人员	20 2414	31 282	15 302	14 776	21 024
高级经济师	1 271	55	63		1 122
经济师	31 763	2 622	1 717	458	13 552
助理经济师	72 962	11 292	5 708	2 401	5 202
经济员	47 816	7 789	4 397	4 953	414
未聘任专业技术职务的	48 602	9 524	3 417	6 964	734
6. 会计人员	20 2957	95 066	14 698	22 643	5 195
高级会计师	163	11	4		139
会计师	8 916	2 640	420	114	2 818
助理会计师	53 841	28 459	3 559	2 269	1 831
会计员	78 503	39 495	5 905	8 819	206
未聘任专业技术职务的	61 534	24 461	4 810	11 441	201
7. 统计人员	353	212	31	14	16
高级统计师	2	1			
统计师	44	32	4		9

各类专业技术人员基本情况（续5）

（1992年）　　　　单位：人

项目	文化程度							
	高等院校				中等专业学校		高中	初中以下
	毕业者			肄业	毕业者	肄业者		
	研究生毕业者	本科毕业者	专科毕业者					
主治医师		26	58		69		2	7
医（护）师		1	16		97		9	15
医（护）士		1	4		28		13	10
未聘任专业技术职务的		1	2		12		2	1
4. 教学人员	54	1 673	1 520	8	350		110	66
学院 正副教授		50	7	1	1			1
学院 讲师	25	112	35		4		1	
学院 助教	6	86	26		2			
学院 未聘任专业职务的	4	14	7					1
中专干校 高级讲师	2	146	30	1	15		10	6
中专干校 讲师	10	621	681	5	99		43	28
中专干校 助理讲师	6	509	594	1	169		31	6
中专干校 教员		14	64		38		6	2
中专干校 未聘任专业技术职务的	1	121	76		22		19	22
5. 经济人员	237	6 227	32 950	819	45 073	1 600	62 890	52 618
高级经济师	2	221	245	12	206	3	289	293
经济师	88	1 231	8 034	263	4 917	48	5 765	11 417
助理经济师	50	2 083	14 680	373	18 274	568	19 103	17 831
经济员	2	174	3 878	86	11 374	545	19 074	12 683
未聘任专业技术职务的	95	2 518	6 113	85	10 302	436	18 659	10 394
6. 会计人员	25	3 578	21 257	301	57 585	2 189	80 711	37 311
高级会计师		19	19	1	30	1	35	58
会计师	4	140	1 459	60	1 917	16	1 731	3 589
助理会计师	5	795	7 593	134	17 421	540	18 002	9 351
会计员		151	4 998	60	21 502	1 181	34 915	15 696
未聘任专业技术职务的	16	2 473	7 188	46	16 715	451	26 028	8 617
7. 统计人员		20	74	1	99	3	123	33
高级统计师		1	1					
统计师		9	15		12		2	6

各类专业技术人员基本情况（续6）

（1992年）　　　　　　　　　　　　　　　　单位：人

项目	政治情况				年龄		
	共产党员	共青团员	民主党派	无党派	25岁以下	26岁至30岁	31岁至35岁
主治医师	97		2	63		2	8
医（护）师	66	4		68		12	35
医（护）士	13	6		37	4	12	13
未聘任专业技术职务的	3	8		7	6	5	1
4. 教学人员	1 530	632	35	1 584	291	1 252	625
学院　正副教授	43		4	13			
学院　讲师	77	21	5	74		49	31
学院　助教	18	58	1	43	19	76	19
学院　未聘任专业职务的	12	10		4	8	6	2
中专干校　高级讲师	164		6	40			1
中专干校　讲师	779	40	15	653	1	214	293
中专干校　助理讲师	370	303	4	639	73	794	260
中专干校　教员	14	67		43	50	63	8
中专干校　未聘任专业技术职务的	53	133		75	140	50	11
5. 经济人员	92 845	31 634	112	77 823	23 597	50 539	37 792
高级经济师	1 183		8	80			2
经济师	25 112	291	68	6 292	10	1 803	3 454
助理经济师	37 960	6 936	30	28 036	1 451	18 674	17 752
经济员	14 585	10 362	3	22 866	5 683	17 061	10 647
未聘任专业技术职务的	14 005	14 045	3	20 549	16 453	13 001	5 937
6. 会计人员	44 096	56 983	42	101 836	49 015	69 907	37 981
高级会计师	131			32			
会计师	5 564	87	25	3 240	7	423	664
助理会计师	17 483	6 989	10	29 359	1 405	18 588	15 202
会计员	11 838	23 349	5	43 311	14 350	35 910	16 391
未聘任专业技术职务的	9 080	26 558	2	25 894	33 253	14 986	5 724
7. 统计人员	93	41		219	25	95	101
高级统计师	1			1			
统计师	22			22			6

各类专业技术人员基本情况（续 7）

（1992 年）　　　　单位：人

项目	年龄						
	36 岁至 40 岁	41 岁至 45 岁	46 岁至 50 岁	51 岁至 54 岁	55 岁至 59 岁	#女	60 岁以上
主治医师	28	40	46	32	5	2	1
医（护）师	45	29	11	5			1
医（护）士	19	5	3				
未聘任专业技术职务的	3	1	2				
4. 教学人员	450	320	386	260	179	6	18
学院　正副教授	2	3	14	21	15		5
学院　讲师	30	27	25	12	3		
学院　助教	5	1					
学院　未聘任专业职务的	1	2	2	2	3		
中专干校　高级讲师		6	46	78	70	2	9
中专干校　讲师	286	216	258	133	82	4	4
中专干校　助理讲师	99	49	27	11	3		
中专干校　教员	3						
中专干校　未聘任专业技术职务的	24	16	14	3	3		
5. 经济人员	25 808	16 870	16 774	13 423	16 749	78	862
高级经济师	7	41	209	255	592	17	165
经济师	3 965	3 774	5 982	5 414	6 996	32	365
助理经济师	11 163	7 118	6 296	4 889	5 449	21	170
经济员	6 067	3 311	2 259	1 333	1 412	1	43
未聘任专业技术职务的	4 606	2 626	2 028	1 532	2 300	7	119
6. 会计人员	17 866	9 040	7 899	5 639	5 424	66	186
高级会计师		3	26	18	101	3	15
会计师	711	1 023	2207	1 795	2 012	22	74
助理会计师	7 439	3 786	3 169	2 302	1 899	27	51
会计员	6 513	2 770	1 314	731	514	9	10
未聘任专业技术职务的	3 203	1 458	1 183	793	898	5	36
7. 统计人员	60	34	26	9	3		
高级统计师				1	1		
统计师	9	12	10	5	2		

各类专业技术人员基本情况（续 8）

（1992 年）　　　　单位：人

项　目	总数	#女	#少数民族	#从非国家干部中选聘	#担任中层以上领导职务
助理统计师	152	111	13	7	6
统计员	79	44	11	6	1
未聘任专业技术职务的	76	24	3	1	
8. 翻译人员	37	13	4		5
正、副译审					
翻译	23	7	2		5
助理翻译	9	6	2		
未聘任专业技术职务的	5				
9. 图书、档案、资料人员	584	445	46	26	46
正、副研究馆员	4				1
馆员	107	72	6	2	16
助理馆员	335	268	22	9	25
管理员	76	57	10	5	1
未聘任专业技术职务的	62	48	8	10	3
10. 新闻出版人员	76	26	4	2	13
正、副编审、高级主任记者	4		1		2
编辑、记者、一级校对	48	17	2		10
助理编辑、助理记者、二、三级校对	21	8	1	2	1
未聘任专业技术职务的	3	1			
11. 律师、公证人员	98	11	21	1	28
一、二级律师、公证员	1				1
三级律师、公证员	54	6	14		22
四级律师、公证员助理	41	4	7	1	5
未聘任专业技术职务（称）的	2	1			
12. 政工人员	2 601	466	77	12	626
高级政工师	158	2	4		111
政工师	1 458	312	41	1	419
助理政工师、政工员	861	142	32	11	70

各类专业技术人员基本情况（续 9）

（1992 年）　　　　单位：人

项目	文化程度							
	高等院校				中等专业学校		高中	初中以下
	毕业者			肄业	毕业者	肄业者		
	研究生毕业者	本科毕业者	专科毕业者					
助理统计师		6	39	1	53	1	41	11
统计员			9		29	1	27	13
未聘任专业技术职务的		4	10		5	1	53	3
8. 翻译人员	1	10	18		3		3	2
正、副译审								
翻译	1	6	10		2		2	2
助理翻译		2	5		1		1	
未聘任专业技术职务的		2	3					
9. 图书、档案、资料人员		34	156	1	133	1	167	91
正、副研究馆员		3	1					
馆员		16	38	1	17		20	15
助理馆员		11	91		84	1	101	47
管理员			14		18	1	27	16
未聘任专业技术职务的		4	12		14		19	13
10. 新闻出版人员		19	35		5		11	6
正、副编审、高级主任记者		1					2	1
编辑、记者、一级校对		15	24		2		4	3
助理编辑、助理记者、二、三级校对		2	9		3		5	2
未聘任专业技术职务的		1	2					
11. 律师、公证人员		8	18		22		17	33
一、二级律师、公证员			1					
三级律师、公证员		4	12		10		9	19
四级律师、公证员助理		2	5		12		8	14
未聘任专业技术职务（称）的		2						
12. 政工人员	10	75	567	4	470	1	885	589
高级政工师	9	33	38	2	11		27	38
政工师	1	25	404	1	231	1	444	351
助理政工师、政工员		12	101	1	200		372	175

各类专业技术人员基本情况（续10）

（1992年）　　　　　　　　　　　　　　单位：人

项　目	政治情况				年龄		
	共产党员	共青团员	民主党派	无党派	25岁以下	26岁至30岁	31岁至35岁
助理统计师	52	15		85	3	30	57
统计员	14	15		50	8	29	16
未聘任专业技术职务的	4	11		61	14	36	22
8. 翻译人员	18	2		17		9	6
正、副译审							
翻译	14			9		4	2
助理翻译	2	2		5		3	3
未聘任专业技术职务的	2			3		2	1
9. 图书、档案、资料人员	278	58	2	246	21	108	155
正、副研究馆员	1			3			
馆员	64		1	42		7	7
助理馆员	174	32	1	128	5	66	114
管理员	26	9		41	4	20	22
未聘任专业技术职务的	13	17		32	12	15	12
10. 新闻出版人员	41	4	1	30	1	10	18
正、副编审、高级主任记者	4						
编辑、记者、一级校对	27	1	1	19		5	12
助理编辑、助理记者、二、三级校对	8	3		10	1	5	4
未聘任专业技术职务的	2			1			2
11. 律师、公证人员	79	3		16	2	6	18
一、二级律师、公证员	1						
三级律师、公证员	48			6		1	7
四级律师、公证员助理	30	1		10	1	4	11
未聘任专业技术职务（称）的		2			1	1	
12. 政工人员	2 145	25		431	9	148	514
高级政工师	156			2			11
政工师	1 215	2		241	1	63	198
助理政工师、政工员	655	22		184	6	79	292

各类专业技术人员基本情况（续11）

（1992年） 单位：人

项　　目	年龄 36岁至40岁	41岁至45岁	46岁至50岁	51岁至54岁	55岁至59岁	#女	60岁以上
助理统计师	37	11	12	2			
统计员	11	10	4	1			
未聘任专业技术职务的	3	1					
8. 翻译人员	14	3	3	1	1		
正、副译审							
翻译	9	3	3	1	1		
助理翻译	3						
未聘任专业技术职务的	2						
9. 图书、档案、资料人员	125	79	45	36	15	2	
正、副研究馆员			3		1		
馆员	23	24	21	17	8	2	
助理馆员	76	42	12	16	4		
管理员	17	8	3	1	1		
未聘任专业技术职务的	9	5	6	2	1		
10. 新闻出版人员	19	13	6	3	6		
正、副编审、高级主任记者				1	3		
编辑、记者、一级校对	11	11	5	1	3		
助理编辑、助理记者、二、三级校对	7	2	1	1			
未聘任专业技术职务的	1						
11. 律师、公证人员	23	14	20	10	5		
一、二级律师、公证员				1			
三级律师、公证员	8	11	16	8	3		
四级律师、公证员助理	15	3	4	1	2		
未聘任专业技术职务（称）的							
12. 政工人员	760	672	244	149	99	2	6
高级政工师	20	25	28	39	31		4
政工师	437	449	164	86	58	1	2
助理政工师、政工员	264	172	36	9	3		

各地区各类专业技术人员基本情况

（1992年） 单位：人

地区	总数				
		#女	#少数民族	#从非国家干部中选聘	#担任中层以上领导职务
总计	**417 437**	**130 143**	**30 644**	**37 674**	**28 083**
总行	637	228	12		21
北京	4 575	2 293	124	153	756
天津	3 830	1 548	65	244	377
河北	22 763	7 131	828	2583	1 433
山西	9 587	3 315	20	502	1 059
内蒙古	10 691	3 570	3 248	175	925
辽宁	13 328	3 623	1 762	1 716	955
吉林	10 957	2 957	1 530	1 248	793
黑龙江	15 833	4 281	570	244	1048
上海	7 559	3 667	20	358	646
江苏	21 910	6 485	31	1 711	771
浙江	13 046	4 627	35	2 151	618
安徽	12 440	3 619	122	1 400	906
福建	10 949	3 033	70	1 880	495
江西	14 266	3 698	32	2 003	655
山东	24 617	6 694	153	386	1 171
河南	24 748	6 984	232	3 944	1 773
湖北	18 715	5 542	695		1 176
湖南	16 265	5 021	1 253	1 294	1 278
广东	21 072	5 891	86	6 683	1 190
广西	14 582	4 037	5 153	1 894	1 000
海南	3 694	977	254		166
四川	25 219	8 414	1 674		1 402
贵州	10 798	3 459	2 284	1 133	620
云南	14 837	4 742	3 663	189	980
陕西	10 375	2 717	68	572	619
甘肃	8 729	2 159	509	232	823
青海	3 041	1 038	670		309
宁夏	2 553	846	424	98	384
新疆	10 701	4 064	4 519	133	922
#重庆	3 983	1 534	8	388	195
武汉	3 011	1 209	8	40	284
沈阳	2 360	817	163	725	336
大连	2 402	741	91	338	226
哈尔滨	2 129	784	63	6	206
广州	3 616	1 803	21	1 403	377
西安	1 634	611	5	110	182
青岛	2 464	736	3	46	89
宁波	2 189	874		420	69
厦门	789	286	4	48	37
深圳	1 484	643	6	111	183
长春	3 271	1 061	72	837	52
南京	2 104	829	45	270	188
成都	3 204	1 362	31		241
长院	172	61	9	1	31
武院	148	57	4		76
天院	115	55	3	5	31
信托	45	20	2		9

各地区各类专业技术人员基本情况（续1）

（1992年）　　　　单位：人

地区	文化程度							
	高等院校				中等专业学校		高中	初中以下
	毕业者			肄业	毕业者	肄业者		
	研究生毕业者	本科毕业者	专科毕业者					
总计	**416**	**13 198**	**58 116**	**1 146**	**104 582**	**3 800**	**145 321**	**90 858**
总行	47	274	232		46		18	20
北京	7	182	735	3	1 981	1	1 385	281
天津	3	239	568		1 246		1 218	556
河北	4	838	2 886	20	7 063	13	7 530	4 409
山西	4	328	1 343	5	2 542		3 041	2 324
内蒙古	4	258	1 160	11	1 987	3	4 147	3 121
辽宁	2	381	2 101	17	2 821	14	4 556	3 436
吉林	8	418	1 883	1	3 544	4	3 368	1 731
黑龙江	10	204	2 373	6	3 355		6 722	3 163
上海	8	255	917	15	3 296	14	2 041	1 013
江苏	22	697	2 591	24	4 981	14	9 453	4 128
浙江	18	466	2 637	37	3 237	61	4 438	2 152
安徽	8	384	2 252	24	3 008	33	4 212	2 519
福建	14	754	1 858	9	3 597	4	3 016	1 697
江西	6	276	1 480	34	2 809	54	6 146	3 461
山东	2	336	3 569	9	6 162		9 229	5 310
河南	19	564	3 039	16	5 145	22	9 181	6 762
湖北	10	429	2 569	301	5 012	567	5 219	4 608
湖南	17	527	2 654	12	4 352	13	5 401	3 289
广东	22	608	2 900	395	4 218	1 453	6 711	4 765
广西	5	435	1 219	12	3 610	1	5 875	3 425
海南	10	222	735	48	962	3	1 082	632
四川	9	485	2 773	20	5 035	66	10 037	6 794
贵州	5	356	889	1	2 960	3	2 859	3 725
云南	6	351	1 377	4	4 416	7	4 226	4 450
陕西		245	1 118	17	2 128	5	4 246	2 616
甘肃	3	148	865	76	1 758	1 437	2 416	2 026
青海		97	304		1 004	2	1 057	577
宁夏	1	113	529		671		841	398
新疆	4	277	1 611	4	3 684	2	3 240	1 879
#重庆	8	185	608	1	550		1 721	910
武汉	6	106	730	1	889		728	551
沈阳	8	155	582		261	1	1 115	238
大连	4	146	352	1	451		835	613
哈尔滨	2	87	589	10	458		667	316
广州	15	218	716	2	905	1	1 383	376
西安	2	60	287		280		740	265
青岛	5	99	574		472		861	453
宁波	4	100	419	1	558		703	404
厦门	6	118	151	2	263		201	48
深圳	27	197	264		557		386	53
长春	4	116	602		1 105		971	473
南京	6	70	421	2	396	1	937	271
成都	6	139	534	2	772	1	1 143	607
长院	11	105	34		14		5	3
武院	17	64	42	1	10		9	5
天院	5	68	26	2	7		3	4
信托	2	18	18		4		2	1

各地区各类专业技术人员基本情况（续2）

（1992年）

单位：人

地区	政治情况				年龄		
	共产党员	共青团员	民主党派	无党派	25岁以下	26岁至30岁	31岁至35岁
总计	**14 2328**	**90 858**	**200**	**184 051**	**74 066**	**123 524**	**77 850**
总行	348	99	1	189	20	114	143
北京	1 389	1 501	3	1 682	1 176	1 415	743
天津	827	1 531	2	1 470	1 069	1 264	522
河北	9 059	5 225	5	8 474	4 343	6 787	3 885
山西	3 365	1 914	2	4 306	1 061	2 426	2 425
内蒙古	3 344	1 677	2	5 668	1 010	3 073	2 802
辽宁	5 024	2 369	10	5 925	1 970	3 292	2 476
吉林	3 580	1 998	13	5 366	1 312	3 168	2 296
黑龙江	6 164	2 905	8	6 756	1 369	4 000	3 312
上海	1 325	3 337	6	2 891	2 761	2 103	699
江苏	7 990	4 612	2	9 326	4 301	5 473	4 463
浙江	4 110	3 597	17	5 322	2 951	3 942	2 823
安徽	4 765	2 383	6	5 286	1 809	3 715	3 014
福建	3 104	3 197	3	4 645	2 858	3 338	1 771
江西	4 603	2 707	5	6 951	1 882	5 006	3 056
山东	11 011	6 385	3	7 218	4 228	9 765	3 669
河南	11 293	4 005		9 450	3 062	6 891	4 668
湖北	7 556	3 324	3	7 832	2 516	4 768	3 587
湖南	5 826	3 272	10	7 157	2 278	5 641	2 863
广东	7 010	3 915	7	10 140	3 765	5 798	4 219
广西	3 993	2 657	3	7 929	2 131	5 056	2 737
海南	1 025	675		1 994	552	1 074	804
四川	7 482	5 641	34	12 062	5 698	7 448	3 958
贵州	3 861	1 718	1	6 063	1 833	3 017	2 050
云南	3 861	4 013	3	6 960	3 326	4 670	2 105
陕西	3 900	1 106	2	5 367	963	2 595	2 412
甘肃	2 979	1 335	2	4 413	1 061	2 739	1 529
青海	854	696	5	1 486	698	1 227	443
宁夏	926	495	17	1 115	553	818	475
新疆	2 979	2 072		5 650	2 565	2 739	2 132
#重庆	1 058	1 025	3	1 897	902	1 222	629
武汉	830	953		1 228	971	785	447
沈阳	605	973		782	777	637	250
大连	721	580		1 101	530	553	368
哈尔滨	696	448	2	983	354	525	427
广州	689	1 298	4	1 625	1 210	1 072	552
西安	411	279	3	941	351	396	370
青岛	1 029	914		521	373	1 228	287
宁波	639	943		907	516	649	435
厦门	139	356	1	293	300	222	99
深圳	282	663	2	537	573	495	208
长春	1 031	768		1 472	672	817	649
南京	519	661		924	541	601	415
成都	787	874		1 543	849	821	559
长院	91	6	2	73	12	21	33
武院	47	19		82	1	43	19
天院	45	23	7	40	5	33	14
信托	21	14	1	9	8	12	8

各地区各类专业技术人员基本情况（续3）

（1992年）　　　　单位：人

地区	年龄						
	36岁至40岁	41岁至45岁	46岁至50岁	51岁至54岁	55岁至59岁	#女	60岁以上
总计	**45 689**	**27 380**	**25 645**	**19 685**	**22 522**	**158**	**1 076**
总行	105	96	51	47	29	4	2
北京	550	271	143	135	135		7
天津	430	197	157	105	78		8
河北	2 812	1 335	1 317	1 106	1 164	1	14
山西	1 375	642	581	444	602	6	31
内蒙古	1 560	732	673	476	355	2	10
辽宁	1 833	1 065	1 041	915	726		10
吉林	1 708	855	628	510	473	5	7
黑龙江	2 478	1 730	1 402	899	630	1	13
上海	560	386	489	281	252	4	28
江苏	2 505	1 607	1 581	1 056	889	11	35
浙江	1 089	660	455	412	649	9	65
安徽	1 466	426	505	564	861	12	80
福建	891	466	492	449	662	4	22
江西	1 242	784	948	618	721	6	9
山东	2 126	1 378	1 294	1 035	1 096	4	26
河南	2 775	1 629	1 722	1 761	2 105	22	135
湖北	2 671	1 934	1 405	837	938	7	59
湖南	1 765	1 083	941	733	920	4	41
广东	2 170	1 480	1 069	1 004	1 489	4	78
广西	1 242	810	542	573	1 443	5	48
海南	377	223	228	200	219	2	17
四川	2 848	1 552	1 495	1 079	1 126	3	15
贵州	1 023	750	901	501	695	6	28
云南	915	960	1 166	746	902	10	47
陕西	1 124	823	1 017	662	706	7	73
甘肃	1 174	511	571	533	573	1	38
青海	189	139	196	83	65		1
宁夏	218	101	138	117	130	1	3
新疆	854	615	787	515	473	2	21
#重庆	452	244	197	137	196	1	4
武汉	291	194	139	78	88		18
沈阳	223	170	115	89	93	2	6
大连	262	189	166	216	117	1	1
哈尔滨	269	210	140	116	87		1
广州	352	137	71	62	137	3	23
西安	155	80	88	76	106	2	12
青岛	172	95	122	96	90		1
宁波	236	147	78	37	87	1	4
厦门	70	32	24	19	23		
深圳	99	48	29	14	15		3
长春	416	228	199	152	138		
南京	188	105	114	60	70		10
成都	356	207	169	89	141	5	13
长院	27	15	28	20	14		2
武院	23	21	17	15	8		1
天院	16	14	12	12	6		3
信托	7	4	2	1			3

农业银行损益

单位：亿元

项目	1988年	1989年	1990年	1991年	1992年
一、收入					
贷款利息收入	202.15	289.11	273.42	323.54	420.89
转存、同业往来等利息收入	294.71	468.60	459.86	431.99	509.24
代理业务收入					
其他收入	4.49	5.74	16.06	4.62	7.85
收入合计	501.35	763.45	749.34	760.15	937.98
二、支出					
存款利息支出	69.02	90.09	97.26	122.22	147.17
同业往来等利息支出	332.54	566.78	575.42	544.52	641.72
代理费用	4.05	5.01	6.26	8.63	11.17
经营费用	19.72	28.89	34.85	38.19	54.96
折旧费用	2.35	2.85	3.51	4.33	5.40
其他支出	32.93	35.59	20.49	26.21	58.27
支出合计	460.61	729.21	737.79	744.10	918.69
三、纳税前收入	40.74	34.24			
四、所得税等	25.54	21.98			
五、净利益	15.20	12.26	11.55	16.05	19.29

各地区信用社机构状况

（1992 年）　　　　单位：个

地　　区	独立核算机构				
	合　计	乡信用社	联村信用社	村信用社	联社营业部
总　　计	**52 599**	**50 271**	**815**	**95**	**1 418**
北　　京	287	279			8
天　　津	222	220			2
河　　北	3 640	3 485	8		147
山　　西	2 046	1 957	14		75
内 蒙 古	1 482	1 428		1	53
辽　　宁	1 349	1 251	21	11	66
吉　　林	958	918			40
黑 龙 江	1 151	1 133			18
上　　海	224	206			18
江　　苏	2 054	2 044	1	7	2
浙　　江	1 948	1 897	6		45
安　　徽	1 942	1 877	7	2	56
福　　建	960	932	5		23
江　　西	1 930	1 818	50		62
山　　东	2 124	2 124			
河　　南	2 690	2 075	498		117
湖　　北	2 937	2 745	107	12	73
湖　　南	3 611	3 509	4		98
广　　东	1 804	1 728			76
广　　西	1 474	1 328	51	10	85
海　　南	325	311			14
四　　川	8 102	7 958			144
贵　　州	1 651	1 627			24
云　　南	1 560	1 475	14	25	46
西　　藏	428	428			
陕　　西	2 634	2 594	6	2	32
甘　　肃	1 569	1 507	22	24	16
青　　海	321	319			2
宁　　夏	274	260			14
新　　疆	902	838	1	1	62
#重　　庆	814	795			84
武　　汉	114	107			19
沈　　阳	112	106			7
大　　连	141	133			6
哈 尔 滨	125	120			8
广　　州	92	90			5
西　　安	199	188			2
青　　岛	164	164			11
宁　　波					
厦　　门	22	20			2
深　　圳	18	18			
南　　京	126	125			1
成　　都	413	397			16
长　　春	156	149			7

各地区信用社机构状况（续）

（1992 年）

单位：个

地　　区	不独立核算机构			附：信用站	县（市）联社机构		
	合　计	信用分社	储蓄所		建立联社数	县辖通汇数	参加农行省辖
总　　计	**46 158**	**33 443**	**12 715**	**234 294**	**2 249**	**828**	**80**
北　京	212	165	47	2 588	14		
天　津	291	123	168	1 704	12		
河　北	1 056	848	208	35 521	156	142	
山　西	1 152	553	599	21 302	111	75	9
内蒙古	724	465	259	1 089	87	32	
辽　宁	961	214	747	1 580	53	45	11
吉　林	1 087	85	1 002	1 948	49	20	9
黑龙江	668	45	623	8 403	64	4	3
上　海	52	35	17		18		18
江　苏	1 359	879	480	6 743	74	1	
浙　江	2 570	1 733	837	12 354	73	23	
安　徽	3 179	2 123	1 056	3 771	82	38	
福　建	1 386	1 270	116	1 517	72	32	
江　西	1 383	968	415	3 616	94	69	1
山　东	3 056	1 716	1 340	45 482	119		
河　南	3 836	2 538	1 298	14 899	135	69	
湖　北	3 115	2 239	876	17 672	78	56	26
湖　南	2 136	1 468	668	26 407	107	68	1
广　东	7 962	7 090	872	147	98	16	
广　西	1 338	1 184	154	1	88	27	
海　南	437	389	48	25	19	2	
四　川	1 934	1 473	461	5 175	171	48	
贵　州	443	397	46		63	2	
云　南	3 349	3 308	41		117	20	1
西　藏	10	10		6			
陕　西	963	682	281	17 632	104	11	
甘　肃	500	492	8	4 387	84	16	
青　海	73	69	4	216	27	1	
宁　夏	83	83		14	18	6	
新　疆	843	799	44	95	62	5	1
#重　庆	259	169	90	624	18	6	
武　汉	282	197	85	527	10	4	3
沈　阳	113	30	83	142	6	1	4
大　连	354	180	174	189	8	3	2
哈尔滨	70	6	64	1 586	5		
广　州	716	665	51	3	9		
西　安	236	153	83	1 888	10		
青　岛	81	14	67	2 274	5		5
宁　波							
厦　门	20	18	2	260	3		
深　圳	147	132	15		1		
南　京	108	83	25	24	9		
成　都	372	140	232	40	15	15	1
长　春	169	5	164	1 148	6	6	

各地区信用社人员状况

（1992 年）

单位：人

地　区	信用社在职职工总数			信用社在职职工岗位情况			
	合　计	固定制	合同制	合　计	信用社	联社营业部	联社管理人员
总　计	**563 163**	**264 534**	**298 629**	**563 163**	**516 400**	**15 484**	**31 279**
北　京	5 447	2 375	3 072	5 447	4 906	152	389
天　津	4 452	2 568	1 884	4 452	4 277	24	151
河　北	31 092	11 799	19 293	31 092	27 106	978	3 008
山　西	21 648	12 750	8 898	21 648	18 926	758	1 964
内蒙古	12 966	5 375	7 591	12 966	12 093	306	567
辽　宁	28 717	11 092	17 625	28 717	26 123	1 223	1 371
吉　林	16 138	7 121	9 017	16 138	14 730	869	539
黑龙江	12 422	5 245	7 177	12 422	11 643	390	389
上　海	4 057	3 120	937	4 057	3 546	41	470
江　苏	32 391	13 652	18 739	32 391	30 780	43	1 568
浙　江	28 356	14 103	14 253	28 356	26 097	421	1 838
安　徽	22 367	11 653	10 714	22 367	21 282	334	751
福　建	13 076	5 149	7 927	13 076	11 915	191	970
江　西	14 975	7 478	7 497	14 975	13 932	427	616
山　东	43 945	19 366	24 579	43 945	40 861	1 542	1 542
河　南	39 129	18 334	20 795	39 129	35 498	1 431	2 200
湖　北	25 172	12 564	12 608	25 172	23 904	608	660
湖　南	25 952	18 966	6 986	25 952	23 022	1 104	1 826
广　东	49 272	18 765	30 507	49 272	46 358	1 505	1 409
广　西	20 002	7 205	12 797	20 002	17 992	807	1 203
海　南	3 427	1 748	1 679	3 427	3 231	87	109
四　川	46 496	24 293	22 203	46 496	41 684	1 027	3 785
贵　州	11 312	5 306	6 006	11 312	10 621	228	463
云　南	14 953	8 294	6 659	14 953	13 773	250	930
西　藏	1 268	1 204	64	1 268	1 268		
陕　西	15 356	7 068	8 288	15 356	13 835	201	1 320
甘　肃	8 405	3 476	4 929	8 405	7 763	70	572
青　海	1 582	558	1 024	1 582	1 465	10	107
宁　夏	2 420	856	1 564	2 420	2 195	73	152
新　疆	6 368	3 051	3 317	6 368	5 574	384	410
#重　庆	5 368	2 874	2 494	5 368	4 675	163	530
武　汉	2 414	1 147	1 267	2 414	2 288	52	74
沈　阳	2 649	1 220	1 429	2 649	2 427	103	119
大　连	4 361	2 066	2 295	4 361	4 041	143	177
哈尔滨	1 875	699	1 176	1 875	1 707	61	107
广　州	4 010	1 690	2 320	4 010	3 799	40	171
西　安	2 621	1 913	708	2 621	2 275	19	267
青　岛	3 294	1 377	1 917	3 294	3 294		
宁　波				422	422		
厦　门	468	181	287	468	422	17	29
深　圳	903	201	702	903	876		27
南　京	2 029	1 059	970	2 029	1 890	9	130
成　都	4 614	2 016	2 598	4 614	3 964	229	421
长　春	2 532	1 406	1 126	2 532	2 263	200	69

各地区信用社人员状况（续）

（1992 年）

单位：人

地区	银行职工从事信用合作人员数				信用站业务人员数
	合计	联社营业部	联社管理人员	省地行管理人员	
总计	**8 686**	**216**	**6 382**	**2 088**	**258 924**
北京	83		69	14	2 592
天津	84		68	16	1 448
河北	595	20	448	127	35 967
山西	231		111	120	21 881
内蒙古	455	5	369	81	1 109
辽宁	405	10	282	113	1 696
吉林	353	10	316	27	2 151
黑龙江	612	76	503	33	9 694
上海	28	3	25		
江苏	266		226	40	8 803
浙江	451	1	346	104	13 040
安徽	428	7	333	88	8 478
福建	172	1		171	1 866
江西	270	1	193	76	3 383
山东	333		313	20	47 857
河南	464	5	329	130	15 745
湖北	444	25	326	93	17 072
湖南	284	1	220	63	29 615
广东	560	35	362	163	296
广西	170	2	104	64	108
海南	95		81	14	21
四川	528	1	410	117	5 948
贵州	207		161	46	
云南	199	1	138	60	315
西藏	192		141	51	5
陕西	281	1	206	74	17 864
甘肃	150	1	79	70	3 758
青海	44		21	23	212
宁夏	88	1	73	14	
新疆	214	9	129	76	
#重庆	43		35	8	625
武汉	31		31		4
沈阳	43	6	37		116
大连	104		89	15	175
哈尔滨	83	2	74	7	1 605
广州	42	6	16	20	
西安	19		19		
青岛	35		33	2	2 278
宁波					
厦门	23	1	15	7	264
深圳	6		3	3	
南京	15		15		17
成都	29	1	17	11	40
长春	89	3	76	10	1 113

4

农业银行教育

农业银行系统中专学校教育情况统计

单位：人

	合计			普通中专班			成人中专全科班		
							脱产		
	招生	毕业	在校	招生	毕业	在校	招生	毕业	在校
合计	**215 165**	**108 940**	**457 420**	**10 527**	**5 237**	**18 118**	**29 696**	**24 818**	**59 740**
1986 年	15 662	4 469	25 833	460		460	4 850	2 216	8 990
1987 年	15 373	8 184	33 081	1 095		1555	5 356	3 657	10 698
1988 年	99 228	9 706	117 701	1 459	460	2 554	4 725	4 455	10 072
1989 年	11 727	13 044	99 423	1 220	698	2 530	2 956	4 437	7 522
1990 年	27 073	32 942	65 053	1 891	1 132	3 153	2 841	3 965	5 117
1991 年	28 473	19 259	62 506	1 824	1 277	3 480	3 938	3 083	7 794
1992 年	17 629	21 300	53 823	2 578	1 670	4 386	5 030	3 005	9 547

	成人中专全科班			成人中专专修班					
	函授			脱产			自学		
	招生	毕业	在校	招生	毕业	在校	招生	毕业	在校
合计	**61 928**	**21 124**	**136 167**	**11 322**	**11 360**	**12 690**	**98 088**	**45 970**	**222 802**
1986 年	7 178	2 172	13 003	1 735	81	1 375			
1987 年	7 265	2 674	17 594	813	1 735	813			
1988 年	19 031	3 704	28 917	2 791	810	2 780	69 901		69 901
1989 年	3 031	4 453	14 456	2 229	3 456	2 723	2 291		72 192
1990 年	4 786	1 756	12 827	1 967	2 611	1 967	15 588	23 478	41 989
1991 年	11 885	4 066	18 950	1 319	1 510	2 279	9 507	9 323	30 003
1992 年	8 752	2 299	30 420	468	1 157	753	801	13 169	8 717

农业银行高等教育统计

单位：人

项　　目	1990 年	1991 年	1992 年
招　生	709	1 144	966
毕业生	634	799	793
在校生	1 733	2 420	2 095
一、农行自办			
专修科			
招　生	401	408	556
毕业生	391	362	393
在校生	762	801	964
二、委托举办			
本　科			
招　生	123	194	166
毕业生			159
在校生	522	716	600
专修科			
招　生	185	542	244
毕业生	243	437	241
在校生	449	903	531

5

利　　率

中国农业银行现行利率

（执行时间：93.7.11）

年息：%

项　　目	利率 调前	利率 调后	项　　目	利率 调前	利率 调后
一、存款(包括单位存款)			(六)其它开发性贷款		
(一)活期	2.16	3.15	一年以下(含一年)	9.18	10.98
(二)定期			一年以上至三年(含三年)	10.80	12.24
1.整存整取			三年以上至五年(含五年)	12.06	13.86
三个月	4.86	6.66	五年以上	12.24	14.04
六个月	7.20	9.00	(七)林业专项贴息贷款	9.36	10.98
一　年	9.18	10.98	(八)个体手工业、修理业等项	9.36	10.98
二　年	9.90	11.70	(九)外资转贷及国内配套贷款		
三　年	10.80	12.24	1.世行贷款	执行基本建设贷款利率	
五　年	12.06	13.86	2.国内配套人民币贷款	执行农业银行各档次各项目贷款利率	
八　年	14.58	17.10			
2.零存整取、整存零取、存本取息			(十)民政部门福利工厂贷款	7.92	9.54
一　年	7.20	9.00	(十一)粮、棉、油贷款	8.46	10.08
三　年	9.18	10.98	(十二)民贸及民族用品生产贷款	6.48	8.10
五　年	10.80	12.24	(十三)扶贫贴息贷款(含牧区扶贫)	2.88	2.88
3.华侨人民币储蓄存款			(十四)行、社往来利率		
一　年	10.80	12.24	1.信用社准备金	7.56	9.18
三　年	12.06	13.86	2.信用社转存款	8.64	10.26
五　年	14.58	17.10	3.支持信用社贷款	8.64	10.26
4.定活两便储蓄存款	按一年期打六折执行		(十五)上存总行统筹基金	9.00	10.62
二、贷　款			(十六)向总行借款(三个月以内含三月)	8.82	10.44
(一)固定资产贷款			三个月以上	9.00	10.62
1.技术改造贷款	9.18	10.98	(十七)上存总行资金		
2.基本建设贷款			三个月以下(含三个月)	8.28	9.90
一年以内(含一年)	9.18	10.98	三至六个月(含六个月)	8.64	10.26
一年以上至三年(含三年)	10.80	12.24	六个月以上	9.00	10.62
三年以上至五年(含五年)	12.06	13.86	(十八)铺底资金	7.56	9.18
五年以上	12.24	14.04	(十九)联行往来	9.00	10.62
(二)流动资金贷款			(二十)总行匹配专项贷款	8.64	10.26
三个月	8.82	9.00	(二十一)特种贷款	11.25	13.176
一　年	9.36	10.98	(二十二)缴存人行准备金	7.56	9.18
(三)乡镇企业流动资金	9.18	10.98	(二十三)备付金存款	7.56	9.18
(四)乡企设备贷款及其它设备	执行基本建设贷款各档次利率		(二十四)向人行借款(二十天以内)	8.46	10.08
			三个月以内	8.64	10.26
(五)农业开发，国营农场投资性			六个月以内	8.82	10.44
三年以下(含三年)	9.18	10.98	一年期	9.00	10.62
三年以上	12.06	13.86	(二十五)逾期贷款	按日利率万分之五计收	

6

信贷资金使用情况专项调查

农业银行国营集体工业贷款统计

（1992 年）　　　　单位：个、亿元

项　　目	合　　计	国营工业生产企业	城镇集体工业
贷款企业数	46 310	6 820	39 490
固定资产原值	917.25	513.83	403.42
固定资产净值	693.24	419.96	273.28
自有流动资金	128.22	61.46	66.76
全部流动资金占用	933.08	521.37	411.71
储备资金	184.73	91.12	93.61
生产资金	157.21	89.76	67.45
成品资金	185.69	94.89	90.80
发出商品	108.99	60.87	48.12
应收款	260.85	132.77	128.08
总产值本年累计	1 190.09	588.27	601.82
销售收入本年累计	1 335.97	819.45	516.52
税利总额本年累计	131.91	86.90	45.01
流动资金贷款逾期数	50.31	26.52	23.79
固定资产贷款逾期数	10.93	6.00	4.93
关停企业个数	5 239	412	4 827
关停企业贷款余额	9.55	3.03	6.52
亏损企业个数	5 969	1 515	4 454
亏损企业亏损额	19.14	12.07	7.07
亏损企业贷款余额	77.89	50.47	27.42
技改贷款项目个数	3 563	1 442	2 121
#在建项目个数	988	403	585
#在建项目贷款余额	28.92	22.71	6.21
基建贷款项目个数	226	128	98
#在建项目个数	97	51	46
#在建项目贷款余额	11.59	10.47	1.12

农业银行乡镇企业贷款统计分析

指　　标	单　位	1989年	1990年	1991年	1992年
贷款企业数	万　个	45.55	37.98	35.96	34.54
固定资产原值	亿　元	829.64	891.03	1 136.31	1 326.54
固定资产净值	亿　元	625.41	676.70	841.01	969.76
自有流动资金	亿　元	175.98	199.04	259.80	298.86
自有流动资金比例	%	28.57	28.50	29.88	28.66
全部流动资金占用	亿　元	956.92	1 084.08	1 443.16	1 771.92
定额流动资金	亿　元	615.99	698.35	869.52	1 042.78
储备资金	亿　元	203.77	227.54	272.82	348.45
生产资金	亿　元	147.20	151.91	195.17	229.86
成品资金	亿　元	202.97	221.93	285.53	322.91
发出商品	亿　元	62.05	96.97	116.00	141.56
应收款	亿　元	257.33	301.92	450.00	508.07
三项资金占用	%	54.59	57.27	59.00	54.89
累计总产值	亿　元	1 949.86	1 913.51	2 667.34	3 892.26
累计销售收入	亿　元	1 754.09	723.50	2 278.35	3 638.26
累计利税总额	亿　元	207.77	186.70	226.17	343.52
产销率	%	89.96	90.07	85.42	93.47
销售资金率	%	35.12	40.51	38.16	28.66
百元固定资产原值实现产值	元	235.02	214.74	234.74	293.41
百元固定资产原值实现利税	元	25.04	20.87	19.90	25.90
百元产值占用流动资金	元	49.08	56.66	54.10	45.52
百元产值占用定额流动资金	元	31.59	36.28	32.60	26.79
百元产值占用流动资金贷款	元	16.91	17.19	15.30	11.01

农业银行乡镇企业贷款分行业统计分析

(1992年)

指　　标	单　位	轻　纺	食　品	矿　业	建　材
贷款企业数	万个	6.12	2.59	1.72	5.10
固定资产原值	亿元	408.04	75.08	60.06	191.95
固定资产净值	亿元	323.19	55.92	46.32	135.83
自有流动资金	亿元	161.23	15.89	16.01	32.90
自有流动资金比例	%	44.73	24.12	40.39	29.59
全部流动资金占用	亿元	620.44	105.67	62.19	198.61
定额流动资金	亿元	360.46	65.89	39.64	111.18
储备资金	亿元	122.51	23.75	10.58	37.58
生产资金	亿元	69.82	13.23	8.69	26.07
成品资金	亿元	115.29	20.41	13.93	35.34
发出商品	亿元	52.84	8.50	6.44	12.19
应收款	亿元	184.86	23.38	16.99	54.95
三项资金占全部流动资金	%	56.89	49.48	60.07	51.60
累计总产值	亿元	1 309.98	198.90	152.33	464.17
累计销售收入	亿元	1 061.81	170.85	116.22	405.70
累计利税总额	亿元	98.47	18.17	17.38	47.66
产销率	%	81.06	85.90	76.29	87.40
销售资金率	%	33.95	38.57	34.11	27.40
百无固定资产原值实现产值	元	321.04	264.92	253.63	241.82
百元固定资产原值实现利税	元	24.13	24.20	28.94	24.83
百元产值占用流动资金	元	47.36	53.13	40.83	42.79
百元产值占用定额流动资金	元	27.52	33.13	26.02	23.95
百元产值占用流动资金贷款	元	10.52	14.25	10.45	13.15

农业银行乡镇企业贷款分行业统计分析（续）

（1992年）

指　　标	单　位	电　力	冶机化工	运输建筑	商　业	其　它
贷款企业数	万个	1.96	3.95	2.20	2.83	8.30
固定资产原值	亿元	124.49	257.84	37.08	25.39	141.93
固定资产净值	亿元	96.12	179.52	26.50	19.10	102.09
自有流动资金	亿元	13.80	62.32	12.50	11.69	38.45
自有流动资金比例	%	35.86	27.55	35.83	37.09	32.26
全部流动资金占用	亿元	69.41	375.81	62.42	58.42	185.63
定额流动资金	亿元	38.48	226.23	34.89	31.52	119.18
储备资金	亿元	15.38	73.86	9.90	12.06	38.35
生产资金	亿元	8.78	48.61	16.50	4.76	29.13
成品资金	亿元	9.68	71.05	5.95	10.39	34.20
发出商品	亿元	4.64	32.71	2.54	4.31	17.50
应收款	亿元	25.00	100.67	20.44	19.00	47.15
三项资金占全部流动资金	%	56.65	54.40	46.35	57.69	53.25
累计总产值	亿元	141.35	773.11	119.20	73.27	408.54
累计销售收入	亿元	128.16	625.76	102.37	99.79	338.01
累计利税总额	亿元	17.52	81.12	10.99	8.89	38.05
产销率	%	90.67	80.94	85.88	136.19	82.74
销售资金率	%	30.02	36.15	34.08	31.59	35.26
百无固定资产原值实现产值	元	113.54	299.84	321.47	288.58	287.85
百元固定资产原值实现利税	元	14.07	31.46	29.64	35.01	26.81
百元产值占用流动资金	元	49.11	48.61	52.37	79.73	45.44
百元产值占用定额流动资金	元	27.22	29.26	29.27	43.02	29.17
百元产值占用流动资金贷款	元	5.81	12.93	7.69	32.39	12.88

各地区农业银行乡镇企业贷款企业数

（1992 年）

单位：个

地　区	合计	轻纺	食品	矿业	建材	电力	冶机化工	运输建筑	商业	其它
北　京	2 350	690	100	26	369	21	640	46	46	412
天　津	2 916	1 114	116		239	1	950	94	142	261
河　北	17 556	3 963	1 358	563	2 925	40	2 561	578	1 310	4 258
山　西	12 953	959	529	2 637	1 619	69	1 490	704	440	4 506
内蒙古	2 971	295	177							
辽　宁	10 221	1 251	608	791	1 922	35	2 884	218	337	2 175
吉　林	4 156	650	261	279	1 359	50	506	102	73	870
黑龙江	6 725	686	781	382	1 938	21	376	279	160	2 102
上　海	3 652	1 540	94		149	1 519	131	107		112
江　苏	21 668	7 669	627	133	2 671	5	4 104	859	655	4 945
浙　江	19 334	7 735	866	49	1 177	663	5 508	195	612	2 529
安　徽	28 404	3 328	3 569	448	8 928	410	2 212	3 573	3 409	2 618
福　建	15 518	3 213	1 194	263	1 342	1 686	941	560	2 454	3 865
江　西	21 821	2 492	1 679	2 051	2 188	978	1 372	1 734	2 510	6 806
山　东	14 358	3 951	879	218	2 346	10	1 581	1 198	978	3 197
河　南	14 583	1 702	1 481	1 176	2 979	165	2 537	1 136	1 293	2 114
湖　北	13 154	2 121	1 096	683	1 785	639	1 046	2 040	806	3 950
湖　南	17 739	3 412	1 419	1 629	2 108	1 211	1 924	892	1 123	4 021
广　东	26 914	4 313	867	462	1 953	1 911	948	1 459	3 885	9 067
广　西	9 220	955	656	375	964	347	542	557	1 276	3 558
海　南	1 008	73	42	52	22	66	12	88	116	538
四　川	23 232	1 891	3 610	1 065	2 554	8 281	1 433	1 557	2 078	8 632
贵　州	5 782	540	443	1 125	538	483	318	531	455	1 349
云　南	4 684	219	288	476	821	338	350	623	472	1 097
陕　西	13 440	1 035	812	1 152	3 505	202	1 127	880	1 319	3 408
甘　肃	6 969	589	537	552	1 213	17	475	804	540	2 242
青　海	573	43	46	54	151	1	66	74	35	103
宁　夏	985	91	95	32	207		132	55	125	248
新　疆	1 254	140	135	205	226	26	76	70	93	283
#重　庆	2 614	512	232	145	253	69	447	148	269	539
武　汉	1 596	202	27	72	178	72	194	68	247	536
沈　阳	1 379	214	51							
大　连	1 239	255	68							
哈尔滨										
广　州	742	189	30	5	59	39	65	29	57	267
西　安	2 444	329	110	13	393	19	285	210	326	759
青　岛	2 621	833	109	60	201	2	389	149	193	685
宁　波	1 752	869	100		84	63	457	13	68	98
厦　门	194	43	37		27	1	11	4	48	23
深　圳										
长　春	2 130	289	258	31	726		414	116	21	275
南　京	1 318	387	37	6	265		530	68	19	6
成　都	3 232	449	455	32	571	120	518	208	327	552
兵　团										
总　计	**345 401**	**61 231**	**25 879**	**17 242**	**50 955**	**19 580**	**39 461**	**22 026**	**28 317**	**83 006**

各地区农业银行乡镇企业分行业贷款企业固定资产原值

（1992 年）

单位：万元

地　　区	合　计	轻　纺	食　品	矿　业	建　材
北　　京	232 829	69 776	15 777	2 105	34 207
天　　津	286 826	107 337	10 144		17 350
河　　北	553 647	128 623	48 425	28 249	118 018
山　　西	303 515	16 736	11 186	97 680	31 807
内 蒙 古	52 349	5 319	2 651		
辽　　宁	293 139	34 402	20 645	46 252	73 181
吉　　林	113 143	16 991	18 891	9 866	32 263
黑 龙 江	190 346	25 752	22 575	13 655	54 079
上　　海	970 287	396 118	22 219		28 869
江　　苏	2 072 819	1 055 771	47 988	11 168	170 932
浙　　江	868 163	423 562	62 119	2 191	91 507
安　　徽	407 721	77 980	40 139	11 869	125 895
福　　建	354 491	77 018	24 748	7 405	50 289
江　　西	212 235	40 640	19 472	17 783	35 803
山　　东	1 111 884	374 706	74 584	40 217	128 190
河　　南	395 554	46 526	24 291	69 071	77 193
湖　　北	341 145	86 062	17 158	17 046	67 627
湖　　南	453 709	75 852	25 056	37 609	90 522
广　　东	1 064 033	390 056	42 264	10 672	214 862
广　　西	159 784	17 968	9 445	6 592	40 137
海　　南	20 796	1 984	346	4 562	608
四　　川	669 907	120 148	54 085	36 889	112 542
贵　　州	90 016	8 727	4 618	13 019	14 881
云　　南	206 499	15 087	8 725	42 119	54 684
陕　　西	238 975	28 789	20 651	27 014	58 892
甘　　肃	144 792	23 338	12 411	15 349	34 565
青　　海	23 109	2 651	2 147	3 733	4 248
宁　　夏	33 236	6 846	4 029	1 056	3 800
新　　疆	79 018	25 927	11 856	5 313	10 084
#重　　庆	116 959	34 002	5 345	6 951	21 181
武　　汉	49 913	12 067	1 108	352	11 071
沈　　阳	46 406	7 502	2 671		
大　　连	180 473	17 935	8 636		
哈 尔 滨					
广　　州	126 140	36 631	9 950	1 024	17 294
西　　安	57 811	7 952	4 464	916	8 773
青　　岛	265 769	96 844	11 910	10 831	14 290
宁　　波	157 910	101 746	5 770		3 220
厦　　门	6 106	1 459	2 084		1 123
深　　圳					
长　　春	36 125	4 570	5 265	238	10 908
南　　京	116 996	37 259	2 080	564	22 805
成　　都	160 828	21 762	12 826	1 206	32 013
兵　　团					
总　　计	**13 265 403**	**4 080 421**	**750 754**	**600 566**	**1 919 533**

各地区农业银行乡镇企业分行业贷款企业固定资产原值（续）

（1992年） 单位：万元

地 区	电 力	冶机化工	运输建筑	商 业	其 它
北 京	1 455	71 301	4 225	1 701	32 462
天 津	6 703	113 378	4 684	2 179	25 051
河 北	8 249	314 115	12 975	12 724	74 309
山 西	8 866	59 414	9 597	2 713	65 516
内 蒙 古					
辽 宁	4 216	100 868	5 411	2 214	5 950
吉 林	6 295	15 897	1 504	530	11 149
黑 龙 江	7 162	35 796	3 832	2 217	25 278
上 海	396 185	30 490	5 656		90 750
江 苏	2 177	573 617	32 760	15 116	163 290
浙 江	25 336	206 996	6 423	13 771	36 258
安 徽	12 584	18 064	37 077	23 021	61 092
福 建	100 479	33 239	6 872	16 566	37 875
江 西	31 077	22 101	13 234	6 766	25 268
山 东	17 080	209 558	52 619	21 917	193 013
河 南	22 704	99 879	13 132	10 966	31 792
湖 北	53 399	42 429	18 917	5 481	33 066
湖 南	95 784	66 238	13 495	9 366	39 787
广 东	91 655	59 866	22 700	34 931	197 011
广 西	48 222	11 081	4 287	5 740	15 770
海 南	3 762	943	1 288	497	6 805
四 川	187 759	87 329	20 963	9 765	36 960
贵 州	13 209	24 345	3 046	2 629	5 542
云 南	33 951	29 691	9 650	3 731	8 861
陕 西	8 761	43 157	10 173	5 544	35 994
甘 肃	2 735	22 889	11 196	4 316	17 993
青 海	90	6 185	860	2 015	1 180
宁 夏		11 133	2 048	794	3 530
新 疆	8 747	5 810	3 442	2 308	5 531
#重 庆	9 708	22 232	5 179	6 054	6 307
武 汉		10 418	3 570	17	11 310
沈 阳					
大 连					
哈 尔 滨					
广 州	1 654	12 283	3 050	11 060	32 650
西 安	198	12 824	2 558	2 888	17 238
青 岛	4 553	60 798	10 695	8 534	47 314
宁 波	708	38 390	329	515	7 232
厦 门		421	107	459	453
深 圳					
长 春		11 088	1 361	178	2 517
南 京		48 965	3 763	95	1 465
成 都	29 401	45 218	8 074	4 592	5 736
兵 团					
总 计	**1 244 864**	**2 578 446**	**370 752**	**253 910**	**1 419 305**

各地区农业银行乡镇企业分行业贷款企业固定资产净值

（1992 年）　　单位：万元

地　区	合 计	轻 纺	食 品	矿 业	建 材
北　京	172 761	48 744	11 158	1 665	25 615
天　津	209 091	74 656	7 764		11 113
河　北	374 852	280 599	37 865	21 721	90 690
山　西	231 995	12 095	8 869	79 452	24 084
内蒙古	42 262	4 203	2 133		
辽　宁	214 757	25 404	15 478	29 870	52 695
吉　林	87 887	12 749	15 716	6 582	24 211
黑龙江	140 230	17 269	16 936	10 103	34 989
上　海	652 784	276 011	13 383		17 691
江　苏	1 561 307	829 068	36 147	7 965	121 868
浙　江	636 236	315 031	43 526	1 701	60 597
安　徽	313 856	59 925	30 757	17 399	94 237
福　建	269 504	56 954	19 292	5 166	34 279
江　西	154 422	31 215	14 506	12 397	25 460
山　东	837 952	282 485	56 227	31 882	96 254
河　南	314 215	32 999	19 656	57 393	57 006
湖　北	247 554	68 424	11 268	11 416	47 721
湖　南	313 148	52 200	16 995	26 142	60 402
广　东	724 970	293 772	31 103	7 980	138 757
广　西	123 054	13 589	7 217	5 083	32 290
海　南	17 921	1 778	257	3 614	355
四　川	496 249	81 837	39 375	28 357	79 600
贵　州	70 246	6 378	3 773	9 709	10 751
云　南	154 188	8 654	6 732	28 169	39 978
陕　西	183 631	21 462	15 954	21 977	44 400
甘　肃	113 858	18 265	9 284	13 272	26 597
青　海	17 543	1 600	1 837	2 410	3 290
宁　夏	27 650	5 959	3 318	661	2 958
新　疆	62 291	20 289	10 095	4 325	7 162
#重　庆	75 891	21 353	3 446	4 892	12 398
武　汉	30 562	7 809	689	247	6 375
沈　阳	31 244	5 651	1 669		
大　连	121 437	12 493	7 346		
哈尔滨					
广　州	90 025	22 015	8 062	816	11 171
西　安	39 317	5 441	3 733	766	6 786
青　岛	195 763	72 814	9 159	8 702	10 882
宁　波	124 206	80 871	4 236		2 333
厦　门	5 169	1 336	1 733		801
深　圳					
长　春	25 678	3 346	3 883	120	7 459
南　京	78 362	28 784	1 426	476	14 370
成　都	113 492	16 336	7 237	776	20 671
兵　团					
总　计	**9 697 560**	**3 231 861**	**559 240**	**463 206**	**1 358 296**

各地区农业银行乡镇企业分行业贷款企业固定资产净值（续）

（1992 年）　　　　单位：万元

地　区	电　力	冶机化工	运输建筑	商　业	其　它
北　京	1 200	51 693	3 084	1 162	28 440
天　津	6 062	82 480	2 878	1 762	22 373
河　北	7 285	97 358	10 326	10 611	54 110
山　西	7 643	44 306	6 544	1 857	47 145
内蒙古					
辽　宁	3 369	78 360	4 117	1 779	3 685
吉　林	5 338	13 363	1 074	410	8 737
黑龙江	10 221	29 112	2 368	1 452	17 782
上　海	261 606	14 944	4 629		64 520
江　苏	1 438	423 081	22 634	11 565	107 541
浙　江	21 903	151 472	4 801	9 621	27 584
安　徽	10 387	47 057	26 879	15 813	11 402
福　建	80 945	25 202	4 981	12 835	29 850
江　西	24 081	16 145	8 974	4 827	16 724
山　东	14 683	151 008	37 781	16 890	150 742
河　南	19 087	78 775	10 337	8 795	30 167
湖　北	36 777	32 594	11 869	4 387	22 565
湖　南	73 413	44 568	8 906	6 003	24 519
广　东	90 830	46 782	17 048	26 030	154 836
广　西	38 019	8 539	2 878	4 168	11 352
海　南	3 600	779	1 220	326	5 992
四　川	151 532	62 601	14 652	6 364	24 996
贵　州	11 702	19 377	2 327	2 101	4 128
云　南	26 335	24 136	7 400	3 024	9 760
陕　西	7 765	33 501	7 929	4 085	26 558
甘　肃	2 568	18 743	8 485	3 430	13 214
青　海	70	5 050	6 23	1 671	992
宁　夏		9 152	1 798	783	3 021
新　疆	7 588	4 786	2 549	1 636	3 861
#重　庆	7 311	14 150	3 119	4 346	4 876
武　汉	1 146	4 782	2 074	12	7 428
沈　阳					
大　连					
哈尔滨					
广　州	1 320	9 275	1 780	9 810	24 798
西　安	141	8 935	1 793	2 318	9 404
青　岛	3 908	41 690	7 558	6 499	34 551
宁　波	475	30 325	207	454	5 305
厦　门		384	65	412	438
深　圳					
长　春		8 196	1 002	107	1 565
南　京		29 242	2 602	59	1 403
成　都	21 406	33 214	5 689	3 581	4 582
兵　团					
总　计	**961 154**	**1 795 157**	**264 980**	**190 985**	**1 020 946**

各地区农业银行乡镇企业分行业贷款企业自有流动资金数额

（1992年）

单位：万元

地　区	合　计	轻　纺	食　品	矿　业	建　材	电　力	冶机化工	运输建筑	商　业	其　它
北　京	57 143	17 882	1 532	294	9 161	33	19 748	593	467	7 433
天　津	56 511	19 145	2 650		2 231		26 950	434	719	4 382
河　北	292 063	79 286	20 086	14 309	48 879	1 263	61 315	8 275	11 424	41 731
山　西	92 767	4 170	3 183	31 646	11 828	1 011	17 805	3 753	1 461	17 910
内蒙古	12 751	574	606							
辽　宁	56 238	6 321	2 271	7 670	11 061	305	26 089	1 075	541	905
吉　林	17 630	2 530	1 582	1 582	6 297	353	2 906	63	117	2 088
黑龙江	29 972	3 947	3 080	2 197	9 434	11	2 743	681	526	7 353
上　海	212 235	813 966	3 088		3 620	97 304	5 993	2 228		18 606
江　苏	448 088	230 174	3 956	－576	15 797	228	151 835	7 041	2 968	36 665
浙　江	162 542	80 064	7 944	806	6 879	2 052	48 879	434	3 646	11 838
安　徽	136 050	25 492	17 040	5 797	26 964	1 036	17 478	9 708	10 880	21 655
福　建	109 733	35 064	11 898	2 353	12 171		12 463	4 844	13 644	17 296
江　西	45 767	7 933	4 310	5 010	7 351	2 242	5 477	3 807	2 515	7 149
山　东	211 396	73 416	13 382	3 980	18 325	－160	47 360	13 574	4 882	36 637
河　南	155 656	15 640	9 839	27 358	30 680	2 205	46 439	5 512	5 991	11 992
湖　北	29 617	3 788	2 980	4 254	4 155	2 547	3 991	2 665	1 320	3 821
湖　南	78 961	16 067	3 738	7 697	10 023	7 096	16 843	5 324	2 830	9 343
广　东	239 776	59 057	9 964	2 781	24 581	6 461	12 214	28 345	25 758	49 891
广　西	29 575	5 188	2 864	1 432	5 491	4 193	2 388	938	2 591	4 860
海　南	6 353	366	51	5 119	175		125	32	51	434
四　川	72 671	17 627	7 650	6 075	9 773	5 349	12 481	3 330	2 753	5 265
贵　州	22 565	2 094	674	7 064	2 679	575	5 487	786	742	2 464
云　南	52 648	1 684	1 871	7 370	7 722	2 020	3 911	2 635	1 326	24 109
陕　西	53 720	7 867	3 769	6 965	12 254	176	8 959	3 073	2 725	7 932
甘　肃	34 883	5 103	2 999	3 841	8 218	134	4 470	3 808	1 650	4 660
青　海	3 854	335	397	789	969		447	335	194	388
宁　夏	8 188	1 663	1 020	348	880		2 195	1 001	368	713
新　疆	14 186	4 014	1 608	2 216	2 318	354	865	702	565	1 544
#重　庆	16 193	4 510	772	714	2 264	168	2 964	2 405	1 311	1 085
武　汉	11 741	2 546	185	80	1 445		2 757	1 177	16	3 535
沈　阳	8 360	1 316	196							
大　连	31 239	2 346	2 341							
哈尔滨										
广　州	34 819	9 351	1 960	239	3 219	186	2 931	1 755	8 702	6 374
西　安	13 217	1 865	709	319	1 754	31	4 199	674	831	2 835
青　岛	38 470	12 926	2 099	117	1 403	39	11 336	1 947	1 307	7 296
宁　波	42 177	25 651	349		626	－4	13 292	87	310	1 866
厦　门	3 306	553	939		463		179	50	372	750
深　圳										
长　春	8 109	1 147	1 273	39	1 765		2 977	278	25	605
南　京	12 506	4 290	122	－4	905		6 782	423	38	－50
成　都	24 963	5 391	1 942	178	5 267	746	7 925	1 092	1 304	1 118
兵　团										
总　计	**2 988 639**	**1 612 349**	**158 919**	**160 059**	**329 027**	**137 954**	**623 198**	**124 984**	**116 870**	**384 478**

各地区农业银行乡镇企业分行业贷款企业全部流动资金占用额

（1992 年）

单位：万元

地区	合计	轻纺	食品	矿业	建材
北京	340 117	106 253	12 758	1 621	53 586
天津	491 402	185 939	2 175		34 967
河北	792 289	187 785	90 716	38 095	134 509
山西	318 971	21 436	11 628	88 125	35 687
内蒙古	67 751	6 515	4 668		
辽宁	446 353	54 096	32 009	59 272	99460
吉林	136 048	20 749	23 288	9 773	36 169
黑龙江	217 381	40 825	27 091	16 189	59 060
上海	1 366 370	576 541	23 527		27 585
江苏	3 314 675	1 669 219	82 535	14 062	225 952
浙江	1 392 567	698 680	102 056	3 493	87 087
安徽	446 759	83 644	51 202	15 002	94 159
福建	343 910	107 982	46 822	7 064	39 378
江西	252 934	58 093	26 459	18 024	38 739
山东	1 620 331	568 565	114 400	33 572	143 414
河南	434 886	51 779	28 800	76 356	81 640
湖北	336 831	108 622	22 563	23 295	58 201
湖南	442 317	99 364	29 305	39 717	81 476
广东	1 448 242	595 606	58 568	13 611	223 625
广西	140 658	30 186	14 069	8 815	25 334
海南	16 706	1 610	660	9 025	614
四川	606 443	168 582	83 170	33 389	96 796
贵州	85 228	10 008	4 120	27 196	8 612
云南	119 885	10 984	8 280	18 833	27 609
陕西	215 452	34 876	21 827	24 278	46 494
甘肃	162 059	24 398	15 555	15 941	34 079
青海	18 389	3 214	1 015	1 849	4 262
宁夏	41 019	7 086	5 259	1 156	3 157
新疆	83 497	41 416	10 285	4 968	7 331
#重庆	179 456	65 396	7 751	4 588	16 097
武汉	80 176	16 556	1 419	311	9 713
沈阳	79 123	13 889	1 907		
大连	269 037	34 306	15 292		
哈尔滨					
广州	154 770	49 934	14 130	705	17 748
西安	54 476	9 966	4 621	993	6 519
青岛	454 177	163 796	17 788	10 512	22 912
宁波	281 385	168 888	8 460		3 676
厦门	12 498	1 493	3 779		1 528
深圳					
长春	43 689	7 376	2 379	311	11 101
南京	191 498	60 239	3 016	261	28 384
成都	219 410	38 535	21 384	1 471	59 404
兵团					
总计	**17 719 165**	**6 204 427**	**1 056 736**	**621 873**	**1 986 064**

各地区农业银行乡镇企业分行业贷款企业全部流动资金占用额（续）

（1992 年）　　单位：万元

地区	电力	冶机化工	运输建筑	商业	其它
北京	50	121 844	3 789	4 266	35 950
天津	7 128	196 900	6 105	5 302	33 266
河北	1 546	201 044	16 739	31 163	110 692
山西	2 966	68 134	8 166	4 744	78 085
内蒙古					
辽宁	1 178	179 632	11 979	4 940	3 787
吉林	1 248	28 588	1 672	747	13 937
黑龙江	1 758	36 310	5 769	4 162	26 217
上海	542 744	55 976	13 065		126 932
江苏	2 370	962 078	83 268	29 761	245 430
浙江	10 054	379 067	11 351	26 453	74 326
安徽	5 718	63 776	20 431	33 762	79 065
福建		38 897	13 154	38 118	52 495
江西	9 301	32 861	20 867	12 808	35 642
山东	4 475	312 449	114 089	46 566	282 801
河南	17 494	107 577	13 670	22 721	34 849
湖北	7 237	59 623	21 595	1 037	31 860
湖南	13 493	91 559	25 280	19 062	43 074
广东	11 775	87 092	62 954	162 792	212 147
广西	7 596	13 268	5 628	11 365	23 870
海南		489	105	176	4 027
四川	26 323	120 650	23 656	17 763	34 156
贵州	2 401	19 610	2 791	2 770	7 720
云南	3 519	28 030	10 075	6 050	6 505
陕西	285	37 772	10 609	13 559	25 752
甘肃	1 093	27 273	13 976	7 169	22 575
青海		5 449	668	506	1 426
宁夏		16 714	3 370	1 475	2 802
新疆	1 525	4 665	4 774	3 286	5 247
#重庆	1 887	48 216	13 690	10 794	11 037
武汉	2 405	20 362	6 049	4 690	18 671
沈阳					
大连					
哈尔滨					
广州	113	20 275	15 938	14 980	46 157
西安	170	15 802	3 760	3 734	8 911
青岛	1 074	104 409	33 476	18 154	82 056
宁波	494	81 639	1 120	1 394	15 714
厦门		687	92	754	4 165
深圳					
长春		17 661	1 466	316	3 079
南京		86 941	9 125	574	2 958
成都	4 704	64 764	9 915	10 329	8 904
兵团					
总计	**694 124**	**3 758 083**	**624 226**	**584 242**	**1 856 287**

各地区农业银行乡镇企业分行业贷款企业储备资金占用额

（1992年） 单位：万元

地　区	合计	轻纺	食品	矿业	建材
北　京	60 839	20 646	3 232	246	12 127
天　津	108 088	35 773	8 002		6 153
河　北	227 967	60 242	17 321	8 841	38 782
山　西	54 007	4 063	2 202	15 811	6 233
内 蒙 古	11 737	995	1 045		
辽　宁	71 918	8 905	4 831	8 717	16 415
吉　林	29 261	3 476	6 650	1 000	7 899
黑 龙 江	54 144	8 631	7 247	1 193	9 725
上　海	279 405	103 158	5 262		5 170
江　苏	662 114	353 761	15 016	1 371	42 514
浙　江	253 342	124 326	15 716	639	14 485
安　徽	113 270	21 823	12 783	2 609	23 047
福　建	81 051	26 937	8 904	1 093	9 387
江　西	52 860	11 076	5 165	2 782	8 488
山　东	281 866	102 557	21 464	5 803	25 052
河　南	93 375	9 946	6 660	16 844	14 743
湖　北	52 226	16 471	3 205	2 662	8 121
湖　南	104 638	25 377	8 803	8 489	19 496
广　东	242 628	101 370	29 324	1 820	26 507
广　西	25 266	4 446	3 439	2 168	5 276
海　南	1 553	434	16	522	46
四　川	138 020	47 905	17 159	4 115	22 388
贵　州	22 269	2 863	633	9 232	2 014
云　南	24 018	2 493	1 775	2 308	6 209
陕　西	39 774	7 436	3 973	2 308	8 303
甘　肃	30 223	4 191	4 010	2 093	6 106
青　海	3 151	413	252	146	536
宁　夏	8 031	1 601	808	132	968
新　疆	16 986	7 542	1 784	475	1 694
#重　庆	34 693	13 012	1 697	399	2 640
武　汉	12 806	2 422	163	78	2 427
沈　阳	13 729	2 542	332		
大　连	30 592	3 436	2 034		
哈 尔 滨					
广　州	35 091	9 446	5 237	247	3 360
西　安	12 563	2 996	1 721	233	1 248
青　岛	64 050	24 978	2 171	1 034	3 284
宁　波	56 492	30 087	1 245		904
厦　门	3 067	671	992		303
深　圳					
长　春	7 967	786	518	23	1 869
南　京	24 492	7 789	438	65	1 966
成　都	44 932	8 073	4 239	267	9 926
兵　团					
总　计	**3 484 501**	**1 225 095**	**237 468**	**105 765**	**375 811**

各地区农业银行乡镇企业分行业贷款企业储备资金占用额（续）

（1992年）　　单位：万元

地　区	电　力	冶机化工	运输建筑	商　业	其　它
北　京	9	17 694	600	447	5 838
天　津	−368	44 189	943	1 516	11 880
河　北	665	54 848	4 323	9 615	33 210
山　西	1 030	13 982	1 245	948	8 493
内蒙古					
辽　宁	93	29 279	2 134	981	563
吉　林	108	5 867	365	282	3 655
黑龙江	246	7 158	874	1 574	17 496
上　海	131 459	6 404	4 685		23 267
江　苏	385	178 474	8 782	6 444	55 367
浙　江	2 293	76 939	1 473	5 019	12 452
安　徽	1 240	15 762	6 665	10 220	19 121
福　建		9 189	2 191	11 754	11 596
江　西	1 097	8 885	3 774	3 950	7 643
山　东	758	53 588	12 885	6 343	53 416
河　南	1 075	24 193	2 852	10 527	6 535
湖　北	909	9 870	2 690	1 899	6 759
湖　南	3 266	20 505	5 563	4 211	8 928
广　东	1 648	14 976	9 440	21 184	36 322
广　西	1 450	2 808	701	1 631	3 299
海　南		247	28	88	169
四　川	3 425	27 376	5 097	3 759	7 588
贵　州	718	3 930	639	970	1 270
云　南	331	5 469	1 525	2 183	1 725
陕　西	89	7 514	2 104	3 454	4 593
甘　肃	157	5 369	3 162	1 948	3 187
青　海		1 162	101	185	356
宁　夏		1 932	978	921	691
新　疆	456	1 279	1 301	1 002	1 453
#重　庆	397	10 619	2 469	1 481	1 979
武　汉		2 723	1 256	76	3 661
沈　阳					
大　连					
哈尔滨					
广　州	30	1 956	3 286	964	10 461
西　安	26	3 210	612	653	1 864
青　岛	239	15 460	2 432	1 149	13 303
宁　波	121	21 630	92	477	1 936
厦　门		208	13	139	741
深　圳					
长　春		3 955	270	18	528
南　京		13 392	595	104	143
成　都	486	16 592	886	2 448	2 015
兵　团					
总　计	**153 838**	**738 633**	**99 031**	**120 564**	**383 503**

各地区农业银行乡镇企业分行业贷款企业生产资金占用额

（1992年）

单位：万元

地区	合计	轻纺	食品	矿业	建材	电力	冶机化工	运输建筑	商业	其它
北京	34 162	12 280	1 144	150	4 090		11 436	627	220	4 215
天津	44 341	21 017	1 104		2 065	7	16 341	404	41	3 362
河北	156 801	40 677	9 889	5 650	23 460	90	38 490	4 588	4 840	29 117
山西	46 951	3 813	1 957	12 136	6 492	915	9 554	2 250	417	9 417
内蒙古	6 616	1 074	699							
辽宁	35 745	5 225	1 645	3 383	6 475	110	16 211	1 762	697	237
吉林	13 961	1 957	1 410	1 241	4 157	134	2 839	139	4	2 083
黑龙江	29 760	5 212	4 741	1 420	7 157	13	5 602	1 044	109	4 462
上海	163 912	53 023	924		1 907	71 172	23 386	963		12 537
江苏	372 948	166 705	6 193	676	22 755	150	118 518	22 050	1 951	33 950
浙江	142 460	71 721	7 079	391	8 736	872	41 389	2 713	1 075	8 484
安徽	82 706	14 418	14 262	3 621	17 190	876	9 586	3 386	1 877	17 490
福建	50 724	16 355	6 134	719	5 551		6 010	2 532	4 044	9 379
江西	48 648	10 046	5 316	2 724	8 395	1 057	6 151	5 677	1 875	7 405
山东	239 472	75 865	14 172	2 688	18 830	222	44 886	38 209	4 295	40 305
河南	85 190	9 344	6 394	20 524	14 646	630	19 520	4 209	2 879	7 016
湖北	36 551	7 507	1 963	1 215	7 626	721	6 012	3 258	441	4 814
湖南	83 104	15 592	4 691	6 338	19 491	4 073	17 064	6 758	2 182	6 915
广东	172 090	61 437	9 592	2 756	21 486	1 973	9 413	12 031	10 299	41 105
广西	24 838	5 688	2 250	1 833	5 096	712	1 795	2 090	543	3 684
海南	3 244	180	242	2 523	76		56			167
四川	56 973	16 210	8 985	1 505	10 058	883	10 002	3 610	1 069	5 139
贵州	17 009	2 590	1 680	4 089	1 659	673	3 047	952	412	1 907
云南	20 886	1 033	1 743	3 011	7 200	657	4 351	2 339	501	51
陕西	34 133	5 929	3 233	3 349	7 538	53	5 975	1 688	1 693	4 675
甘肃	25 118	3 459	2 229	2 616	5 845	133	3 372	2 567	1 032	3 865
青海	2 791	354	158	270	757		642	217	36	357
宁夏	5 122	1 027	613	142	482		1 406	1 053	48	351
新疆	8 882	3 479	272	729	902	579		1 131	281	833
							676			
#重庆	19 761	5 733	824	178	1 580	52	5 207	4 653	828	706
武汉	14 157	2 323	198	74	3 650		2 049	1 651		4 212
沈阳	10 347	1 760	64							
大连	27 050	2 740	800							
哈尔滨										
广州	29 726	5 419	4 141	96	2 213	51	4 109	6 208	2 016	5 287
西安	10 760	1 764	620	323	1 450	95	3 146	665	368	2 329
青岛	63 487	19 909	1 402	438	2 260	126	12 697	15 129	220	11 306
宁波	29 123	17 178	708		239	4	9 251	465	75	1 203
厦门	2 868	340	446		301		163	25	219	1 374
深圳										
长春	6 588	543	548	14	1 908		2 617	458		500
南京	14 269	2 714	92		2 063		6 641	2 756	3	
成都	25 355	4 532	1 749	78	4 919	816	6 473	4 745	975	1 068
兵团										
总计	**2298 627**	**698 172**	**132 306**	**86 900**	**260 715**	**87 849**	**486 083**	**165 002**	**47 583**	**291 307**

各地区农业银行乡镇企业分行业贷款企业成品资金占用额

（1992年）

单位：万元

地　区	合　计	轻　纺	食　品	矿　业	建　材	电　力	冶机化工	运输建筑	商　业	其　它
北　京	88 697	31 171	2 989	407	13 894		31 271	162	382	8 421
天　津	97 451	38 783	3 472		7 190		38 986	316	1 090	7 614
河　北	154 441	35 565	13 862	9 076	24 499	16	40 236	2 272	6 286	21 723
山　西	63 571	3 734	1 548	18 550	6 226	42	15 632	820	614	16 405
内蒙古	12 752	2 082	1 215							
辽　宁	107 410	14 329	5 205	18 614	24 288	603	41 429	1 447	916	579
吉　林	31 158	4 910	4 511	2 609	8 127	300	7 656	313	96	2 619
黑龙江	44 648	7 477	5 153	3 777	11 976	50	6 595	773	634	8 213
上　海	213 277	94 028	3 187		5 876	90 069	1 748	909		17 460
江　苏	553 845	286 886	13 409	2 389	34 108	82	167 686	5 938	4 380	38 967
浙　江	264 087	129 572	29 264	338	13 868	627	71 303	1 618	6 490	11 007
安　徽	87 966	15 787	8 959	2 460	18 598	204	13 291	2 093	10 421	16 153
福　建	66 490	20 257	10 027	2 275	6 961		8 235	1 565	6 660	10 510
江　西	41 460	10 516	6 577	3 423	6 214	308	5 279	1 869	2 205	5 595
山　东	284 967	112 615	17 258	6 514	27 078	438	60 494	8 316	7 250	45 004
河　南	93 536	9 108	4 922	17 593	20 838	887	25 139	2 734	3 339	8 976
湖　北	55 645	18 615	4 242	4 148	8 200	131	11 390	2 003	1 332	5 580
湖　南	81 833	18 325	5 144	9 623	14 729	258	19 551	2 687	3 445	8 151
广　东	221 238	107 022	7 878	1 868	25 147	352	16 417	6 766	26 267	30 319
广　西	24 210	6 621	2 615	1 813	3 214	599	2 281	564	1 501	5 000
海　南	3 251	483	292	2 016	138		96		3	223
四　川	100 317	32 093	12 869	5 150	14 856	724	15 015	2 085	2 107	13 688
贵　州	15 340	2 522	833	3 693	1 623	75	3 695	266	323	2 310
云　南	23 709	3 443	1 472	6 256	4 924	616	4 588	532	841	1 037
陕　西	44 740	7 179	5 105	6 787	8 589	5	7 945	1 556	2 387	5 187
甘　肃	39 692	6 805	3 248	3 930	9 727	247	5 761	2 446	1 163	6 365
青　海	3 903	1 308	265	299	750		981	24	26	250
宁　夏	9 038	1 395	1 446	237	737		4 191	20	169	843
新　疆	17 096	9 057	2 951	1 156	1 173	18	927	304	526	984
#重　庆	22 796	9 733	1 491	533	1 561	11	5 479	1 006	1 578	1 404
武　汉	15 421	2 346	271	56	3 728		3 811	1 758		3 451
沈　阳	17 425	3 217	583							
大　连	56 471	8 170	5 984							
哈尔滨										
广　州	28 791	7 098	1 350	14	3 801	17	3 160	87	3 925	9 221
西　安	12 014	1 678	482	90	1 273	15	4 005	1 827	1 303	1 341
青　岛	88 725	33 791	3 709	2 935	4 070	1	18 190	3 042	2 947	20 040
宁　波	49 151	28 010	2 274		772	62	14 920	130	95	2 888
厦　门	3 500	261	1 172		299		184	20	129	1 435
深　圳										
长　春	10 271	2 249	328	61	2 635		3 881	270	188	659
南　京	32 704	11 066	568	262	4 134		15 844	756	74	
成　都	46 065	13 566	6 007	312	7 581	20	13 216	192	2 829	2 342
兵　团										
总　计	**3 229 102**	**1 152 873**	**204 137**	**139 264**	**353 402**	**96 777**	**710 508**	**59 486**	**103 921**	**341 964**

各地区农业银行乡镇企业分行业贷款企业发出商品占用额

（1992 年）　　　　单位：万元

地　区	合　计	轻　纺	食　品	矿　业	建　材	电　力	冶机化工	运输建筑	商　业	其　它
北　京	22 733	7 930	1 024	177	1 379		9 625	13	37	2 548
天　津	2 046	9 460	551		800		7 335	20	13	2 288
河　北	63 565	16 390	4 161	2 953	7 987	167	16 981	846	3 129	9 951
山　西	30 424	1 928	1 026	10 613	2 918	510	5 249	456	506	7 218
内蒙古	6 085	569	711							
辽　宁	30 061	3 873	1 115	5 945	4 091	101	14 365	299	170	102
吉　林	15 383	2 359	2 377	493	4 416	73	3 605	20	119	1 920
黑龙江	13 260	1 706	932	1 622	3 176		2 203	264	421	2 936
上　海	85 282	35 725	2 806		1 590	38 707	1 378	1 045		4 031
江　苏	220 373	114 367	7 297	255	7 071	159	61 384	4 496	882	24 462
浙　江	189 926	105 166	8 574	471	6 042	451	55 807	322	1 696	11 397
安　徽	48 926	12 710	5 726	1 171	10 205	444	7 218	933	2 404	8 115
福　建	31 810	11 738	4 746	336	2 396		4 334	265	3 912	4 083
江　西	22 941	6 200	1 858	1 607	3 500	624	3 386	657	1 208	3 901
山　东	112 450	43 602	6 769	1 463	7 281	150	28 660	3 937	1 590	18 998
河　南	54 870	8 407	2 598	8 724	13 345	513	13 767	1 190	1 936	4 390
湖　北	30 356	10 214	1 375	1 098	4 775	144	6 392	2 495	433	2 891
湖　南	40 886	9 537	2 675	3 599	6 142	315	11 715	1 805	2 167	2 931
广　东	80 700	25 786	5 596	2 213	6 608	1 225	5 074	797	12 634	20 767
广　西	14 820	3 149	1 230	1 550	1 493		2 376	275	1 907	2 856
海　南	1 770	93	160	1 361	48		42			66
四　川	54 087	14 346	7 021	4 582	6 097	1 365	5 956	1 955	832	11 667
贵　州	9 423	1 173	494	2 788	850	151	2 495	349	254	869
云　南	10 518	611	1 119	2 609	1 590	996	2 549	218	283	543
陕　西	22 631	3 767	1 790	4 929	3 664	4	4 205	691	1 267	2 314
甘　肃	16 947	2 285	1 805	2 315	3 129	50	3 437	661	1 135	2 301
青　海	2 807	383	172	315	673		1 055	39	26	144
宁　夏	5 790	1 361	643	80	480		2 570	68	367	221
新　疆	8 864	6 188	400	497	648	1	478	72	358	222
#重　庆	13 279	4 251	634	121	622		5 923	284	129	1 315
武　汉	10 025	2 611	312	105	2 573		1 980	382		2 062
沈　阳	2 750	762	64							
大　连	5 346	921	305							
哈尔滨										
广　州	14 434	1 384	396	5	1 014	2	239	103	399	6 138
西　安	6 319	508	354	51	448	12	3 468	60	706	712
青　海	21 178	7 741	546	154	856		5 531	43	547	5 760
宁　波	57 840	42 083	438		196	164	11 626	65	85	3 183
厦　门	1 069	104	439		412		50	15	36	13
深　圳										
长　春	4 633	1 137	159	67	634		2 022	58		556
南　京	11 902	2 934	270		1 101		7 082	74	69	372
成　都	17 054	2 897	4 312	161	1 633	45	5 548	102	1 468	888
兵　团										
总　计	**1 415 563**	**528 356**	**84 980**	**64 430**	**121 883**	**46 373**	**327 110**	**25 374**	**43 125**	**174 960**

各地区农业银行乡镇企业分行业贷款企业应收款占用额

（1992年）

单位：万元

地区	合计	轻纺	食品	矿业	建材	电力	冶机化工	运输建筑	商业	其它
北京	76 329	23 402	2 158	310	11 689	10	28 202	1 035	1 632	7 891
天津	155 403	60 759	952		11 125	110	65 751	3 680	1 631	11 413
河北	120 269	21 264	11 237	8 358	24 018	282	33 575	3 186	3 933	13 613
山西	67 371	2 705	1 182	17 698	7 054	399	13 889	1 882	563	21 999
内蒙古	19 214	1 401	907							
辽宁	157 305	17 099	7 033	26 809	38 326	610	60 041	4 725	1 175	1 487
吉林	37 640	5 828	5 176	4 255	10 309	880	7 717	509	237	2 779
黑龙江	57 521	8 538	6 033	5 589	15 947	1 277	9 971	1 463	803	7 900
上海	504 317	231 051	9 796		15 205	191 230	18 952	3 800		34 283
江苏	1 005 457	540 768	24 355	3 505	68 127	1 182	271 775	25 979	14 113	55 653
浙江	332 385	166 549	22 199	967	23 781	1 870	91 391	1 689	7 594	16 345
安徽	87 010	15 964	8 336	4 734	18 470	2 189	15 341	4 868	4 186	12 922
福建	82 601	24 207	11 536	2 007	11 041		8 950	4 620	9 053	11 187
江西	55 348	18 708	4 425	5 546	8 806	3 021	7 827	6 318	2 481	7 216
山东	422 904	140 997	26 957	11 653	38 366	1 749	70 931	38 878	10 557	82 771
河南	81 281	12 640	6 884	9 328	15 344	5 229	22 748	2 336	2 546	4 226
湖北	93 818	25 008	4 894	11 440	17 912	3 745	13 955	6 471	1 980	8 354
湖南	87 570	19 036	5 141	9 601	12 168	6 067	15 440	6 448	5 598	8 071
广东	549 373	234 570	15 729	3 999	78 731	7 236	32 845	27 296	83 183	65 629
广西	37 626	5 967	3 466	1 529	6 843	2 858	2 729	2 218	4 137	7 849
海南	3 340	377	209	1 917	301		6		58	472
四川	184 030	43 215	14 191	11 453	26 651	13 806	47 225	8 288	3 595	13 416
贵州	16 411	1 597	775	5 273	2 150	723	3 619	695	513	1 066
云南	40 754	3 135	1 964	4 237	7 273	1 325	8 222	5 723	2 841	6 034
陕西	52 300	8 050	6 047	5 170	11 740	72	9 327	3 315	2 789	5 790
甘肃	41 977	6 555	2 537	4 621	8 071	427	7 679	3 943	1 902	6 242
青海	5 663	835	158	698	1 613		1 609	314	204	232
宁夏	10 801	1 237	1 335	208	713		5 197	1 461	139	511
新疆	23 600	12 822	4 006	1 170	236	446	867	1 778	912	1 363
#重庆	52 136	18 263	1 630	2 133	5 167	366	14 130	3 171	4 898	2 378
武汉	18 622	3 786	304	20	3 275		5 156	1 719	1 010	3 352
沈阳	29 158	4 347	723							
大连	137 396	12 475	3 784							
哈尔滨										
广州	68 499	23 215	3 487	276	6 245	13	8 949	6 733	6 861	12 639
西安	11 307	2 304	954	171	999	21	3 385	477	703	2 293
青岛	151 210	55 452	4 160	4 331	7 277	604	32 853	12 460	4 812	29 261
宁波	61 795	37 817	2 263		867	68	16 543	250	445	3 543
厦门	1 255	67	627		150		42	11	125	233
深圳										
长春	12 515	2 414	562	144	3 513		4 762	326	97	697
南京	68 601	24 714	907	166	11 086		28 023	3 216	142	347
成都	58 609	9 467	4 826	539	18 880	2 148	17 065	3 075	2 609	
兵团										
总计	**5 080 721**	**1 848 605**	**233 845**	**169 855**	**549 469**	**250 008**	**1 006 689**	**204 356**	**190 039**	**471 459**

各地区农业银行乡镇企业分行业贷款企业累计总产值

（1992年）

单位：万元

地　　区	合　　计	轻　　纺	食　　品	矿　　业	建　　材
北　京	478 196	159 944	12 790	2 356	67 770
天　津	821 115	288 639	20 232		46 237
河　北	1 481 344	405 027	111 590	50 614	273 562
山　西	653 691	38 901	16 640	254 066	65 467
内蒙古	91 407	8 185	5 305		
辽　宁	770 663	94 682	42 370	95 270	188 842
吉　林	156 092	15 122	27 304	10 587	50 578
黑龙江	261 897	35 939	41 333	17 556	73 050
上　海	2 698 123	1 136 367	59 673		49 537
江　苏	9 070 735	4 742 585	165 645	25 499	524 781
浙　江	2 800 783	1 488 478	144 842	5 498	150 140
安　徽	1 690 497	274 470	158 376	51 993	391 521
福　建	807 93	281 633	74 175	15 205	114 627
江　西	682 644	171 670	65 890	43 115	92 610
山　东	3 050 399	1 131 606	222 312	82 202	326 316
河　南	977 499	115 868	70 598	209 926	180 614
湖　北	653 006	196 075	36 164	119 238	129 251
湖　南	894 194	204 664	52 029	77 234	170 039
广　东	3 608 835	574 661	125 251	21 288	256 650
广　西	450 747	61 742	73 913	92 945	75 732
海　南	22 663	1 133	542	5 210	643
四　川	1 501 533	460 275	140 938	60 328	260 478
贵　州	132 448	11 201	5 962	48 728	14 635
云　南	314 367	27 472	10 480	54 671	84 679
陕　西	664 507	82 414	75 613	105 481	187 628
甘　肃	319 759	52 956	31 339	36 132	64 877
青　海	16 744	2 998	837	1 753	3 599
宁　夏	50 298	10 267	7 039	2 167	5 658
新　疆	105 342	33 262	9 487	8 697	13 432
#重　庆	245 821	78 300	8 136	7 244	31 413
武　汉	170 625	24 260	2 413	380	24 598
沈　阳	149 867	20 931	4 156		
大　连	491 292	53 957	22 040		
哈尔滨					
广　州	274 672	95 221	21 525	2 008	31 488
西　安	93 994	14 091	6 947	2 661	
青　岛	721 760	288 153	31 088	10 358	11 542
宁　波	515 485	315 364	9 756		53 971
厦　门	16 845	3 533	8 206		5 793
深　圳					3 396
长　春	55 130	7 826	4 992	579	
南　京	23 546	7 784	154	265	15 290
成　都	936 962	82 126	60 913	2 090	3 721
兵　团					597 488
总　计	**38 922 620**	**13 099 782**	**1 988 995**	**1 523 344**	**4 641 653**

各地区农业银行乡镇企业分行业贷款企业累计总产值（续）

（1992年）

单位：万元

地　　区	电　力	冶机化工	运输建筑	商　业	其　它
北　京	134	167 716	5 567	1 633	60 286
天　津	1 234	391 800	6 991	8 493	57 489
河　北	2 985	376 961	32 163	30 690	204 734
山　西	2 825	135 570	11 597	3 222	125 403
内蒙古					
辽　宁	1 641	329 726	12 075	6 057	
吉　林	1 116	33 535	5 171	456	12 275
黑龙江	2 300	40 738	8 248	1 663	41 070
上　海	1 074 803	76 994	34 771		265 978
江　苏	4 001	2 590 712	126 312	89 429	801 771
浙　江	11 081	815 641	27 621	33 709	123 773
安　徽	11 716	268 017	111 381	95 337	327 686
福　建	34 402	82 898	29 833	61 927	112 393
江　西	15 029	67 994	60 472	30 481	135 386
山　东	6 522	474 059	177 294	69 206	560 882
河　南	13 505	257 256	26 807	23 430	79 495
湖　北	13 206	108 432	50 812	12 287	75 091
湖　南	30 360	188 588	51 576	26 172	93 561
广　东	36 564	142 673	63 796	105 483	311 149
广　西	14 363	29 394	23 200	19 580	51 310
海　南	1 854	444	149		12 688
四　川	100 645	231 106	90 417	31 502	118 407
贵　州	2 765	30 360	6 332	4 201	8 264
云　南	9 842	91 166	26 186	9 744	127
陕　西	743	97 343	25 503	7 851	81 931
甘　肃	192	40 283	30 508	9 190	54 282
青　海		6 068	542	377	570
宁　夏		13 400	6 160	1 039	4 568
新　疆	3 482	6 597	7 549	5 188	17 648
#重　庆	2 870	57 712	28 916	7 167	24 063
武　汉		42 968	31 869		44 137
沈　阳					
大　连					
哈尔滨					
广　州	772	29 957	10 610	3 418	76 213
西　安	273	22 608	3 999	4 837	27 036
青　岛	1 122	164 377	34 734	16 634	121 323
宁　波	875	148 979	1 781	3 589	29 348
厦　门		888	173		649
深　圳		19 938	1 292	68	5 145
长　春		10 762	642	47	171
南　京					
成　都	10 281	137 451	18 929	8 551	19 133
兵　团					
总　计	**1 413 503**	**7 731 081**	**1 191 978**	**732 658**	**4 085 435**

各地区农业银行乡镇企业分行业贷款企业累计销售收入

（1992 年）　　单位：万元

地　　区	合　　计	轻　　纺	食　　品	矿　　业	建　　材
北　京	384 764	128 415	12 349	2 069	54 299
天　津	6 116 603	211 847	16 845		26 628
河　北	1 152 074	370 421	96 781	51 524	244 398
山　西	504 992	31 726	14 709	177 290	54 205
内蒙古	87 395	7 282	4 963		
辽　宁	635 361	82 257	31 519	80 509	148 326
吉　林	140 688	16 301	24 297	8 526	45 247
黑龙江	219 507	28 775	35 734	15 824	62 472
上　海	2 498 919	1 070 164	42 429		57 570
江　苏	6 901 714	3 690 001	132 588	21 693	491 980
浙　江	2 562 884	1 339 377	144 178	4 966	142 917
安　徽	1 366 274	224 351	134 913	35 630	343 344
福　建	680 148	197 888	70 761	14 750	108 404
江　西	561 126	101 929	42 670	38 289	97 092
山　东	2 428 611	799 111	167 326	65 405	260 143
河　南	857 047	102 347	67 129	166 570	175 457
湖　北	510 621	150 927	23 479	32 712	107 589
湖　南	827 345	187 886	44 295	66 381	159 719
广　东	1 516 754	438 947	125 248	18 340	246 100
广　西	475 974	63 524	80 438	108 487	74 624
海　南	21 050	1 068	515	3 747	624
四　川	1 374 783	422 200	119 911	58 018	236 679
贵　州	95 913	8 525	4 024	24 730	11 111
云　南	313 000	2 899	9 306	21 129	10 718
陕　西	602 717	62 236	69 370	89 529	167 287
甘　肃	267 569	45 215	26 600	27 215	67 018
青　海	11 568	742	818	1 066	2 277
宁　夏	34 082	5 883	4 840	1 399	4 379
新　疆	75 168	25 767	7 524	5 362	11 261
#重　庆	217 312	70 456	6 975	6 760	29 887
武　汉	135 360	22 888	1 955	362	18 400
沈　阳	107 338	15 470	3 306		
大　连	461 303	42 173	20 118		
哈尔滨					
广　州	305 618	88 045	20 165	1 807	33 535
西　安	79 568	13 138	6 188	2 655	8 787
青　岛	486 177	176 338	20 984	7 082	20 690
宁　波	473 588	284 405	12 973		5 168
厦　门	16 051	2 904	7 974		3 043
深　圳					
长　春	47 820	6 088	4 767	522	12 818
南　京	7 584	2 919	103	19	1 014
成　都	820 227	75 225	47 410	1 839	515 827
兵　团					
总　计	**36 382 597**	**10 618 060**	**1 708 477**	**1 162 206**	**4 057 037**

各地区农业银行乡镇企业分行业贷款企业累计销售收入（续）

（1992 年）

单位：万元

地区	电力	冶机化工	运输建筑	商业	其它
北京	134	129 772	5 173	3 173	49 380
天津	3 474	295 127	5 945	9 496	47 241
河北	2 715	303 186	27 841	41 095	179 767
山西	2 513	113 743	9 782	3 143	97 881
内蒙古					
辽宁	1 555	272 412	8 424	10 359	
吉林	863	30 343	2 262	778	12 069
黑龙江	2 459	32 824	5 631	4 076	31 712
上海	958 496	71 393	42 769		256 098
江苏	3 109	1 896 656	122 028	112 076	431 583
浙江	9 104	712 870	23 985	78 611	106 876
安徽	11 100	218 389	89 411	75 595	233 541
福建	29 832	69 250	21 992	63 048	104 223
江西	13 752	55 180	55 677	27 337	126 299
山东	15 653	443 910	145 732	92 110	439 221
河南	12 147	224 288	20 574	27 082	61 453
湖北	11 927	77 686	34 430	12 673	54 054
湖南	29 418	172 395	48 778	31 625	86 849
广东	36 568	133 967	62 984	202 257	264 930
广西	16 496	26 883	19 250	28 727	51 490
海南	1 768	467	151	21	12 689
四川	91 774	207 630	77 044	41 514	119 865
贵州	3 709	26 725	5 816	4 143	7 130
云南	5 860	79 520	5 262	1 472	176 834
陕西	600	81 583	28 679	18 346	85 087
甘肃	160	30 293	24 345	10 176	36 547
青海		5 051	624	566	424
宁夏		8 392	4 620	1 830	2 739
新疆	1 297	5 521	6 715	1 959	9 762
#重庆	2 894	48 109	21 920	12 022	18 289
武汉		32 334	21 604	267	37 550
沈阳					
大连					
哈尔滨					
广州	740	29 715	15 306	41 760	81 275
西安	241	13 519	4 135	4 838	26 067
青岛	1 362	116 115	37 538	21 658	84 410
宁波	144	141 029	1 548	4 395	23 926
厦门		847	141	712	430
深圳					
长春		17 547	1 344	901	3 833
南京		2 966	290	6	267
成都	9 698	129 921	13 921	8 040	18 346
兵团					
总计	**1 281 562**	**6 257 558**	**1 023 671**	**997 887**	**3 380 137**

各地区农业银行乡镇企业分行业贷款企业利税总额

（1992年）　　　　单位：万元

地区	合　计	轻　纺	食　品	矿　业	建　材	电　力	冶机化工	运输建筑	商　业	其　它
北　京	43 686	12 945	1 486	459	6 168	19	15 726	907	645	5 331
天　津	85 670	25 231	1 544		4 776	531	39 337	1 131	3 996	9 125
河　北	230 310	64 024	19 655	8 277	37 410	446	46 831	5 692	7 275	40 760
山　西	95 724	4 192	2 432	37 285	9 060	382	15 141	1 774	939	24 519
内蒙古	13 164	1 480	567							
辽　宁	79 824	9 018	2 373	15 639	20 080	406	30 189	1 251	868	
吉　林	20 084	1 803	4 245	1 529	5 270	340	2 441	337	87	4 034
黑龙江	29 552	3 482	3 425	1 629	8 767	410	5 876	906	646	4 411
上　海	238 766	79 029	3 744		6 332	103 342	6 572	1 588		37 959
江　苏	431 421	207 447	9 288	2 416	34 172	277	137 357	5 219	2 851	32 394
浙　江	243 920	116 982	12 273	726	17 233	1 611	77 885	1 553	2 934	12 723
安　徽	145 906	27 887	13 453	6 092	33 481	747	27 169	9 303	8 086	19 688
福　建	94 359	24 509	9 477	2 934	15 304	7 699	9 310	4 756	7 851	12 519
江　西	52 130	9 796	5 246	4 220	8 929	1 870	5 648	4 932	2 753	9 077
山　东	242 593	76 334	14 116	10 771	27 081	835	52 691	13 937	5 929	40 899
河　南	118 813	11 298	9 666	18 779	24 249	5 023	30 781	4 796	2 882	11 339
湖　北	35 162	8 080	2 047	3 400	7 575	1 825	6 078	2 267	531	4 036
湖　南	104 915	23 495	4 923	7 653	19 906	5 989	22 803	5 473	3 146	11 530
广　东	149 094	38 721	6 076	2 756	32 260	7 142	10 683	5 791	13 290	32 813
广　西	28 616	5 924	4 191	5 613	9 978	2 304	2 633	770	2 878	4 268
海　南	3 883	190	107	1 124	202	51		70	3	2 136
四　川	168 361	38 341	18 429	9 438	27 668	23 723	23 810	9 370	4 558	13 587
贵　州	18 615	1 227	1 163	5 910	1 525	1 588	3 485	922	718	2 077
云　南	36 109	2 506	749	5 535	4 055	4 482	14 041	1 064	796	2 881
陕　西	76 478	7 727	7 606	13 841	18 958	159	11 308	3 132	2 133	11 614
甘　肃	29 220	4 183	3 018	3 508	7 793	18	2 533	2 450	1 394	4 323
青　海	1 275	160	122	114	420		226	81	83	69
宁　夏	4 828	958	761	232	599		1 228	473	116	461
新　疆	6 799	1 397	542	947	1 322	60	503	954	208	866
#重　庆	11 727	541	356	499	3 400	648	3 047	1 255	887	1 094
武　汉	7 333	1 506	156	—2	1 399		1 774	647	1	1 852
沈　阳	13 385	1 839	636							
大　连	37 943	3 662	1 784							
哈尔滨										
广　州	31 363	9 103	2 982	514	5 106	67	2 715	2 070	2 299	6 371
西　安	9 382	2 112	646	123	1 009	16	2 027	439	658	2 352
青　岛	41 218	11 120	1 297	680	2 537	226	14 723	1 609	1 628	7 398
宁　波	50 968	31 371	850		616	52	15 215	117	92	2 655
厦　门	2 740	299	882		591		125	20	78	745
深　圳										
长　春	9 216	852	1 422	160	3 960		2 253	114	35	420
南　京	336 978	109 021	4 830	917	54 183		156 916	11 071	40	
成　都	43 696	4 906	3 124	74	13 268	2 901	10 081	1 629	5 550	2 163
兵　团										
总　计	**3 435 226**	**984 698**	**181 689**	**173 792**	**476 642**	**175 189**	**811 161**	**109 870**	**88 864**	**380 489**

农业银行扶贫专项贴息贷款统计

(1992年)　　　　单位：万元

项　　目	合　计	1. 贫困户	2. 户办和村办企业	3. 乡镇办企　业	4. 县办企业	5. 其他经济组织
支持对象数（个）	2 542 455	2 486 471	38 661	7 659	1 724	7 940
累放合计	223 131	52 712	28 185	60 912	49 558	31 764
按资金、形态分						
1. 流动资金贷款	145 064	43 451	18 264	31 944	26 945	24 460
2. 固定资金贷款	76 840	9 963	9 436	28 166	22 163	7 112
按行业划分						
1. 农业	101 384	45 669	17 531	9 224	13 276	15 684
种植业	68 806	32 792	10 307	6 003	8 705	10 999
林　业	17 684	7 140	4 103	1 663	2 842	1 936
牧　业	16 763	9 273	2 200	1 034	1 836	2 420
渔　业	4 066	1 372	1 042	524	391	737
2. 工　业	78 632	1 094	6 230	41 920	26 008	3 380
3. 商　业	12 337	603	652	3 023	5 116	2 943
4. 劳务输出	1 138	281	284	229	68	276
5. 其他行业	25 450	2 822	3 024	5 964	4 481	9 159
累计收回	96 646	28 674	10 892	25 839	20 415	10 826
本期余额	538 746	165 638	61 502	154 491	107 903	49 212
# 逾期贷款	101 059	34 631	14 513	29 349	15 306	7 260
呆滞贷款	33 617	8 826	6 807	10 806	5 248	1 930
呆帐贷款	10 740	2 595	2 292	4 313	796	744
农户新增收入	146 433	84 458	19 358	21 280	12 607	8 730
企业新增产值	336 653	23 596	51 302	147 588	80 865	33 302
企业新增利润	62 937	1 950	10 843	27 394	17 633	5 117
安排贫困户劳力（人）	2 369 471	1 332 570	470 547	281 760	103 417	181 177

农业银行土地治理与开发贷款统计

(1992年)　　单位：万元

项　　目	合　计	1. 农　户	2. 联　户	3. 国营农场	4. 合作经济组织	5. 农业开发公司	6. 其他服务组织
贷款对象（个）	695 774	662 546	15 722	1 329	10 709	569	4 899
贷款项目（个）	24 378	12 472	2 422	1 050	4 878	444	3 112
累放合计	263 130	32 851	17 002	44 050	71 437	20 804	76 986
1. 农田水利	65 404	11 862	6 038	10 090	20 373	2 857	14 184
2. 农业机械	19 763	4 162	2 556	4 169	4 161	1 273	3 442
3. 科技推广	18 984	1 863	1 230	4 160	5 301	1 967	4 463
4. 林　业	12 864	1 914	842	3 207	3 850	819	2 232
5. 牧　业	18 446	4 396	870	4 719	3 138	1 747	3 576
6. 渔　业	21 807	1 693	1 444	4 803	7 959	1 343	4 565
7. 农产品加工，贮藏	39 983	1 348	698	5 516	11 672	5 594	15 155
8. 其　他	67 017	5 734	3 418	7 194	16 261	6 118	28 292
累计收回	113 873	17 339	9 853	17 535	31 641	5 318	32 187
本期余额	398 222	54 164	24 034	78 689	99 559	28 969	112 807
#逾期余额	38 228	7 729	2 787	6 269	8 923	1 849	10 671
呆滞贷款	4 733	1 854	559	320	1 234	147	619
呆帐贷款	1119	396	170	66	144	59	284

农业银行林业项目贷款统计

(1992年)　　单位：万元、公顷、个

项　　目	合　计	国　营	集　体	农　户
一、贷款累计发放数	148 893	105 998	39 037	3 858
1. 速生丰产林贷款发放数	22 553	14 588	7 220	745
速生丰产林贷款支持面积	833 106	556 574	251 898	24 634
2. 经济林贷款发放数	30 654	22 330	6 448	1 876
经济林贷款支持面积	471 411	284 512	166 399	20 500
3. 抚育管理贷款发放数	23 204	17 643	5 412	149
抚育管理贷款支持面积	1 155 337	910 654	235 824	8 859
4. 多种经营贷款发放数	72 482	51 437	19 957	1 088
二、项目数	3 944	1 731	1 491	722
三、贷款累计收回数	33 054	21 422	9 369	2 263
1. 速生丰产林贷款收回数	10 297	6 033	3 870	394
2. 经济林贷款收回数	6 555	2 716	2 895	944
3. 抚育管理贷款收回数	3 482	2 050	1 243	189
4. 经营贷款收回数	12 720	10 623	1 361	736
四、贷款余额	199 950	131 083	57 175	11 692
1. 速生丰产林贷款	81 899	52 167	24 927	4 805
2. 经济林贷款	43 275	19 835	18 393	5 047
3. 抚育管理贷款	25 792	17 303	7 480	1 009
4. 多种经营贷款	48 984	41 778	6 375	831

大中城市副食品基地贷款统计

（1992年）

项　目	单位	一、农业银行	1. 国营	2. 集、个体	二、信用社	农业银行、信用社合计
一、贷款发放情况						
1. 贷款项目数	个	48 016	11 669	36 347	84 706	132 722
2. 累　放	万元	732 045	485 366	246 679	212 565	944 610
3. 累　收	万元	555 255	374 708	180 547	119 915	675 170
4. 期末余额	万元	834 989	540 668	294 321	142 237	977 226
二、贷款效益						
1. 猪						
贷款项目数	个	4 178	447	3 731	16 795	20 973
贷款累放	万元	65 772	29 046	36 726	23 876	89 648
产　量	吨	2 222 853	1 880 087	342 766	406 135	2 628 988
产　值	万元	290 585	155 079	135 506	180 844	471 429
利　润	万元	18 270	5 308	12 962	21 331	39 601
2. 鸡						
贷款项目数	个	5 920	942	4 978	8 598	14 518
贷款累放	万元	163 615	112 188	51 427	21 963	185 578
鸡肉产量	公斤	7 389 579	147 908	7 241 671	54 098	7 443 677
鸡蛋产量	吨	1 758 113	213 694	1 544 419	116 353	1 874 466
产　值	万元	375 904	208 768	167 136	87 400	463 304
利　润	万元	19 574	6 340	13 234	16 965	36 539
3. 牛						
贷款项目数	个	3 450	637	2 813	3 548	6 998
贷款累放	万元	55 660	44 267	11 393	5 682	61 342
牛肉产量	吨	37 752	14 168	23 584	24 805	62 557
牛奶产量	公斤	34 065 187	32 733 439	1 331 748	47 149	34 112 336
产　值	万元	88 871	61 871	27 000	22 731	111 602
利　润	万元	8 770	4 740	4 030	5 664	14 434
4. 鱼						
贷款项目数	个	3 176	420	2 756	7 414	10 590
贷款累放	万元	69 978	30 671	39 307	31 242	101 220
产　量	吨	1 081 464	910 785	170 679	199 946	1 281 410
产　值	万元	223 898	81 889	142 009	96 617	320 515
5. 菜						
贷款项目数	个	13 544	678	12 866	34 279	47 823
贷款累放	万元	24 860	8 355	16 505	18 431	43 291
产　量	吨	710 492	161 998	548 494	962 337	1 672 829
产　值	万元	81 093	13 550	67 543	94 312	175 405
利　润	万元	19 985	1 806	18 179	29 788	49 773
6. 其　他						
贷款项目数	个	4 659	922	3 737	12 878	17 537
贷款累放	万元	338 262	252 580	85 682	51 343	389 605
产　值	万元	454 484	298 891	155 593	88 794	543 278
利　润	万元	35 960	15 587	20 373	13 221	49 181

农业银行国营农业种养业投资性贷款统计

（1992年）　　　　单位：万元、个

项　　目	合　计	1. 农垦系统	2. 农业系统	#农业二场	3. 畜牧系统	#种畜场
一、贷款项目数	14 449	2 883	2 784	778	672	211
二、本期累放额	131 972	39 959	19 779	2 272	22 365	6 918
1. 小　　计	138 132	41 608	21 365	3 141	21 170	5 128
2. 农田水利	13 867	5 949	2 242	596	153	100
3. 农业机械	4 891	3 423	880	183	132	28
4. 科技推广	7 232	1 348	2 362	775	1 157	777
5. 多年生经济林木	15 787	5 217	657	190	30	25
6. 综合利用	14 341	3 972	3 366	309	1 265	453
7. 其　　它	84 940	23 727	11 945	1 073	18 473	3 785
三、本期累收额	80 223	24 338	14 328	1 217	13 327	4 144
四、期末余额	347 602	113 501	52 385	5 295	59 740	9 308
五、经济效益						
1. 投产项目	2 271	638	370	91	282	71
2. 新增粮食	1 519 920	101 096	1 417 035	43 126	1 475	1 383
3. 新增产值	678 170	398 150	70 678	9 673	119 783	8 227
4. 新增利润	49 413	24 214	7 008	1 529	3 349	1 327
5. 新增税金	20 822	12 396	1 818	230	1 536	175

项　　目	4. 水产系统	#渔种场	5. 林业系统	6. 水利系统	7. 其　他
一、贷款项目数	3 204	78	3 769	322	466
二、本期累放额	9 103	2 431	19 919	5 161	15 663
1. 小　　计	10 291	2 472	22 331	5 053	15 849
2. 农田水利	1 282	32	1 740	1 631	405
3. 农业机械	5	5	59	224	153
4. 科技推广	694	299	763	53	855
5. 多年生经济林木	10	10	9 150	240	483
6. 综合利用	1 281	428	3 380	330	747
7. 其　　它	7 083	1 708	7 896	2 607	13 206
三、本期累收额	5 281	1 066	9 636	3 094	9 772
四、期末余额	20 941	3 213	51 368	7 223	42 261
五、经济效益					
1. 投产项目	201	42	492	72	216
2. 新增粮食	11		175	—14	134
3. 新增产值	18 044	2 796	31 092	6 239	34 084
4. 新增利润	4 242	545	7 228	1 000	1 706
5. 新增税金	657	118	3 181	245	936

农业银行国营农业流动资金贷款统计

（1992 年）　　　　单位：万元、个

项　　目	合　计	农垦系统	农业系统		林业系统
			小　　计	#农业二场	
一、农业流动资金贷款					
1. 企业单位数	33 546	8 088	8 145	1 863	3 525
2. 贷款单位数	23 301	5 459	5 572	1 553	2 672
3. 期末贷款余额	1 250 143	545 559	188 501	34 712	78 045
4. 贷款累放	1 574 878	661 807	269 098	45 601	78 583
5. 贷款累收	1 338 119	587 539	225 325	36 818	65 895
6. 产　　值	3 911 274	1 720 375	580 940	125 249	224 396
7. 销售收入	4 158 239	1 761 820	645 299	120 619	205 925
8. 利　　润	214 614	87 695	34 741	7 649	20 742
9. 税　　金	131 130	63 796	16 385	3 708	12 259
10. 创外汇（美元）	6 701 876	4 478 667	1 357 774	1 192	100 997
二、工业流动资金贷款					
1. 企业单位数	13 912	6 182	2 728	1 879	1 022
2. 贷款单位数	9 978	4 565	1 777	495	738
3. 期末贷款余额	957 410	611 058	104 448	27 205	36 090
4. 贷款累放	1 418 704	863 382	164 121	44 138	42 428
5. 贷款累收	1 198 168	707 670	138 834	38 305	35 356
6. 产　　值	4 457 263	3 082 893	389 042	117 435	111 039
7. 销售收入	4 287 540	2 979 102	351 942	108 850	105 370
8. 利　　润	226 624	146 145	21 302	8 938	5 864
9. 税　　金	188 673	118 007	15 575	4 500	5 003
10. 创外汇（美元）	277 401	21 342	3 216	2 331	331
三、商业流动资金贷款					
1. 企业单位数	9 286	3 321	1 542	193	906
2. 贷款单位数	6 071	2 087	1 028	129	664
3. 期末贷款余额	643 057	346 655	56 770	4 006	28 313
4. 贷款累放	1 397 235	811 040	107 412	4 042	58 698
5. 贷款累收	1 188 474	672 701	98 498	2 838	54 207
6. 商品销售额	2 877 013	1 586 783	325 030	13 609	143 098
7. 利　　润	102 505	37 836	13 198	373	4 205
8. 税　　金	41 875	18 642	4 760	342	2 199

农业银行国营农业流动资金贷款统计（续）

（1992年）　　单位：万元、个

项目	畜牧系统		水产系统		水利系统	劳改系统	其它系统
	小计	#种畜场	小计	#渔种场			
一、农业流动资金贷款							
1. 企业单位数	2 373	642	1 848	534	1 418	372	7 777
2. 贷款单位数	1 658	576	1 425	343	981	259	5 275
3. 期末贷款余额	143 563	33 890	76 194	8 784	27 295	29 508	161 476
4. 贷款累放	184 731	38 675	99 092	13 082	33 933	39 359	208 275
5. 贷款累收	140 544	31 740	90 797	10 079	28 497	36 406	163 116
6. 产　　值	396 158	83 685	244 511	19 303	77 775	153 425	513 694
7. 销售收入	478 552	120 303	289 602	17 038	77 317	159 681	540 043
8. 利　　润	20 293	2 053	19 981	1 912	5 836	781	24 545
9. 税　　金	7 606	1 733	9 437	944	2 569	4 575	14 503
10. 创外汇（美元）	754 985	1 182	8 613	110	3	356	481
二、工业流动资金贷款							
1. 企业单位数	589	98	345	30	739	386	1 921
2. 贷款单位数	432	67	195	25	553	309	1 409
3. 期末贷款余额	24 262	4 112	17 038	548	24 444	43 760	96 310
4. 贷款累放	42 526	4 386	76 133	630	39 005	53 683	137 426
5. 贷款累收	40 254	2 998	68 856	336	34 559	56 890	115 749
6. 产　　值	76 723	10 505	61 148	1 768	105 479	310 393	320 546
7. 销售收入	70 272	9 429	63 661	1 653	100 039	295 966	321 188
8. 利　　润	5 154	537	3 458	61	10 788	18 777	15 136
9. 税　　金	2 969	247	1 632	59	4 385	29 015	12 087
10. 创外汇（美元）	250 070		805		400	101	1 136
三、商业流动资金贷款							
1. 企业单位数	538	92	713	52	315	175	1 776
2. 贷款单位数	370	72	496	30	207	90	1 129
3. 期末贷款余额	29 007	2 580	52 189	885	8 967	7 223	113 933
4. 贷款累放	67 060	3 685	109 466	2 139	15 904	12 725	214 930
5. 贷款累收	54 723	2 797	99 724	2 325	14 733	11 003	182 885
6. 商品销售额	143 014	12 634	246 611	6 292	34 087	37 810	360 580
7. 利　　润	6 541	514	22 417	264	992	813	16 503
8. 税　　金	1 502	225	3 548	141	588	742	9 894

7

金融主要指标

国家银行信贷资金来源、运用

（年末余额）　　　　单位：亿元

项　　目	1987年	1988年	1989年	1990年	1991年	1992年
资金来源合计	**9 976.17**	**11 541.25**	**13 617.90**	**16 837.88**	**20 613.90**	**24 269.06**
一、各项存款	6 572.05	7 425.62	9 013.85	11 644.83	14 864.08	18 891.05
企业存款	3 125.55	2 936.58	3 084.85	3 997.68	4 918.10	6 815.77
财政存款	306.98	270.88	437.99	380.40	485.76	230.68
基本建设存款						
机关团体存款	449.20	392.67	483.97	614.78	752.78	687.46
城镇储蓄存款	2 064.02	2 659.16	3 734.80	5 192.58	6 790.33	8 678.08
农村存款	626.30	669.55	716.32	850.26	1 172.47	1 409.42
其他存款		496.78	555.92	609.13	744.64	1 069.64
二、债　　券		75.55	69.91	91.99	134.06	162.70
三、对国际金融机构负债	185.63	148.63	138.70	185.71	184.67	235.98
四、流通中货币	1 454.48	2 134.03	2 344.02	2 644.37	3 177.80	4 336.00
五、银行自有资金	940.02	1 073.81	1 196.93	1 315.83	1 481.70	1 821.63
六、当年结益	121.56	123.12	118.90	165.87	453.78	－1178.30
七、其　　他	702.43	560.49	735.59	789.28	317.81	
资金运用合计	**9 976.17**	**11 541.25**	**13 617.90**	**16 837.88**	**20 613.90**	**24 269.06**
一、各项贷款	9 032.35	10 551.33	12 409.27	15 166.36	18 043.95	21 615.53
工业生产企业贷款	2 043.61	2 085.09	2 724.63	3 559.43	4 235.76	4 956.05
工业供销企业及物资部门贷款	493.47	520.96	582.15	652.95	696.77	818.80
商业企业贷款	3 506.14	4 100.61	4 775.07	5 768.48	6 691.19	7 677.71
建筑企业贷款	466.52	494.71	601.26	671.45	715.01	906.06
城镇集体企业及个体工商户贷款	550.03	656.21	708.55	831.26	950.26	1 166.49
农业贷款	685.83	814.21	895.05	1 038.08	1 209.48	1 448.72
固定资产贷款	1 286.75	1 559.23	1 775.96	2 245.75	3 044.36	3 924.55
其他贷款		320.31	346.60	398.96	501.12	717.15
二、黄金占款	12.04	12.04	12.04	12.04	12.04	12.04
三、外汇占款	182.08	158.44	264.54	599.46	1 228.11	1 101.98
四、在国际金融机构资产	178.81	187.05	191.56	258.96	261.96	298.41
五、财政借款	514.96	576.46	684.56	801.06	1 067.84	1 241.10
六、其他支出	55.93	55.93	55.93	55.92		

国家银行信贷资金来源、运用增减额

单位:亿元

项　　目	1988年	1989年	1990年	1991年	1992年
资金来源合计	**1 565.08**	**2 076.65**	**3 219.98**	**3 776.02**	**3 655.16**
一、各项存款	929.12	1 582.59	2 561.07	3 219.25	4 026.97
企业存款	−188.97	148.27	912.83	920.42	1 897.67
财政存款	−36.10	167.11	−57.59	105.36	−255.08
基本建设存款					
机关团体存款	−56.53	91.30	130.81	138.00	−65.32
城镇储蓄存款	595.14	1 075.64	1 457.78	1 597.75	1 887.75
农村存款	43.25	46.77	133.94	322.21	236.95
其他存款	496.78	59.14	53.21	135.51	325.00
二、债　券	75.55	−5.64	22.08	42.07	28.64
三、对国际金融机构负债	−37.00	−9.93	47.01	−1.04	51.31
四、流通中货币	679.55	209.99	300.35	533.43	1 158.20
五、银行自有资金	133.79	123.12	118.90	165.87	339.93
六、当年结益	1.56	−4.22	46.97	287.91	−1 632.08
七、其　他	−141.94	175.10	53.69	−471.47	−317.81
资金运用合计	**1 565.08**	**2 076.65**	**3 219.98**	**3 776.02**	**3 655.16**
一、各项贷款	1 518.98	1 857.94	2 757.09	2 877.59	3 571.58
工业生产企业贷款	41.48	639.54	834.80	676.33	720.29
工业供销企业及物资部门贷款	27.49	61.19	70.80	43.82	122.03
商业企业贷款	594.47	674.46	993.41	922.71	986.52
建筑企业贷款	28.19	106.55	70.19	43.56	191.05
城镇集体企业及个体工、商户贷款	106.18	52.34	122.71	119.00	216.23
农户贷款	128.38	80.84	143.03	171.40	239.24
固定资产贷款	272.48	216.73	469.79	798.61	880.19
其他贷款	320.31	26.29	52.36	102.16	216.03
二、黄金占款					
三、外汇占款	−23.64	106.10	334.92	628.65	−126.13
四、在国际金融机构资产	8.24	4.51	67.40	3.00	36.45
五、财政借款	61.50	108.10	116.50	266.78	173.26
六、其他支出			−0.01		

各地区专业银行各项存款

(1992年) 单位:亿元

	国家银行		工商银行		农业银行	
	余额	比重(%)	余额	比重(%)	余额	比重(%)
北　京	1 355.50	100.00	816.78	60.26	108.60	8.01
天　津	374.41	100.00	182.20	48.66	66.16	17.67
河　北	879.55	100.00	381.44	43.37	249.34	28.35
山　西	469.48	100.00	220.97	47.07	104.26	22.21
内蒙古	262.84	100.00	137.17	52.19	49.57	18.86
辽　宁	1 045.01	100.00	511.87	48.98	192.11	18.38
吉　林	409.00	100.00	207.72	50.79	76.68	18.75
黑龙江	690.11	100.00	354.44	51.36	127.94	18.54
上　海	1 089.19	100.00	435.71	40.00	200.97	18.45
江　苏	1 140.00	100.00	425.75	37.35	292.59	25.67
浙　江	762.34	100.00	298.05	39.10	213.48	28.00
安　徽	410.31	100.00	165.66	40.37	100.74	24.55
福　建	533.33	100.00	201.68	37.82	122.47	22.96
江　西	348.30	100.00	144.84	41.58	91.73	26.34
山　东	1 073.02	100.00	413.76	38.56	293.69	27.37
河　南	730.12	100.00	313.23	42.90	170.70	23.38
湖　北	622.28	100.00	272.69	43.82	143.11	23.00
湖　南	527.27	100.00	211.47	40.11	131.34	24.91
广　东	2 446.16	100.00	824.61	33.71	558.05	22.81
广　西	418.42	100.00	166.16	39.71	107.63	25.72
海　南	275.77	100.00	71.76	26.02	58.15	21.09
四　川	924.57	100.00	379.58	41.05	244.35	26.43
贵　州	210.07	100.00	89.64	42.67	48.68	23.17
云　南	423.47	100.00	170.56	40.28	110.12	26.00
陕　西	436.97	100.00	226.81	51.91	83.77	19.17
甘　肃	257.23	100.00	127.17	49.44	48.71	18.94
青　海	72.37	100.00	30.01	41.47	13.96	19.29
宁　夏	73.30	100.00	32.98	44.99	15.62	21.31
新　疆	338.71	100.00	141.29	41.71	105.40	31.12

注:中国银行数据为人民币业务部分。

各地区专业银行各项存款(续)

(1992年) 单位:亿元

	中国银行		建设银行	
	余额	比重(%)	余额	比重(%)
北　京	69.19	5.10	183.82	13.56
天　津	32.22	8.61	52.61	14.05
河　北	50.38	5.73	100.39	11.41
山　西	36.21	7.71	62.27	13.26
内蒙古	21.31	8.11	33.62	12.79
辽　宁	68.02	6.51	141.11	13.50
吉　林	24.28	5.94	56.75	13.88
黑龙江	39.02	5.65	92.51	13.41
上　海	53.86	4.94	206.02	18.91
江　苏	85.24	7.48	167.68	14.71
浙　江	46.15	6.05	122.29	16.04
安　徽	26.66	6.50	73.06	17.81
福　建	66.00	12.38	94.03	17.63
江　西	21.29	6.11	55.62	15.97
山　东	70.44	6.56	167.94	15.65
河　南	38.47	5.27	131.90	18.07
湖　北	39.58	6.36	114.53	18.40
湖　南	35.32	6.70	98.91	18.76
广　东	389.24	15.91	475.56	19.44
广　西	27.77	6.64	71.60	17.11
海　南	48.23	17.49	74.76	27.11
四　川	53.07	5.74	149.14	16.13
贵　州	9.32	4.44	35.01	16.67
云　南	18.95	4.47	64.05	15.13
陕　西	21.32	4.88	70.22	16.07
甘　肃	9.59	3.73	48.54	18.87
青　海	2.62	3.62	18.18	25.12
宁　夏	3.36	4.58	15.95	21.76
新　疆	9.84	2.91	57.27	16.91

各地区专业银行各项贷款

（1992年）　　单位：亿元

	国家银行		工商银行		农业银行	
	余额	比重(%)	余额	比重(%)	余额	比重(%)
北京	769.43	100.00	413.57	53.75	94.23	12.25
天津	539.53	100.00	255.23	47.31	81.53	15.11
河北	891.97	100.00	398.88	44.72	267.68	30.01
山西	514.17	100.00	248.04	48.24	107.03	20.82
内蒙古	395.15	100.00	192.46	48.71	108.06	27.35
辽宁	1 363.33	100.00	718.37	52.69	269.57	19.77
吉林	761.35	100.00	371.29	48.77	247.68	32.53
黑龙江	948.09	100.00	499.23	52.66	246.47	26.00
上海	1 239.93	100.00	561.27	45.27	176.49	14.23
江苏	1 230.06	100.00	502.22	40.83	360.42	29.30
浙江	705.36	100.00	297.55	42.18	191.87	27.20
安徽	599.48	100.00	240.94	40.19	201.72	33.65
福建	469.55	100.00	189.31	40.32	109.27	23.27
江西	517.23	100.00	212.29	41.04	180.85	34.97
山东	1 324.32	100.00	517.15	39.05	405.00	30.58
河南	909.84	100.00	374.95	41.21	328.20	36.07
湖北	981.54	100.00	442.66	45.10	306.61	31.24
湖南	664.83	100.00	304.75	45.84	215.93	32.48
广东	1 860.03	100.00	700.55	37.66	418.08	22.48
广西	411.21	100.00	174.43	42.42	117.84	28.66
海南	209.97	100.00	76.01	36.20	58.54	27.88
四川	1 192.75	100.00	516.47	43.30	366.07	30.69
贵州	265.21	100.00	118.71	44.76	83.22	31.38
云南	373.20	100.00	159.98	42.87	115.17	30.86
陕西	561.22	100.00	289.63	51.61	124.75	22.23
甘肃	302.11	100.00	130.88	43.32	73.71	24.40
青海	105.14	100.00	42.61	40.53	15.72	14.95
宁夏	98.86	100.00	46.03	46.56	21.42	21.67
新疆	381.16	100.00	130.57	34.26	159.22	41.77

注：中国银行数据为人民币业务部分。

各地区专业银行各项贷款(续)

(1992年)　　　　单位:亿元

	中国银行		建设银行	
	余额	比重(%)	余额	比重(%)
北　京	76.52	9.95	114.43	14.87
天　津	108.59	20.13	80.75	14.97
河　北	98.81	11.08	90.08	10.10
山　西	37.16	7.23	116.80	22.72
内蒙古	31.55	7.98	53.41	13.52
辽　宁	137.15	10.06	153.78	11.28
吉　林	48.29	6.34	71.62	9.41
黑龙江	78.56	8.29	103.54	10.92
上　海	212.96	17.18	177.17	14.29
江　苏	158.86	12.91	120.05	9.76
浙　江	102.61	14.55	81.63	11.57
安　徽	45.47	7.58	85.51	14.26
福　建	75.23	16.02	69.82	14.87
江　西	45.11	8.72	62.30	12.04
山　东	172.83	13.05	173.76	13.12
河　南	63.10	6.94	129.77	14.26
湖　北	82.10	8.36	120.57	12.28
湖　南	58.20	8.75	71.45	10.75
广　东	402.21	21.62	245.76	13.21
广　西	36.58	8.90	56.09	13.64
海　南	28.17	13.42	20.77	9.89
四　川	94.74	7.94	174.84	14.66
贵　州	10.81	4.08	41.66	15.71
云　南	25.57	6.85	52.48	14.06
陕　西	38.05	6.78	86.10	15.34
甘　肃	16.34	5.41	68.46	22.66
青　海	7.31	6.95	33.49	31.85
宁　夏	7.15	7.23	19.40	19.62
新　疆	17.98	4.72	57.16	15.00

农业银行存款占国家银行比重

单位：亿元

年份	各项存款			企业存款			集镇储蓄存款		
	国家银行	农业银行	比重(%)	国家银行	农业银行	比重(%)	国家银行	农业银行	比重(%)
1987年	6 517.00	1 487.30	22.82	2 671.20	305.00	11.42	2 067.60	426.19	20.61
1988年	7 425.80	1 713.73	23.08	2 936.60	351.36	11.96	2 659.20	593.71	22.33
1989年	9 013.85	2 055.46	22.80	3 084.85	369.43	11.98	3 734.80	848.51	22.72
1990年	11 644.90	2 640.55	22.68	3 997.70	438.39	10.97	5 192.60	1 212.10	23.34
1991年	14 879.10	3 319.51	22.31	4 918.10	546.46	11.11	6 790.33	1 577.64	23.23
1992年	18 906.10	4 130.94	21.85	6 815.78	769.22	11.29	8 678.10	1 972.44	22.73

农业银行贷款占国家银行比重

单位：亿元

年份	各项贷款			流动资金贷款			固定资产贷款		
	国家银行	农业银行	比重(%)	国家银行	农业银行	比重(%)	国家银行	农业银行	比重(%)
1989年	12 409.27	3 058.17	24.64	9 498.05	2 483.39	26.15	1 775.96	65.58	3.69
1990年	15 166.40	3 774.34	24.89	11 595.94	3 071.00	26.50	2 245.75	76.43	3.40
1991年	18 043.95	4 578.07	25.37	13 441.92	3 675.29	27.34	3 044.35	99.86	3.28
1992年	21 615.53	5 468.10	25.30	15 643.27	4 300.13	27.49	3 924.55	139.18	3.55

全国城乡储蓄存款

(年末余额)

单位：亿元

年份	总计	#定期	城镇储蓄	#定期	农户储蓄	#定期
1987年	3 073.3	2 356.3	2 067.6	1 647.9	1 005.7	708.4
1988年	3 801.5	2 836.7	2 659.2	2 045.2	1 142.3	791.5
1989年	5 146.9	4 182.1	3 734.8	3 097.6	1 412.1	1 079.6
1990年	7 034.2	5 851.3	5 192.6	4 396.2	1 841.6	1 455.1
1991年	9 107.0	7 598.7	6 790.3	5 715.8	2 316.7	1 882.9
1992年	11 545.4	10 953.1	8 678.1	7 013.2	2 867.3	2 275.0

全国城乡储蓄存款增减额

(比上年末)

单位：亿元

年份	总计	#定期	城镇储蓄	#定期	农户储蓄	#定期
1987年	835.7	627.1	596.1	458.6	239.6	168.5
1988年	728.2	480.4	591.6	397.3	136.6	83.1
1989年	1 345.4	1 345.4	1 075.6	1 057.3	269.8	288.1
1990年	1 887.3	1 669.3	1 457.8	1 293.7	429.5	375.5
1991年	2 072.8	1 747.4	1 597.7	1 319.5	475.1	427.8
1992年	2 438.4	3 354.4	1 887.8	1 297.4	550.6	392.1

全国人均储蓄存款

年份	总人口（亿人）	#城镇人口	#乡村人口	城乡储蓄存款余额（亿元）	#城镇储蓄	#农户储蓄	全国人均储蓄存款（元）	城镇人均储蓄存款（元）	农户人均储蓄存款（元）
1987	10.93	2.77	8.16	3 073.3	2 067.6	1 005.7	281.2	746.4	123.2
1988	11.10	2.87	8.24	3 801.5	2 659.2	1 142.3	342.5	926.6	138.6
1989	11.27	2.95	8.32	5 146.9	3 734.8	1 412.1	456.7	1 266.0	169.7
1990	11.43	3.02	8.41	7 034.2	5 192.6	1 841.6	615.4	1 719.4	219.0
1991	11.58	3.05	8.53	9 107.0	6 790.3	2 316.7	786.4	2 226.3	271.6
1992	11.72	3.24	8.48	11 545.4	8 678.1	2 867.3	985.1	2 678.4	338.1

黄金和外汇储备

年份	黄金储备（万盎司）	外汇储备（亿美元）		
			国家外汇库存	中国银行外汇结存
1987	1 267	152.36	29.23	123.13
1988	1 267	175.48	33.72	141.76
1989	1 267	170.22	55.50	114.72
1990	1 267	285.94	110.93	175.01
1991	1 267	426.65		
1992	1 267	194.43		

农业银行现金收支占国家银行的比重

单位：亿元

年份	现金收入			现金支出		
	国家银行	农业银行	比重（%）	国家银行	农业银行	比重（%）
1987年	8 779.60	3 577.30	40.75	9 015.70	4 199.21	46.58
1988年	12 810.50	4 973.88	38.83	13 790.00	5 796.70	42.04
1989年	15 057.60	5 482.89	36.41	15 267.60	6 075.35	39.79
1990年	17 171.10	6 220.88	36.23	17 471.40	6 862.03	39.28
1991年	21 465.09	7 500.43	35.18	21 998.52	8 422.46	38.29
1992年	31 248.00	9 964.07	31.89	32 406.20	11 283.02	34.82

各专业银行存、贷款变化情况

单位：亿元

年份	国家银行	工商银行		农业银行		建设银行	
	余额	余额	比重（%）	余额	比重（%）	余额	比重（%）
存款合计							
1986年	5 354.70	2 537.15	47.38	1 211.80	22.63	719.36	13.43
1987年	6 517.00	3 144.15	48.25	1 487.30	22.82	823.51	12.64
1988年	7 425.80	3 561.69	47.96	1 713.73	23.08	968.60	13.04
1989年	9 013.85	4 130.93	45.83	2 055.46	22.80	1 111.60	12.33
1990年	11 644.90	5 173.49	44.43	2 640.55	22.68	1 537.22	13.20
1991年	14 879.12	6 405.03	43.05	3 319.51	22.31	2 056.02	13.80
1992年	18 906.10	7 964.08	42.12	4 130.94	21.85	3 073.29	16.26
贷款合计							
1986年	7 590.80	3 786.41	49.88	1 996.12	26.30	808.64	10.65
1987年	9 032.50	4 377.75	48.47	2 319.26	25.68	992.67	10.99
1988年	10 551.33	4 969.76	47.10	2 632.15	24.95	1 212.97	11.50
1989年	12 409.27	5 751.87	46.35	3 058.17	24.64	1 456.69	11.74
1990年	15 166.40	6 871.89	45.31	3 774.34	24.80	1 858.15	12.25
1991年	18 043.95	7 951.81	44.07	4 578.07	25.37	2 437.75	13.51
1992年	21 615.53	9 300.48	43.03	5 468.10	25.30	3 160.99	14.62

各地区专业银行储蓄存款

（1992年）　　单位：亿元

	国家银行		工商银行	
	合计	#定期	小计	#定期
北京	329.81	290.88	238.05	211.84
天津	160.67	140.65	95.40	84.25
河北	480.86	387.77	227.69	200.01
山西	251.46	219.18	141.46	126.61
内蒙古	149.77	118.03	86.80	70.26
辽宁	589.49	494.44	332.95	285.02
吉林	251.94	205.14	141.14	119.34
黑龙江	412.20	338.36	235.00	198.42
上海	368.84	336.19	201.96	176.99
江苏	556.74	501.36	222.61	195.59
浙江	299.12	255.12	140.38	124.17
安徽	191.37	158.15	94.84	82.48
福建	253.23	205.94	114.60	97.58
江西	189.86	155.71	92.48	77.72
山东	585.13	498.55	246.52	214.08
河南	426.10	345.01	205.57	175.67
湖北	306.89	249.34	144.93	120.78
湖南	286.42	234.91	127.24	108.19
广东	974.39	594.61	414.35	282.27
广西	212.49	154.01	98.71	75.62
海南	91.55	53.57	32.51	21.22
四川	422.64	349.88	202.54	171.76
贵州	84.01	66.16	46.59	38.16
云南	155.77	125.81	82.31	68.08
陕西	251.78	204.58	147.25	120.89
甘肃	134.79	111.34	76.32	64.74
青海	36.90	30.55	19.00	16.35
宁夏	42.10	34.79	21.17	17.91
新疆	175.62	148.15	81.27	70.05

注：中国银行数据为人民币业务部分。

各地区专业银行储蓄存款(续)

(1992年)　　　　单位：亿元

	农业银行		中国银行		建设银行	
	小　计	#定　期	小　计	#定　期	小　计	#定　期
北　京	23.87	20.75	25.83	18.01	19.37	16.53
天　津	26.61	22.65	13.61	10.05	14.00	11.39
河　北	132.45	111.15	32.87	23.51	51.04	39.07
山　西	50.52	42.18	19.99	13.14	23.97	19.35
内蒙古	26.45	19.50	13.19	8.91	15.18	11.08
辽　宁	107.57	88.86	36.97	24.49	68.77	54.07
吉　林	47.26	36.95	17.02	12.13	31.50	22.32
黑龙江	73.06	60.47	21.52	13.26	53.26	41.26
上　海	87.28	84.28	13.79	10.37	28.09	26.77
江　苏	159.74	152.09	47.66	38.34	75.05	62.93
浙　江	87.95	73.11	24.67	17.73	33.95	26.05
安　徽	37.85	29.33	14.02	10.43	28.03	20.12
福　建	58.08	46.10	37.17	23.52	30.40	22.93
江　西	50.26	39.60	13.95	10.43	22.67	17.65
山　东	170.20	151.59	42.12	29.49	85.10	65.50
河　南	95.60	75.28	21.31	15.95	71.99	49.29
湖　北	72.24	58.31	23.37	16.87	49.51	38.04
湖　南	64.61	51.18	23.95	16.89	41.49	31.23
广　东	202.68	124.93	199.70	94.15	126.25	61.40
广　西	56.26	39.67	15.94	9.32	28.10	18.31
海　南	27.69	17.30	18.41	8.38	9.33	4.29
四　川	108.59	90.30	28.88	21.04	52.91	38.74
贵　州	18.02	13.50	4.69	3.14	10.06	6.94
云　南	42.06	34.03	8.01	5.08	15.37	11.53
陕　西	46.14	38.09	12.00	9.88	35.14	25.24
甘　肃	28.30	22.71	6.49	4.59	19.08	14.66
青　海	6.46	5.20	1.70	1.24	8.58	6.57
宁　夏	8.39	7.04	2.14	1.54	9.06	6.88
新　疆	56.24	47.43	4.78	3.48	22.57	17.99

注：中国银行数据为人民币业务部分。

国家银行现金收入、支出

单位：亿元

项　　目	1980年	1985年	1988年	1989年	1990年	1991年	1992年
收入总计	**2 033.2**	**5 499.1**	**12 810.5**	**15 057.6**	**17 171.1**	**21 465.1**	**31 248.0**
商品销售收入	1 365.3	2 863.7	5 216.3	5 482.5	5 690.6	6 602.1	8 316.5
服务事业收入	142.7	321.6	651.0	786.9	958.9	1 200.6	1 668.3
税款收入	6.3	36.1	80.2	110.2	126.8	156.3	192.8
农村信用社收入	123.0	580.4	1 049.9	1 113.2	1 353.6	1 662.7	2 076.3
乡镇企事业收入		84.2	229.4	237.1	270.6	359.6	531.3
个体经营收入		36.1	110.7	115.3	138.6	191.9	263.3
储蓄存款收入	291.6	1 242.0	4 336.1	5 726.7	6 910.5	8 996.2	14 174.8
其他金融机构收入			138.4	206.7	281.4	404.9	637.2
汇兑收入	37.3	82.5	187.5	225.0	293.3	405.8	637.7
其他收入	67.0	252.5	811.0	1 054.0	1 146.7	1 485.0	2 749.8
项　　目	1980年	1985年	1988年	1989年	1990年	1991年	1992年
支出总计	**2 111.7**	**5 694.8**	**13 490.0**	**15 267.6**	**17 471.4**	**21 998.5**	**32 406.2**
工资及对个人其他支出	896.6	1 786.5	3 178.7	3 680.1	4 177.5	4 863.6	6 104.1
农副产品采购支出	272.4	834.8	1 496.1	1 535.0	1 744.3	1 874.2	1 857.4
行政企业管理费支出	133.6	364.8	796.8	925.1	1 100.2	1 392.8	2 082.2
农村信用社支出	457.9	1 094.8	1 934.3	1 805.2	1 946.7	2 438.1	3 339.2
乡镇企事业支出		169.3	458.5	460.4	508.1	667.6	977.2
个体经营支出		57.0	181.8	191.5	216.8	292.7	457.3
储蓄存款支出	225.0	1 008.9	4 057.3	5 025.5	5 817.9	7 948.7	13 315.4
其他金融机构支出			188.0	226.6	264.6	344.0	628.6
汇兑支出	47.1	93.2	198.6	231.9	272.9	361.0	570.2
其他支出	79.1	285.5	999.9	1 186.3	1 422.1	1 816.0	3 074.6

国家银行现金收入、支出增减额

（比上年末）　　　　单位：亿元

项　　目	1987 年	1988 年	1989 年	1990 年	1991 年	1992 年
商品销售收入	616.3	1 320.6	266.2	208.1	911.5	1 714.4
服务事业收入	105.5	159.8	135.9	172.0	241.7	467.7
税金收入	14.6	21.2	30.0	16.6	29.5	36.5
农村信用收入	199.1	153.5	63.3	240.4	309.1	413.6
乡镇企事业收入	51.2	77.9	7.7	33.5	89.0	171.7
个体经营收入	28.4	39.9	4.6	23.3	53.3	71.4
储蓄存款收入	908.8	1 769.1	1 390.6	1 183.8	2 085.7	5 178.6
其他金融机构收入	72.6	65.8	68.3	74.7	123.5	232.3
汇兑收入	32.9	58.8	37.5	68.3	112.5	231.9
其他收入	136.9	364.3	243.0	92.7	338.3	1 264.8
收　入　合　计	**2 166.3**	**4 030.9**	**2 247.1**	**2 113.5**	**4 294.0**	**9 782.9**
工资和对个人其他支出	354.2	666.3	501.4	497.4	686.1	1 240.5
农副产品采购支出	176.1	307.1	38.9	209.3	129.9	－16.8
行政企业管理费支出	117.1	266.8	128.3	175.1	292.6	689.4
农村信用支出	302.7	409.5	－129.1	141.5	491.4	901.1
乡镇企事业支出	103.0	134.9	1.9	47.7	159.5	309.6
个体经营支出	44.8	69.1	9.7	25.3	75.9	164.6
储蓄存款支出	794.4	1 951.2	968.2	792.4	2 130.8	5 366.7
城乡信用社支出	67.8	120.2		38.2	79.1	284.6
汇兑支出	29.5	62.8		41.0	88.1	209.2
其他支出	182.2	486.4		235.8	393.9	1 258.6
支　出　合　计	**2 171.8**	**474.3**		**2 203.8**	**4 527.1**	**10 407.7**

各时期全国城乡储蓄存款增长情况

时期	城乡储蓄存款合计	#城镇	#农户	时期	城乡储蓄存款合计	#城镇	#农户
年平均增加额（亿元）				**年平均增长速度（%）**			
“一五”时期	5.3	3.8	1.5	“一五”时期	32.6	26.5	48.8
“二五”时期	1.2	0.7	0.5	“二五”时期	3.1	2.4	5.8
1963—1965	8.0	7.0	1.0	1963—1965	16.6	18.5	10.0
“三五”时期	2.9	2.5	0.4	“三五”时期	4.0	4.3	3.1
“四五”时期	14.0	10.0	4.0	“四五”时期	13.5	12.2	18.5
“五五”时期	50.0	33.6	16.4	“五五”时期	21.7	19.8	27.3
“六五”时期	244.6	155.1	89.5	“六五”时期	32.4	30.2	37.0
“七五”时期				“七五”时期	34.1	37.5	26.7
1987	835.7	596.1	239.6	1987	37.6	39.8	33.4
1988	728.2	591.6	136.6	1988	32.8	36.0	26.5
1989	1 345.4	1 075.6	269.8	1989	33.5	37.1	25.7
1990	1 887.3	1 457.8	429.5	1990	34.1	37.5	26.7
“八五”时期				“八五”时期			
1991	2 072.8	1 597.7	475.1	1991	29.5	30.8	25.8
1992	2 438.4	1 887.8	550.6	1992	26.78	27.8	23.77

银行保险系统人员、机构情况

（1992年底）

项目	合计	中国人民银行	中国工商银行	中国农业银行	中国银行	中国人民建设银行	中国人民保险公司	交通银行
一、机构总数（个）	**130 495**	**2 550**	**31 495**	**56 417**	**7 110**	**28 139**	**4 237**	**547**
总行（公司）	8	2	1	1	1	1	1	1
省、市、区	197	30	29	29	30	30	30	19
计划单列市	85	14	14	14	14	14	15	
地（市）分支行	2 049	315	312	310	321	361	371	59
县市、办事处	12 412	2 056	2 078	2 184	877	2 464	2 753	
城市（郊区）办事处	2 414	24	1 248	539	109	327		167
营业部	1 227			312	736	135		44
分理处、营业所	43 340		6 261	31 376	1 120	3 450	1 022	111
储蓄所	65 491		20 406	20 876	3 902	20 186		121
其他	3 273	109	1 146	776		1 171	45	26
二、职工人数（人）	**1 730 097**	**173 692**	**525 297**	**503 397**	**117 886**	**280 214**	**105 638**	**23 973**
总行（公司）	8 036	2 512	627	723	2 093	893	816	372
省、市、区	65 150	10 919	7 936	6 575	18 195	10 463	6 592	4 470
计划单列市	27 758	4 862	5 618	2 217	6 957	5 209	2 895	
地（市）分支行	253 191	41 808	39 917	26 212	49 118	63 477	24 774	7 885
县市、办事处	578 273	77 598	151 311	120 421	37 256	124 836	66 851	
城市（郊区）办事处	191 544	1 046	121 903	23 915	4 267	34 451		5 962
营业部	22 261			13 908		5 871		2 482
分理处、营业所	364 078		82 141	265 542		12 426	2 402	1 567
储蓄所	126 994		95 822	30 387				785
其他	97 312	34 947	19 962	13 497		22 588	2 043	450

注：职工人数中一些专业银行部分项目分不出来，归入“其他”项。

金融系统人员、机构情况

	合计	国家银行	保险公司	农村信用社	城市信用社	金融信托投资机构
年末职工人数（人）						
1987	1 651 415	1 122 404	68 648	433 866	26 497	
1988	1 797 287	1 204 009	71 600	471 910	49 768	
1989	1 910 597	1 343 310	79 171	488 116		
1990	2 024 519	1 421 724	85 712	517 083		
1991	2 131 843	1 499 223	93 394	539 226		
1992	2 293 260	1 624 459	105 638	563 163		
年末机构总数（个）						
1987	145 416	79 619	2 749	60 872	1 615	561
1988	165 848	98 076	2 865	60 897	3 265	745
1989	155 842	94 563	2 861	58 418		
1990	186 357	125 097	3 060	58 200		
1991	184 613	123 345	3 383	57 885		
1992	183 258	126 258	4 237	52 763		

8

国民经济与农村经济主要指标

自然状况及资源

（1992年）

项　　目	1992年	项　　目	1992年
一、自然状况		林业用地面积	26 743万公顷
1. 国土		#宜林荒山荒地	7 661.46万公顷
国土面积	960万平方公里	草地面积	40 000万公顷
海域面积	472.7万平方公里	#可利用草地	31 333万公顷
海洋平均深度	961米	2. 林木资源	
海洋最大深度	5 377米	活立木总蓄积量	108.68亿立方米
岸线总长度	32 000多公里	森林面积	12 863万公顷
大陆岸线长度	18 000多公里	森林蓄积量	93.1亿立方米
岛屿岸线长度	14 000多公里	森林覆盖率	13.40%
岛屿个数	5 000多个	3. 水利资源	
岛屿面积	8万平方公里以上	大陆	
2. 气候		地表水资源总量	26 500亿立方米
热量分布（积温＞＝0℃）		地表径流	19 800亿立方米
黑龙江北部及青藏高原	2 000-2 500℃	地下（浅层）水量	6 200亿立方米
东北平原	3 000-4 000℃	冰川融水量	500亿立方米
华北平原	4 000-5 000℃	水力资源蕴藏量	6.76亿千瓦
长江流域及以南地区	5 800-6 000℃	#可开发量	3.78亿千瓦
南岭以南地区	7 000-8 000℃	淡水总面积	1 664万公顷
降水量		#可养殖面积	503万公顷
台湾中部山区	≥4 000毫米	#已养殖面积	305万公顷
华南沿海	1 600-2 000毫米	海洋	
长江流域	1 000-1 500毫米	海洋能源理论蕴藏量	6.3亿千瓦
华北、东北	400-800毫米	海岸带面积	28万平方公里
西北内陆	100-200毫米	海涂面积	2.08万平方公里
塔里木盆地、吐鲁番盆地和柴达木盆地	≤25毫米	海水可养殖面积	260.13万公顷
		#已养殖面积	41.35万公顷
气候带面积比例（国土面积＝100）		浅海滩涂可养殖面积	242.07万公顷
湿润地区（干燥度＜1.0）	32%	#已养殖面积	27.77万公顷
半湿润地区（干燥度＝1.0—1.5）	15%	4. 矿产资源（保有储量）	
半干旱地区（干燥度＝1.5—2.0）	22%	煤	9 833.12亿吨
干旱地区（干燥度＞2.0）	31%	铁矿石	489.69亿吨
二、自然资源		磷矿石	157.65亿吨
1. 土地资源		钾盐	4.58亿吨
耕地面积	9 540万公顷	盐	3 999.83亿吨
荒地面积	10 800万公顷		
#宜农荒地	3 535万公顷		

注：1. 自然资源部分未包括台湾省；2. 气候资料为多年平均值；3. 土地、水利资源，均为以前清查数，有待进一步勘测；4. 森林资源为1988-1992年调查数。

国民经济主要指标

指标	单位	1978年	1980年	1985年	1990年	1991年	1992年
一、人口							
年底总人口	万人	96 259	98 705	105 851	114 333	115 823	117 171
二、劳动力（年底数）							
劳动力资源人数	万人	48 530	52 885	62 114	69 732	70 982	72 120
社会劳动者人数	万人	40 152	42 361	49 873	56 740	58 360	59 432
#职工人数	万人	9 499	10 444	12 358	14 059	14 508	14 792
三、国民生产总值	亿元	3 588	4 470	8 558	17 695	20 236	24 036
四、国民收入	亿元	3 010	3 688	7 020	14 384	16 557	19 845
五、社会总产值	亿元	6 846	8 534	16 582	38 035	44 142	55 842
#工农业总产值	亿元	5 634	7 077	13 335	31 586	36 405	46 151
六、固定资产投资							
1. 全社会固定资产投资总额	亿元	668.72	910.85	2 543.29	4 449.29	5 508.80	7 854.98
生产性	亿元			1 544.10	2 768.28	3 453.39	5 166.14
非生产性	亿元			999.09	1 681.01	2 055.41	2 688.84
#住　宅	亿元			641.63	1 164.48	1 417.41	1 716.91
2. 国有单位固定资产投资	亿元	668.72	745.90	1 680.51	2 918.64	3 628.11	5 273.64
基本建设投资	亿元	500.99	558.89	1 074.37	1 703.81	2 115.80	3 012.65
更新改造及其他固定资产投资	亿元	167.73	187.01	606.14	1 029.26	1 261.86	1 754.91
3. 集体单位固定资产投资	亿元		45.95	327.46	529.48	697.80	1 359.35
城　镇	亿元		22.95	128.23	163.38	203.83	364.49
农　村	亿元		23.00	199.23	366.10	493.98	994.86
七、国家财政							
1. 国家财政收入	亿元	1 121.1	1 085.2	1 866.4	3 312.6	3 610.9	4 153.1
中　央	亿元	164.6	209.8	707.9	1 367.9	1 399.7	1 649.2
地　方	亿元	956.6	875.5	1 158.5	1 944.7	2 211.2	2 503.9
2. 国家财政支出	亿元	1 111.0	1 212.7	1 844.8	3 452.2	3 813.6	4 389.7
中　央	亿元	521.0	650.7	836.5	1 372.8	1 517.7	1 817.9
地　方	亿元	590.0	562.0	1 008.2	2 079.4	2 295.8	2 571.8
3. 预算外资金收入	亿元	347.1	557.4	1 530.0	2 708.6	3 243.3	
八、物价总指数（上年＝100）							
1. 农副产品收购价格总指数	%	103.9	107.1	108.6	97.4	98.0	103.4
2. 零售物价总指数	%	100.7	106.0	108.8	102.1	102.9	105.4
3. 职工生活费用价格总指数	%	100.7	107.5	111.9	101.3	105.1	108.6
九、工资							
1. 职工工资总额	亿元	568.9	772.4	1 383.0	2 951.1	3 323.9	3 939.2
2. 职工平均货币工资	元	615	762	1 148	2 140	2 340	2 711
十、居民消费水平	元	175	227	403	723	803	935
农　民	元	132	173	324	524	570	648
非农业居民	元	383	468	727	1 477	1 676	1 983
十一、农业							
1. 农业总产值	亿元	1 397	1 923	3 619	7 662	8 157	9 085
2. 主要农产品产量							
粮　食	万吨	30 477	32 056	37 911	44 624	43 529	44 266
棉　花	万吨	216.7	270.7	414.7	450.8	567.5	450.8
油　料	万吨	521.8	769.1	1 578.4	1 613.2	1 638.3	1 641.2
甘　蔗	万吨	2 111.6	2 280.7	5 154.9	5 762.0	6 789.8	7 301.1
甜　菜	万吨	270.2	630.5	891.9	1 452.5	1 628.9	1 506.9
茶　叶	万吨	26.8	30.4	43.2	54.0	54.2	56.0
水　果	万吨	657.0	679.3	1 163.9	1 874.4	2 176.1	2 440.1
猪牛羊肉	万吨	856.3	1 205.4	1 760.7	2 513.5	2 723.8	2 940.6
水产品	万吨	466	450	705	1 237	1 351	1 557
十二、工业							

国民经济主要指标（续 1）

指　标	单　位	1978 年	1980 年	1985 年	1990 年	1991 年	1992 年
1. 工业总产值	亿　元	4 237	5 154	9 716	23 924	28 248	37 066
2. 主要工业产品产量							
布	亿　米	110.3	134.7	146.7	188.8	181.7	190.7
机制纸及纸板	万　吨	439	535	911	1 372	1 479	1 725
糖	万　吨	227	257	451	582	640	829
家用电冰箱	万　台	2.8	4.9	144.8	463.1	469.9	485.8
电视机	万　台	51.73	249.20	1 667.66	2 684.70	2 691.41	2 867.82
#彩色电视机	万　台	0.38	3.20	435.28	1 033.04	1 205.06	1 333.08
家用洗衣机	万　台	0.04	24.50	887.20	662.68	687.17	707.93
录放音机	万　台	4.7	74.3	1 393.1	3 023.5	2 873.7	3 231.8
照相机	万　架	17.89	37.28	178.97	213.22	478.18	526.48
原　煤	亿　吨	6.18	6.20	8.72	10.80	10.87	11.16
原　油	万　吨	10 405	10 595	12 490	13 831	14 099	14 210
发电量	亿千瓦小时	2 566	3 006	4 107	6 212	6 775	7 539
钢	万　吨	3 178	3 712	4 679	6 635	7 100	8 094
成品钢材	万　吨	2 208	2 716	3 693	5 153	5 638	6 697
水泥	万　吨	6 524	7 986	14 595	20 971	25 261	30 822
3. 国有独立核算工业企业全员劳动生产率	元/人・年	11 131	12 081	15 080	18 639	32 304	36 074
4. 国有独立核算工业企业主要财务指标							
年底固定资产原值	亿　元	3 193.4	3 730.1	5 956.2	11 610.3	13 556.8	15 669.8
资金总额	亿　元	3 273.0	3 663.7	5 604.1	12 088.6	14 067.6	16 094.7
年底固定资产净值	亿　元	2 225.7	2 528.0	3 980.8	8 088.3	9 507.2	10 982.6
定额流动资金年平均余额	亿　元	1 047.3	1 135.7	1 623.3	4 000.3	4 560.4	5 112.0
利润和税金总额	亿　元	790.7	907.1	1 334.1	1 503.1	1 661.2	1 944.1
十三、运输邮电							
1. 货物周转量	亿吨公里	9 829	12 026	18 126	26 207	27 986	29 218
铁　路	亿吨公里	5 345	5 717	8 126	10 622	10 972	11 576
公　路	亿吨公里	274	764	1 693	3 358	3 428	3 755
水　运	亿吨公里	3 779	5 053	7 700	11 592	12 955	13 256
管　道	亿吨公里	430	491	603	627	621	617
空　运	亿吨公里	1	1	4	8	10	13
2. 旅客周转量	亿人公里	1 743	2 281	4 437	5 628	6 178	6 949
铁　路	亿人公里	1 093	1 383	2 416	2 613	2 828	3 152
公　路	亿人公里	521	730	1 725	2 620	2 872	3 193
水　运	亿人公里	101	129	179	165	177	198
空　运	亿人公里	28	40	117	230	301	406
3. 沿海主要港口货物吞吐量	万　吨	19 834	21 731	31 154	43 229	47 117	53 329
4. 邮电业务总量	亿　元	11.65	13.34	29.60	81.65	204.38	290.94
5. 函　件	亿　件	28.35	33.13	46.78	54.87	52.11	57.18
6. 报刊期发数	万　份	11 250	16 431	30 172	20 078	23 277	25 104
十四、能源生产与消费（标准煤）							
能源生产总量	万　吨	62 770	63 735	85 546	103 922	104 844	107 256
能源消费总量	万　吨	57.144	60 275	76 682	98 703	103 783	108 900
十五、国内商业							
1. 社会商业商品购进总额	亿　元	1 739.7	2 263.0	3 532.5	8 221.2	9 347.9	10 653.7
#工业品	亿　元	1 263.4	1 567.0	2 462.3	5 871.2	6 767.2	8 071.7
农副产品	亿　元	459.9	677.0	1 033.2	2 258.6	2 453.2	2 427.5
2. 社会农副产品收购量							
粮　食	万　吨	5 072.5	6 129.0	10 762.8	13 995.2	13 635.5	13 246.4
棉　花	万　吨	209.6	261.0	431.9	409.1	529.0	435.8
食用植物油	万　吨	110.5	191.0	409.8	470.3	477.0	457.1

国民经济主要指标（续 2）

指　　标	单　位	1978 年	1980 年	1985 年	1990 年	1991 年	1992 年
甘　蔗	万　吨	1 557.9	1 584.0	3 687.5	4 619.0	4 728.5	6 012.1
甜　菜	万　吨	255.3	554.1	806.4	1 402.8	1 556.6	1 206.3
茶　叶	万　吨	24.3	26.2	39.5	49.2	52.2	80.3
肥　猪	万　头	10 936.5	14 250.0	16 020.8	18 504.5	21 054.1	21 373.1
菜　牛	万　头	140.8	221.6	463.8	909.5	1 018.5	1 088.3
菜　羊	万　只	998.3	1 680.2	2 839.3	4 033.3	4 432.6	4 515.0
鲜　蛋	万　吨	56.0	99.1	192.2	282.4	350.5	376.3
水产品	万　吨	269.2	239.3	334.2	575.3	652.4	697.8
3. 社会商品零售总额	亿　元	1 558.6	2 140.0	4 305.0	8 300.1	9 415.6	10 993.7
4. 主要消费品零售量							
粮　食	万　吨	4 750.0	5 497.0	9 011.6	9 289.1	9 242.6	9 774.7
食用植物油	万　吨	87.5	126.0	349.1	441.6	467.2	519.9
猪　肉	万　吨	467.5	704.5	916.4	1 246.9	1 316.8	1 448.7
食　糖	万　吨	315.6	363.5	572.5	541.6	547.6	602.7
布	亿　米	76.9	98.4	121.2	120.3	118.5	125.0
电视机	万　台	55.1	364.0	2 156.9	1 923.0	2 096.1	2 137.8
洗衣机	万　台	0.2	23.5	1 098.1	924.9	984.1	1 091.0
电冰箱	万　台	2.0	5.5	220.0	436.0	465.7	472.1
5. 农业生产资料销售量							
化学肥料（标准量）	万　吨	4 087.5	5 531.1	6 231.8	10 023.6	10 702.2	10 110.4
化学农药	万　吨	146.4	152.7	65.3	61.5	62.6	53.8
农用动力机械	万千瓦	1 037.1	639.8	723.4	898.1	983.6	1 154.7
十六、对外经济贸易和旅游							
1. 进出口总额	亿美元	206.4	381.4	696.0	1 154.4	1 356.3	1 656.1
进口额	亿美元	108.9	200.2	422.5	533.5	637.9	806.1
出口额	亿美元	97.5	181.2	273.5	620.9	718.4	850.0
2. 利用外资							
签订利用外交协议额	亿美元			98.67	120.86	195.83	694.39
实际利用外资额	亿美元			46.47	102.89	115.54	192.02
#外商直接投资	亿美元			16.61	34.87	43.66	110.07
3. 旅游							
来华旅游人数	万　人		570.25	1 783.31	2 746.18	3 334.98	3 811.49
旅游外汇收入	亿美元		6.17	12.50	22.18	28.45	39.47
十七、教育文化							
1. 在校学生数							
高等学校	万　人	85.6	114.4	170.3	206.3	204.4	218.4
中等专业学校	万　人	88.9	124.3	157.1	224.4	227.7	240.8
普通中学	万　人	6 548.3	5 508.1	4 706.0	4 586.0	4 683.5	4 770.8
小　学	万　人	14 624.0	14 627.0	13 370.2	12 241.4	12 164.2	12 201.3
2. 出版数量							
图　书	亿册（张）	37.7	45.9	66.7	56.4	61.4	63.4
杂　志	亿　册	7.6	11.2	25.6	17.9	20.6	23.6
报　纸	亿　份	127.8	140.4	199.8	160.5	176.6	189.1
十八、卫生							
医院床位数	万　张	185.6	198.2	222.9	262.4	268.9	274.4
卫生技术人员	万　人	246.4	279.8	341.1	389.8	398.5	407.4
#医　生	万　人	103.3	115.3	141.3	176.3	178.0	180.8

注：1. 本表价值指标均按当年价格计算。

2. 国有独立核算工业企业全员劳动生产率按 1980 年不变价格计算。

3. 1979 年起，货物周转量中公路运输包括社会车辆完成数，1984 年起还包括私营运输完成数量。

4. 1990-1992 年沿海主要港口货物吞吐量如包括龙口、威海等中型港口应为 48321、53220 和 60380 万吨。

5. 邮电业务总量，1991 年后按 1990 年不变价格计算，1981 年-1990 年按 1980 不变价格计算，以前按 1970 年不变价格计算。

全国行政区划

（1992年底）　　单位：个

省级单位名称	地级单位数	#地级市	县级单位数	#县级市	各级市单位数	市辖区数
全国总计	**339**	**191**	**2 171**	**323**	**517**	**662**
北京市	0	0	8	0	1	10
天津市	0	0	5	0	1	13
河北省	18	10	139	17	27	34
山西省	12	6	100	9	15	18
内蒙古自治区	12	4	84	13	17	16
辽宁省	14	14	44	11	25	56
吉林省	9	7	41	16	23	18
黑龙江省	14	10	69	17	27	63
上海市	0	0	6	0	1	14
江苏省	11	11	64	20	31	42
浙江省	11	9	66	20	29	20
安徽省	16	10	68	8	18	35
福建省	9	6	64	12	18	17
江西省	11	6	84	11	17	15
山东省	17	12	98	28	40	37
河南省	17	12	118	15	27	39
湖北省	14	8	70	23	31	28
湖南省	14	8	96	19	27	26
广东省	20	20	78	6	26	41
广西壮族自治区	13	5	83	7	12	21
海南省	2	2	17	2	4	3
四川省	21	12	179	15	27	40
贵州省	9	2	80	8	10	6
云南省	17	2	123	10	12	4
西藏自治区	7	1	77	1	2	1
陕西省	10	4	93	8	12	14
甘肃省	14	5	75	8	13	10
青海省	8	1	39	2	3	4
宁夏回族自治区	4	2	18	2	4	6
新疆维吾尔自治区	15	2	85	15	17	11
台湾省	（暂缺）					

注：1. 市数如包括北京、天津、上海三个直辖市共479个。

2. 地级单位数不包括地级市、县级单位数不包括县级市。

国 民 收 入

单位：亿元

年份	国民收入总额（亿元）	农业	工业	建筑业	运输业	商业	按人口平均的国民收入（元）
1979	3 350	1 226	1 628	130	121	245	346
1980	3 688	1 326	1 804	185	126	247	376
1981	3 941	1 509	1 840	193	131	268	397
1982	4 258	1 723	1 948	209	147	231	422
1983	4 736	1 921	2 136	259	166	254	463
1984	5 652	2 251	2 516	303	205	377	545
1985	7 020	2 492	3 163	409	259	697	668
1986	7 859	2 720	3 573	514	320	732	737
1987	9 313	3 154	4 262	637	384	876	859
1988	11 738	3 818	5 416	783	460	1 261	1 066
1989	13 176	4 209	6 241	774	547	1 405	1 178
1990	14 384	5 000	6 610	839	787	1 148	1 267
1991	16 557	5 269	7 703	1 009	887	1 689	1 439
1992	19 845	5 795	9 805	1 475	957	1 813	1 703

注：本表按当年价格计算。

社 会 总 产 值

单位：亿元

年份	社会总产值	农业	工业	建筑业	运输邮电业	商业	社会总产值指数（%）
1979	7 642	1 698	4 681	645	209	409	788.2
1980	8 534	1 923	5 154	767	250	440	854.2
1981	9 075	2 181	5 400	747	257	490	897.1
1982	9 966	2 483	5 811	912	286	474	976.4
1983	11 131	2 750	6 461	1 053	318	549	1 076.2
1984	13 171	3 214	7 617	1 263	388	689	1 234.6
1985	16 582	3 619	9 716	1 656	488	1 103	1 446.3
1986	19 045	4 013	11 194	2 038	598	1 202	1 593.1
1987	23 034	4 676	13 813	2 431	702	1 412	1 818.2
1988	29 807	5 865	18 224	2 967	837	1 914	2 106.0
1989	34 519	6 535	22 017	2 834	990	2 143	2 219.9
1990	38 035	7 662	23 924	3 043	1 535	1 871	2 367.5
1991	44 142	8 157	28 248	3 629	1 674	2 434	2 640.0
1992	55 842	9 085	37 066	5 196	1 805	2 690	3 212.6

注：本表按当年价计算。社会总产值指数以 1952 年为 100。

工 农 业 总 产 值

单位：亿元

年份	工农业总产值	农业	工业	轻工业	重工业
1979	6 379	1 698	4 681	2 045	2 636
1980	7 077	1 923	5 154	2 430	2 724
1981	7 581	2 181	5 400	2 781	2 619
1982	8 294	2 483	5 811	2 919	2 892
1983	9 211	2 750	6 461	3 135	3 326
1984	10 831	3 214	7 617	3 608	4 009
1985	13 335	3 619	9 716	4 575	5 141
1986	15 207	4 013	11 194	5 330	5 864
1987	18 489	4 676	13 813	6 656	7 157
1988	24 089	5 865	18 224	8 979	9 245
1989	28 552	6 535	22 017	10 761	11 256
1990	31 586	7 662	23 924	11 813	12 111
1991	36 405	8 157	28 248	13 801	14 447
1992	46 151	9 085	37 066	17 492	19 574

注：本表按当年价格计算。

工 农 业 总 产 值 构 成

年份	以工农业总产值为 100			以工业总产值为 100	
	农业	轻工业	重工业	轻工业	重工业
1979	26.6	32.1	41.3	43.7	56.3
1980	27.2	34.3	38.5	47.1	52.8
1981	28.8	36.7	34.5	51.5	48.5
1982	29.9	35.2	34.9	50.2	49.8
1983	29.9	34.0	36.1	48.5	51.5
1984	29.7	33.3	37.0	47.4	52.6
1985	27.1	34.3	38.6	47.1	52.9
1986	26.4	35.0	38.6	47.6	52.4
1987	25.3	36.0	38.7	48.2	51.8
1988	24.3	37.3	38.4	49.3	50.7
1989	22.9	37.7	39.4	48.9	51.1
1990	24.3	37.4	38.3	49.4	50.6
1991	22.4	37.9	39.7	48.9	51.1
1992	19.7	37.9	42.4	47.2	52.8

注：本表按当年价格计算。

国家财政收支总额

单位：亿元

年份	总收入	总支出	收支差额
1979	1 103.3	1 273.9	−170.6
1980	1 085.2	1 212.7	−127.5
1981	1 089.5	1 115.0	−25.5
1982	1 124.0	1 153.3	−29.3
1983	1 249.0	1 292.5	−43.5
1984	1 501.9	1 546.4	−44.5
1985	1 866.4	1 844.8	21.6
1986	2 260.3	2 330.8	−70.5
1987	2 368.9	2 448.5	−79.6
1988	2 628.0	2 706.6	−78.6
1989	2 947.9	3 040.2	−92.3
1990	3 312.6	3 452.2	−139.6
1991	3 610.9	3 813.6	−202.7
1992	4 153.1	4 389.7	−236.6

注：国家财政收支中，包括国内外债务收入和用其安排的支出

国家财政收支分项目数

单位：亿元

项目	1978年	1985年	1991年	1992年
财政收入总计	**1 121.1**	**1 866.4**	**3 610.9**	**4 153.1**
各项税收	519.3	2 040.8	2 990.2	3 296.9
企业收入	572.0	43.8	74.7	60.0
债务收入		89.9	461.4	669.7
征集能源交通重点建设基金收入		146.8	188.2	157.1
企业亏损补贴			−510.2	−445.0
其他收入	29.8	52.2	406.6	414.3
财政支出总计	1 111.0	**1 844.8**	**3 793.9**	**4 389.7**
基本建设支出	451.9	583.8	739.8	764.8
企业挖潜改造资金和科技三项费用	63.2	103.4	180.8	223.6
流动资金	66.6	14.3	13.1	10.6
文教、科学、卫生事业费	112.7	316.7	708.0	793.0
#教育事业费	65.6	184.2	410.4	478.0
国防费	167.8	191.5	330.3	377.9
行政管理费	49.1	143.6	375.8	463.4
支援农村生产支出和各项农业事业费	77.0	101.0	243.6	269.0

注：债务收入包括国外借款和国内债务收入。1980—1984年企业收入合计小于工业收入，是因为外贸、粮食等企业亏损额较大，冲减了其它企业收入。由于利改税，利转税因素及收入科目的变化，1985年起各项税收和企业收入与以前年度收入不可比。

全社会固定资产投资

指　　标	1985年	1988年	1989年	1990年	1991年	1992年
一、投资总额（亿元）	**2 543.19**	**4 496.54**	**4 137.73**	**4 449.29**	**5 508.80**	**7 854.98**
1. 按经济类型分						
国有单位	1 680.51	2 762.76	2 535.48	2 918.64	3 628.11	5 273.64
基本建设	1 074.37	1 574.31	1 551.74	1 703.81	2 115.80	3 012.65
更新改造	449.14	980.55	788.78	830.19	1 023.23	1 461.10
其他固定资产投资	157.00	207.90	194.97	199.07	238.64	293.81
集体单位	327.46	711.71	569.99	529.48	697.80	1 359.35
城　镇	128.23	254.97	185.63	163.38	203.83	364.49
农　村	199.23	456.74	384.36	366.10	493.98	994.86
城乡个人	535.22	1 022.08	1 032.26	1 001.17	1 182.88	1 221.99
城　镇	56.79	156.85	140.23	124.70	140.32	216.47
农　村	478.43	865.23	892.03	876.47	1 042.56	1 005.52
2. 按资金来源分						
国家预算内投资	407.80	410.01	341.62	387.65	372.95	334.20
国内贷款	510.27	926.68	716.36	870.88	1 292.19	2 152.02
利用外资	91.48	258.99	274.15	278.26	316.27	457.14
自筹投资	}1 533.64	}2 900.87	2 355.50	2 329.49	2 878.61	4 024.63
其他投资			450.09	583.01	648.79	886.99
3. 按构成分						
建筑安装工程	1 655.46	2 938.28	2 812.57	2 962.84	3 594.26	5 018.65
设备、工具、器具购置	718.08	1 236.33	1 048.71	1 148.39	1 435.21	2 063.91
其他费用	169.65	321.92	276.45	338.08	479.33	772.42
4. 按用途分						
生产性建设	1 544.10	2 865.43	2 571.97	2 768.28	3 453.39	5 166.14
非生产性建设	999.09	1 631.11	1 565.76	1 681.01	2 055.41	2 688.84
#住宅	641.63	1 067.02	1 063.84	1 164.48	1 417.41	1 716.91
二、房屋建筑面积(万平方米)						
施工面积	148 859	168 951	131 788	137 171	152 813	172 173
竣工面积	122 084	135 943	105 749	107 793	119 107	114 800
#住宅	90 972	104 801	83 197	86 289	94 002	85 017

注：1. 其他固定资产投资包括油田维护、开发和采掘采伐工业开拓延伸工程投资、用公路养路费进行的公路、桥梁改建工程和用简易建筑费建筑的仓库工程投资。

2. 1989—1990年投资中不含未列入计划的2—5万元零星固定资产投资。

3. 1990、1991和1992年投资总额和国有单位投资中分别含商品房建设投资185.57亿元、250.45亿元、506.08亿元。

各地区社会商品零售总额

（1992 年，按用途和对象分）　　单位：亿元

地区	社会商品零售总额	消费品			农业生产资料
			对居民	对社会集团	
全国	**10 993.70**	**9 704.80**	**8 621.30**	**1 083.50**	**1 288.90**
北京	430.01	407.77	340.09	67.68	22.24
天津	192.34	181.20	155.51	25.69	11.14
河北	497.19	405.00	365.01	39.99	92.19
山西	240.57	212.56	186.56	26.00	28.01
内蒙古	186.96	168.68	150.65	18.03	18.28
辽宁	589.44	540.62	464.76	75.86	48.82
吉林	298.17	261.47	233.57	27.90	36.70
黑龙江	442.18	403.03	355.47	47.56	39.15
上海	489.36	464.82	365.10	99.72	24.54
江苏	802.54	704.52	625.16	79.36	98.02
浙江	569.60	493.87	442.35	51.52	75.73
安徽	337.99	285.04	260.56	24.48	52.95
福建	319.77	289.38	274.69	14.69	30.39
江西	230.59	197.62	180.92	16.70	32.97
山东	796.47	653.23	591.70	61.53	143.24
河南	508.04	414.53	370.64	43.89	93.51
湖北	465.07	411.51	370.44	41.07	53.56
湖南	453.40	393.19	359.00	34.19	60.21
广东	1 060.41	984.16	912.80	71.36	76.25
广西	283.61	243.62	227.90	15.72	39.99
海南	58.33	55.02	50.88	4.14	3.31
四川	719.35	629.76	565.69	64.07	89.59
贵州	120.96	106.75	96.43	10.32	14.21
云南	234.55	204.60	183.39	21.21	29.95
西藏	16.84	15.23	10.32	4.91	1.61
陕西	237.28	208.37	178.02	30.35	28.91
甘肃	144.17	128.26	109.00	19.26	15.91
青海	37.59	35.29	31.77	3.52	2.30
宁夏	37.98	32.17	28.42	3.75	5.81
新疆	157.61	138.25	121.24	17.01	19.36

注：各地区数字之和小于全国总计，原因是部分地区对其他集体单位、个体和农民对非农业居民零售额统计不全（下同）。

各地区社会商品零售总额

（1992 年，按经济类型分）　　单位：亿元

地　区	社会商品零售总额	国有单位	集体单位	#供销合作社	合　营	个　体	农民对非农业居民零售
全　国	**10 993.70**	**4 539.80**	**3 068.20**	**1 402.30**	**80.30**	**2 228.00**	**1 077.40**
北　京	430.01	230.61	139.58	26.44	3.33	27.50	28.98
天　津	192.34	86.03	45.43	14.94	1.67	40.77	18.44
河　北	497.19	224.66	134.69	76.77	1.88	93.33	42.64
山　西	240.57	110.72	62.72	31.46	0.03	46.22	20.88
内蒙古	186.96	91.92	52.21	25.56	0.03	28.93	13.87
辽　宁	589.45	259.10	135.81	50.80	1.12	131.74	61.84
吉　林	298.18	123.54	71.86	36.20	4.66	67.95	30.17
黑龙江	442.18	213.11	103.74	40.69	0.55	97.89	26.88
上　海	489.36	255.04	174.74	65.08	5.75	22.88	30.95
江　苏	802.54	292.81	325.96	135.44	3.12	113.49	67.17
浙　江	569.60	195.37	159.87	80.31	4.42	141.55	68.48
安　徽	337.99	134.41	104.21	41.44	0.67	65.12	36.58
福　建	319.78	94.41	67.88	27.70	9.37	119.92	28.20
江　西	230.59	88.16	60.10	37.37	0.10	46.20	36.03
山　东	796.47	310.98	284.39	139.88	2.08	154.85	44.17
河　南	508.05	217.68	151.69	75.48	0.49	104.47	33.72
湖　北	465.07	197.90	127.55	66.85	0.02	76.62	62.98
湖　南	453.40	162.57	120.25	66.87	0.31	102.49	67.78
广　东	1 060.41	401.89	204.17	80.94	34.37	297.07	122.91
广　西	283.61	107.61	65.81	43.38	0.52	81.11	28.57
海　南	58.33	20.77	6.19	3.97	2.90	21.09	7.39
四　川	719.35	260.67	214.99	94.54	2.14	161.80	79.75
贵　州	120.96	47.13	28.23	17.65	0.30	30.39	14.91
云　南	234.55	112.86	65.57	42.00	0.00	35.76	20.36
西　藏	16.84	9.85	2.13	0.26	0.10	4.37	0.39
陕　西	237.28	99.72	71.40	29.41	0.15	39.29	26.71
甘　肃	144.17	65.71	36.30	22.02	0.04	30.51	11.61
青　海	37.59	19.33	6.81	2.98	0.03	9.09	2.32
宁　夏	37.98	18.17	9.64	5.77	0.03	5.77	4.37
新　疆	157.60	87.26	34.20	20.36	0.18	23.90	12.07

社会消费品零售额

年　　份	社会消费品零售额	食品类	衣着类	日用品类	文化娱乐用　品	书　报杂志类	药和医疗用 品 类	燃烧类
一、绝对额(亿元)								
1988	6 534.6	3 539.9	1 108.8	965.6	464.6	77.5	207.9	170.3
1989	7 074.2	3 858.5	1 152.2	1 051.7	472.0	97.2	240.1	202.5
1990	7 250.3	4 014.2	1 182.2	993.9	443.0	106.0	292.0	219.0
1991	8 245.7	4 537.5	1 356.3	1 121.6	492.0	132.4	352.9	253.0
1992	9 704.8	5 376.5	1 581.9	1 328.4	553.9	160.2	428.1	275.8
二、构成（%）								
1988	100.0	54.2	17.0	14.8	7.1	1.2	3.2	2.6
1989	100.0	54.5	16.3	10.6	6.7	1.4	3.4	2.9
1990	100.0	55.4	16.3	13.7	6.1	1.5	4.0	3.0
1991	100.0	55.0	16.4	13.6	6.0	1.6	4.3	3.1
1992	100.0	55.4	16.3	13.7	5.7	1.7	4.4	2.8

注：日用品类中包括了房屋和建筑材料类。

粮食、食用植物油和棉花收购量占产量的比重

单位：万吨

年　　份	粮　　食		食用植物油		棉　　花	
	收购量	占产量%	收购量	占产量%	收购量	占产量%
1988	11 995.3	34.9	395.3	74.1	377.8	91.1
1989	12 138.1	34.4	380.7	73.0	330.6	87.3
1990	13 995.2	36.6	470.3	72.4	409.1	90.7
1991	13 635.5	36.6	477.0	72.3	529.0	93.2
1992	13 246.4	34.6	457.1	69.1	435.8	96.7

注：1. 收购量 是社会收购量。按日历年度计算。2. 粮食为贸易粮。

社会农副产品收购总额

单位：亿元

年　　份	社会农副产品收购总　　额	按商品来源分		按　部　门　分			
		购自农民	购自其他生产部门	商业部门收购	#外　贸	工业和其他部门收购	非农业居民向农民购买
1988	2 998.0	2 860.1	137.9	1 794.2	125.7	633.8	570.0
1989	3 386.9	3 230.2	155.8	2 053.7	143.2	657.3	675.0
1990	3 711.0	3 524.0	187.0	2 258.6	149.9	704.6	747.8
1991	4 161.9	3 940.3	221.6	2 453.2	209.3	809.9	898.8
1992	4 412.0	4 264.0	148.0	2 436.3	233.4	898.3	1 077.4

社会农副产品收购量

年份	粮食（万吨）	食用植物油（万吨）	肥猪（万头）	菜牛（万头）	菜羊（万头）	鲜蛋（万吨）
1988	11 995.3	395.3	17 232.5	755.3	3 395.5	255.6
1989	12 138.1	380.7	17 583.0	758.3	3 696.4	267.5
1990	13 995.2	470.3	18 504.5	909.5	4 033.8	282.4
1991	13 635.5	477.0	21 054.1	1 018.5	4 432.6	350.5
1992	13 246.4	457.1	21 373.1	1 088.3	4 515.0	376.3
年份	水产品（万吨）	茶叶（万吨）	甘蔗（万吨）	甜菜（万吨）	棉花（万吨）	黄红麻（万吨）
1988	437.6	55.6	3 601.0	1 168.8	377.8	70.6
1989	467.1	53.4	3 395.9	776.3	330.6	73.4
1990	575.3	49.2	4 619.0	1 402.8	409.1	81.3
1991	652.4	52.2	4 728.5	1 556.6	529.0	58.2
1992	697.8	80.3	6 012.1	1 206.3	435.8	50.7
年份	苎麻（万吨）	烤烟（万吨）	桑蚕茧（万吨）	柞蚕茧（万吨）	羊毛（万吨）	牛皮（万张）
1988	28.9	211.3	32.6	1.9	20.0	837.0
1989	17.8	204.8	36.7	4.6	15.6	569.0
1990	10.9	194.3	42.0	2.8	20.0	804.0
1991	9.4	238.3	50.8	2.1	17.8	1 262.0
1992	7.6	276.1	62.8	1.0	15.5	779.0
年份	山羊皮（万张）	绵羊皮（万张）	猪鬃（万箱）	猪肠衣（万根）	毛竹（万根）	桐油（万吨）
1988	3 476.0	1 977.3	48.4	12 868.0	7 124.2	9.0
1989	3 266.0	1 229.0	33.8	13 107.0	6 251.7	10.6
1990	2 436.0	1 442.0	31.7	13 570.0	6 224.7	11.5
1991	3 118.0	1 765.0	26.2	17 033.0	8 301.2	10.0
1992	1 756.0	1 979.0	23.6	14 706.0	10 151.0	9.7

注：1. 本表均按日历年度计算。

2. 粮食是贸易粮；食用植物油包括油料折油、加工豆油、米糠油和玉米胚油；水产品是干、鲜混合品；黄红麻是熟麻；桑蚕茧和柞蚕茧是鲜茧；羊毛包括绵羊毛和山羊毛。

农副产品收购价格分类指数

(上年＝100)

年　份	总指数	一、食物类	小　麦	稻　谷	玉　米	高　粱	黄　豆	二、经济作物类	食用植物油及油料	棉花
1988	123.0	114.6	115.2	119.8	104.7	100.4	109.1	111.3	119.7	108.6
1989	115.0	126.9	121.9	130.7	131.8	120.7	122.8	116.7	119.8	122.7
1990	97.4	93.2	92.0	92.6	97.6	97.6	98.4	111.9	101.1	129.1
1991	98.0	93.8	94.2	95.9	88.2	94.1	99.8	101.6	97.6	102.1
1992	103.4	105.3	110.1	97.4	108.2	106.9	119.5	96.5	95.8	95.0

年　份	麻	烟　叶	糖　料	茶　叶	三、竹木材类	四、工业用油漆类	五、禽畜产品	肉　畜	# 肥猪	禽蛋
1988	77.3	107.1	116.1	130.7	136.7	126.9	140.2	149.1	150.6	118.7
1989	115.1	95.5	135.1	92.6	105.2	107.0	110.5	109.6	110.5	115.6
1990	100.2	114.9	107.2	96.1	84.5	91.1	92.3	93.1	92.9	99.9
1991	101.7	100.7	104.5	112.7	102.4	109.5	97.4	97.4	96.6	93.6
1992	110.5	101.6	90.8	111.2	107.3	112.6	106.3	107.3	106.3	100.1

年　份	# 鸡蛋	皮　张	鬃　毛	六、蚕茧蚕丝类	七、干鲜果类	八、干鲜菜及调味品类	# 鲜菜	九、药材类	十、土副产品类	十一、水产品类
1988	116.5	122.5	134.6	187.8	139.6	122.2	130.9	162.1	119.1	134.3
1989	112.4	101.9	109.9	106.7	90.2	101.3	117.3	70.7	142.5	99.8
1990	102.9	80.9	74.9	96.7	97.5	94.1	96.3	95.5	92.4	98.8
1991	94.2	108.7	97.4	99.7	106.8	112.4	107.8	115.9	105.5	104.7
1992	98.8	117.6	102.8	95.7	92.8	117.3	111.4	114.8	109.9	108.1

农村基层组织情况

指　　　　标	单 位	1985 年	1991 年	1992
一、农村基层组织				
1. 乡政府	个	83 182	43 660	34 115
#民族乡	个	5 854	2 421	2 236
2. 镇政府	个	7 956	11 882	14 135
#民族镇	个	91	222	
3. 村民委员会	个	940 617	804 153	806 032
二、乡村户数、人口、劳动力				
乡村户数	万户	19 076.5	22 566.2	22 849
乡村人口数	万人	84 419.7	90 525.1	91 154.4
乡村劳动力	万人	37 065.1	43 092.5	43 801.6
1. 按性别分				
男劳动力	万人	20 153.2	23 121.9	23 449.9
女劳动力	万人	16 911.6	19 970.6	20 351.7
2. 按行业分				
农林牧副渔业劳动力	万人	30 351.5	34 186.3	34 037
工业劳动力	万人	2 741.0	3 267.9	3 468.2
建筑业劳动力	万人	1 130.1	1 533.8	1 658.8
交通运输、邮电通讯业劳动力	万人	434.1	655.0	706.3
商业、公共饮食业、物资供销和仓储业劳动力	万人	462.6	722.8	813.7
房地产管理、公用事业、居民服务和咨询服务业劳动力	万人	88.7	157.3	165.7
卫生、体育和社会福利事业劳动力	万人	122.4	139.5	143.5
教育、文化艺术和广播电视事业劳动力	万人	310.1	311.3	308.3
科学研究和综合技术服务事业劳动力	万人	13.0	21.6	20.9
金融、保险业劳动力	万人	11.3	25.9	25.1
乡经济组织（乡务）管理劳动力	万人	80.9	161.6	151.9
其他劳动力	万人	1 319.1	1 909.5	2 302.2

注：乡村总人口是指户口在乡村的常住的人口，本指标是按 1964 年建镇标准划分的，包括后来的新建制镇人口，故本表数字大于人口篇的乡村人口。

各地区农村社会总产值

（1992年）　　　　　　　　　　　　　　　　　　　　单位：亿元

地　区	农村社会总产值	农　业	工　业	建筑业	运输业	商业饮食业
全　国	**25 386.28**	**9 084.71**	**12 717.09**	**1 570.01**	**906.04**	**1 108.43**
北　京	444.83	84.52	281.15	38.95	19.73	20.48
天　津	469.16	62.16	365.75	13.15	17.73	10.37
河　北	1 297.62	419.82	718.75	89.46	30.92	38.67
山　西	436.76	131.43	232.84	21.05	33.63	17.81
内蒙古	262.23	180.27	37.48	14.90	17.12	12.46
辽　宁	1 091.64	340.75	605.42	45.15	44.16	56.16
吉　林	385.50	204.33	108.47	25.85	22.51	24.34
黑龙江	486.44	285.20	109.89	31.95	34.98	24.42
上　海	675.40	80.01	520.67	48.42	7.28	19.02
江　苏	3 516.02	673.47	2 463.26	203.63	69.42	106.24
浙　江	1 978.03	404.79	1 355.45	132.00	30.29	55.50
安　徽	871.97	390.05	319.70	61.85	45.80	54.57
福　建	722.16	300.72	353.53	39.34	38.62	39.95
江　西	582.11	298.35	196.33	30.11	27.31	30.01
山　东	2 882.91	840.71	1 756.43	151.63	53.41	80.73
河　南	1 536.47	573.65	644.33	126.81	98.71	92.97
湖　北	861.11	435.42	297.82	44.64	34.51	48.72
湖　南	904.27	471.22	282.51	60.25	42.83	47.46
广　东	2 166.41	737.12	1 048.22	162.00	75.83	143.24
广　西	503.51	333.12	116.57	25.31	8.96	19.55
海　南	106.62	87.20	7.09	5.07	2.97	4.29
四　川	1 585.62	744.79	562.70	110.24	75.28	92.61
贵　州	251.74	176.72	45.46	9.56	9.70	10.30
云　南	352.98	250.35	59.96	20.71	10.44	11.52
西　藏	23.76	22.45	0.19	0.29	0.50	0.33
陕　西	428.10	205.34	140.06	31.89	27.44	23.37
甘　肃	224.01	122.70	56.45	11.44	17.02	16.40
青　海	35.54	27.26	4.36	1.46	1.29	1.17
宁　夏	45.22	28.37	9.70	2.26	3.57	1.32
新　疆	208.14	172.42	16.55	10.64	4.08	4.45

注：本表按当年价格计算。

农村社会总产值及构成

年　份	农村社会总产值	农　业	工　业	建筑业	运输业	商业饮食业
绝对数（亿元）						
1988	12 534.69	5 865.27	4 781.16	895.33	434.44	558.49
1989	14 480.17	6 534.73	5 886.02	919.17	515.50	624.75
1990	16 619.21	7 662.09	6 719.73	978.47	579.62	679.30
1991	19 004.09	8 157.03	8 266.50	1 142.32	660.76	777.48
1992	25 386.28	9 084.71	12 717.09	1 570.01	906.04	1 108.43
构成（以农村社会总产值为100）						
1988	100.00	46.79	38.14	7.14	3.47	4.46
1989	100.00	45.13	40.65	6.35	3.56	4.31
1990	100.00	46.10	40.63	5.89	3.49	4.09
1991	100.00	42.90	43.50	6.00	3.48	4.09
1992	100.00	35.79	50.09	6.18	3.57	4.37

注：本表按当年价格计算。

各地区农业总产值

（1992年）　　单位：亿元

地　区	农　业总产值	农作物种植业	林　业	牧　业	副　业	渔　业
全　国	**9 084.71**	**5 040.24**	**422.61**	**2 457.34**	**550.96**	**613.56**
北　京	84.52	41.64	1.64	36.28	1.59	3.37
天　津	62.16	33.97	0.45	17.09	5.28	5.37
河　北	419.82	262.31	13.93	108.43	20.23	14.92
山　西	131.43	86.42	8.84	33.11	2.43	0.63
内蒙古	180.27	100.54	7.80	55.28	15.12	1.53
辽　宁	340.75	176.10	7.49	97.79	19.13	40.24
吉　林	204.33	138.90	5.10	49.99	7.07	3.27
黑龙江	285.20	199.93	10.29	64.31	4.42	6.25
上　海	80.01	32.80	0.43	37.19	0.41	9.18
江　苏	673.47	356.76	9.93	188.36	54.50	63.92
浙　江	404.79	179.94	21.01	92.98	46.63	64.23
安　徽	390.05	242.37	20.82	92.89	19.96	14.01
福　建	300.72	132.99	29.21	66.96	17.93	53.63
江　西	298.35	148.47	23.38	82.93	28.21	15.36
山　东	840.71	437.03	23.73	240.79	25.58	113.58
河　南	573.65	357.67	25.13	139.76	46.19	4.90
湖　北	435.42	265.53	17.36	110.37	14.57	27.59
湖　南	471.22	248.07	28.12	146.04	25.30	23.69
广　东	737.12	360.80	32.86	174.78	68.78	99.90
广　西	333.12	172.81	26.77	100.49	16.06	16.99
海　南	87.20	33.34	20.68	17.27	4.73	11.18
四　川	744.79	417.70	29.16	251.74	33.22	12.97
贵　州	176.72	96.56	12.21	47.17	19.48	1.30
云　南	250.35	146.70	22.84	61.54	17.25	2.02
西　藏	22.45	8.54	0.35	11.98	1.57	0.01
陕　西	205.34	127.49	13.03	45.28	18.22	1.32
甘　肃	122.70	79.51	4.13	31.11	7.62	0.33
青　海	27.26	12.06	0.68	12.98	1.46	0.08
宁　夏	28.37	19.54	1.02	6.64	0.53	0.64
新　疆	172.42	123.75	4.22	35.81	7.49	1.15

注：本表按当年价格计算。

农业分项产值

指　　标	绝对数（亿元）		构　成（%）		指　数
	1991 年	1992 年	1991 年	1992 年	1992 年为 1991 年%
农业总产值	**8 157.03**	**9 084.71**	**100.0**	**100.0**	**106.4**
一、农作物种植业	**4 662.76**	**5 040.24**	**57.2**	**55.5**	**103.5**
（一）粮食作物产值	2 651.54	2 867.60	32.5	31.6	102.6
主产品	2 369.56	2 576.40	29.0	28.4	102.6
副产品	281.98	291.20	3.5	3.2	102.5
（二）经济作物产值	961.64	906.05	11.8	10.0	96.2
主产品	912.12	858.97	11.2	9.5	96.4
副产品	49.52	47.08	0.6	0.5	92.2
（三）其他作物产值	149.58	1 266.59	12.9	13.9	111.9
蔬菜、瓜类	666.52	808.86	8.2	8.9	111.0
茶、桑、果	312.72	373.48	3.8	4.1	114.0
饲料、绿肥作物	24.12	26.11	0.3	0.3	96.3
其他农作物	46.22	58.14	0.6	0.6	116.1
二、林业产值	**367.90**	**422.61**	**4.5**	**4.7**	**107.7**
（一）竹木采伐	141.14	155.47	1.7	1.7	99.4
（二）林产品	93.74	117.72	1.1	1.3	113.6
（三）林木生长	133.02	149.42	1.6	1.6	114.6
三、牧业产值	**2 156.31**	**2 457.34**	**26.4**	**27.0**	**108.8**
（一）牲畜繁殖、增长、增重	1 326.69	1 508.72	16.3	166.6	107.5
猪	1 128.69	1 289.61	13.8	14.2	107.9
大牲畜	133.25	140.63	1.6	1.5	104.4
羊	64.75	78.48	0.8	0.9	106.8
（二）家禽饲养	267.60	311.35	3.3	3.4	111.2
（三）活的畜禽产品	475.37	529.75	5.8	5.8	108.1
（四）其他动物饲养	86.65	107.52	1.1	1.2	126.3
四、副业产值	**486.58**	**550.96**	**6.0**	**6.1**	**111.2**
（一）采集	176.15	182.73	2.2	2.0	99.9
（二）捕猎	2.91	3.18	0.0	0.0	109.9
（三）农民家庭兼营工业	307.52	365.05	3.8	4.0	117.7
五、渔业产值	**483.48**	**613.56**	**5.9**	**6.8**	**115.3**
（一）海水产品	254.68	336.54	3.1	3.7	116.7
（二）淡水产品	228.80	277.02	2.8	3.0	113.3

注：绝对数和构成按当年价格计算，指数按可比价格计算。

各地区耕地面积

（1992 年）　　　　单位：千公顷

地　区	年末实有耕地面积	水　田	旱　地	年内减少	#国家基建占地	#退耕造林占地	#退耕改牧占地
全　国	**95 425.8**	**25 597.2**	**69 828.6**	**738.7**	**131.7**	**135.4**	**62.6**
北　京	408.8	30.2	378.6	2.4	1.0		
天　津	429.6	53.2	376.4	2.0	1.5		
河　北	6 543.7	146.6	6 397.1	7.5	4.6	0.8	0.4
山　西	3 680.5	10.0	3 670.5	11.9	2.0	5.0	1.0
内蒙古	5 081.7	95.1	4 986.6	50.1	1.8	15.2	20.0
辽　宁	3 452.2	550.8	2 901.4	14.5	4.1	0.8	0.5
吉　林	3 931.6	455.4	3 476.2	16.0	1.9	6.7	0.5
黑龙江	8 904.6	791.1	8 113.5	25.2	4.4	6.1	2.0
上　海	317.8	280.3	37.5	9.7	4.8		
江　苏	4 521.9	2 836.8	1 685.1	31.0	13.0	3.9	
浙　江	1 691.2	1 404.8	286.4	27.5	7.2	0.5	
安　徽	4 334.1	1 904.9	2 429.2	20.5	10.2	0.6	
福　建	1 228.7	993.2	235.5	8.0	2.5	0.1	
江　西	2 336.9	1 978.1	358.8	9.1	2.5	1.9	0.5
山　东	6 797.8	150.9	6 646.9	44.7	15.7	13.5	0.4
河　南	6 887.4	440.8	6 446.6	36.7	6.6	4.0	
湖　北	3 421.5	1 845.3	1 576.2	41.7	5.0	8.1	0.2
湖　南	3 295.9	2 611.2	684.7	19.3	3.5	2.5	
广　东	2 443.6	1 808.4	635.2	89.1	9.5	1.1	
广　西	2 610.8	1 573.0	1 037.8	35.5	5.7	11.7	1.0
海　南	435.7	254.5	181.2	5.2	2.3	0.3	0.1
四　川	6 255.5	3 204.1	3 051.4	32.9	9.7	5.3	1.0
贵　州	1 849.0	774.2	1 074.8	11.4	1.9	4.0	0.4
云　南	2 857.7	975.2	1 882.5	48.8	4.4	18.0	10.8
西　藏	223.6	0.8	222.8	0.7			0.6
陕　西	3 487.6	174.9	3 312.7	54.4	2.9	10.5	4.9
甘　肃	3 481.8	8.3	3 473.5	6.6	0.5	0.3	0.9
青　海	579.5		579.5	1.5	0.1	0.1	0.3
宁　夏	801.1	168.5	632.6	2.7	0.4	0.3	0.5
新　疆	3 134.0	76.6	3 057.4	72.1	2.0	14.1	16.6

注：本表实有耕地面积数字偏小，有待进一步核查。

主要农作物播种面积和产量

指　　标	1991年		1992年		1992年比1991年（%）	
	播种面积（千公顷）	产　量（万　吨）	播种面积（千公顷）	产　量（万　吨）	播种面积	产　量
一、粮食作物	**112 313.6**	**43 529.3**	**110 559.7**	**44 265.8**	**98.4**	**101.7**
1. 小　麦	30 947.9	9 595.3	30 495.8	10 158.7	98.5	105.9
2. 稻　谷	32 590.0	18 381.3	32 090.2	18 622.2	98.5	101.3
3. 薯　类	9 078.3	2 715.9	9 056.5	2 844.2	99.8	104.7
4. 玉　米	21 574.3	9 877.3	21 043.5	9 538.3	97.5	96.6
5. 高　粱	1 387.7	494.3	1 298.9	467.1	93.6	94.5
6. 谷　子	2 080.9	342.4	1 867.4	331.7	89.7	96.9
7. 其他杂粮	5 491.1	875.7	5 724.2	1 051.6	104.2	120.1
8. 大　豆	7 041.0	971.3	7 220.9	1 030.4	102.6	106.1
二、经济作物	**23 471.8**		**24 275.3**		**103.4**	
1. 棉　花	6 538.5	567.5	6 835.0	450.8	104.5	79.4
2. 油　料	11 529.7	1 638.3	11 489.4	1 641.2	99.6	100.2
花　生	2 879.9	630.3	2 975.9	595.3	103.3	94.4
油菜籽	6 133.3	743.6	5 975.8	765.3	97.4	102.9
芝　麻	679.5	43.5	746.3	51.6	109.8	118.6
向日葵	790.5	142.2	806.6	147.3	102.1	103.6
3. 麻　类	452.5	88.4	434.4	93.8	95.9	106.1
黄红麻	269.7	51.3	277.2	61.9	102.7	120.7
苎　麻	54.3	5.8	53.2	6.1	98.0	105.2
亚　麻	105.5	28.9	79.0	22.6	74.9	78.2
4. 糖　料	1 947.2	8 418.7	1 905.8	8 808.0	97.9	104.6
甘　蔗	1 163.7	6 789.8	1 245.8	7 301.1	107.1	107.5
甜　菜	783.5	1 628.9	660.0	1 506.9	84.2	92.5
5. 烟　叶	1 804.1	303.1	2 092.9	349.9	116.0	115.4
烤　烟	1 562.1	267.0	1 849.3	311.9	118.4	116.8
6. 蚕　茧	1 510.9	58.4	1 626.5	69.2	107.7	118.5
桑蚕茧	709.4	55.1	804.6	66.0	113.4	119.8
柞蚕茧	801.5	3.3	785.9	3.2	98.1	97.0
7. 茶　叶	1 060.1	54.2	1 084.2	56.0	102.3	103.4
红毛茶		8.3		7.6		91.6
绿毛茶		35.7		38.3		107.3
8. 水　果	5 317.5	2 176.1	5 818.3	2 440.1	109.4	112.1
香　蕉	132.9	198.1	182.0	245.1	136.9	123.7
苹　果	1 661.5	454.0	1 914.5	655.6	115.2	144.4
柑　桔	1 122.7	633.3	1 087.3	516.0	96.8	81.5
梨	482.9	249.8	521.2	284.6	107.9	113.9
葡　萄	113.9	91.6	139.0	112.5	122.0	122.8
红　枣		44.9		48.8		108.7
柿　子		64.2		72.4		112.8
三、其他农作物	**13 800.4**		**14 172.0**		**102.7**	
蔬　菜	6 546.0		7 031.0		107.4	
青饲料			1 787.0			
绿　肥	4 408.4		4 112.0		93.3	

注：茶园面积为当年采摘面积。

各地区农作物总播种面积

（1992年）　　　　单位：千公顷

地区	农作物总播种面积	粮食作物播种面积	经济作物播种面积	其他农作物播种面积	占总播种面积比重（%）		
					粮食作物	经济作物	其他农作物
全国	**149 007.1**	**110 559.7**	**24 275.3**	**14 172.1**	**74.2**	**16.3**	**9.5**
北京	585.3	477.3	17.5	90.5	81.5	3.0	15.5
天津	573.6	446.1	57.7	69.8	77.8	10.1	12.2
河北	8 570.5	6 625.9	1 481.4	463.2	77.3	17.3	5.4
山西	3 982.4	3 196.1	573.2	213.1	80.3	14.4	5.4
内蒙古	4 854.4	3 925.1	723.6	205.7	80.9	14.9	4.2
辽宁	3 633.0	3 051.4	281.7	299.9	84.0	7.8	8.3
吉林	4 048.7	3 536.8	292.7	219.2	87.4	7.2	5.4
黑龙江	8 479.4	7 348.4	734.5	396.5	86.7	8.7	4.7
上海	601.7	392.4	114.7	94.6	65.2	19.1	15.7
江苏	8 234.8	6 180.8	1 350.4	703.6	75.1	16.4	8.5
浙江	4 275.2	3 164.2	431.1	679.9	74.0	10.1	15.9
安徽	8 155.1	5 873.0	1 683.8	598.3	72.0	20.6	7.3
福建	2 881.0	2 085.0	284.6	511.4	72.4	9.9	17.8
江西	5 844.9	3 446.2	1 212.0	1 186.7	59.0	20.7	20.3
山东	10 837.5	7 918.6	2 381.2	537.7	73.1	22.0	5.0
河南	11 936.3	8 804.7	2 569.7	561.9	73.8	21.5	4.7
湖北	7 186.8	4 955.3	1 405.9	825.6	69.0	19.6	11.5
湖南	7 960.8	5 243.6	1 181.7	1 535.5	65.9	14.8	19.3
广东	5 487.2	3 640.3	928.9	918.0	66.3	16.9	16.7
广西	5 373.8	3 521.8	979.8	872.2	65.5	18.2	16.2
海南	868.3	585.4	186.2	96.7	67.4	21.4	11.1
四川	12 752.1	9 906.6	1 636.8	1 208.7	77.7	12.8	9.5
贵州	3 906.1	2 635.3	773.9	496.9	67.5	19.8	12.7
云南	4 708.1	3 582.0	719.5	406.6	76.1	15.3	8.6
西藏	215.0	192.3	11.5	11.2	89.4	5.3	5.2
陕西	4 884.0	4 059.9	587.7	236.4	83.1	12.0	4.8
甘肃	3 661.6	2 893.5	423.8	344.3	79.0	11.6	9.4
青海	546.6	401.3	118.1	27.2	73.4	21.6	5.0
宁夏	895.0	729.6	113.0	52.4	81.5	12.6	5.9
新疆	3 067.9	1 740.8	1 018.7	308.4	56.7	33.2	10.1

各地区主要农作物播种面积

（1992 年）

单位：千公顷

地　区	粮食作物	#稻　谷	#小　麦	#玉　米	#大　豆	#薯　类	经济作物	#棉　花
全　国	**110 559.7**	**32 090.2**	**30 495.8**	**21 043.5**	**7 220.9**	**9 056.5**	**24 275.3**	**6 835.0**
北　京	477.3	31.6	191.9	223.5	8.6	6.6	17.5	4.6
天　津	446.1	56.1	142.4	150.9	53.8	4.3	57.7	28.8
河　北	6 625.9	149.3	2 541.8	1 986.9	419.1	408.2	1 481.4	882.1
山　西	3 196.1	8.6	1 034.4	637.7	233.3	288.6	573.2	150.5
内蒙古	3 925.1	94.3	1 333.5	774.6	356.5	249.7	723.6	2.6
辽　宁	3 051.4	556.6	165.5	1 384.1	302.3	87.9	281.7	74.9
吉　林	3 536.8	442.4	80.9	2 234.0	437.5	79.4	292.7	
黑龙江	7 348.4	778.4	1 614.6	2 165.9	2 160.2	223.4	734.5	
上　海	392.4	234.8	77.7	8.3	4.8	0.5	114.7	14.9
江　苏	6 180.8	2 447.3	2 366.3	421.2	192.3	192.5	1 350.4	673.4
浙　江	3 164.2	2 317.9	301.9	46.9	63.1	151.1	431.1	71.1
安　徽	5 873.0	2 244.3	1 965.3	436.0	420.9	570.0	1 683.8	420.0
福　建	2 085.0	1 477.0	123.8	23.2	95.1	313.3	284.6	
江　西	3 446.2	2 981.5	72.5	27.8	147.7	141.9	1 212.0	135.1
山　东	7 918.6	118.4	4 129.7	2 345.9	413.8	669.7	2 381.2	1 488.8
河　南	8 804.7	507.8	4 713.2	1 964.3	498.8	724.6	2 569.7	1 247.9
湖　北	4 955.3	2 537.5	1 287.9	376.2	140.2	392.6	1 405.9	507.2
湖　南	5 243.6	4 188.0	215.0	140.5	177.1	361.2	1 181.7	167.6
广　东	3 640.3	2 875.9	75.9	57.7	105.0	473.7	928.9	
广　西	3 521.8	2 465.4	14.2	515.5	199.4	252.6	979.8	5.3
海　南	585.4	413.8		18.0	7.7	135.0	186.2	
四　川	9 906.6	3 118.6	2 296.1	1 722.6	181.7	1 859.4	1 636.8	161.6
贵　州	2 635.3	745.1	508.1	602.5	122.0	422.4	773.9	2.5
云　南	3 582.0	993.4	590.0	949.8	78.0	288.8	719.5	2.0
西　藏	192.3	1.1	43.6	2.7	0.2	1.2	11.5	
陕　西	4 059.9	160.7	1 660.2	1 000.2	274.6	361.1	587.7	138.2
甘　肃	2 893.5	5.7	1 385.2	320.3	70.3	305.0	423.8	12.6
青　海	401.3		220.8			37.3	118.1	
宁　夏	729.6	62.5	216.6	76.5	40.6	44.0	113.0	
新　疆	1 740.8	76.2	1 126.8	429.8	16.3	10.5	1 018.7	643.3

各地区主要农作物播种面积（续1）

（1992年）　　　　单位：千公顷

地　区	#油　料	#花　生	#油菜籽	#麻　类	#黄红麻	#糖　料	#甘　蔗	#甜　菜
全　国	**11 489.4**	**2 975.9**	**5 975.8**	**434.4**	**277.2**	**1 905.8**	**1 245.8**	**660.0**
北　京	12.3	11.5						
天　津	24.8	8.5		0.8	0.8			
河　北	549.4	304.2	30.7	8.3	7.1	7.9		7.9
山　西	367.2	23.2	5.5	1.7		21.0		21.0
内蒙古	581.5	0.8	90.6	5.0		108.0		108.0
辽　宁	142.7	90.4		1.5		20.8		20.8
吉　林	154.1	10.7		3.2		42.0		42.0
黑龙江	182.8	0.9	97.9	70.9		331.8		331.8
上　海	95.0	0.6	94.4			1.0	1.0	
江　苏	598.9	107.4	483.8	5.4	4.1	4.7	3.9	0.8
浙　江	304.1	7.9	292.3	19.6	19.3	14.3	14.3	
安　徽	1 047.7	116.4	827.8	88.0	80.5	3.7	3.7	
福　建	116.8	90.1	24.9	1.1	0.7	50.6	50.6	
江　西	913.9	117.9	741.4	13.3	6.9	50.4	50.4	
山　东	698.7	689.4	1.1	7.5	6.1	2.6		2.6
河　南	908.6	481.6	198.0	71.3	69.5	2.7	2.7	
湖　北	729.1	64.7	534.4	27.8	18.2	10.7	10.6	0.1
湖　南	792.7	87.5	698.3	16.9	4.0	29.6	29.6	
广　东	332.9	314.6	14.5	6.4	6.3	321.7	321.7	
广　西	203.8	165.6	25.1	14.0	12.9	446.6	446.6	
海　南	47.3	40.6		0.3	0.3	101.3	101.3	
四　川	1 035.8	154.1	867.1	56.2	39.8	48.1	45.9	2.2
贵　州	428.8	25.8	393.0	3.5	0.3	6.9	6.8	0.1
云　南	140.4	30.5	95.5	4.1	0.2	156.8	156.6	0.2
西　藏	11.5							
陕　西	324.7	30.1	151.6	1.9	0.2	4.3	0.1	4.2
甘　肃	308.7	0.4	92.3	2.3		21.3		21.3
青　海	117.7		113.3			0.3		0.3
宁　夏	94.1					12.5		12.5
新　疆	223.4	0.5	102.3	3.4		84.2		84.2

各地区主要农作物播种面积（续2）

（1992年）　　　　单位：千公顷

地　　区	#烟　叶	#烤　烟	其他农作物	#蔬　菜	#绿　肥	年末实有茶　园	年末实有果　园
全　　国	**2 092.9**	**1 849.3**	**14 172.1**	**7 030.5**	**4 112.4**	**1 084.2**	**5 818.3**
北　　京	0.1		90.5	75.0	0.4		50.7
天　　津	0.1		69.8	61.7	0.5		28.2
河　　北	9.2	5.4	463.2	306.1	8.9		635.9
山　　西	14.5	13.8	213.1	123.9	4.4		214.1
内 蒙 古	3.5	1.9	205.7	77.7	14.5		43.0
辽　　宁	24.3	19.6	299.9	267.8	6.7		390.5
吉　　林	55.2	39.1	219.2	181.0	0.1		68.0
黑 龙 江	96.9	92.1	396.5	234.4	34.6		28.9
上　　海			94.6	70.1	6.0		10.2
江　　苏	7.7	7.4	703.6	371.0	196.3	13.8	111.9
浙　　江	3.2		679.9	250.0	355.1	151.7	216.1
安　　徽	60.2	58.6	598.3	255.1	242.3	118.7	68.8
福　　建	65.0	61.4	511.4	289.5	151.9	125.2	415.8
江　　西	38.0	31.1	1 186.7	317.9	738.2	53.3	106.7
山　　东	91.2	88.3	537.7	446.5	4.9	1.3	760.9
河　　南	277.8	275.9	561.9	418.5	43.4	14.2	228.4
湖　　北	105.6	72.8	825.6	425.4	320.7	92.3	124.0
湖　　南	141.6	116.8	1 535.5	395.9	894.1	111.1	223.2
广　　东	52.7	38.0	918.0	631.3	110.2	42.4	699.3
广　　西	49.0	37.2	872.2	322.7	374.6	24.3	259.2
海　　南	0.7		96.7	73.2	0.1	7.4	37.0
四　　川	177.4	113.0	1 208.7	699.8	118.5	104.3	247.3
贵　　州	313.4	292.5	496.9	238.7	215.7	34.6	30.1
云　　南	380.9	371.1	406.6	182.7	145.3	159.1	93.0
西　　藏			11.2	6.6	0.5	0.1	0.6
陕　　西	101.2	94.1	236.4	146.4	12.3	29.9	379.9
甘　　肃	21.9	18.8	344.3	75.2	35.3	0.5	185.7
青　　海	0.1		27.2	8.2	5.0		6.1
宁　　夏	0.2	0.2	52.4	18.2	1.1		29.9
新　　疆	1.3	0.2	308.4	60.0	70.8		124.9

各地区主要农产品产量

（1992年）

地　区	粮　食（万　吨）	#稻　谷	#小　麦	#玉　米	#大　豆	#薯　类	棉　花（万　吨）
全　国	**44 265.8**	**18 622.2**	**10 158.7**	**9 538.3**	**1 030.4**	**2 844.2**	**450.8**
北　京	281.9	21.1	111.4	140.5	2.3	3.0	0.5
天　津	198.7	39.4	62.0	76.0	8.4	2.1	1.6
河　北	2 185.6	95.5	917.9	834.3	44.0	119.0	30.6
山　西	858.3	5.4	274.5	297.9	22.5	70.2	9.5
内蒙古	1 046.8	41.4	330.3	435.4	40.0	58.7	0.3
辽　宁	1568.4	412.2	65.5	853.2	31.9	25.8	2.8
吉　林	1 840.3	303.0	22.1	1 326.6	75.4	32.0	
黑龙江	2 366.3	376.6	424.8	1 042.8	349.1	75.7	
上　海	227.2	166.7	30.8	5.5	1.2	0.2	1.5
江　苏	3 297.8	1 728.2	1 006.1	219.4	38.9	93.4	52.7
浙　江	1 553.5	1 299.8	80.1	13.8	12.1	63.8	6.0
安　徽	2 325.1	1 223.5	611.8	166.9	56.7	219.3	26.3
福　建	897.2	733.0	22.1	4.3	13.2	116.5	
江　西	1 566.0	1 473.6	8.4	8.8	22.4	44.8	14.8
山　东	3 589.3	78.1	1 878.3	1 150.8	74.9	340.0	67.7
河　南	3 109.6	278.7	1 650.7	806.6	62.0	249.5	65.9
湖　北	2 426.6	1 746.5	372.3	130.1	24.7	113.3	61.0
湖　南	2 620.1	2 423.1	30.1	32.3	25.2	86.6	20.3
广　东	1 774.3	1 565.3	14.6	15.9	13.9	157.5	
广　西	1 418.9	1 242.9	1.6	121.9	15.9	31.3	0.1
海　南	193.3	159.8		4.0	0.8	27.4	
四　川	4 289.6	2 140.6	718.3	632.0	33.5	588.7	15.1
贵　州	788.9	379.0	97.6	182.7	8.8	97.1	0.1
云　南	1 070.4	501.2	127.0	271.0	8.8	66.2	0.1
西　藏	65.5	0.4	19.6	0.9	0.1	0.2	
陕　西	1 031.6	99.6	418.3	346.2	26.5	76.0	5.5
甘　肃	674.9	3.5	326.8	158.0	10.6	63.0	1.8
青　海	118.5		75.0			12.2	
宁　夏	186.9	41.8	49.9	47.9	3.4	6.4	
新　疆	694.3	42.3	410.8	212.6	3.2	4.3	66.8

各地区主要农产品产量（续1）

（1992年）

地　　区	油料（万吨）	#花　生	#油菜籽	#芝　麻	麻类（万吨）	#黄红麻	甘蔗（万吨）	甜菜（万吨）	烟叶（万吨）	#烤　烟
全　　国	**1 641.2**	**595.3**	**765.3**	**51.6**	**93.8**	**61.9**	**7 301.1**	**1 506.9**	**349.9**	**311.9**
北　　京	3.4	3.3								
天　　津	4.0	2.0		0.2	0.2	0.2				
河　　北	66.3	50.0	1.8	2.0	2.0	1.9		13.3	1.6	0.8
山　　西	33.7	3.8	0.5	2.8	0.2			60.8	2.2	2.1
内 蒙 古	81.4	0.1	5.5	1.0	1.4			260.1	0.8	0.5
辽　　宁	17.6	12.9		1.5	0.2			52.3	4.4	3.2
吉　　林	35.8	2.5		0.3	0.4			91.8	8.5	5.5
黑 龙 江	21.9	0.2	9.9	0.1	19.6			539.8	13.6	12.6
上　　海	21.9	0.1	21.8				3.0			
江　　苏	127.3	30.5	95.9	0.8	1.3	1.2	20.9	3.9	1.1	1.0
浙　　江	50.1	1.6	48.1	0.4	5.8	5.7	75.0		0.6	
安　　徽	140.0	27.9	104.8	7.0	17.2	16.1	12.6		8.9	8.7
福　　建	19.9	17.9	1.9	0.1	0.2	0.2	361.6		9.0	8.6
江　　西	74.2	21.5	49.0	3.6	2.5	1.8	256.1		4.6	3.8
山　　东	166.3	164.9	0.1	0.8	1.8	1.5		6.5	16.3	15.6
河　　南	133.6	95.2	23.4	13.4	13.7	13.3	9.3		45.8	45.4
湖　　北	99.7	15.7	70.9	12.7	6.9	6.0	51.6	0.1	17.2	11.5
湖　　南	83.9	12.5	70.9	0.5	3.0	1.1	171.3		23.2	20.5
广　　东	61.4	60.3	0.8	0.3	1.9	1.9	2 376.6		8.6	6.1
广　　西	29.3	27.2	1.6	0.4	2.9	2.8	2 354.9		7.4	5.8
海　　南	5.7	5.3		0.3	0.1	0.1	453.1		0.1	
四　　川	161.7	28.1	132.7	0.5	10.1	8.1	226.0	1.8	28.3	17.8
贵　　州	53.4	2.9	49.9		0.2		21.6		47.0	44.8
云　　南	18.8	3.0	14.9		0.2		906.9	0.3	78.8	77.8
西　　藏	1.8									
陕　　西	35.6	5.8	20.7	2.7	0.2		0.5	7.0	16.4	15.3
甘　　肃	36.5	0.1	13.3		0.3			94.2	5.1	4.3
青　　海	14.0		13.7					0.2		
宁　　夏	6.2							45.4		
新　　疆	35.6	0.1	13.2		1.7			329.1	0.3	

各地区主要农产品产量（续 2）

（1992 年）

地　区	蚕茧（吨）	#桑蚕茧	茶叶（吨）	水果（吨）	#苹果	#柑桔	#梨	#葡萄	#香蕉
全　国	**692 205**	**659 522**	**559 827**	**24 400 930**	**6 555 836**	**5 160 081**	**2 846 121**	**1 125 102**	**2 450 988**
北　京	58	58		328 720	91 379		67 881	12 986	
天　津				141 169	39 204		16 567	20 389	
河　北	689	655		2 266 224	619 013		885 195	128 222	
山　西	3 618	3 617		505 925	236 072		65 384	23 345	
内蒙古	847			87 902	28 956		29 891	5 077	
辽　宁	26 124	198		1 527 272	979 434		222 916	121 829	
吉　林	901	13		145 700	13 990		56 432	26 527	
黑龙江	1 069			58 031	33 856		7 231	4 271	
上　海	1 201	1 201		163 275		52 928	14 056	24 728	
江　苏	146 037	146 037	14 130	565 794	123 646	21 174	161 119	27 741	
浙　江	140 747	140 747	119 404	1 023 733	617	738 515	26 303	41 638	
安　徽	28 495	28 490	50 536	283 889	72 589	397	122 161	17 489	
福　建	581	576	70 520	1 171 776	128	579 122	17 275	5 706	235 762
江　西	15 386	15 386	18 239	140 914		70 700	15 777	2 359	
山　东	29 973	28 581	795	3 717 702	2 353 290		433 449	142 068	
河　南	7 408	5 231	2 653	877 862	530 649	287	45 567	37 645	
湖　北	14 195	14 145	30 537	338 112	22 099	141 151	79 043	4 913	
湖　南	3 174	3 174	69 331	397 455		298 732	17 864	5 097	
广　东	46 057	45 821	28 736	4 187 971		1 707 304	20 399		1 482 657
广　西	18 341	18 303	16 411	1 611 555		415 946	31 107		597 130
海　南	48	43	6 941	153 958		6 654			61 751
四　川	185 679	185 679	60 702	1 505 696	78 371	1 066 300	123 583	26 486	5 550
贵　州	1 189	1 180	12 301	141 756	3 324	29 180	27 769	3 779	7 066
云　南	3 210	3 210	52 910	428 260	40 520	28 124	124 751	4 419	61 072
西　藏			119	5 522	4 317		690		
陕　西	12 704	12 703	5 403	1 146 903	842 953	1 977	49 269	18 560	
甘　肃	294	294	159	471 214	226 085	1 590	93 631	7 474	
青　海				26 049	17 388		6 632	127	
宁　夏				61 705	43 375		5 137	3 231	
新　疆	4 180	4 180		918 886	154 581		79 042	408 996	

主要农产品产量与解放前最高年产量比较

产品名称	单位	解放前最高年		指数（以解放前最高年为100）		
		年份	产量	1949年	1952年	1992年
粮食	万吨	1936	15 000.00	75.45	109.28	295.11
稻谷	万吨	1936	5 735.00	84.83	119.32	324.71
小麦	万吨	1936	2 330.00	59.27	77.81	436.00
玉米	万吨	1936	1 010.00		166.83	944.39
大豆	万吨	1936	1 130.00	45.04	84.25	91.19
薯类	万吨	1936	635.00	155.12	257.17	447.91
棉花	万吨	1936	84.90	52.30	153.59	0.53
花生	万吨	1933	317.10	39.99	73.04	187.73
油菜籽	万吨	1934	190.70	38.49	48.87	401.31
芝麻	万吨	1933	99.10	32.90	48.54	52.07
黄红麻	万吨	1945	5.50	34.55	278.18	1 125.45
桑蚕茧	万吨	1931	22.10	14.03	28.05	0.30
柞蚕茧	万吨	1921	9.40	12.77	64.89	0.03
茶叶	万吨	1932	22.50	18.22	36.44	248.89
甘蔗	万吨	1940	565.20	46.74	125.90	1 291.77
甜菜	万吨	1939	32.90	58.05	145.59	4 580.24
烤烟	万吨	1948	17.90	24.02	124.02	1 742.46
苹果	万吨	1926	12.10		97.52	5 418.18
柑桔	万吨	1926	40.10		51.62	1 286.78
香蕉	万吨	1927	10.30		106.80	2 379.61
大牲畜年底头数	万吨	1935	7 151.00	83.93	106.92	188.30
牛	万头	1935	4 827.00	91.02	117.26	223.00
马	万头	1935	649.00	75.12	94.45	154.35
驴	万头	1935	1 215.00	78.14	97.17	90.40
骡	万头	1935	460.00	31.98	35.59	121.96
猪年底头数	万头	1934	7 853.00	73.54	114.31	489.25
羊年底只数	万只	1937	6 252.00	67.74	98.82	331.62
水产品	万吨	1936	150.00	30.00	111.33	1 038.08

按人口平均的主要农产品产量

产品名称	单位	1952年	1957年	1965年	1978年	1980年	1985年	1990年	1991年	1992年
粮食	公斤/人	288.1	306.1	272.0	318.7	326.7	360.7	393.1	378.3	380.0
棉花	公斤/人	2.3	2.6	2.9	2.3	2.8	3.9	4.0	4.9	3.9
油料	公斤/人	7.4	6.6	5.1	5.5	7.8	15.0	14.2	14.2	14.1
肉猪	头/人	0.12	0.11	0.17	0.17	0.20	0.23	0.27	0.29	0.31
猪牛羊肉	公斤/人	5.9	6.3	7.7	9.0	12.3	16.8	22.1	23.7	25.2
水产品	公斤/人	2.9	4.9	4.2	4.9	4.6	6.7	10.9	11.7	13.4

主要农产品单位面积产量

（按播种面积计算）　　　　单位：公斤/公顷

年份	粮食	#稻谷	#小麦	#玉米	#大豆	#薯类	棉花
1988	3 585	5 280	2 970	3 930	1 440	2 985	750
1989	3 630	5 505	3 045	3 885	1 275	3 000	735
1990	3 930	5 730	3 195	4 530	1 455	3 015	810
1991	3 870	5 640	3 105	4 575	1 380	2 985	870
1992	4 004	5 803	3 331	4 533	1 427	3 141	660

年份	花生	油菜籽	芝麻	黄红麻	甘蔗	甜菜	烤烟
1988	1 905	1 020	570	1 950	53 115	17 190	1 800
1989	1 815	1 095	465	2 310	50 850	16 245	1 605
1990	2 190	1 260	705	2 415	57 120	21 660	1 680
1991	2 190	1 215	645	1 905	58 350	20 790	1 710
1992	2 000	1 281	692	2 233	58 605	22 832	1 687

各种物价总指数

（上年＝100）

年　份	全国零售物价总指数	职工生活费用价格总指数	农副产品收购价格总指数	农村工业品零售价格总指数	工农业商品综合比价指数（以农副产品收购价格总指数为100）
1988	118.5	120.7	123.0	115.2	93.7
1989	117.8	116.3	115.0	118.7	103.2
1990	102.1	101.3	97.4	104.6	107.4
1991	102.9	105.1	98.0	103.0	105.1
1992	105.4	108.6	103.4	103.1	99.7

注：本表零售物价总指数、职工生活费用价格总指数是包括牌价、议价和市价的指数。农副产品收购价格总指数是包括牌价、议价和超购加价（1985年起为合同订价、比例价和议价等市场收购价）的指数（下同）。

集市贸易价格分类指数

（1992年）

项　目	上年＝100			上年国营商业价格＝100		
	全国平均	城　市	县　城	全国平均	城　市	县　城
总　指　数	102.4	103.6	101.1	103.6	103.9	99.8
一、消费品	**102.4**	**103.2**	**101.0**	**103.6**	**103.9**	**99.8**
1. 粮　食	99.7	100.1	99.5	117.3	118.6	116.5
2. 食用植物油	93.9	94.2	93.0	100.4	100.9	100.1
3. 鲜　菜	104.0	105.7	103.2	107.4	108.7	92.4
4. 干　菜	115.4	115.6	113.2	95.7	96.6	94.8
5. 肉禽蛋	102.9	102.5	104.7	105.6	105.5	105.7
6. 水产品	103.7	103.9	103.0	103.3	103.5	101.1
7. 鲜　果	96.4	96.8	92.5	91.9	92.2	84.9
8. 干　果	103.2	103.8	103.0	94.1	94.9	92.6
9. 日用杂品	100.2	100.4	100.1	107.1	108.5	99.2
10. 柴　草	94.3	108.5	92.5	104.2	110.0	90.6
11. 其　他	104.3	105.0	101.3	159.6	161.2	158.3
二、农业生产资料	**103.2**		**103.2**			
1. 饲　料	102.1		102.1			
2. 小农具	98.5		98.5			
3. 幼禽家畜	103.9		103.9			
4. 大牲畜	102.5		102.5			
5. 竹木材	104.4		104.4			

各地区集市贸易价格指数

(1992年)

地区	上年=100			本年国营商业价格=100		
	平均	城市	县城	平均	城市	县城
全国	**102.4**	**103.6**	**101.1**	**103.6**	**103.9**	**99.8**
北京	104.1	104.1		105.2	105.3	
天津	102.8	102.8		106.3	106.3	
河北	101.3	102.4	100.7	105.6	104.7	106.0
山西	104.0	104.0	103.5	103.0	103.6	102.2
内蒙古	104.7	103.3	106.3	92.9	94.4	90.9
辽宁	102.3	102.0	102.6	99.0	99.1	106.6
吉林	100.9	100.9	100.0	92.6	92.8	92.0
黑龙江	98.2	97.9	100.7	101.2	100.9	107.9
上海	106.0	106.0		117.5	117.5	
江苏	101.0	101.6	99.9	109.0	110.8	104.9
浙江	105.6	104.8	105.8	108.2	107.3	109.1
安徽	100.3	98.6	102.3	102.4	106.1	97.5
福建	105.4	105.8	105.3	106.4	110.7	102.3
江西	105.2	105.5	104.3	96.2	91.7	102.4
山东	100.0	100.4	99.3	100.9	103.6	98.7
河南	102.3	102.6	101.3	99.6	97.9	109.3
湖北	103.1	104.8	103.0	108.1	103.2	99.0
湖南	107.8	107.1	108.3	101.5	107.9	95.9
广东	108.9	109.8	108.5	95.4	95.2	95.9
广西	102.9	102.5	104.9	104.0	104.4	98.2
海南	108.2	110.8	104.3	106.0	106.1	104.8
四川	106.9	107.0	106.8	104.5	104.1	106.6
贵州	106.6	106.3	107.2	111.8	116.4	102.8
云南	107.3	107.6	106.6	110.8	114.9	110.5
西藏						
陕西	107.2	107.3	107.0	102.7	100.6	103.0
甘肃	103.0	99.3	106.7	93.1	91.2	96.8
青海	101.9	100.9	103.0	111.9	116.8	108.1
宁夏	101.5	102.7	100.1	97.1	101.2	92.7
新疆	104.3	104.2	104.4	115.2	116.2	109.2

农村零售物价分类指数

（以上年价格为100）

年　份	总指数	一、消费品	1. 粮食	(1)粮食	(2)副食品	(3)烟酒茶	(4)其他食品
1988	117.1	117.4	120.9	114.0	129.5	111.3	119.5
1989	118.8	118.6	118.0	125.0	116.7	110.3	123.3
1990	103.2	102.7	101.7	96.7	103.2	101.1	104.0
1991	102.0	101.7	101.3	99.9	101.9	100.4	102.4
1992	103.9	104.0	104.7	112.7	103.1	103.6	102.3

年　份	2. 衣着类	3. 日用品	4. 文化娱乐用　品	5. 药及医疗用品	6. 燃料	二、农业生产资料
1988	111.7	111.8	111.1	124.7	117.2	116.2
1989	117.8	116.1	113.5	121.2	129.7	118.9
1990	107.2	103.2	99.4	102.4	106.0	105.5
1991	103.8	101.5	96.9	103.2	108.8	102.9
1992	101.8	101.3	95.9	108.8	111.7	103.7

机耕、灌溉面积、化肥施用量、农村小水电站和农村用电量

年　份	机耕面积（万亩）	灌溉面积（万亩）	# 机电灌溉	机电灌溉面积占灌溉面积比重（%）
1988	61 371.0	66 564.0	39 124.5	58.8
1989	63 889.5	67 375.8	39 160.5	58.1
1990	72 382.8	71 104.6	40 722.5	57.3
1991	75 285.0	71 733.0	41 442.0	57.8
1992	77 202.9	72 885.0	42 423.4	58.2

机耕、灌溉面积、化肥施用量、农村小水电站和农村用电量（续）

年　份	化肥施用量（万吨）	农村小型水电站		农村用电量（亿千瓦小时）
		个　数（个）	发电能力（万千瓦）	
1988	2 141.5	51 558	428.9	712.0
1989	2 357.1	50 862	416.8	790.5
1990	2 590.3	52 387	428.8	844.5
1991	2 805.1	49 644	456.9	963.2
1992	2 930.2	48 082	478.6	1 106.9

各地区农用化肥施用量

（1992 年）　　　　单位：万吨

地区	氮肥				磷肥		钾肥		复合肥	
	实物量	# 氨水	折纯量	# 氨水	实物量	折纯量	实物量	折纯量	实物量	折纯量
全　国	**6 790.2**	**50.1**	**1 756.1**	**8.0**	**3 100.8**	**515.7**	**439.4**	**196.0**	**1 149.5**	**462.4**
北　京	41.6	0.1	9.1	…	3.3	0.6	1.0	0.2	11.2	4.5
天　津	27.3	0.1	5.8	…	6.0	0.6	0.9	0.2	7.0	2.0
河　北	430.2	1.2	100.4	0.2	187.9	29.0	12.3	4.7	66.5	29.4
山　西	159.5	0.3	36.7	0.1	95.2	15.4	3.3	1.6	19.8	10.3
内蒙古	79.8	0.4	25.8	0.1	20.5	7.1	1.6	0.7	17.2	7.3
辽　宁	214.5	0.2	63.8	…	69.4	13.1	5.9	2.7	30.8	10.9
吉　林	177.0	0.2	57.4	…	22.2	3.5	7.4	3.7	38.4	26.5
黑龙江	97.4	0.1	43.3	…	61.0	20.1	6.6	3.0	44.3	22.1
上　海	66.9	4.9	13.8	0.6	15.2	2.4	0.3	0.2	2.7	0.7
江　苏	630.8	1.9	154.1	0.5	203.3	40.3	20.1	9.6	115.9	42.9
浙　江	321.1	2.0	68.2	0.4	73.2	13.1	21.2	5.4	39.8	9.6
安　徽	395.4	0.2	90.6	…	260.2	32.0	17.5	8.5	57.7	24.9
福　建	186.3	2.2	49.7	0.2	91.1	14.3	31.4	15.6	34.0	13.4
江　西	159.5	1.6	50.3	0.3	90.1	19.4	28.2	15.0	27.4	9.4
山　东	653.8	12.4	158.9	1.6	261.0	45.0	31.2	14.2	142.6	63.8
河　南	638.9	1.1	148.5	0.2	368.9	64.5	23.6	10.1	66.0	28.0
湖　北	413.4	3.6	102.2	0.9	204.6	29.5	24.0	10.1	61.7	23.3
湖　南	359.9	0.8	86.9	0.1	166.6	23.4	42.7	20.9	33.9	15.0
广　东	292.6	7.8	102.6	0.8	151.1	20.5	71.1	29.7	94.9	24.8
广　西	184.4	0.2	49.3	…	114.1	18.2	48.2	21.1	48.4	14.9
海　南	17.4	0.1	7.8	…	12.0	1.4	3.5	1.8	7.8	4.0
四　川	610.1	4.4	137.8	0.6	281.0	44.0	10.6	5.2	49.1	19.9
贵　州	78.9	1.0	28.7	0.1	53.0	8.4	7.3	2.6	23.9	5.4
云　南	150.4	0.8	45.0	0.9	84.0	14.1	10.2	5.0	28.2	10.3
西　藏	1.7	…	0.8	…	0.8	0.4			1.2	0.6
陕　西	233.5	1.4	56.0	0.1	99.7	12.0	5.2	2.6	28.4	14.1
甘　肃	62.5	0.4	21.9	0.1	59.2	10.2	1.4	0.6	15.9	7.3
青　海	6.8	0.1	2.8	…	5.5	1.1	0.6	0.2	3.7	1.8
宁　夏	35.4	…	9.4	…	10.0	1.4	0.3	0.1	6.2	2.8
新　疆	63.2	0.6	28.5	0.2	30.7	10.7	1.8	0.7	24.9	12.5

乡镇企业单位数

单位：万个

年份	合计	#乡办	#村办	农业	工业	建筑业	交通运输业	商业饮食业
1980	142.46	33.74	108.22	37.83	75.78	5.08	8.94	14.83
1981	133.75	33.53	100.22	31.90	72.54	4.83	8.89	15.59
1982	136.17	33.79	102.38	29.28	74.92	5.38	9.58	17.01
1983	134.64	33.81	100.83	26.98	74.40	5.70	9.16	18.40
1984	606.52	40.15	146.15	24.84	481.22	8.04	12.96	79.46
1985	1 222.45	41.95	143.04	22.42	493.03	8.26	10.61	688.13
1986	1 515.30	42.55	130.22	23.97	635.50	89.25	261.98	504.60
1987	1 750.24	42.01	116.27	23.12	708.28	90.25	325.24	603.35
1988	1 888.16	42.35	116.65	23.28	773.52	95.58	372.55	623.23
1989	1 868.63	40.57	113.00	22.68	736.47	92.55	379.88	637.05
1990	1 850.40	38.78	106.61	22.40	722.00	90.40	381.40	634.20
1991	1 908.88	38.16	106.01	23.09	742.57	88.81	400.34	654.07
1992	2 079.20	39.30	112.70	24.70	793.80	98.40	436.20	726.10

注：1978—1983 年为乡、村两级数，1984 年以后为乡镇企业全部数（以下两表同）。

乡镇企业职工人数

单位：万人

年份	合计	#乡办	#村办	农业	工业	建筑业	交通运输业	商业饮食业
1980	2 999.67	1 393.81	1 605.86	456.07	1 942.30	334.67	113.56	153.07
1981	2 969.56	1 417.55	1 552.01	379.94	1 980.80	348.83	107.38	152.61
1982	3 112.91	1 495.00	1 617.91	344.00	2 072.81	421.29	112.94	161.87
1983	3 234.64	1 566.95	1 667.69	309.22	2 168.14	482.72	109.71	164.85
1984	5 208.11	1 879.17	2 103.00	283.93	3656.07	683.49	129.30	455.32
1985	6 979.03	2 111.36	2 215.69	252.38	4 136.70	789.95	114.18	1 685.82
1986	7 937.14	2 274.88	2 266.40	240.80	4 761.96	1 270.37	541.26	1 122.75
1987	8 805.18	2 397.45	2 320.78	244.18	5 266.69	1 373.98	623.14	1 297.19
1988	9 545.45	2 490.42	2 403.52	249.99	5 703.39	1 484.81	684.16	1 423.10
1989	9 366.78	2 383.57	2 336.57	239.30	5 624.10	1 403.73	699.37	1 400.28
1990	9 264.75	2 333.24	2 259.21	236.06	5 571.69	1 346.84	711.22	1 398.94
1991	9 609.11	2 431.01	2 336.02	243.08	5 813.55	1 384.33	732.31	1 435.84
1992	10 581.10	2 608.30	2 540.50	254.80	6 336.40	1 540.70	796.90	1 652.30

注：1978—1983 年为乡、村两级数，1984 年以后为乡镇企业全部数（以下两表同）。

乡镇企业总产值

单位：亿元

年　份	合　计	#乡办	#村办	农　业	工　业	建筑业	交通运输业	商业饮食业
1980	656.90	369.44	287.46	39.38	509.41	60.05	24.52	23.44
1981	745.30	428.98	316.32	38.97	579.34	70.28	25.06	31.66
1982	853.08	492.28	360.80	40.06	646.02	100.38	29.27	37.35
1983	1 016.83	591.05	425.78	43.72	757.09	136.20	32.73	47.09
1984	1 709.89	817.51	648.38	52.91	1 245.35	216.54	47.31	147.78
1985	2 728.39	1 138.95	910.54	58.70	1 827.19	310.00	40.99	482.51
1986	3 540.87	1 413.85	1 102.56	68.87	2 413.40	522.73	255.93	279.94
1987	4 764.26	1 825.85	1 411.55	88.72	3 243.88	650.96	360.48	419.87
1988	6 495.66	2 438.51	1 924.19	115.27	4 529.38	827.70	473.46	549.85
1989	7 428.38	2 672.85	2 182.73	126.03	5 244.11	886.46	578.82	592.96
1990	8 461.64	2 987.38	2 441.81	141.80	6 050.25	952.37	647.95	669.27
1991	11 621.69	4 274.54	3 445.28	179.47	8 708.61	1 140.62	766.81	826.18
1992	17 975.40	6 649.30	5 450.50	246.80	13 635.40	1 744.10	1 095.00	1 253.20

乡镇企业主要经济效益指标

单位：元

年　份	每百元固定资产原值实现利润	每百元资金实现利润	每百元资金实现的利润税金	每百元总收入实现利润	每百元固定资产原值实现总收入	每百元总收入占用的流动资金
1980	36.3	26.7	32.5	19.9	182.7	29.7
1981	30.0	22.3	29.1	16.8	178.6	30.0
1982	26.9	20.2	28.0	15.0	179.8	29.9
1983	24.8	18.5	27.8	12.7	195.2	28.3
1984	22.4	15.2	24.6	10.1	220.6	31.4
1985	22.8	14.5	23.7	9.4	243.5	32.3
1986	17.0	10.6	19.7	7.2	234.9	34.6
1987	15.3	9.0	17.0	6.4	239.2	38.7
1988	16.4	9.3	17.9	6.1	267.1	36.4
1989	12.5	7.1	15.2	5.0	251.0	39.2
1990	10.6	5.9	13.0	4.5	237.0	43.0
1991	10.8	5.8	12.7	4.3	249.6	44.6
1992	13.8	7.2	14.3	4.8	289.9	40.5

乡镇企业主要财务指标

年份	总收入（亿元）	各项费用支出（亿元）	# 生产费用	国家税金（亿元）	# 所得税	纯利润（亿元）
1980	596.1	452.1	339.0	25.7	7.9	118.4
1981	670.4	523.3	402.0	34.3	9.5	112.8
1982	771.8	610.0	501.2	44.7	12.5	115.5
1983	928.7	752.0	615.7	58.9	18.9	117.8
1984	1 268.2	1 060.8	847.1	79.1	26.3	128.7
1985	1 827.4	1 547.0	1 266.9	108.6	32.7	171.3
1986	2 223.6	1 913.7	1 606.8	137.3	38.6	161.0
1987	2 934.1	2 560.5	2 136.2	168.1	43.9	187.8
1988	4 232.2	3 704.8	3 128.6	236.5	59.8	259.2
1989	4 821.6	4 288.4	3 628.2	272.5	60.9	240.1
1990	5 218.6	4 612.0	3 942.7	275.5	57.1	232.7
1991	6 556.0	5 891.3	5 007.0	333.8	68.1	284.7
1992	10 040.9	8 599.4	7 215.1	470.2	94.6	477.6

乡镇企业主要财务指标（续）

年份	工资总额（亿元）	银行贷款余额（亿元）	固定资产原值（亿元）	固定资产净值（亿元）	年末占用流动资金（亿元）
1980	119.4	56.1	326.3	266.0	177.2
1981	130.6	70.3	375.4	304.0	201.0
1982	153.3	81.5	429.3	342.4	230.5
1983	175.8	97.7	475.7	373.0	262.5
1984	239.3	198.0	575.0	445.7	398.7
1985	301.4	277.8	750.4	589.7	590.1
1986	355.5	408.3	946.7	743.2	769.8
1987	427.7	577.1	1 226.6	959.8	1 134.6
1988	541.2	732.4	1 584.3	1 234.5	1 540.6
1989	580.7	865.2	1 920.7	1 486.2	1 890.1
1990	606.8	1 056.1	2 202.0	1 668.7	2 244.7
1991	706.5	1 351.8	2 626.3	1 959.3	2 925.0
1992	957.1	1 839.3	3 463.1	2 585.9	4 063.8

注：本表为乡村两级数字（以下三表同）。

全国乡镇企业主要经济指标

（绝对数）

项　　目	单　位	1978年	1980年	1990年	1991年	1992年
企业单位数	万个	152.4	142.5	1 850.4	1 907.9	2 079.2
企业职工人数	万人	2 826.6	2 999.7	9 264.8	9 609.1	10 581.1
占全社会劳动力比重	%	7.0	7.1	16.3	16.5	17.8
占农村劳动力比重	%	9.2	9.4	22.1	22.3	24.2
企业总产值	亿元	493.1	669.5	9 581.1	11 621.7	17 584.0
占全社会总产值比重	%	7.2	7.8	25.2	26.6	32.1
占农村社会总产值比重	%	24.3	24.0	57.7	59.2	66.0
农业产值	亿元	36.1	39.4	151.3	179.3	247.4
工业产值	亿元	385.3	522.1	7 097.0	8 709.6	13 193.4
建筑业产值	亿元	34.8	60.1	973.8	1 140.6	1 751.0
运输业产值	亿元	18.8	24.5	658.9	766.8	1 102.2
商业产值	亿元	18.1	23.4	700.1	826.2	1 288.9
出口产品总额	亿元			485.6	669.9	1 192.7
企业利税总额	亿元	110.1	144.0	1 012.1	1 188.4	1 797.7
上交国家税金	亿元	22.0	25.6	391.6	454.6	636.9
占国家各项税金比重	%	4.2	4.5	13.9	15.2	20.3
企业利润	亿元	88.1	118.4	588.0	687.6	1 044.1
乡村企业利润使用						
用于企业扩大再生产	亿元	30.9	47.0	128.1	162.8	280.0
用于支援农村各项建设	亿元	30.9	48.7	105.4	121.8	190.0
农村福利事业建设	亿元	4.0	6.8	23.9	29.2	45.0
农村教育	亿元			14.7	18.1	32.9
小城镇建设	亿元			5.2	6.1	9.8
以工补农建农	亿元	26.3	22.7	77.8	86.5	105.0
企业固定资产原值	亿元	229.6	326.3	2 857.1	3 385.2	4 512.3
企业定额流动资金	亿元	95.0	177.2	1 684.0	2 044.2	2 808.6
银行贷款余额	亿元	21.2	53.0	1 162.9	1 443.8	1 876.8
固定资产贷款余额	亿元	11.7	22.9	162.2	242.3	348.2
企业工资总额	亿元	86.7	119.4	1 129.6	1 305.1	1 738.4
企业全员劳动生产率	元	1 744	2 232	10 893	12 691	17 455
百元固定资产原值实现利税	元	48.0	44.1	35.4	36.3	38.6
百元固定资产原值实现产值	元	214.8	205.2	335.3	343.3	389.7
乡村企业亏损个数	万个	1.1	1.7	8.6	6.7	4.8
乡村企业亏损金额	亿元	1.0	1.5	47.4	42.7	32.1

注：1. 本表按当年价格计算。

2. 企业利税总额中包括税前列支用于农村各项事业开支。

3. 1980年以前各项指标为乡村集体企业数。

4. 以工补农建农资金，1985年以后为企业各项支农资金。

5. 支援农村各项建设资金，仅为乡村企业税后利润。

全国乡村企业主要经济指标

（绝对数）

项　　目	单　位	1978年	1980年	1990年	1991年	1992年
企业单位数	万个	152.4	142.5	145.4	144.2	152.0
企业职工人数	万人	2 826.6	2 999.7	4 592.4	4 767.0	5 148.8
占全社会劳动力比重	%	7.0	7.1	8.1	8.2	8.7
占农村劳动力比重	%	9.2	9.4	10.9	11.1	11.8
企业总产值	亿元	493.1	669.5	6 253.8	7 713.1	11 702.6
占全社会总产值比重	%	7.2	7.8	16.0	17.3	21.3
占农村社会总产值比重	%	24.2	24.0	38.6	39.3	43.9
农业产值	亿元	36.1	39.4	151.3	179.3	247.4
工业产值	亿元	385.3	522.1	5 240.6	6 518.3	9 853.0
建筑业产值	亿元	34.8	60.1	602.6	720.5	1 124.3
运输业产值	亿元	18.8	24.5	88.6	99.9	146.6
商业产值	亿元	18.1	23.4	170.8	195.1	330.5
出口产品总额	亿元			485.6	669.9	1 192.7
占全国出口总额比重	%			23.7	17.5	
企业利税总额	亿元	110.1	144.0	540.5	664.7	1 064.5
上交国家税金	亿元	22.0	25.6	275.4	333.8	470.2
占国家各项税金比重	%	4.2	4.5	9.8	11.2	15.0
企业利润	亿元	88.1	118.4	232.7	284.7	477.6
乡村企业利润使用						
用于企业扩大再生产	亿元	30.9	47.0	128.1	162.8	280.0
用于支援农村各项建设	亿元	30.9	48.7	105.4	121.8	190.0
农村福利事业建设	亿元	4.0	6.8	23.9	29.2	45.0
农村教育	亿元			14.7	18.1	32.9
小城镇建设	亿元			5.2	6.1	9.8
以工补农建农	亿元	26.3	22.7	77.8	92.2	105.0
企业固定资产原值	亿元	229.6	326.3	2 202.0	2 626.3	3 462 9
企业定额流动资金	亿元	95.0	177.2	1 296.7	1 593.1	2 205.2
银行贷款余额	亿元	21.2	53.0	462.2	531.1	582.5
固定资产贷款余额	亿元	11.7	22.9	103.8	121.2	153.9
企业工资总额	亿元	86.7	119.4	606.8	706.5	957.1
企业全员劳动生产率	元	1 744	2 232	13 791	16 370	22 993
百元固定资产原值实现利税	元	48.0	44.1	24.5	25.3	29.2
百元固定资产原值实现产值	元	214.8	205.2	284.0	293.9	338.0
乡村企业亏损个数	万个	1.1	1.7	8.6	6.7	4.8
乡村企业亏损金额	亿元	1.0	1.5	47.4	42.7	32.1

注：1. 本表按当年价格计算。

2. 企业利税总额中包括税前列支10%用于农村各项事业开支。

3. 支援农村各项建设资金，仅为税后利润。

4. 以工补农建设资金，1984年以后为企业各项支农资金。

全国乡镇企业总产值占社会总产值比重

单位：亿元

年份	社会总产值	农村社会总产值	乡镇企业总产值	乡镇企业占		社会总产值指数（%）	乡镇企业总产值指数（%）
				社会比重%	农村比重%		
1978	6 846	2 038	495.13	7.23	24.30	100.0	100.0
1979	7 642		552.25	7.23		108.5	111.2
1980	8 534	2 792	669.0	7.79	24.00	117.6	133.2
1981	9 075		736.65	8.12		122.8	151.2
1982	9 966		846.26	8.49		134.4	173.0
1983	11 131	4 124	1 007.87	9.05	24.44	148.2	206.2
1984	13 171	5 033	1 697.78	12.89	33.73	170.0	346.8
1985	16 582	6 340	2 755.04	16.61	43.45	199.1	553.3
1986	19 045	7 554	3 583.28	18.81	47.14	219.4	718.1
1987	23 034	9 432	4 945.59	21.47	52.43	250.3	966.2
1988	29 807	12 078	7 017.76	23.54	58.10	290.0	1 317.1
1989	34 519	14 480	8 401.82	24.34	58.02	305.7	1 506.1
1990	37 969	16 619	9 581.11	25.23	57.65	325.3	1 716.1
1991	43 691	19 631	11 621.69	26.60	59.20	638.2	2 347.2
1992	54 667	26 642	17 583.97	32.10	66.00	798.5	3 551.4

注：本表按当年价格计算。

各地区乡镇企业情况

（1991—1992 年）

地 区	企业单位数（万个）		职工人数（万人）		总 产 值（亿元）	
	1991 年	1992 年	1991 年	1992 年	1991 年	1992 年
全国总计	**1 907.88**	**2 079.22**	**9 609.11**	**10 581.06**	**11 621.69**	**17 583.97**
北 京	10.11	9.99	111.28	115.16	280.34	369.43
天 津	3.96	4.04	89.28	94.24	264.04	380.53
河 北	139.64	145.77	656.55	698.47	723.94	1 037.40
山 西	43.48	51.27	251.22	285.66	240.04	354.43
内 蒙	31.66	35.70	102.50	116.23	70.31	102.82
辽 宁	55.22	61.81	317.14	352.00	549.90	855.44
吉 林	46.75	49.66	159.04	168.34	161.26	211.07
黑龙江	52.79	56.55	163.98	173.89	180.98	216.61
上 海	1.67	2.68	155.62	158.03	379.35	517.80
江 苏	82.83	91.89	865.57	906.80	1 664.26	2 760.26
浙 江	51.56	55.19	525.38	568.45	1 002.37	1 459.45
安 徽	84.85	89.81	476.55	535.32	375.75	592.70
福 建	49.59	53.49	295.21	337.16	334.80	544.62
江 西	75.49	83.78	250.24	280.12	200.12	301.75
山 东	147.85	162.80	989.01	1 120.01	1 476.43	2 320.51
河 南	196.86	213.01	936.94	1 017.63	838.84	1 235.48
湖 北	104.33	110.35	387.86	413.54	393.01	527.64
湖 南	113.90	126.28	433.51	487.42	339.98	503.35
广 东	123.53	130.36	707.85	791.31	955.87	1 431.47
广 西	80.23	98.17	216.07	271.82	121.43	279.03
海 南	9.05	10.29	25.58	30.36	16.86	25.40
四 川	196.10	211.18	739.74	839.65	586.97	948.33
贵 州	44.00	49.57	120.50	137.98	55.44	76.37
云 南	49.00	53.81	154.09	164.54	90.71	106.79
西 藏						
陕 西	64.62	68.99	260.25	281.11	183.88	236.43
甘 肃	22.01	23.95	132.11	143.64	82.16	110.32
青 海	4.09	4.25	14.30	14.80	7.07	8.32
宁 夏	8.13	9.02	24.52	27.58	15.62	20.88
新 疆	14.38	15.57	47.23	49.81	30.07	39.33

各地区乡镇企业情况（续1）

（1991—1992年）

地　　区	固定资产原值（亿元）		利税总额（亿元）		国家税金（亿元）	
	1991年	1992年	1991年	1992年	1991年	1992年
全国总计	**3 385.20**	**4 512.50**	**1 229.53**	**1 797.68**	**454.55**	**636.93**
北　京	82.39	95.63	42.33	46.22	15.07	17.97
天　津	58.44	79.30	25.99	41.09	12.35	18.47
河　北	195.60	272.35	108.74	146.11	21.67	29.63
山　西	105.28	140.52	40.40	52.47	11.74	15.49
内　蒙	31.56	35.43	12.48	14.98	3.05	4.08
辽　宁	145.62	195.43	77.06	137.49	28.51	37.55
吉　林	49.03	55.47	22.63	28.54	7.69	9.57
黑龙江	55.97	65.02	17.18	22.28	5.39	7.32
上　海	136.01	168.87	41.49	59.54	18.59	22.58
江　苏	415.31	568.58	85.83	174.54	61.62	93.43
浙　江	251.03	340.98	89.54	132.60	55.88	76.87
安　徽	93.61	128.80	37.96	57.50	11.24	16.71
福　建	92.99	134.58	36.43	55.46	14.03	19.64
江　西	51.54	63.59	21.47	29.02	7.47	9.98
山　东	394.64	536.21	144.31	220.83	50.37	74.97
河　南	204.54	273.55	98.94	141.13	16.45	23.38
湖　北	114.09	133.60	31.78	42.48	12.01	15.74
湖　南	104.95	129.84	39.04	54.49	14.72	19.71
广　东	398.72	560.15	113.67	167.62	38.09	54.44
广　西	45.21	72.01	17.22	30.82	6.78	11.07
海　南	9.56	12.73	2.64	4.15	0.95	0.90
四　川	155.07	201.09	53.56	69.56	20.72	31.55
贵　州	21.50	27.75	9.46	11.78	3.18	3.48
云　南	46.73	57.83	10.84	14.92	4.42	5.84
西　藏						
陕　西	62.79	75.15	25.14	30.24	7.37	9.26
甘　肃	30.93	49.71	9.15	11.83	2.84	3.88
青　海	4.94	5.21	0.73	0.88	0.35	0.36
宁　夏	8.77	10.65	2.25	2.83	0.76	1.02
新　疆	18.39	22.47	4.28	5.59	1.62	2.04

各地区乡镇企业情况（续 2）

（1991—1992 年）

地　　区	纯 利 润（亿元）		工资总额（亿元）		劳动生产率（亿元）	
	1991 年	1992 年	1991 年	1992 年	1991 年	1992 年
全国总计	**687.62**	**1 044.14**	**1 305.06**	**1 738.47**	**12 094**	**16 618**
北　京	20.52	26.15	21.86	26.10	25 192	32 080
天　津	11.30	17.36	13.80	16.74	29 574	40 380
河　北	72.91	110.35	95.90	108.64	11 026	14 852
山　西	25.99	35.23	37.87	51.10	9 555	12 408
内　蒙	8.02	10.60	13.62	17.48	6 860	8 846
辽　宁	38.04	54.11	48.95	61.30	17 339	24 303
吉　林	14.83	18.48	25.00	27.87	10 140	12 538
黑龙江	11.36	14.74	24.26	28.54	11 037	12 457
上　海	9.24	14.43	26.31	32.62	24 377	32 767
江　苏	26.33	73.09	103.02	157.12	19 227	30 440
浙　江	27.69	45.44	86.96	117.79	19 079	25 674
安　徽	26.40	40.14	51.75	68.70	7 885	11 072
福　建	22.40	35.67	53.33	78.25	11 341	16 449
江　西	13.99	18.89	28.88	38.57	7 993	10 772
山　东	85.52	130.99	116.55	155.44	14 928	20 719
河　南	82.49	117.75	96.44	125.55	8 953	12 141
湖　北	19.62	25.79	42.09	52.29	10 133	12 759
湖　南	23.98	34.36	55.10	73.78	7 842	10 327
广　东	72.58	112.42	173.57	230.94	13 504	18 090
广　西	9.56	19.61	24.93	44.92	5 620	10 265
海　南	2.05	3.25	4.81	6.12	6 591	8 335
四　川	23.04	34.39	74.90	99.89	7 935	11 294
贵　州	6.26	8.29	14.88	19.95	4 601	5 535
云　南	6.03	8.52	17.45	22.09	5 887	6 490
西　藏	0.00	0.00	0.00	0.00	0.00	0.00
陕　西	17.13	20.63	27.81	32.91	7 066	8 411
甘　肃	5.89	7.81	4.29	32.41	6 219	7 681
青　海	0.37	0.38	1.66	1.48	4 944	5 624
宁　夏	1.47	1.80	2.45	2.99	6 370	7 571
新　疆	2.60	3.46	6.31	6.83	6 367	7 895

各地区牲畜饲养情况

（1992 年）

地 区	大牲畜年底头数	#役 畜（万 头）	牛（万 头）	#乳 牛	马（万头）	驴（万头）	骡（万头）
全 国	**13 485.1**	**7 759.5**	**10 784.0**	**313.9**	**1 001.7**	**1 098.3**	**561.0**
北 京	27.0	13.6	13.1	6.3	2.4	5.6	5.9
天 津	34.2	25.7	13.4	2.7	2.8	12.1	5.9
河 北	557.7	392.4	248.6	20.3	53.2	173.4	82.5
山 西	299.2	218.2	184.7	8.6	10.6	50.1	53.8
内蒙古	690.2	245.6	370.7	46.2	151.9	89.4	60.7
辽 宁	331.6	214.2	155.3	7.1	45.1	87.6	43.6
吉 林	341.1	206.0	222.9	4.9	79.0	14.3	24.9
黑龙江	406.0	213.2	292.8	69.6	100.0	6.7	6.5
上 海	6.9	0.8	6.9	5.9			
江 苏	96.7	63.6	74.6	4.3	2.1	17.6	2.4
浙 江	60.5	41.7	60.5	4.3			
安 徽	513.2	357.4	485.2	1.5	6.3	17.0	4.7
福 建	131.2	95.6	131.1	2.3	0.1		
江 西	347.8	262.5	347.8	1.9			
山 东	874.3	616.4	663.2	3.8	33.5	136.0	41.6
河 南	1 135.5	794.9	934.9	1.0	37.8	102.9	59.9
湖 北	357.2	260.3	352.4	2.9	2.4	2.0	0.4
湖 南	413.1	306.0	411.6	1.1	1.1	0.3	0.1
广 东	474.6	339.0	474.6	2.4			
广 西	770.3	523.4	741.4	0.5	27.9	0.1	0.9
海 南	133.2	74.5	133.2	0.1			
四 川	1 084.9	455.1	1 019.3	5.1	55.2	6.0	4.4
贵 州	690.7	477.8	616.6	1.6	72.6	0.1	1.4
云 南	931.2	522.9	763.3	6.5	93.4	27.9	46.6
西 藏	618.1	147.0	567.2	23.4	35.6	14.1	1.2
陕 西	305.4	202.1	242.4	5.6	4.1	40.9	18.0
甘 肃	590.6	360.4	342.4	10.1	40.2	143.5	61.5
青 海	622.5	64.1	550.7	6.3	41.7	12.4	15.7
宁 夏	74.4	55.5	30.3	2.2	2.2	25.9	15.7
新 疆	565.8	209.6	332.9	55.3	100.5	112.4	2.7

各地区牲畜饲养情况（续）

（1992 年）

地 区	骆 驼（万头）	肉猪出栏头数（万头）	猪年底头 数（万头）	羊年底只 数（万只）	山 羊	绵 羊	养 蜂（万箱）
全 国	**40.1**	**35 169.7**	**38 421.1**	**20 732.9**	**9 761.0**	**10 971.9**	**701.2**
北 京		373.3	269.1	64.0	40.6	23.4	4.9
天 津		131.9	88.0	69.6	35.0	34.6	0.4
河 北		1 607.0	1 632.4	960.6	503.7	456.9	15.8
山 西		364.7	391.9	679.0	291.1	387.9	13.4
内蒙古	17.5	371.2	621.5	2 856.7	926.0	1 930.7	5.67
辽 宁		945.4	1 222.0	239.5	75.7	163.8	7.7
吉 林		464.4	544.8	227.6	15.9	211.7	7.5
黑龙江		614.9	763.2	308.6	39.0	269.6	7.1
上 海		405.2	246.4	34.8	26.5	8.3	1.3
江 苏		2 246.2	1 969.1	873.7	823.6	50.1	23.5
浙 江		1 345.5	1 437.0	183.3	75.2	108.1	108.4
安 徽		1 141.0	1 317.0	324.1	312.1	12.0	22.1
福 建		931.6	996.0	64.7	64.7		24.9
江 西		1 571.4	1 656.6	19.8	19.5	0.3	28.3
山 东		2 311.6	2 018.6	2 373.3	1 826.4	546.9	17.7
河 南		1 437.2	1 959.7	1 234.2	1 100.2	134.0	45.9
湖 北		1 927.0	2 099.1	126.8	124.9	1.9	35.6
湖 南		3 536.3	2 912.1	79.4	78.8	0.6	27.9
广 东		2 059.7	2 122.5	14.9	14.9		27.9
广 西		1 349.9	1 903.9	89.1	89.1		21.4
海 南		162.7	294.0	43.3	43.3		2.7
四 川		6 600.3	6 654.2	945.2	594.0	351.2	114.2
贵 州		883.9	1 402.5	165.7	135.2	30.5	16.9
云 南		1 019.5	2 112.2	631.2	507.0	124.2	85.3
西 藏		9.0	18.6	1 778.7	590.3	1 188.4	0.1
陕 西		639.2	874.1	601.9	445.0	156.9	31.2
甘 肃	3.0	508.9	627.0	1 012.2	218.9	793.3	25.05
青 海	2.0	63.6	97.7	1 648.1	211.4	1 436.7	0.5
宁 夏	0.3	62.9	70.7	252.5	74.3	178.2	1.9
新 疆	17.3	84.3	99.2	2 830.4	458.7	2 371.7	4.0

各地区畜产品产量

（1992 年）

地　区	猪牛羊肉产量（万吨）	猪　肉	牛　肉	羊　肉	奶　类（万　吨）	#牛　奶
全　国	**2 940.6**	**2 635.3**	**180.3**	**125.0**	**563.9**	**503.1**
北　京	27.4	25.2	1.2	1.0	24.5	24.5
天　津	11.2	9.4	0.8	1.0	9.6	9.5
河　北	144.4	125.8	9.9	8.7	18.6	15.4
山　西	35.1	27.3	3.5	4.3	21.4	19.5
内蒙古	60.8	34.4	9.9	16.5	42.8	41.0
辽　宁	99.7	91.4	6.7	1.6	19.7	18.0
吉　林	50.1	42.9	6.1	1.1	11.3	10.9
黑龙江	62.7	52.1	8.8	1.8	138.0	136.7
上　海	23.1	22.8		0.3	27.7	27.7
江　苏	172.4	160.9	2.4	9.1	11.9	11.5
浙　江	97.1	95.0	0.8	1.3	12.4	12.3
安　徽	106.2	93.0	10.6	2.6	2.7	2.7
福　建	75.3	73.7	1.0	0.6	5.7	5.6
江　西	128.4	125.8	2.4	0.2	2.8	2.8
山　东	231.2	184.4	27.2	19.6	34.3	10.7
河　南	152.9	119.2	25.7	8.0	7.2	3.0
湖　北	162.2	158.2	2.7	1.3	5.6	5.6
湖　南	214.0	211.1	2.3	0.6	1.2	1.2
广　东	172.7	166.2	6.1	0.4	5.8	5.7
广　西	115.0	109.8	4.8	0.4	0.9	0.9
海　南	15.7	14.1	1.3	0.3	0.1	0.1
四　川	449.1	435.3	9.5	4.3	28.7	28.2
贵　州	81.7	76.9	3.5	1.3	1.3	1.3
云　南	87.2	82.2	3.3	1.7	9.2	8.8
西　藏	9.7	0.5	4.9	4.3	18.6	14.8
陕　西	55.5	48.1	4.6	2.8	25.6	13.1
甘　肃	44.5	34.9	5.2	4.4	8.6	8.4
青　海	16.1	4.6	5.7	5.8	21.5	20.8
宁　夏	6.9	4.6	0.7	1.6	6.4	6.4
新　疆	32.3	5.5	8.7	18.1	39.8	36.0

各地区畜产品产量（续）

（1992 年）

地 区	绵羊毛（吨）	#细羊毛	山羊毛（吨）	羊 绒（吨）	禽 蛋（万吨）	蜂 蜜（万吨）
全 国	**238 192**	**106 201**	**17 496**	**5 886**	**1 019.9**	**17.8**
北 京	216	18	135	35	30.0	0.1
天 津	391		53	2	21.3	0.2
河 北	11 465	4 952	1 874	344	68.2	0.5
山 西	5 742	2 308	877	318	20.9	0.3
内蒙古	58 178	34 363	2 167	2 272	14.3	0.3
辽 宁	6 575	3 511	383	164	64.3	0.3
吉 林	9 042	6 810	48	2	30.5	0.2
黑龙江	11 985	4 052	102	2	45.9	0.3
上 海	72		39		17.0	
江 苏	1 978	1 405	131	1	111.7	1.0
浙 江	2 448	2 448	67		25.1	5.3
安 徽	475	15	49		36.2	
福 建					17.1	0.7
江 西	3		5		21.6	0.9
山 东	21 758	8 754	3 946	339	170.5	0.8
河 南	4 873	2 098	1 107	44	79.3	1.5
湖 北	105	18	74		63.3	0.7
湖 南	7		3		31.1	0.5
广 东			5		23.9	0.8
广 西					8.8	0.3
海 南					1.4	
四 川	2 885	240	273	4	57.7	1.8
贵 州	514	52	3		4.8	0.1
云 南	1 378	287	78	1	4.8	0.3
西 藏	8 376	33	995	445	0.1	
陕 西	3 915	2 442	989	546	29.0	0.5
甘 肃	14 858	5 704	1 171	255	9.8	0.2
青 海	17 887	333	628	190	1.1	
宁 夏	3 076	352	261	172	2.6	
新 疆	49 990	26 006	2 033	750	7.6	0.2

各地区水产品产量

（1992 年）　　　　单位：吨

地　区	水产品总产量	海水产品					
			天然生产	人工养殖	# 鱼　类	# 虾蟹类	# 贝　类
全　国	**15 571 201**	**9 336 537**	**6 912 314**	**2 424 223**	**5 176 244**	**1 273 929**	**2 043 556**
北　京	64 527	390		390		390	
天　津	110 982	27 661	22 248	5 413	10 661	9 773	1 436
河　北	304 522	225 432	181 120	44 312	46 186	66 614	23 121
山　西	12 358						
内蒙古	35 662						
辽　宁	1 322 575	1 226 368	571 143	655 225	319 719	176 712	587 908
吉　林	84 862						
黑龙江	178 467						
上　海	248 600	136 676	131 476	5 200	111 615	22 653	2 331
江　苏	1 346 867	422 769	379 403	43 366	253 958	65 297	81 610
浙　江	1 697 460	1 402 030	1 228 638	173 392	846 782	375 448	168 6774
安　徽	304 265						
福　建	1 600 392	1 465 589	1 042 233	423 356	911 723	115 043	284 765
江　西	413 152						
山　东	2 481 648	2 251 437	1 384 628	866 809	930 030	248 546	701 615
河　南	115 521						
湖　北	816 270						
湖　南	595 705						
广　东	2 510 603	1 474 174	1 298 510	175 664	1 140 372	145 016	159 104
广　西	445 744	284 350	260 625	23 725	213 125	35 469	27 314
海　南	257 361	224 661	217 290	7 371	197 073	12 968	5 675
四　川	275 349						
贵　州	23 607						
云　南	53 697						
西　藏	268						
陕　西	26 819						
甘　肃	4 846						
青　海	3 994						
宁　夏	13 485						
新　疆	26 593						
中国水产品联合总公司	195 000	195 000	195 000		195 000		

各地区水产品产量（续）

（1992 年）　　单位：吨

地区	# 藻类	淡水产品	天然生产	人工养殖	# 鱼类	# 虾蟹类	# 贝类
全国	**568 208**	**6 234 664**	**900 951**	**5 333 713**	**5 984 203**	**123 959**	**104 966**
北京		64 137		64 137	64 137		
天津		83 321	13 643	69 678	81 134	920	1 267
河北		79 090	21 098	57 992	75 036	4 026	28
山西		12 358	182	12 176	12 288	70	
内蒙古		35 662	16 411	19 251	35 564	98	
辽宁	106 978	96 207	7 722	88 485	94 475	1 630	102
吉林		84 862	25 707	59 155	83 759	650	453
黑龙江		178 467	48 756	129 711	177 856	561	43
上海		111 924	4 070	107 854	110 942	968	14
江苏	2 948	924 098	202 021	722 077	848 018	35 147	37 868
浙江	9 726	295 430	28 585	266 845	286 011	2 367	5 769
安徽		304 265	87 819	216 446	282 869	15 170	5 511
福建	150 794	134 803	17 883	116 920	123 271	2 029	5 107
江西		413 152	73 202	339 950	391 053	11 472	9 764
山东	283 318	230 211	41 074	189 137	221 825	6 793	1 593
河南		115 521	10 693	104 828	112 116	1 875	542
湖北		816 270	115 649	700 621	779 033	17 656	13 033
湖南		595 705	52 595	543 110	580 077	6 810	6 874
广东	8 895	1 036 429	54 598	981 831	1 015 476	5 625	14 816
广西	129	161 394	13 815	147 579	158 741	1 303	1 336
海南	5 420	32 700	3 723	28 977	32 221	273	202
四川		275 349	27 411	247 938	273 732	458	3
贵州		23 607	2 784	20 823	23 289	221	66
云南		53 697	19 448	34 249	45 302	7 810	575
西藏		268	268		268		
陕西		26 819	693	26 126	26 794	25	
甘肃		4 846	208	4 638	4 846		
青海		3 994	3 694	300	3 994		
宁夏		13 485	271	13 214	13 485		
新疆		26 593	6 928	19 665	26 591	2	
中国水产品联合总公司							

农村经济收入分配情况

指　　标	1991 年		1992 年		1992 年为 1991 年%
	金额（亿元）	比重（%）	金额（亿元）	比重（%）	
一、总收入	**16 633.0**	**100.0**	**22 059.0**	**100.0**	**132.6**
1. 乡村企业收入	6 556.0	39.4	9 923.0	45.0	151.4
#乡办企业			5 480.0	24.9	
村办企业			4 443.0	20.1	
2. 村以下经营收入	9 577.0	57.6	12 136.0	55.0	126.7
二、总费用	**9 531.1**	**100.0**	**13 974.0**	**100.0**	**146.6**
1. 乡村企业收入	5 224.3	54.8	8 078.0	57.8	154.6
#乡办企业			4 550.0	32.6	
村办企业			3 528.0	25.2	
2. 村以下经营收入	4 005.1	42.0	5 896.0	42.2	147.2
三、纯收入	**7 101.9**	**100.0**	**8 085.0**	**100.0**	**113.8**
1. 国家税金	427.0	6.0	596.5	7.4	139.7
2. 集体提留	827.9	11.7	921.0	11.4	111.2
3. 个人所得	5 847.0	82.3	6 567.5	81.2	112.3
（一）乡村企业	1 331.7	100.0	1 845.1	100.0	138.6
1. 国家税金	244.3	18.3	360.3	19.5	147.5
2. 集体提留	492.0	37.0	570.4	30.9	115.9
3. 个人所得	595 4	44.7	914.4	49.6	153.6
#乡办企业			929.9	100.0	
1. 国家税金			207.1	22.3	
2. 集体提留			267.0	28.7	
3. 个人所得			455.8	49.0	
村办企业			915.2	100.0	
1. 国家税金			153.2	16.7	
2. 集体提留			303.4	33.2	
3. 个人所得			458.6	50.1	
（二）村以下经营	5 572.1	100.0	6 222.7	100.0	111.7
1. 国家税金	166.8	3.0	236.1	3.8	141.5
2. 集体提留	291.9	5.2	350.3	5.6	120.0
3. 个人所得	5 113.4	91.8	5 636.3	90.6	110.2

9

农民家庭经济调查

农民家庭总收支

（1992 年）　　　　单位：元

项目	人均			户均		
	金额	比 1991 年		金额	比 1991 年	
		增减	增长（%）		增减	增长（%）
一、全年总收入	**1 254.93**	**128.93**	**11.45**	**6 126.52**	**570.10**	**10.26**
1. 从集体得到的收入	135.09	19.93	17.31	659.52	91.23	16.05
#从乡镇企业得到的收入	83.09	12.61	17.89	405.63	57.85	16.63
2. 从经济联合体得到的收入	7.32	1.63	28.55	35.75	7.64	27.17
3. 家庭经营收入	966.82	84.88	9.62	4 720.00	367.88	8.45
#农业收入	453.60	12.88	2.92	2 214.44	39.67	1.82
#粮食收入	253.20	9.55	3.92	1 236.11	33.79	2.81
4. 其它非借贷性收入	145.70	22.49	18.27	711.25	103.35	17.00
#保险收入	1.01	0.26	33.81	4.95	1.21	32.38
二、全年总支出	1 133.03	110.59	10.82	5 531.41	486.01	9.63
1. 家庭生活消费支出	631.42	53.78	9.31	3 082.60	232.12	8.14
#食品	277.63	18.86	7.29	1 355.40	78.41	6.14
衣着	70.94	6.08	9.37	346.33	26.25	8.20
住房	92.64	5.98	6.90	452.26	24.62	5.76
2. 家庭经营费用支出	339.48	36.06	11.89	1 657.33	160.07	10.69
#农业生产费用	138.83	7.48	5.69	677.75	29.59	4.56
林、牧、渔业生产费用	113.25	18.19	19.13	552.87	83.78	17.86
3. 缴纳税款	15.96	1.97	14.08	77.92	8.88	12.86
4. 上缴集体的承包任务	27.83	3.96	16.59	135.84	18.07	15.34
5. 上缴集体的其它支出	10.62	2.97	38.83	51.86	14.10	37.35
6. 购置生产性固定资产支出	44.95	4.60	11.40	219.47	20.33	10.21
7. 其它非借贷性支出	62.77	7.25	13.04	306.39	32.44	11.84
#保险费支出	1.57	0.41	34.83	7.66	1.92	33.39

农民家庭现金收支

（1992年） 单位：元

项目	人均			户均		
	金额	比1991年		金额	比1991年	
		增减	增长（%）		增减	增长（%）
一、期初手持现金	208.84	41.48	24.78	1 019.57	193.67	23.45
二、期内现金收入合计	1 276.80	143.32	12.64	6 233.32	639.96	11.44
1. 从集体得到的现金收入	128.20	22.15	20.88	625.87	102.52	19.59
#从乡镇企业得到的现金	79.47	13.63	20.71	387.99	63.09	19.42
2. 从经济联合体得到的现金	6.44	1.94	43.06	31.46	9.23	41.53
3. 家庭经营现金收入	742.24	70.79	10.54	3 623.62	310.19	9.36
#出售农业产品的现金收入	274.49	6.33	2.36	1 340.08	16.78	1.27
建筑运输生产性劳务收入	128.81	23.59	22.42	628.85	109.61	21.11
商业饮食服务业收入	49.77	5.35	12.06	242.96	23.80	10.86
4. 其它非借贷性现金收入	150.18	25.68	20.64	733.15	118.86	19.35
5. 储蓄借贷现金收入	249.74	22.76	10.03	1 219.22	99.16	8.85
#从银行、信用社贷款	45.02	1.73	3.99	219.79	6.15	2.88
三、期内现金支出合计	1 243.50	145.04	13.20	6 070.72	650.19	11.99
1. 生活消费支出	531.78	54.01	11.30	2 596.14	238.48	10.11
2. 生产消费支出	320.74	37.49	13.23	1 565.87	168.09	12.03
（1）家庭经营费用支出	276.96	32.18	13.15	1 352.10	144.19	11.94
（2）购买生产性固定资产支出	43.78	5.31	13.81	213.77	23.90	12.59
3. 缴纳税款	14.04	1.98	16.38	68.56	9.01	15.14
4. 上缴集体承包任务支出	22.64	3.49	18.22	110.54	16.03	16.96
5. 上缴集体其它支出	7.94	1.30	19.54	38.78	5.99	18.26
6. 其它非借贷性支出	68.64	8.07	13.34	335.07	36.24	12.13
7. 储蓄借贷支出	277.72	38.70	16.19	1 355.76	176.35	14.95
#归还银行、信用社贷款	38.98	1.41	3.76	190.32	4.91	2.65
四、期末手持现金	242.15	39.76	19.65	1 182.17	183.44	18.37

农民家庭储蓄存款情况

（1992 年）　　　　单位：元

项　　目	人均				
	金　额	比 1991 年		比 1990 年	
		增　减	增长（%）	增　减	增长（%）
1. 期初储蓄存款余额	279.48	42.99	18.18	76.90	37.96
（1）活　期	77.47	11.19	16.88	13.02	20.21
（2）定　期	202.01	31.80	18.68	63.88	46.25
# 在农业银行存款余额	103.56	10.90	11.77	30.04	40.87
（1）活　期	26.51	2.17	8.92	4.72	21.69
（2）定　期	77.05	8.73	12.78	25.32	48.94
2. 期内存入款	152.01	25.04	19.72	34.89	29.78
（1）活　期	60.50	12.86	26.99	10.90	21.97
（2）定　期	91.51	12.18	15.35	23.99	35.52
# 在农业银行存入款	59.89	11.97	24.98	17.01	39.68
（1）活　期	22.77	4.41	24.04	5.29	30.31
（2）定　期	37.12	7.56	25.56	11.72	46.12
3. 期内提取存款	100.66	12.78	14.55	27.57	37.73
（1）活　期	44.41	3.32	8.08	5.24	13.40
（2）定　期	56.25	9.46	20.22	22.33	65.82
# 在农业银行提取存款	39.06	4.61	13.37	12.26	45.75
（1）活　期	18.55	2.16	13.17	4.21	29.37
（2）定　期	20.51	2.45	13.55	8.05	64.61
4. 期末储蓄存款余额	330.84	55.24	20.04	84.22	34.15
（1）活　期	93.56	20.72	28.45	18.67	24.93
（2）定　期	237.28	34.52	17.02	65.55	38.17
# 在农业银行存款余额	124.39	18.27	17.21	34.79	38.84
（1）活　期	30.73	4.42	16.82	5.81	23.32
（2）定　期	93.66	13.85	17.34	28.98	44.81
5. 本期新增储蓄存款	51.36	12.25	31.34	7.31	16.60
（1）活　期	16.10	9.53	145.42	5.65	54.10
（2）定　期	35.26	2.72	8.35	1.66	4.94
# 在农业银行存款余额	20.83	7.36	54.68	4.75	29.56
（1）活　期	4.21	2.25	114.89	1.08	34.63
（2）定　期	16.62	5.11	44.42	3.67	28.33

农民家庭定期储蓄存款情况

（1992年）　　　　单位：元

项目	人均				
	金额	比1991年		比1990年	
		增减	增长（%）	增减	增长（%）
1. 期初定期储蓄存款余额	202.01	31.80	18.68	63.88	46.25
（1）一年及一年以内	101.77	16.35	19.14	33.23	48.49
（2）三　年	71.89	11.26	18.57	22.52	45.62
（3）五年及五年以上	28.36	4.19	17.33	8.13	40.18
#在农业银行存款余额	77.04	8.73	12.78	25.32	48.94
（1）一年及一年以内	36.49	4.37	13.61	11.51	46.09
（2）三　年	29.60	3.63	13.97	10.67	56.34
（3）五年及五年以上	10.96	0.73	7.14	3.14	40.16
2. 期内存入定期储蓄存款	91.51	12.18	15.35	23.99	35.52
（1）一年及一年以内	56.79	10.14	21.75	16.30	40.25
（2）三　年	26.71	1.58	6.27	5.58	26.41
（3）五年及五年以上	8.00	0.46	6.03	2.11	35.75
#在农业银行存入款	37.12	7.56	25.56	11.72	46.12
（1）一年及一年以内	21.75	5.12	30.78	8.12	59.63
（2）三　年	11.68	1.75	17.67	2.70	30.01
（3）五年及五年以上	3.69	0.68	22.76	0.90	32.07
3. 期内提取定期储蓄存款	56.24	9.46	20.22	22.33	65.82
（1）一年及一年以内	36.24	7.20	24.80	14.00	62.98
（2）三　年	15.53	1.70	12.30	6.23	66.93
（3）五年及五年以上	4.47	0.56	14.20	2.09	88.07
#在农业银行提取存款	20.51	2.45	13.55	8.05	64.61
（1）一年及一年以内	12.82	2.91	29.31	5.10	65.99
（2）三　年	6.14	−0.18	−2.84	2.39	63.55
（3）五年及五年以上	1.54	−0.28	−15.34	0.57	57.83
4. 期末定期储蓄存款余额	237.28	34.52	17.02	65.54	38.17
（1）一年及一年以内	122.32	19.29	18.73	35.53	40.93
（2）三　年	83.07	11.14	15.48	21.87	35.75
（3）五年及五年以上	31.89	4.09	14.70	8.14	34.29
#在农业银行存款余额	93.66	13.84	17.34	28.98	44.81
（1）一年及一年以内	45.42	6.59	16.96	14.54	47.08
（2）三　年	35.14	5.56	18.81	10.98	45.42
（3）五年及五年以上	13.10	1.69	14.85	3.47	36.02

各地区农民家庭储蓄存款情况

（1992年）　　　　单位：元

地区	期末储蓄存款余额			1. 活期			2. 定期		
	金额（人均）	比1991年		金额（人均）	比1991年		金额（人均）	比1991年	
		增减	增长(%)		增减	增长(%)		增减	增长(%)
北京	851.63	202.74	31.24	265.43	75.82	39.99	586.20	126.92	27.63
天津	1 055.04	175.73	19.99	362.95	141.83	64.15	692.09	33.90	5.15
河北	526.63	97.05	22.59	116.70	12.63	12.14	409.93	84.42	25.93
山西	373.92	30.56	8.90	66.49	9.17	15.99	307.44	21.40	7.48
内蒙古	222.93	39.07	21.25	107.31	23.17	27.54	115.62	15.90	15.94
辽宁	645.91	90.79	16.35	123.95	16.06	14.88	521.96	74.73	16.71
吉林	223.72	32.98	17.29	152.84	19.19	14.36	70.88	13.79	24.15
黑龙江	191.27	−58.42	−23.40	62.20	3.01	5.09	129.07	−61.43	−32.25
上海	1 164.10	201.51	20.93	26.36	10.07	61.82	1 137.73	191.44	20.23
江苏	415.84	80.86	24.14	58.30	7.28	14.26	357.54	73.58	25.91
浙江	497.48	78.52	18.74	96.94	30.74	46.43	400.54	47.78	13.55
安徽	132.83	23.56	21.56	57.94	11.21	23.99	74.89	12.35	19.74
福建	326.19	86.38	36.02	89.29	47.69	114.64	236.90	38.69	19.52
江西	146.86	25.27	20.79	51.05	6.56	14.74	95.82	18.71	24.27
山东	454.29	64.88	16.66	95.24	13.33	16.27	359.06	51.56	16.77
河南	187.60	19.38	11.52	71.61	6.03	9.20	115.99	13.35	13.01
湖北	137.89	−44.76	−24.50	46.14	15.44	50.30	91.75	−60.20	−39.62
湖南	217.54	46.68	27.32	61.97	11.00	21.57	155.56	35.68	29.76
广东	897.16	357.21	66.16	378.33	150.56	66.10	518.83	206.65	66.20
广西	281.53	65.56	30.35	93.31	16.37	21.27	188.22	49.19	35.38
海南	272.59	11.78	4.52	78.06	5.61	7.75	194.53	6.17	3.28
四川	98.86	32.23	48.38	27.69	11.05	66.43	71.17	21.18	42.37
贵州	131.92	15.65	13.46	63.58	7.66	13.70	68.34	7.99	13.24
云南	142.16	−2.93	−2.02	33.30	−3.88	−10.45	108.86	0.95	0.88
陕西	250.17	15.68	6.69	58.07	6.74	13.13	192.11	8.94	4.88
甘肃	117.28	32.70	38.66	44.78	11.37	34.03	72.51	21.33	41.69
青海	168.89	47.48	39.10	44.59	6.74	17.82	124.30	40.73	48.74
宁夏	443.08	48.74	12.36	72.29	−16.76	−18.82	370.79	65.49	21.45
新疆	294.40	41.27	16.30	108.74	22.08	25.48	185.65	19.19	11.53

各地区农民家庭新增储蓄存款情况

（1992 年） 单位：元

地区	本期新增储蓄存款		1. 活期		2. 定期	
	金额（人均）	比 1991 年增减	金额（人均）	比 1991 年增减	金额（人均）	比 1991 年增减
北京	179.98	41.43	51.01	6.72	128.98	34.71
天津	291.79	161.37	200.67	202.45	91.12	−41.08
河北	56.99	−4.90	4.00	−2.03	52.99	−2.87
山西	19.88	−35.64	8.87	9.71	11.01	−45.35
内蒙古	21.25	19.06	13.12	12.17	8.13	6.89
辽宁	98.28	27.00	16.04	3.41	82.24	23.59
吉林	23.46	27.28	10.21	15.20	13.24	12.08
黑龙江	7.44	−14.48	13.81	4.40	−6.37	−18.88
上海	168.19	−76.63	6.67	3.64	161.51	−80.27
江苏	74.17	0.92	7.68	−6.18	66.49	7.09
浙江	79.22	0.04	29.91	34.01	49.31	−33.97
安徽	23.14	18.36	10.15	9.06	12.98	9.30
福建	84.16	52.32	47.30	50.30	36.85	2.02
江西	24.19	3.61	8.40	2.70	15.79	0.91
山东	35.93	−16.71	0.97	−9.55	34.96	−7.16
河南	16.47	−10.76	4.42	−7.83	12.04	−2.93
湖北	17.76	6.04	4.53	4.66	13.23	1.38
湖南	47.56	17.50	14.84	9.78	32.72	7.72
广东	183.98	84.49	75.27	52.00	108.71	32.49
广西	66.00	28.56	11.94	3.98	54.06	24.58
海南	23.50	6.05	8.03	8.52	15.48	−2.48
四川	25.89	9.34	7.90	5.40	18.00	3.94
贵州	11.92	−0.06	5.87	−1.11	6.06	1.05
云南	32.94	12.30	6.22	7.60	26.73	4.70
陕西	31.20	−5.29	10.14	−0.85	21.07	−4.44
甘肃	27.50	15.49	13.06	10.23	14.44	5.26
青海	32.67	35.23	8.98	9.17	23.70	26.06
宁夏	46.42	−40.16	−18.00	−49.75	64.42	9.58
新疆	21.92	72.33	6.48	23.96	15.44	48.37

农民家庭贷款情况分析

（1992 年）　　单位：元

项目	户均贷款总额		#：1. 农业		2. 林业		3. 牧业	
	金额	比1991年增减	金额	比1991年增减	金额	比1991年增减	金额	比1991年增减
一、期初贷款余额	249.12	36.29	105.94	15.30	4.37	0.88	30.77	4.59
#在农业银行贷款余额	97.28	12.71	40.43	5.40	2.79	0.95	14.93	1.47
#逾期贷款	27.19	3.48	14.39	5.02	0.48	0.04	2.94	−1.09
二、期末贷款余额	273.82	33.61	116.58	17.30	5.09	1.50	33.33	2.86
#在农业银行贷款余额	109.03	14.32	44.95	5.81	3.41	1.34	17.65	2.33
#逾期贷款	26.70	−0.59	14.83	2.51	0.57	−0.53	2.18	−1.34
三、本期新增贷款	24.70	−2.68	10.63	2.00	0.72	0.62	2.55	−1.73
#在农业银行新增贷款	11.75	1.62	4.51	0.41	0.62	0.40	2.72	0.86
#新增逾期贷款	−0.50	−4.07	0.44	−2.51	0.09	−0.57	−0.77	−0.26

项目	4. 渔业		5. 工业、建筑、运输业		6. 商业、饮食、服务业		7. 生活	
	金额	比1991年增减	金额	比1991年增减	金额	比1991年增减	金额	比1991年增减
一、期初贷款余额	6.96	0.83	46.37	7.00	23.68	5.44	13.97	1.57
#在农业银行贷款余额	2.75	0.79	13.62	1.21	12.96	4.79	3.85	−0.48
#逾期贷款	0.69	−0.06	3.93	0.04	1.29	−0.19	1.37	−0.62
二、期末贷款余额	9.96	3.57	47.36	3.11	25.49	2.11	15.37	0.14
#在农业银行贷款余额	4.77	2.61	13.74	0.29	12.53	1.95	4.52	−0.38
#逾期贷款	0.79	0.12	2.75	−1.23	2.43	1.22	1.33	−0.66
三、本期新增贷款	3.00	2.73	0.98	−3.89	1.81	−3.34	1.40	−1.43
#在农业银行新增贷款	2.02	1.82	0.12	−0.91	−0.43	−2.84	0.68	0.10
#新增逾期贷款	0.10	0.19	−1.18	−1.27	1.13	1.41	−0.04	−0.04

农民家庭贷款情况分析（比重）

（1992年）　　单位：%

项　　目	户均贷款总额比重	#：1. 农业	2. 林业	3. 牧业
一、期初贷款余额	100.00	42.53	1.76	12.35
#在农业银行贷款余额	100.00	41.57	2.87	15.35
#逾期贷款	100.00	52.91	1.76	10.83
二、期末贷款余额	100.00	42.57	1.86	12.17
#在农业银行贷款余额	100.00	41.23	3.13	16.19
#逾期贷款	100.00	55.56	2.13	8.16
三、本期新增贷款	100.00	43.06	2.90	10.34
#在农业银行新增贷款	100.00	38.41	5.24	23.14
#新增逾期贷款	100.00	−89.40	−18.33	153.91

项　　目	4. 渔业	5. 工业、建筑、运输业	6. 商业、饮食、服务业	7. 生活
一、期初贷款余额	2.79	18.62	9.51	5.61
#在农业银行贷款余额	2.82	14.00	13.32	3.95
#逾期贷款	2.55	14.45	4.76	5.04
二、期末贷款余额	3.64	17.29	9.31	5.61
#在农业银行贷款余额	4.38	12.60	11.49	4.15
#逾期贷款	2.98	10.30	9.10	4.99
三、本期新增贷款	12.16	3.97	7.33	5.66
#在农业银行新增贷款	17.24	1.00	−3.64	5.76
#新增逾期贷款	−20.33	237.03	−228.08	7.42

各地区农民家庭新增贷款情况

（1992 年）

单位：元

地区	本期新增贷款		#1.农业	2. 牧业	3. 渔业	4.工业、建筑、运输业	5.商业、饮食、服务业
	金额（户均）	比 1991 年增减	金额（户均）	金额（户均）	金额（户均）	金额（户均）	金额（户均）
北京	-0.12	-8.00	0.91	-4.09	4.55	-1.82	0.61
天津	-71.43	-127.26	-33.96	-76.11	46.84	-8.20	
河北	21.20	-8.27	10.85	-1.56		-15.21	14.06
山西	35.06	31.03	9.40	0.69		16.17	7.52
内蒙古	8.56	-34.26	9.21	-5.36		1.57	-0.39
辽宁	-17.62	19.94	-11.26	-5.60	3.46		-4.32
吉林	91.15	114.10	79.17	-1.85		4.86	5.88
黑龙江	-51.21	-97.35	-44.61	-2.26		-3.49	
上海	1.98	16.95		-3.97			
江苏	7.42	-30.79	-0.75	6.38	1.45	-4.47	3.05
浙江	163.10	97.54	8.62	17.34	11.10	10.45	103.95
安徽	-3.21	-114.86	-13.43	-0.59	-0.03	-9.87	5.65
福建	39.30	-74.12	-9.51	10.57	12.54	30.85	5.30
江西	75.11	49.15	23.34	47.17	0.56	1.93	0.21
山东	38.77	-14.11	29.97	0.92	0.56	2.61	1.31
河南	7.05	-6.46	4.16	1.41	-0.02	2.43	-4.66
湖北	46.28	51.22	5.21	2.60	10.12	25.25	-1.38
湖南	49.83	-39.19	11.29	0.71	4.07	-2.69	-16.45
广东	209.59	202.99	26.93	41.45	31.67	110.47	0.23
广西	44.96	33.39	50.51	-0.25	1.44	-5.89	4.40
海南	63.13	75.46	23.87	9.26		25.56	
四川	-4.54	-49.43	7.91	-1.94	0.31	-15.70	-2.19
贵州	0.05	25.59	0.64	1.20	-0.19	-1.72	1.33
云南	19.14	-30.35	-25.98	6.23	-6.36	19.95	2.96
陕西	-37.34	-33.05	52.25	-5.68	1.67	-72.83	-6.39
甘肃	17.17	104.65	10.13	28.50		-13.67	-8.52
青海	-25.45	44.29	3.81	-13.33		-7.44	-2.58
宁夏	-94.18	-122.74	7.95	-1.46		-89.87	
新疆	176.99	97.80	164.16	-5.64	0.40	12.51	-5.38

各地区农民家庭贷款情况

(1992年)　　单位：元

地　区	期末贷款余额					#1. 农业		2. 牧　业	
	金　额	比1991年		比1990年		金　额	比1991年	金　额	比1991年
	(户均)	增　减	增长(%)	增　减	增长(%)	(户均)	增　减	(户均)	增　减
北　京	12.24	2.08	20.49	-0.85	-6.51	0.91	0.80	3.45	-4.51
天　津	518.27	-58.78	-10.19	-53.30	-9.33	9.13	-36.30	414.75	-90.40
河　北	224.50	62.32	38.43	90.08	67.01	49.86	21.68	5.69	-1.56
山　西	404.17	39.80	10.92	49.24	13.87	190.64	12.94	16.20	1.21
内蒙古	249.50	37.45	17.66	8.87	3.69	149.16	26.13	45.32	-4.21
辽　宁	195.70	27.71	16.50	0.97	0.50	141.53	35.71	19.70	-4.61
吉　林	290.84	108.77	59.74	82.22	39.41	208.58	110.24	27.41	-11.87
黑龙江	150.58	-105.72	-41.25	-41.89	-21.76	117.14	-80.13	12.26	-13.58
上　海	62.65	3.25	5.47	-11.72	-15.75			43.60	12.64
江　苏	118.74	3.33	2.89	41.03	52.81	36.17	-0.75	22.98	6.38
浙　江	334.77	163.58	95.55	235.34	236.68	66.27	9.10	26.91	17.34
安　徽	339.16	-8.35	-2.40	41.60	13.98	136.04	-14.18	12.23	0.37
福　建	361.55	41.57	12.99	154.99	75.03	27.01	-9.25	38.72	10.76
江　西	206.46	50.25	32.17	79.23	62.28	101.84	5.24	65.29	46.72
山　东	261.15	29.41	12.69	82.29	46.01	142.74	30.44	12.65	1.04
河　南	165.54	9.92	6.38	35.85	27.64	79.31	6.27	8.44	2.01
湖　北	277.51	100.02	56.35	116.83	72.71	72.83	-20.86	17.17	-0.41
湖　南	311.15	40.49	14.96	130.66	72.39	72.40	6.38	30.82	2.23
广　东	565.01	256.44	83.11	310.82	122.27	220.88	33.21	94.41	56.77
广　西	288.61	42.87	17.45	108.97	60.66	168.83	48.91	10.84	-1.02
海　南	564.20	64.87	12.99	37.26	7.07	150.55	31.60	64.66	9.26
四　川	151.73	-8.83	-5.50	39.52	35.22	50.14	6.00	15.25	-1.94
贵　州	193.78	0.05	0.03	-25.49	-11.63	80.05	0.64	19.35	1.20
云　南	267.17	-29.81	-10.04	32.20	13.71	132.89	-30.33	27.31	7.91
陕　西	377.42	-37.34	-9.00	-41.64	-9.94	177.02	52.25	40.70	-5.68
甘　肃	700.67	96.70	16.01	193.17	38.06	273.95	114.23	88.11	24.03
青　海	292.14	24.41	9.12	-50.40	-14.71	214.35	36.42	26.95	0.83
宁　夏	117.15	-114.95	-49.5	-57.62	-32.97	43.07	-2.15		-1.46
新　疆	590.71	186.96	46.31	260.78	79.04	407.29	164.23	43.65	-2.49

各地区农民家庭贷款情况（续）

（1992 年）　　　　单位：元

地区	3. 渔业		4. 工业、建筑、运输业		5. 商业、饮食、服务业	
	金额（户均）	比1991年增减	金额（户均）	比1991年增减	金额（户均）	比1991年增减
北京	4.55	4.55			1.34	－0.75
天津	70.26	53.86	24.12	14.05		
河北			96.56	21.84	26.93	3.39
山西			126.62	14.10	22.35	8.47
内蒙古			30.64	10.01	1.07	0.26
辽宁	6.91	6.91	5.62	－7.39	6.11	－3.97
吉林			20.82	2.31	11.76	11.76
黑龙江			14.60	－6.04	0.92	－0.59
上海			3.57	－24.86	4.76	4.76
江苏	11.76	－0.84	12.31	－6.27	5.07	2.87
浙江	15.48	11.10	36.45	10.45	143.67	103.95
安徽	7.52	－0.03	60.99	－13.07	25.00	6.80
福建	17.58	12.58	202.40	32.05	31.31	5.48
江西	0.56	0.56	9.58	4.96	11.78	－7.15
山东	0.74	0.56	31.78	－3.87	45.00	1.31
河南		－0.02	28.54	2.30	18.24	－4.83
湖北	22.57	17.36	87.60	81.04	30.80	14.81
湖南	21.71	3.52	47.55	－9.73	50.43	－17.31
广东	68.68	41.39	148.93	134.52	6.80	－0.31
广西	11.32	1.92	30.51	－4.30	15.22	4.41
海南	223.94	－1.04	50.23	19.26		
四川	0.68	0.31	15.91	－15.70	17.82	－2.19
贵州	0.51	－0.19	40.04	－1.72	15.40	1.33
云南		－9.22	59.89	3.02	5.69	5.69
陕西	2.67	1.67	56.57	－72.83	28.64	－6.39
甘肃			96.24	－22.33	185.57	－12.10
青海			25.57	－7.53	1.06	
宁夏			44.48	－100.54		
新疆	0.40	0.40	52.06	12.51	14.10	－5.38

农民家庭基本情况

(1992年)　　单位：元

项　　目	单　位	本　期	比1991年		比1990年	
			增　减	增长（%）	增　减	增长（%）
一、调查户数	户	25 606	344	1.36	1 487	6.17
二、常住人口	人	125 008	348	0.28	3 058	2.51
三、人均经营						
1. 耕　地	市　亩	1.63	－0.15	－8.60	－0.37	－18.54
2. 山　地	市　亩	0.67	0.01	2.23	－0.01	－1.47
3. 水　面	市　亩	0.09	0.00		0.01	11.01
四、户均经营						
1. 耕　地	市　亩	7.94	－0.84	－9.58	－2.16	－21.35
2. 山　地	市　亩	3.25	0.04	1.14	－0.17	－4.86
3. 水　面	市　亩	0.42	0.02	3.93	0.03	7.19
五、年内新建房屋情况						
1. 户均新建房屋面积	平方米	5.53	0.09	1.67	－0.43	－7.17
2. 户均新建房屋间数	间	0.43	－0.01	－1.86	0.08	24.93
六、户均年末生产性固定资产原值	元	2 362.52	329.87	16.23	405.70	20.73

农民家庭拥有主要生产性固定资产情况

(1992年)　　单位：元

项　　目	单　位	本　期	比1991年		比1990年	
			增　减	增长（%）	增　减	增长（%）
平均每百个调查农户拥有						
1. 大中型拖拉机	台	1.35	0.24	21.99	－0.34	－19.96
2. 小型和手扶拖拉机	台	12.31	2.10	20.53	0.29	2.45
3. 铁木农具	件	303.02	－11.00	－3.50	21.03	7.46
4. 机引农具	部	10.99	2.78	33.84	3.42	45.21
5. 胶轮大车	辆	11.39	0.47	4.31	1.13	10.98
6. 胶轮手推车	辆	43.81	6.88	18.62	3.52	8.73
7. 抽水机	台	5.45	1.10	25.32	1.89	52.90
8. 水泵	台	9.19	1.43	18.50	1.89	25.86
9. 机动船	条	0.90	－2.04	－69.29	－0.26	－22.29
10. 役畜	头	66.01	－11.97	－15.35	0.68	1.04

农民家庭生产经营总收入情况

（1992年）　　单位：元

项　　目	户均				
	金　额	比1991年		比1990年	
		增　减	增　长（%）	增　减	增　长（%）
全年家庭经营收入总额	4 720.00	367.88	8.45	456.96	10.72
1. 农业收入	2 214.44	39.67	1.82	3.85	0.17
#粮食收入	1 236.11	33.79	2.81	−66.60	−5.11
2. 林业收入	99.89	0.88	0.89	19.85	24.79
3. 牧业收入	937.20	88.38	10.41	114.63	13.94
4. 渔业收入	141.96	31.12	28.08	54.79	62.86
5. 手工业收入	118.64	21.44	22.06	−3.45	−2.83
6. 采集捕猎收入	21.19	3.29	18.40	1.93	10.00
7. 工业收入	53.18	12.88	31.97	15.32	40.46
8. 建筑、运输业收入	303.76	36.32	13.58	46.09	17.89
9. 生产性劳务收入	357.04	70.49	24.60	101.95	39.97
10. 商业收入	157.69	22.77	16.87	43.79	38.44
11. 饮食、服务业收入	105.94	10.19	10.64	15.54	17.19
12. 其它家庭经营收入	209.05	30.43	17.04	42.69	25.66

农民家庭生产经营费用总支出情况

（1992年）　　单位：元

项　　目	户均				
	金　额	比1991年		比1990年	
		增　减	增　长（%）	增　减	增　长（%）
全年家庭生产经营费用总支出	1 657.33	160.07	10.69	276.75	20.05
1. 农业生产费用	677.75	29.59	4.56	66.04	10.80
2. 林业生产费用	24.57	5.37	27.98	9.92	67.70
3. 牧业生产费用	460.31	68.45	17.47	80.53	21.21
4. 渔业生产费用	67.99	9.96	17.17	34.02	100.15
5. 手工业生产费用	55.90	8.55	18.05	−3.79	−6.36
6. 工业生产费用	36.53	11.77	47.54	18.46	102.10
7. 建筑、运输业生产费用	120.06	4.73	4.10	14.01	13.21
8. 商业费用	73.51	6.71	10.04	18.41	33.43
9. 饮食、服务业费用	41.57	0.50	1.21	16.18	63.75
10. 其它家庭经营费用	99.14	14.45	17.07	22.97	30.15

农民家庭生产资金（现金）使用情况

（1992 年）　　　　单位：元

项　　目	户均				
	金　额	比 1991 年		比 1990 年	
		增　减	增　长（%）	增　减	增　长（%）
生产资金支出合计	1 565.87	168.09	12.03	275.41	21.34
1. 家庭经营费用支出	1 352.10	144.19	11.94	239.16	21.49
农业生产费用	540.64	29.14	5.70	50.73	10.35
林业生产费用	16.41	2.21	15.59	4.30	35.45
牧业生产费用	361.04	61.86	20.68	78.74	27.89
渔业生产费用	57.52	1.64	2.94	27.20	89.70
手工业生产费用	50.68	5.94	13.28	−4.74	−8.56
工业生产费用	33.56	10.44	45.17	19.19	133.53
建筑、运输业费用	112.89	10.95	10.74	17.24	18.03
商业费用	66.65	6.30	10.43	14.60	28.04
饮食、服务业费用	37.36	−0.24	−0.64	13.54	56.82
其它家庭经营费用	75.35	15.94	26.82	18.38	32.27
2. 购买生产性固定资产支出	213.77	23.90	12.59	36.25	20.42
购买役畜、产品畜	40.78	1.76	4.52	7.25	21.62
购买铁木农具	12.04	−1.27	−9.57	−1.39	−10.35
购买农林牧渔业机械	39.69	10.08	34.03	13.00	48.73
购买工副业机械	15.51	5.99	62.91	4.04	35.27
购买运输机械	74.51	6.59	9.70	12.61	20.37
购买其它固定资产	31.25	0.76	2.50	0.73	2.40

农民家庭生活消费总支出情况

(1992年)　　单位：元

项　　目	人均				
	金　额	比1991年		比1990年	
		增　减	增　长（%）	增　减	增　长（%）
家庭生活消费支出总额	631.42	53.78	9.31	93.07	17.29
1. 食　品	277.63	18.86	7.29	29.30	11.80
2. 衣　着	70.94	6.08	9.37	12.34	21.06
3. 燃　料	23.35	2.81	13.68	3.17	15.72
4. 住　房	92.64	5.98	6.90	9.39	11.28
#建筑材料	58.79	－0.06	－0.10	0.36	0.61
5. 医　疗	24.84	2.76	12.50	5.22	26.61
6. 用　品	67.58	8.19	13.78	13.23	24.35
7. 文化生活服务支出	45.98	7.59	19.76	13.80	42.87
8. 其它支出	28.46	1.53	5.69	6.61	30.22

农民家庭生活消费现金支出情况

(1992年)　　单位：元

项　　目	户均				
	金　额	比1991年		比1990年	
		增　减	增　长（%）	增　减	增　长（%）
家庭生活消费现金支出合计	531.78	54.01	11.30	90.21	20.43
1. 食　品	198.97	18.29	10.13	29.12	17.14
2. 衣　着	67.72	6.11	9.92	11.44	20.34
3. 燃　料	16.95	2.29	15.65	2.84	20.16
4. 住　房	88.94	6.79	8.27	9.88	12.50
5. 医　疗	23.52	2.30	10.86	4.62	24.42
6. 用　品	65.75	8.09	14.02	13.04	24.73
7. 文化生活服务支出	45.05	8.15	22.08	14.16	45.82
8. 其它支出	24.87	1.98	8.63	5.10	25.83

各地区农民家庭现金收入情况

（1992 年）

单位：元

地区	现金收入合计					#1. 从乡镇企业得到的收入		2. 出售农产品得到的收入	
	金额	比 1991 年		比 1990 年		金额	比 1991 年	金额	比 1991 年
	（人均）	增减	增长(%)	增减	增长(%)	（人均）	增减	（人均）	增减
北京	2 066.06	133.44	6.90	473.69	29.75	404.68	55.87	267.12	9.93
天津	3 032.33	3.51	0.12	118.10	4.05	228.90	57.67	305.25	15.63
河北	1 143.26	152.58	15.40	217.15	23.45	42.63	11.20	276.16	−0.03
山西	979.42	−45.87	−4.47	57.45	6.23	67.10	11.33	194.92	−28.62
内蒙古	1 122.91	177.27	18.75	243.09	27.63	5.79	0.60	369.07	79.54
辽宁	1 635.54	127.42	8.45	195.35	13.56	65.02	6.16	362.65	−31.53
吉林	1 501.26	213.64	16.59	66.76	4.65	12.05	9.42	547.08	49.38
黑龙江	1 313.18	162.70	14.14	306.16	30.40	41.03	20.20	611.75	135.90
上海	3 036.11	475.55	18.57	791.80	35.28	1 071.07	169.15	330.09	−18.83
江苏	1 724.73	157.17	10.03	359.14	26.30	214.45	18.60	269.93	10.53
浙江	2 787.33	579.98	26.28	843.39	43.39	242.66	59.86	244.83	−11.65
安徽	943.95	68.18	7.79	61.11	6.92	48.58	3.26	241.54	27.24
福建	1 677.74	312.29	22.87	528.72	46.01	102.77	59.89	274.33	−38.84
江西	930.78	24.15	2.66	83.43	9.85	35.29	14.50	237.31	−10.14
山东	1 237.34	56.55	4.79	268.27	27.68	72.57	9.78	270.15	−54.14
河南	763.18	19.95	2.68	101.32	15.31	16.62	1.27	236.02	−17.58
湖北	1 145.69	258.99	29.21	278.67	32.14	36.60	13.44	256.94	36.50
湖南	1 443.04	136.84	10.48	299.71	26.21	22.14	−3.02	215.54	5.06
广东	2 974.68	1 150.65	63.08	1 316.04	79.34	185.68	57.29	531.29	59.61
广西	1 050.75	208.16	24.70	404.06	62.48	21.66	7.59	185.26	1.04
海南	1 279.14	−127.24	−9.05	182.32	16.62		−0.05	202.00	−140.34
四川	918.43	78.60	9.36	169.31	22.60	6.97	−0.69	137.06	−48.62
贵州	698.51	65.44	10.34	120.33	20.81	10.03	2.58	162.96	−5.82
云南	925.42	−120.91	−11.56	175.97	23.48	31.07	7.73	222.95	−47.55
陕西	971.49	−29.52	−2.95	69.66	7.72	18.55	−3.43	235.74	−23.80
甘肃	480.88	150.54	45.57	50.93	11.84	6.99	2.83	127.72	46.38
青海	857.06	9.15	1.08	−1.17	−0.14	11.33	−1.91	79.84	−45.90
宁夏	1 165.34	100.40	9.43	36.15	3.20	7.96	5.11	394.08	−37.16
新疆	1 186.11	242.40	25.69	297.37	33.46	5.79	2.10	531.20	114.62

各地区农民家庭现金收入情况（续）

（1992 年）　　　　单位：元

地区	3. 建筑、运输、生产性劳务收入		4. 商业、饮食、服务业收入		5. 从银行、信用社贷款	
	金额（人均）	比 1991 年增减	金额（人均）	比 1991 年增减	金额（人均）	比 1991 年增减
北京	185.87	46.66	21.79	−8.43	4.35	1.07
天津	154.14	−10.94	346.33	9.77	173.52	−66.03
河北	165.72	24.29	43.03	3.98	25.65	0.65
山西	173.78	0.73	66.93	−0.93	45.38	1.34
内蒙古	92.68	22.84	12.59	1.29	70.83	7.51
辽宁	121.78	20.79	113.69	38.69	38.18	−19.28
吉林	128.61	4.30	16.80	0.78	97.35	34.34
黑龙江	105.07	−13.00	25.04	−5.49	28.97	−10.23
上海	116.95	25.56	12.90	−5.27	5.64	−3.33
江苏	121.92	14.21	31.29	3.80	28.89	−4.82
浙江	234.91	61.38	139.09	30.79	95.84	27.02
安徽	81.09	10.92	48.68	12.75	34.33	−24.56
福建	228.78	92.50	44.70	8.14	111.87	16.63
江西	102.64	30.75	28.62	−4.98	34.64	−0.33
山东	120.72	34.05	71.66	19.39	41.25	−8.40
河南	92.15	12.87	27.13	2.79	11.89	−3.79
湖北	110.79	43.58	66.55	1.98	41.96	16.28
湖南	199.17	23.03	61.73	−21.87	51.10	−10.03
广东	389.10	89.06	91.48	27.83	104.62	92.16
广西	81.40	17.59	38.84	−0.59	28.68	8.98
海南	83.73	−24.44	21.33	−6.15	20.44	7.36
四川	118.84	29.93	14.97	−2.27	34.46	−4.63
贵州	96.77	19.18	33.93	2.15	30.70	9.77
云南	88.20	−18.23	31.85	−4.16	28.74	−18.51
陕西	105.78	−15.50	31.26	4.59	44.84	4.14
甘肃	75.75	20.57	49.80	16.73	51.77	31.95
青海	199.01	40.83	21.17	0.36	32.69	−21.22
宁夏	169.94	31.13	5.45	1.00	48.57	−8.27
新疆	86.54	45.56	38.32	10.76	78.94	25.40

各地区农民家庭现金支出情况

（1992 年）　　　　单位：元

地区	现金支出合计					#1. 生活消费支出		2. 家庭生产经营费用支出	
	金额（人均）	比 1991 年		比 1990 年		金额（人均）	比 1991 年	金额（人均）	比 1991 年
		增减	增长（%）	增减	增长（%）		增减		增减
北京	2 001.29	187.10	10.31	477.86	31.37	1 060.93	94.10	293.61	14.81
天津	2 850.77	−111.92	−3.78	43.52	1.55	736.93	−46.85	1 083.11	−50.77
河北	1 103.22	114.59	11.59	201.16	22.30	508.42	74.42	204.27	2.14
山西	1 001.40	−51.60	−4.90	149.97	17.61	442.44	5.93	223.12	−10.08
内蒙古	1 075.81	172.43	19.09	239.93	28.70	402.24	45.21	279.40	53.63
辽宁	1 637.26	147.50	9.90	226.90	16.09	595.03	36.88	439.19	62.28
吉林	1 516.59	310.39	25.73	143.05	10.41	560.59	108.45	387.32	122.91
黑龙江	1 315.61	170.96	14.94	367.01	38.69	632.95	182.23	315.82	3.40
上海	2 996.74	496.85	19.88	826.40	38.08	1 686.58	342.89	317.41	0.74
江苏	1 793.71	335.84	23.04	446.64	33.16	736.27	69.23	319.62	45.44
浙江	2 723.14	560.12	25.90	811.75	42.47	1 160.76	194.64	574.03	162.93
安徽	926.61	62.00	7.17	47.00	5.34	445.28	22.57	195.56	16.77
福建	1 633.16	371.14	29.41	527.73	47.74	655.02	149.85	376.84	94.79
江西	885.26	−4.29	−0.48	48.50	5.80	404.31	−10.20	230.00	6.49
山东	1 244.26	80.06	6.88	284.21	29.60	528.23	52.23	257.56	22.06
河南	756.80	25.12	3.43	92.34	13.90	368.50	6.94	148.41	15.28
湖北	1 139.97	306.97	36.85	284.16	33.20	474.43	138.24	258.52	72.09
湖南	1 400.03	109.55	8.49	265.59	23.41	580.31	59.48	291.13	19.76
广东	2 544.94	743.13	41.24	978.14	62.43	1 030.74	184.02	678.72	200.85
广西	1 029.00	209.11	25.50	441.23	75.07	417.97	39.89	227.68	37.84
海南	1 167.18	−123.20	−9.55	193.07	19.82	688.69	−80.99	265.82	−38.59
四川	894.46	76.14	9.31	165.82	22.76	393.63	26.68	205.47	19.16
贵州	690.65	73.79	11.96	106.61	18.25	314.23	24.33	152.25	14.68
云南	877.53	−95.29	−9.79	191.98	28.00	433.51	−15.96	200.45	−5.82
陕西	959.68	−9.61	−0.99	76.76	8.69	405.13	5.12	210.78	−21.11
甘肃	434.07	87.41	25.21	24.26	5.92	175.32	47.99	108.86	32.54
青海	827.49	−45.67	−5.23	−8.22	−0.98	364.41	−14.30	157.16	−18.85
宁夏	1 139.99	89.86	8.56	30.58	2.76	452.09	97.05	274.65	36.74
新疆	1 049.54	240.50	29.73	255.24	32.13	357.73	43.34	247.49	−0.27

各地区农民家庭现金支出情况（续）

（1992 年）　　单位：元

地区	3. 购买生产性固定资产支出		4. 缴纳税款		5. 归还银行、信用社贷款	
	金额（人均）	比 1991 年增减	金额（人均）	比 1991 年增减	金额（人均）	比 1991 年增减
北　京	44.31	23.03	6.47	−0.23	4.38	3.11
天　津	38.52	−63.63	15.72	−9.01	188.99	−38.38
河　北	51.09	−3.54	9.52	−2.13	19.93	1.07
山　西	44.77	−34.38	20.53	7.34	41.87	−0.05
内蒙古	53.91	7.39	27.59	4.76	64.18	9.90
辽　宁	66.72	22.07	17.36	4.59	41.96	−26.28
吉　林	61.89	13.17	23.76	7.31	77.22	9.65
黑龙江	54.65	−5.18	16.15	5.28	37.00	6.61
上　海	9.57	7.03	11.73	1.76	5.09	−8.03
江　苏	35.86	5.58	11.62	2.25	27.23	1.95
浙　江	93.39	41.25	13.15	−0.55	58.48	4.90
安　徽	27.74	−3.91	7.52	2.53	34.98	−1.61
福　建	33.06	−7.49	22.53	8.23	105.22	29.13
江　西	17.27	−3.26	7.95	−3.02	21.51	−8.51
山　东	59.94	17.21	10.00	0.94	34.32	−4.34
河　南	35.96	1.54	9.94	2.98	10.39	−2.61
湖　北	45.99	25.73	17.20	6.43	34.20	7.88
湖　南	32.33	−16.59	20.02	−1.31	40.45	−1.01
广　东	78.13	28.60	19.82	−5.67	62.12	51.04
广　西	34.24	20.30	10.72	1.69	16.24	−0.04
海　南	24.34	−6.16	9.39	0.23	9.15	−10.47
四　川	10.84	−1.32	17.84	0.37	35.57	7.89
贵　州	33.60	13.11	11.55	1.60	30.69	5.06
云　南	36.47	−7.88	6.41	2.19	24.97	9.39
陕　西	32.24	−10.62	17.95	2.85	50.15	8.49
甘　肃	15.92	−4.99	8.73	2.33	34.05	−0.21
青　海	89.29	24.23	15.78	−11.50	36.98	−28.64
宁　夏	44.90	−32.71	6.39	−0.33	67.28	15.45
新　疆	142.21	92.99	14.13	1.59	49.62	8.91

各地区农民家庭手持现金情况

(1992年)　　　　　　　　　　　　　　　　单位：元

地区	期末手持现金					本期新增手持现金				
	金额（人均）	比1991年		比1990年		金额（人均）	比1991年		比1990年	
		增减	增长(%)	增减	增长(%)		增减	增长(%)	增减	增长(%)
北　京	336.41	41.21	13.96	−8.74	−2.53	64.77	−53.66	45.31	−4.17	−6.05
天　津	404.32	312.54	340.56	104.80	34.99	181.56	115.44	174.59	74.59	69.73
河　北	210.89	46.90	28.60	48.66	30.00	40.04	37.98	1 847.20	15.99	66.47
山　西	166.12	−18.13	−9.84	−45.32	−21.44	−21.97	5.72	−20.66	−92.52	−131.15
内蒙古	279.78	84.42	43.21	119.06	74.08	47.10	4.84	11.46	3.15	7.17
辽　宁	329.84	15.68	4.99	39.90	13.76	−1.72	−20.08	−109.36	−31.55	−105.76
吉　林	300.77	−18.66	−5.84	64.14	27.10	−15.33	−96.75	−118.84	−76.29	−125.16
黑龙江	309.96	9.18	3.05	−34.35	−9.98	−2.43	−8.26	−141.59	−60.85	−104.15
上　海	310.76	22.36	7.75	80.80	35.14	39.37	−21.30	−35.11	−34.59	−46.77
江　苏	154.34	−67.74	−30.50	29.88	24.01	−68.98	−178.67	−162.89	−87.50	−472.44
浙　江	280.35	70.58	33.64	101.93	57.13	64.19	19.87	44.82	31.64	97.21
安　徽	121.60	18.09	17.47	30.47	33.44	17.34	6.18	55.39	14.11	435.81
福　建	406.55	47.90	13.36	156.52	62.60	44.58	−58.86	−56.90	0.99	2.27
江　西	174.62	46.26	36.04	47.96	37.86	45.52	28.45	166.59	34.93	329.87
山　东	135.18	−3.88	−2.79	16.45	13.86	−6.92	−23.51	−141.69	−15.93	−176.72
河　南	119.32	1.30	1.10	−0.91	−0.76	6.37	−5.17	−44.76	8.98	−344.56
湖　北	84.45	−45.83	−35.18	9.14	12.13	5.73	−47.98	−89.33	−5.49	−48.93
湖　南	162.96	54.24	49.89	61.79	61.07	43.01	27.29	173.57	34.12	383.92
广　东	1 049.14	623.01	146.20	485.07	86.00	429.74	407.53	1 834.17	377.90	367.89
广　西	498.46	130.38	35.42	149.76	42.95	21.75	−0.95	−4.19	−37.17	−63.08
海　南	480.09	26.74	5.90	121.85	34.01	111.96	−4.04	−3.48	−10.75	−8.76
四　川	103.74	20.70	24.93	18.49	21.69	23.98	2.45	11.39	3.49	17.02
贵　州	98.78	10.68	12.13	28.05	39.66	7.86	−8.35	−51.52	13.73	−233.92
云　南	242.09	−145.67	−37.57	−23.82	−8.96	47.89	−25.62	−34.86	−16.01	−25.05
陕　西	165.33	0.92	0.56	41.13	33.12	11.80	−19.91	−62.78	−7.10	−37.57
甘　肃	145.41	50.25	52.80	44.25	43.74	46.81	63.14	−386.71	26.67	132.39
青　海	157.99	−66.89	−29.74	−106.87	−40.35	29.56	54.82	−217.07	7.05	31.33
宁　夏	193.00	26.44	15.87	47.72	32.84	25.35	10.53	71.08	5.57	28.19
新　疆	658.44	113.71	20.87	171.50	35.22	136.56	−1.90	1.41	42.13	44.62

农民家庭主要产品生产、出售情况

（1992年）

项目	单位	生产情况（户均）		出售情况（户均）			
		数量	比1991年增减	数量	比1991年增减	金额（元）	比1991年增减
1. 粮食	公斤	2 437.33	－128.51	1 088.25	－237.88	636.39	－81.28
2. 棉花	公斤	27.83	－13.48	26.46	－13.24	91.86	－51.22
3. 油料	公斤	96.96	－271.17	72.45	－11.74	93.22	－18.84
4. 麻类	公斤	6.42	－1.53	5.50	－46.39	7.41	－1.61
5. 糖料	公斤	354.95	87.72	582.76	24.83	49.91	5.72
6. 烟	公斤	18.52	－5.84	15.53	－11.63	33.73	－2.78
7. 蔬菜	公斤	937.43	57.39	591.73	－22.95	252.59	26.54
8. 茶叶	公斤	4.50	－2.67	2.99	－3.22	15.95	－1.19
9. 瓜果	公斤	298.82	40.37	278.51	42.93	143.76	8.13
10. 树苗	株	44.78	－3.62	57.70	17.76	10.92	－0.18
11. 渔虾	公斤	24.82	0.32	33.18	4.38	119.14	19.05
12. 家禽	只	19.90	－4.26	17.07	－12.09	111.32	－1.18
13. 禽蛋	公斤	38.34	－1.24	32.76	3.92	140.11	30.52
14. 蚕茧	公斤	2.16	1.33	2.52	－0.86	18.73	－5.20

农民家庭购买生产资料及建筑材料情况

（1992 年）

项目	单位	数量		金额（元）			
		户均购买总量	比 1991 年增减	户均购买总额	比 1991 年增减	#用贷款购买	比 1991 年增减
一、购买生产资料	元			1 287.45	165.12	91.37	－2.25
1. 化肥	公斤	488.44	－68.50	321.40	10.12	30.35	－2.42
2. 农药	公斤	6.62	－3.27	58.53	14.44	1.95	0.17
3. 机、柴油	公斤	45.35	6.55	63.80	7.34	1.49	－1.49
4. 塑料薄膜	公斤	6.33	2.54	25.98	1.67	2.13	－0.30
5. 种子	公斤	23.22	1.41	46.77	5.80	3.04	1.06
6. 种畜	头（只）	0.05	－0.11	7.15	2.30	0.10	－0.45
7. 役畜	头（只）	0.20	－0.03	23.87	2.27	1.92	0.73
8. 家畜	只	10.19	－4.10	20.50	－3.58	0.40	－0.23
9. 饲料	公斤	469.41	189.79	232.69	56.34	16.25	－3.08
10. 手工业原料	元			51.24	14.64	5.04	2.65
11. 铁木农具	件	0.39	－0.03	11.66	0.16	0.15	－0.16
二、购买建筑材料	元			374.19	16.23	4.33	－1.85
1. 木材	立方米	0.45	－0.71	54.91	－2.76	0.67	－0.15
2. 水泥	公斤	210.60	－27.59	53.86	2.23	0.57	－0.24
3. 钢材	公斤	20.00	1.26	36.87	7.50	0.68	0.44
4. 玻璃	平方米	0.64	－0.47	5.50	0.72	0.03	－0.05
5. 砖瓦	元			98.34	－10.89	1.01	－0.96
6. 其它	元			124.70	19.42	1.36	－0.88

农民家庭购买生活用品情况

（1992年） 单位：元

项目	户均购买总量	比1991年		比1990年	
		增减	增长（%）	增减	增长（%）
一、生活用品	1 722.95	195.77	12.82	250.94	17.05
1. 食品	986.56	120.41	13.90	141.71	16.77
（1）主食	216.20	36.09	20.04	12.36	6.07
（2）副食	526.63	62.99	13.59	87.81	20.01
（3）其它食品	243.74	21.34	9.59	41.54	20.54
2. 衣着	329.65	28.80	9.57	47.15	16.69
（1）棉布	19.93	−1.48	−6.92	−2.71	−11.96
（2）化纤布	50.83	4.51	9.75	5.74	12.73
（3）呢绒绸缎	14.26	0.02	0.12	−1.42	−9.05
（4）成衣	157.61	17.87	12.78	29.18	22.72
（5）其它	87.02	7.88	9.96	16.37	23.16
3. 用品	325.14	36.57	12.67	51.88	18.98
（1）自行车	25.78	5.00	24.07	6.06	30.75
（2）缝纫机	4.28	−0.59	−12.03	−0.51	−10.69
（3）收录机	11.33	−0.03	−0.26	1.88	19.85
（4）钟表	5.93	1.46	32.55	0.63	11.98
#手表	3.85	1.00	35.18	0.24	6.71
（5）电视机	60.00	2.94	5.15	6.61	12.38
（6）电风扇	8.90	−2.30	−20.53	−0.45	−4.82
（7）洗衣机	8.59	1.62	23.27	1.87	27.79
（8）电冰箱	12.86	−1.08	−7.77	3.24	33.64
（9）家俱（50元以上）	43.25	5.19	13.65	5.25	13.83
（10）其它	144.21	24.36	20.32	27.30	23.35
4. 燃料	81.60	9.99	13.95	10.19	14.27
（1）煤	61.20	6.97	12.86	5.20	9.28
（2）其它	20.40	3.01	17.34	4.99	32.41
二、期内农民购买商品总额	3 384.59	377.12	12.54	479.72	16.51

按人均纯收入分组调查农户构成情况

（1992年）

地区	调查户数		全年人均纯收入 200元以下		全年人均纯收入 200元—400元	
	合计 （户）	比重 （%）	户数 （户）	比1991年 增减	户数 （户）	比1991年 增减
全国	**25 606**	**100.00**	**1 567**	**−9**	**4 093**	**−546**
北京	1 100	4.30	2	−1	8	−8
天津	427	1.67		−1	4	−5
河北	932	3.64	31		158	4
山西	1 158	4.52	43	1	268	−4
内蒙古	1 533	5.99	191	−56	432	−58
辽宁	1 389	5.42	37	−18	176	−4
吉林	595	2.32	40	25	77	7
黑龙江	530	2.07	45	7	89	−15
上海	420	1.64				−1
江苏	1 672	6.53	26	−18	105	−49
浙江	420	1.64		−1	14	5
安徽	2 000	7.81	96	−72	420	−56
福建	566	2.21		−10		−67
江西	1 000	3.91	34	−13	97	−38
山东	1 620	6.33	132	93	177	−29
河南	1 680	6.56	214	57	473	−19
湖北	917	3.58	46	−5	200	−62
湖南	1 130	4.41	23	−30	114	9
广东	596	2.33			2	−8
广西	695	2.71	87	−10	183	−28
海南	270	1.05	2	2	11	−3
四川	960	3.75	7	−5	148	32
贵州	1 050	4.10	54	−7	267	−16
云南	550	2.15	28	−29	114	5
陕西	600	2.34	55	−2	108	−53
甘肃	906	3.54	219	52	208	−75
青海	240	0.94	46	−8	71	4
宁夏	150	0.59	27	8	22	4
新疆	500	1.95	82	32	147	−18

按人均纯收入分组调查农户构成情况（续）

（1992 年）

地区	全年人均纯收入 400 元—600 元		全年人均纯收入 600 元—800 元		全年人均纯收入 800 元—1000 元		全年人均纯收入 1000 元以上	
	户数（户）	比 1991 年增减	户数（户）	比 1991 年增减	户数（户）	比 1991 年增减	户数（户）	比 1991 年增减
全　国	**6 035**	**－226**	**4 730**	**－122**	**3 493**	**366**	**5 688**	**646**
北　京	32	－8	53	－24	109	－12	896	53
天　津	16	－9	37	－7	173	42	197	－20
河　北	241	－44	210	13	162	27	130	
山　西	323	－18	236	－6	136	18	152	15
内蒙古	337	－1	263	25	170	46	140	44
辽　宁	337	10	269	－20	244	22	326	11
吉　林	136	47	140	60	85	32	117	19
黑龙江	137	45	115	20	81	6	63	－63
上　海	1	1	5	－4	18		396	4
江　苏	406	－8	320	51	182	－20	633	44
浙　江	30	1	65	15	60	－22	251	2
安　徽	682	14	371	－2	226	55	205	61
福　建	81	－51	139	－44	164	69	182	99
江　西	266	－30	300	9	181	37	122	35
山　东	332	－104	348	－55	328	35	303	60
河　南	547	7	225	－35	106	－13	115	3
湖　北	357	53	100	－55	83	－26	131	53
湖　南	223	17	255	10	250	38	265	－4
广　东	20	－22	77	－6	85	－38	412	120
广　西	176	－9	121	26	78	19	50	7
海　南	37		43	－11	57	－3	120	15
四　川	294	－60	279	29	135	15	97	－11
贵　州	282	－31	203	－7	124	17	120	44
云　南	99	9	120	41	66	6	123	28
陕　西	156	－27	174	72	59	4	48	6
甘　肃	302	17	100	27	49	18	28	12
青　海	69	1	31	5	17	2	6	－4
宁　夏	16	－8	33	－24	29	5	23	15
新　疆	100	－18	98	19	36	－13	37	－2